Successful Dispute Resolution

edited by

Professor Dr. Dres. h.c. Burkhard Hess,
Max Planck Institute Luxembourg for International, European and Regulatory Procedural Law, Luxembourg

em. Prof. Dr. Dr. h.c. Professor Rüdiger Wolfrum,
Max Planck Foundation for International Peace and the Rule of Law, Heidelberg

Professor Dr. Dr. h.c. Thomas Pfeiffer, Institute for Comparative Law, Conflict of Laws and International Business Law, Heidelberg University

Volume 6

Dorothee Klement

Rechtskraft des Schiedsspruchs

Die Gewährleistung der Einmaligkeit von Entscheidungen der Handelsschiedsgerichtsbarkeit zwischen individuellem Rechtsschutz und öffentlichen Interessen

Nomos

© Coverbild:

links: Max Planck Institut Heidelberg, © Carola Nerbel, Architekturfotografie in Heidelberg

mitte: Institut für internationales Privat- und Wirtschaftsrecht der Universität Heidelberg, © Jens Benninghofen

rechts: Max Planck Institut Luxemburg, © Christian Aschman

Die Deutsche Nationalbibliothek verzeichnet diese Publikation in der Deutschen Nationalbibliografie; detaillierte bibliografische Daten sind im Internet über http://dnb.d-nb.de abrufbar.

Zugl.: Heidelberg, Univ., Diss., 2017

ISBN 978-3-8487-4609-5 (Print)

ISBN 978-3-8452-8775-1 (ePDF)

1. Auflage 2018

Vorwort

Die vorliegende Arbeit wurde im Wintersemester 2016/17 von der Juristischen Fakultät der Ruprecht-Karls-Universität Heidelberg als Dissertation angenommen.

Meinem Doktorvater, Herrn Professor Dr. Dres. h.c. Burkhard Hess, gebührt großer Dank für die wertvollen inhaltlichen Anregungen, die gute Betreuung und das jederzeit angenehme Verhältnis.

Für die Zweitbegutachtung danke ich Herrn Professor Dr. Dr. h.c. Thomas Pfeiffer.

Recherchiert, nachgedacht und geschrieben habe ich in Mannheim, Heidelberg, Saarbrücken, Luxemburg, Zürich und Landau/Pfalz. Von Beginn an hat mich die Tätigkeit als Rechtsanwältin in der Kanzlei Schilling, Zutt & Anschütz, Mannheim, begleitet und inspiriert. Mein besonderer Dank gilt dabei Herrn Rechtsanwalt Professor Dr. Jochem Reichert, von dem ich viel gelernt habe und der mir die nötigen Freiheiten ließ, neben der Mandatsarbeit eine Dissertation zu schreiben.

Gewidmet ist dieses Buch in Dankbarkeit meiner Familie.

Mannheim, im Juni 2018 *Dorothee Klement*

Inhaltsverzeichnis

Abkürzungsverzeichnis

a.A.	andere Ansicht
A.C.	Law Reports (England and Wales) – Appeal Cases
a.F.	alte Fassung
AA	Arbitration Act 1996
abgedr.	abgedruckt
Abs.	Absatz
AcP	Archiv für die civilistische Praxis
AEUV	Vertrag über die Arbeitsweise der Europäischen Union
AGB	Allgemeine Geschäftsbedingungen
AktG	Aktiengesetz
All ER	All England Law Report
allg.	allgemein
Am. Rev. Int. Arb.	The American Review of International Arbitration
Anh.	Anhang
Ann. Surv. Am. Law	Annual Survey of American Law
AöR	Archiv des öffentlichen Rechts
Art.	Artikel (auch im Plural)
ASA	Association Suisse de l'Arbitrage
Aufl.	Auflage
Aust. Yb. Int. Arb.	Austrian Yearbook on International Arbitration
AWD	Außenwirtschaftsdienst des Betriebs-Beraters
Az.	Aktenzeichen
BAG	Bundesarbeitsgericht
BayObLG	Bayerisches Oberstes Landesgericht
BB	Betriebs-Berater
Bd.	Band
Beschl.	Beschluss
BG	(Schweizerisches) Bundesgericht
BGB	Bürgerliches Gesetzbuch
BGBl. I	Bundesgesetzblatt, Teil I
BGE	Sammlung der Entscheidungen des Schweizerischen Bundesgerichts
BGH	Bundesgerichtshof
BGHZ	Entscheidungen des Bundesgerichtshofs in Zivilsachen

BT-Drs.	Bundestags-Drucksache
BVerfG	Bundesverfassungsgericht
BVerfGE	Entscheidungen des Bundesverfassungsgerichts
BVerwG	Bundesverwaltungsgericht
Cahiers de l'Arb.	Les Cahiers de l'Arbitrage
CPC	Code de procédure civil
CPR	Civil Procedure Rules 1998
d.h.	das heißt
DIS	Deutsche Institution für Schiedsgerichtsbarkeit e.V.
Drs.	Drucksache
EG	Europäische Gemeinschaft
EGMR	Europäischer Gerichtshof für Menschenrechte
EGV	Vertrag zur Gründung der Europäischen Gemeinschaft
Einl.	Einleitung
EMRK	Konvention zum Schutze der Menschenrechte und Grundfreiheiten (Europäische Menschenrechtskonvention)
et al.	et altera
EU	Europäische Union
EuG	Gericht der Europäischen Union (vormals: Gericht erster Instanz der europäischen Gemeinschaften)
EuGH	Gerichtshof der Europäischen Gemeinschaften
EuGVO	Verordnung (EU) Nr. 1215/2012 des Europäischen Parlament und des Rates vom 12. Dezember 2012 über die gerichtliche Zuständigkeit und die Anerkennung und Vollstreckung von Entscheidungen in Zivil- und Handelssachen
EuZW	Europäische Zeitschrift für Wirtschaftsrecht
EWCA Civ.	England & Wales Court of Appeal (Civil Division)
EWHC	England & Wales High Court
f./ff.	und folgende
FAA	Federal Arbitration Act
FGO	Finanzgerichtsordnung
Flor. J. Int. Law	Florida Journal of International Law
FN	Fußnote
FS	Festschrift

GG	Grundgesetz für die Bundesrepublik Deutschland
GmbH	Gesellschaft mit beschränkter Haftung
GmbHG	Gesetz betreffend die Gesellschaften mit beschränkter Haftung
GmbHR	GmbH-Rundschau
GS	Gedächtnisschrift
h.M.	herrschende Meinung
hrsg.	herausgegeben
Hs.	Halbsatz
IBA	International Bar Association
ICC	International Chamber of Commerce
ICCA	International Council for Commercial Arbitration
ICR	Industrial Cases Reports
ILA	International Law Association
Ill. L. Rev.	Illinois Law Review of Northwestern University
insb.	insbesondere
Int. Arb.	International Arbitration
Int. Arb. Law Rev.	International Arbitration Law Review
Int. Enc. Comp. Law	International Encyclopedia of Comparative Law
Int. Jb. SchiedsG	Internationales Jahrbuch für Schiedsgerichtswesen in Zivil- und Handelssachen
Int. Tax & Bus. Law.	International Tax and Business Lawyer
IPR	Internationales Privatrecht
IPrax	Praxis des Internationalen Privat- und Verfahrensrechts
IPRG	Schweizer Bundesgesetz über das Internationale Privatrecht
IZPR	Internationales Zivilprozessrecht
IZVR	Internationales Zivilverfahrensrecht
J. Int. Arb.	Journal of International Arbitration
JBl.	Juristische Blätter
JDI	Journal du droit international
JR	Juristische Rundschau
JUS	Juristische Schulung
JZ	Juristenzeitung
Kap.	Kapitel
KTS	Zeitschrift für Insolvenzrecht (davor: Konkurs, Treuhand- und Schiedsgerichtswesen)
Law & Pol. Int. Bus.	Law and Policy in International Business

Law & Pr. Int. Ct. & Tr.	The Law and Practice of International Courts and Tribunals
LCIA	London Court of International Arbitration
LG	Landgericht
lit.	littera
LMK	Kommentierte BGH-Rechtsprechung (Lindenmaier-Möhring)
m.w.N.	mit weiteren Nachweisen
MDR	Monatsschrift für Deutsches Recht
NJW	Neue Juristische Wochenschrift
NJW-RR	Neue Juristische Wochenschrift – Rechtsprechungsreport Zivilrecht
no.	number
Nr.	Nummer(n)
Nw. J. Int. Law & Bus.	Northwestern Journal of International Law & Business
NZG	Neue Zeitschrift für Gesellschaftsrecht
NZKart	Neue Zeitschrift für Kartellrecht
o.N.	ohne Nennung
OLG	Oberlandesgericht
PatG	Patentgesetz
Q.B.	Law Reports (England and Wales) – Queen‘s Bench
RabelsZ	Rabels Zeitschrift für ausländisches und internationales Privatrecht
RADIC	Revue Africaine de Droit International et Comparé
Rev. Arbitragem	Revista Internacional de Arbitragem e Conciliação
Rev. de l’Arb.	Revue de l’Arbitrage
Rev. del Arbitraje	Revista del Club Español del Arbitraje
RIW	Recht der internationalen Wirtschaft
Rn.	Randnummer(n)
Rs.	Rechtssache
S.	Satz/Seite
s.	siehe
SchiedsO	Schiedsordnung
SchiedsVZ	Zeitschrift für Schiedsverfahren
SGG	Sozialgerichtsgesetz
Slg.	Sammlung der Rechtsprechung des Gerichtshofes und des Gerichts der Europäischen Union
sog.	sogenannte(r)

Travaux du Comité Français	Travaux du Comité Français de Droit International Privé
Tulane Law Rev.	Tulane Law Review
u.a.	und andere, unter anderem
U.S./US	United States Supreme Court Reporters/United States of America
UCLA Law Rev.	University of California Law Review
UKPC	United Kingdom Privy Council
UNCITRAL	United Nations Commission on International Trade Law
Uni. Pittsb. Law Rev.	University of Pittsburgh Law Review
UNÜ	New Yorker Übereinkommen über die Anerkennung und Vollstreckung ausländischer Schiedssprüche
Urt.	Urteil
usw.	und so weiter
v.	von/vom
Var.	Variante
VerwArch	Verwaltungsarchiv
VfO-EuGH	Verfahrensordnung des Gerichtshofs
vgl.	vergleiche
VO	Verordnung
Vorb.	Vorbemerkung
VwGO	Verwaltungsgerichtsordnung
WLR	Weekly Law Reports
Yale Law J.	Yale Law Journal
z. T.	zum Teil
z.B.	zum Beispiel
ZGR	Zeitschrift für Unternehmens- und Gesellschaftsrecht
ZHR	Zeitschrift für das gesamte Handels- und Wirtschaftsrecht
ZPO	Zivilprozessordnung
ZPO-CH	Schweizerische Zivilprozessordnung
ZPO-Ö	Österreichische Zivilprozessordnung
ZRP	Zeitschrift für Rechtspolitik
ZVglRWiss	Zeitschrift für Vergleichende Rechtswissenschaften
ZZP	Zeitschrift für Zivilprozess
ZZPInt.	Zeitschrift für Zivilprozess International

Einleitung

Von einem Schiedsverfahren erhoffen sich die Parteien, die über ihre Rechte und Pflichten uneinig sind, eine Klärung ihrer Positionen und eine Beilegung der Streitigkeit. Diese Erwartung geht aber nur in Erfüllung, wenn der Schiedsspruch eine endgültige Entscheidung ist. Es muss ausgeschlossen sein, dass über die Sache abermals entschieden wird, sei es durch ein anderes Schiedsgericht oder ein staatliches Gericht. Der Rechtsstreit muss einmalig bleiben.

In der deutschen Rechtsordnung wie auch in den Rechtsordnungen vieler anderer Länder kommt an dieser Stelle der schillernde Begriff der Rechtskraft, der *autorité de la chose jugée*, der *res judicata*, der *cosa juzgada* oder der *Rättskraft* ins Spiel. Die Wirkungen der Rechtskraft werden mit unterschiedlichen Wendungen beschrieben. So heißt es, die Entscheidung oder der Entscheidungsinhalt seien verbindlich[1] und entfalteten Bindungswirkungen,[2] die Sache sei endgültig[3] entschieden und beendet,[4] das Urteil maßgeblich für spätere Entscheidungen[5]. Vielfältig sind auch die Regelungstechniken, die zur Erreichung der Einmaligkeit diskutiert und in den einzelnen Rechtsordnungen eingesetzt werden.[6] Mal steht das materielle Recht im Mittelpunkt, das Gegenstand der Erkenntnis ist, mal das die

---

1 *Leipold*, in: Stein/Jonas, ZPO, § 322 Rn. 34 („*Die Wirkung der Rechtskraft besteht also in der verbindlichen Festlegung einer konkreten Rechtsfolge.*").

2 BGH, Beschl. v. 10.7.1951 – Az. II ZR 30/51, BGHZ 3, 82 (85) („*bindende Kraft der im Urteil enthaltenen Feststellung*"); *Germelmann*, Rechtskraft von Gerichtsentscheidungen, S. 10 („*inhaltliche[n] Bindungswirkung der materiellen Rechtskraft*").

3 Vom „*Endgültigkeitsgrundsatz*" und der „*Endgültigkeit einer Entscheidung*" spricht etwa *R. Stürner*, in: Geimer, FS Schütze, S. 913 ff.

4 So *Jauernig/Hess*, Zivilprozessrecht, § 62 Rn. 1.

5 Rosenberg/Schwab/Gottwald, Zivilprozessrecht, § 149 Rn. 2 („*Diese [die materielle Rechtskraft] bedeutet die Maßgeblichkeit ihres Inhalts [...]*"); *Reichold*, in: Thomas/Putzo, ZPO, § 322 Rn. 1 („*Diese [die materielle Rechtskraft] bedeutet, dass der Inhalt der Entscheidung maßgeblich ist [...]*").

6 Angeregt nicht nur durch die Entwicklungen auf dem Gebiet des Europäischen (Zivilprozess-)Rechts, sondern auch durch den zunehmenden Wettbewerb der (Prozess-)Rechtsordnungen und die „Ökonomie der Streitbeilegung", mehren sich in den vergangenen Jahren rechtvergleichende Untersuchungen zur Rechtskraft, vgl.

Erkenntnis leitende und begrenzende Prozessrecht. Der Gedanke der Einmaligkeit selbst aber ist überall anerkannt. Er ist untrennbar mit der Idee des Rechtsschutzes verwoben und damit als solcher über jeden Zweifel erhaben.

Der Reichtum der Terminologien, Erklärungen und Techniken der Rechtskraft setzt sich im Schiedsverfahrensrecht fort. Das ist wenig überraschend, begnügen sich doch die meisten Rechtsordnungen zur Regelung der Rechtskraft von Schiedssprüchen mit einem bloßen Verweis auf die für Urteile geltenden Grundsätze. In Deutschland etwa bestimmt die Vorschrift des § 1055 ZPO, dass ein Schiedsspruch dieselben Wirkungen wie ein rechtskräftiges Urteil hat. Dieser Gleichstellung liegt die für die Funktionsfähigkeit der Schiedsgerichtsbarkeit unabdingbare Vorstellung zugrunde, dass der im Schiedsverfahren erreichte Rechtsschutz mit dem der staatlichen Gerichte gleichwertig ist und gleichwertig sein muss. Schiedssprüche sind nicht Streitentscheidungen zweiter Klasse. Sie sind ebenso wie Urteile verbindlich und für die (zukünftigen) Rechtsverhältnisse der Parteien maßgeblich. Nicht anders ist die Rechtslage etwa in der Schweiz,[7] in Österreich,[8] Frankreich[9] und Spanien.[10] Auch im englischen Recht ist anerkannt, dass die *res judicata* eines Schiedsspruchs ein *cause of action estoppel* und ein *issue estoppel* gemäß den für Urteile geltenden Regelungen begründet.[11]

---

etwa *Germelmann*, Die Rechtskraft von Gerichtsentscheidungen in der Europäischen Union, 2009; *Sepperer*, Der Rechtskrafteinwand in den Mitgliedsstaaten der EuGVO, 2010; *Peiffer*, Grenzüberschreitende Titelgeltung, 2012; *Landbrecht*, Teil-Sachentscheidungen und Ökonomie der Streitbeilegung, 2012.

7 Vgl. Art. 387 Schweizerische Zivilprozessordnung (ZPO-CH) dem zufolge der Schiedsspruch die Wirkung eines rechtskräftigen und vollstreckbaren gerichtlichen Entscheids hat; näher BG, Urt. v. 3.4.2002 – Az. 4P.282/2001, BGE 128 III, 191 (194 f.); *Berger/Kellerhals*, International Arbitration in Switzerland, Rn. 1511.

8 Vgl. § 607 Zivilprozessordnung (ZPO-Ö), wo bestimmt ist, dass der Schiedsspruch zwischen den Parteien die Wirkung eines rechtskräftigen gerichtlichen Urteils hat.

9 Vgl. Art. 1484 Abs. 1 *Code de procédure civile* (CPC), der regelt, dass einem Schiedsspruch die *autorité de la chose jugée* zukommt; aus dem Schrifttum *Delvolvé/Pointon/Rouche*, French Arbitration Law, Rn. 348 ff.

10 Vgl. Art. 43 *Ley de Arbitraje*, dem zufolge Schiedssprüche eine *cosa juzgada* darstellen; aus dem Schrifttum *Barona Vilar*, in: dies., Ley de Arbitraje, Art. 43, S. 1833.

11 *Fidelitas Shipping Co Ltd v V/O Exportchleb* [1966] 1 Q.B. 630; *Nomihold Securities Inc v Mobile Telesystems Finance SA* [2012] EWHC 130; *Spencer Bower & Handley*, Res Judicata, Rn. 2.54; *Mustill/Boyd*, Commercial Arbitration, S. 409 ff.

Infolge der Gleichstellung wird die streitbeendende Wirkung von Schiedssprüchen auch in anderen europäischen Rechtsterminologien mit den für Urteile verwendeten Begriffen bezeichnet. So spricht man in der französischen und englischen Rechtsordnung von einer *autorité de la chose jugée dans l'arbitrage* bzw. der *res judicata of arbitral awards.* Eine gewisse terminologische Selbstständigkeit hinsichtlich der Wirkungen von Schiedssprüchen wird immerhin erreicht, wenn von einem *arbitral effect*[12] oder von *conclusive and preclusive effects of arbitral awards*[13] die Rede ist. Ein autonomer Begriff zur Bezeichnung der streitbeendenden Wirkungen von Schiedssprüchen, etwa eine der *res judicata* entsprechende *res arbitrata*[14], hat aber bislang nirgends Eingang in den Sprachgebrauch gefunden. Die Gelegenheit zu einer terminologischen Anpassung verpassten auch die Väter des UNCITRAL-Modell-Gesetzes für die internationale Handelsschiedsgerichtsbarkeit aus dem Jahre 1985. In der richtigen Annahme, dass die *res judicata* als Begriff zu komplex und umstritten sei,[15] als dass sie durch das Modell-Gesetz einheitlich gefasst werden könnte,[16] wählten sie die neutrale Formulierung, dass der Schiedssspruch als *„bindend anzuerkennen"* sei (*„shall be recognized as binding"*); worin die Bindungswirkung besteht, ist umstritten geblieben. Vor dem Hintergrund verschiedener nationaler Grundkonzeptionen werden in die Wendung dann denn auch ganz unterschiedliche Bedeutungen hineingelesen.

Im deutschen Schrifttum wird die vom Gesetz angeordnete Gleichstellung von Schiedsspruch und Urteil zumeist im Sinne einer vollständigen Gleichsetzung der Rechtskraftwirkungen verstanden. Allenfalls hinsichtlich der den Parteien einer Schiedsvereinbarung zugebilligten Möglichkeit eines Verzichts auf die Rechtskraft sowie hinsichtlich der Verfahrensre-

---

12 *Brekoulakis*, Third Parties, S. 235, *ders.*, Am. Rev. Int. Arb. 16 (2005), S. 177 (178), nach dessen Ansicht sich die Wirkungen eines Schiedsspruchs fundamental von denen eines Urteils unterscheiden.

13 *ILA*, Final Report, Rn. 15, mit dem Hinweis, dass dieser Begriff in seinem Anwendungsbereich über die *res judicata* hinausgehe und daher vorzugswürdig sei.

14 Zu diesem Begriff *Radicati di Brozolo*, ASA Special Series 38, S. 127 (128); vgl. auch *Jarrosson*, Procédure, S. 27 (27) („*chose arbitrée*"); *Prol*, Rev. del Arbitraje 16 (2013), S. 19 (19) („*cosa arbitrada*").

15 Der darauf abzielende Vorschlag der Republik Korea wurde indes abgelehnt, UN-DOC A/CN.9/263 para 2, abgedr. bei *Holtzmann/Neuhaus*, Guide UNCITRAL Model Law, S. 1034.

16 UN-DOC A/40/17 para 259, abgedr. bei *Holtzmann/Neuhaus*, Guide UNCITRAL Model Law, S. 859.

geln zur Beachtlichkeit der Rechtskraft in einem nachfolgenden Verfahren – von Amts wegen oder auf Einrede – zeigen sich Ansätze zu einer eigenständigen Behandlung von Schiedssprüchen.[17] Bei aller Einfachheit und Überzeugungskraft der Idee, dass ein Rechtsstreit durch eine Entscheidung ein für alle Mal ein Ende zu finden hat, ist indes nicht zu übersehen, dass damit sehr Unterschiedliches gemeint sein kann. Schon der Begriff der Entscheidung, der den Umfang der Rechtskraftwirkung absteckt, kann mit verschiedenen Inhalten gefüllt werden. Vielgestaltig sind auch die Zwecke, die mit der Rechtskraft von Entscheidungen verfolgt werden und an denen sie auszurichten ist. Die Bündelung der streitbeendenden Funktion von Entscheidungen im Begriff der Rechtskraft darf nicht darüber hinwegtäuschen, dass die Rechtsordnungen in diesen Hinsichten unterschiedliche Antworten geben.

Wird bei der Ausarbeitung einer Dogmatik der Rechtskraft von Schiedssprüchen blindlings auf die Vorstellungen über die Zielsetzungen der Rechtskraft von Urteilen zurückgegriffen und zur Legitimation der Rechtskraft auf die für Urteile gebräuchlichen Erklärungen verwiesen, werden die Eigentümlichkeiten und Besonderheiten von Schiedsverfahren übersehen. Vor einer Gleichschaltung der Dogmatiken warnt deshalb auch das Komitee zur internationalen Handelsschiedsgerichtsbarkeit der *International Law Association* in seinem im Jahre 2006 veröffentlichten *Final Report on Res Judicata in International Commercial Arbitration*:[18]

17 Vgl. etwa *Loritz*, ZZP 105 (1992), S. 1 ff.; *Lindacher*, KTS 1966, S. 153 ff.; *Münch*, in: Münchener Kommentar zur ZPO, § 1055 Rn. 12 sowie 28; *Voit*, in: Musielak, ZPO, § 1055 Rn. 5 f.; *Schlosser*, in: Stein/Jonas, ZPO, § 1055 Rn. 8.

18 Vgl. Resolution No. 1/2006 des Comittees on International Commercial Arbitration der International Law Association, *Final reports on Lis Pendens and on Res Judicata in International Commercial Arbitration* und die als Annex 2 veröffentlichten *International Law Association Recommendations on Res Judicata and Arbitration* sowie den *Interim Report: „Res judicata" and Arbitration* aus dem Jahre 2004. Abzurufen sind diese Dokumente unter: http://www.ila-hq.org/en/committees/index.cfm/cid/19.

„Res judicata regarding international arbitral awards should not necessarily be equated to res judicata effects of judgments of state courts and, thus, may be treated differently than res judicata under domestic law. [...] This is due to the differences between international commercial arbitration and domestic court dispute settlement, as well as to the international character of arbitration, which should not be reduced to domestic notions regarding res judicata that are valid in a domestic setting but are hardly appropriate in an international context.“[19]

Vor diesem Hintergrund ist es das Ziel der vorliegenden Untersuchung, eine Lehre der *res arbitrata*, der Rechtskraft von Schiedssprüchen, zu entwickeln, die auf der Privatautonomie der Beteiligten aufbaut und damit dem Legitimationsgrund der Schiedsgerichtsbarkeit Rechnung trägt. Wie zu zeigen sein wird, kann die allseits akzeptierte und gewünschte Freiheit der Parteien bei der Gestaltung des Schiedsverfahrens erhalten werden, wenn einer zu weitgehenden Ausrichtung der Rechtskraft von Schiedssprüchen an staatlichen oder sonstigen überindividuellen Interessen entgegengewirkt wird. Dementsprechend muss die Untersuchung methodisch eine Überlagerung des zu erfassenden Sachproblems durch einen national geprägten Systembegriff der Rechtskraft vermeiden. Sie wählt deshalb einen funktionalen Ansatz:[20] Der Begriff der Rechtskraft beschreibt als solcher nur eine ungefähre Idee von der Einmaligkeit einer Entscheidung und trägt nicht schon den Schlüssel für die Lösung konkreter Fragen in sich. Die von der deutschen Rechtsordnung für inländische Schiedssprüche angeordnete Gleichstellung der Wirkungen des Schiedsspruchs mit den Wirkungen eines rechtskräftigen gerichtlichen Urteils ist in diesem Sinne nur als ein *Mittel* zur Sicherstellung der Einmaligkeit der schiedsgerichtlichen Entscheidungen zu begreifen und aus dieser Funktion heraus zu interpretieren.

Das hier behandelte Thema ist in der deutschen Literatur bislang wenig beachtet worden. In jüngerer Zeit haben sich *Lühmann*[21] und *Bosch*[22] monographisch mit der Rechtskraft von Schiedssprüchen befasst, aus der ersten Hälfte des vergangenen Jahrhunderts sind insbesondere die Arbeiten

19 *ILA*, Final Report, Rn. 25.

20 Zur funktionalen Methode der Rechtsvergleichung grundlegend *Zweigert/Kötz*, Rechtsvergleichung, § 3 II, S. 33 ff.; kritisch *Coendet*, Rechtsvergleichende Argumentation, S. 157 ff. mit zahlreichen Nachweisen zur Diskussion.

21 *Lühmann*, Rechtskraft des Schiedsspruchs, 2014.

22 *Bosch*, Rechtskraft und Rechtshängigkeit im Schiedsverfahren, 1991.

von *Altenrath*[23] und *Neef*[24] zu nennen. Die genannten Monographien beschränken sich auf eine Darstellung der Wirkungsweise von Schiedssprüchen in einem abermaligen Gerichtsverfahren; die Wirkung von Schiedssprüchen in Schiedsverfahren wird nicht behandelt. Die der Anerkennung und Vollstreckung ausländischer Schiedssprüche in Deutschland gewidmeten Arbeiten[25] behandeln die Frage der Rechtskraft von ausländischen Schiedssprüchen allenfalls am Rande. Die ILA-Empfehlungen zur Rechtskraft von Schiedssprüchen wurden von der deutschen Rechtswissenschaft kaum rezipiert.[26] Die im internationalen Schrifttum zu findenden Untersuchungen befassen sich mit der Rechtskraft von Schiedssprüchen zumeist unter dem Vorzeichen einer Entwicklung von transnationalen Regelungen[27] und taugen daher nur bedingt als Leitlinien für die gerichtliche und schiedsgerichtliche Praxis. Es kann deshalb nicht überraschen, dass die gerichtliche und schiedsgerichtliche Rechtsprechung ein uneinheitliches Bild bietet.[28]

Die Untersuchung beschränkt sich auf die streitbeendende Wirkung von Schiedssprüchen der privaten internationalen Handelsschiedsgerichtsbarkeit. Ausgeklammert bleiben mithin Schiedssprüche der Investitionsschiedsgerichtsbarkeit.[29] Anlass zu dieser Beschränkung gibt die Überle-

---

23 *Altenrath*, Grundlage und Wirkung des Schiedsspruchs. Historisch und dogmatisch dargestellt, 1907.

24 *Neef*, Die Rechtskraft des Schiedsspruchs, 1933.

25 *Kilgus*, Zur Anerkennung und Vollstreckbarerklärung englischer Schiedssprüche in Deutschland, 1995; *Haas*, Die Anerkennung und Vollstreckung ausländischer und internationaler Schiedssprüche, 1991.

26 Erwähnung finden die Empfehlungen etwa bei *Bubrowski*, Internationale Investitionsschiedsverfahren, S. 184 mit FN 238, S. 185; *Lühmann*, Rechtskraft des Schiedsspruchs, S. 312.

27 Vgl. insbesondere *Schaffstein*, The Doctrine of Res Judicata before International Commercial Arbitral Tribunal, 2016; *Voser/Raneda*, ASA Bulletin 33 (2015), S. 742 ff.; *Radicati di Brozolo,* ASA Special Series 38, S. 127 ff.; siehe aber auch *Hobér*, Recueil des Cours 366 (2014), S. 99 ff.; *Martinez-Fraga*, in: Rovine, Contemporary Issues (2011), S. 142 ff.; *Hascher*, Travaux Comitè Français (2004), S. 17 ff.

28 So im Hinblick auf Schiedsgerichte auch die Einschätzung bei *Hobér*, Recueil des Cours 366 (2014), S. 99 (259); *Debourg*, Contrariétés de Décisions, S. 418.

29 Auch *Hobér*, Recueil des Cours 366 (2014), S. 99 (112), hält, obwohl er der Unterscheidung von internationalem öffentlichen und privaten Recht skeptisch gegenüber steht, im Ergebnis an der getrennten Betrachtung von Schiedssprüchen der Handelsschiedsgerichtsbarkeit, der zwischenstaatlichen Schiedsgerichtsbarkeit und der Investitionsschiedsgerichtsbarkeit fest.

gung, dass eine Beteiligung staatlicher Akteure an Schiedsverfahren zu einer anderen Bewertung der öffentlichen Interessen an der Entscheidung des Schiedsgerichts führen kann. Die Herausarbeitung der sich in dieser Hinsicht ergebenden Unterschiede zwischen der privaten Handelsschiedsgerichtsbarkeit und der Investitionsschiedsgerichtsbarkeit und deren Bedeutung für die Rechtskraft von Schiedssprüchen würde den Rahmen der Untersuchung sprengen.[30] Der Erkenntnisgegenstand bezieht sich ferner allein auf die Wirkung einer in der Sache ergangenen Entscheidung. Nicht nachgegangen wird damit der Frage nach dem Bestehen einer Bindungswirkung von Entscheidungen eines Schiedsgerichts über seine Zuständigkeit. Ebenfalls nicht behandelt wird die Frage nach der subjektiven Reichweite der Bindungswirkung des Schiedsspruchs.

Die Untersuchung gliedert sich in sechs Kapitel. Im *ersten Kapitel* wird untersucht, ob sich die mit der Rechtskraft verbundene Vorstellung der Einmaligkeit von Gerichtsverfahren auf Schiedssprüche übertragen lässt. Aufzuzeigen sind die Ziele, die mit der Rechtskraft von Entscheidungen verfolgt werden, und die Gründe, welche die Einmaligkeit des gewährten Rechtsschutzes rechtfertigen. Dabei werden Gemeinsamkeiten und Unterschiede von Urteilen und Schiedssprüchen deutlich. Im *zweiten Kapitel* wird der Begriff der Rechtskraft entfaltet, indem die tatbestandlichen Voraussetzungen und Wirkungen der Rechtskraft beschrieben werden. Es wird herausgearbeitet, ob und wie die einzelnen Zielsetzungen der Rechtskraft, die verfolgten Prozesszwecke und die Bestimmung der Reichweite eines rechtskräftigen Urteils miteinander in Beziehung stehen und sich gegenseitig beeinflussen. Im *dritten Kapitel* wird der Frage nach dem Geltungsgrund eines Schiedsspruchs und damit nach seinem Verhältnis zur staatlichen Hoheitsgewalt nachgegangen. Das *vierte Kapitel* entwickelt auf dieser Grundlage eine normative Begründung der Rechtskraftwirkungen von Schiedssprüchen in Verfahren vor deutschen staatlichen Gerichten. Das *fünfte Kapitel* widmet sich der gleichen Frage hinsichtlich der Beachtlichkeit von Schiedssprüchen in nachfolgenden Schiedsverfahren. Im *sechsten Kapitel* ist abschließend der Umfang der Rechtskraftwirkungen eines Schiedsspruchs darzulegen.

---

30 Zur Rechtskraft von Entscheidung in der Investitionsschiedsgerichtsbarkeit *Hobér*, Recueil des Cours 366 (2014), S. 99 (287 ff.); *Martinez-Fraga*, in: Rovine, Contemporary Issues (2011), S. 142 (174 ff.); *ders./Samra,* Nw. J. Int. Law & Bus. 32 (2012), S. 419 ff.; *Reinisch*, Law & Pr. Int. Ct. & Tr. 3 (2004), S. 37 ff.

Erstes Kapitel: Funktion und Legitimation der Rechtskraft

Das erste Kapitel gibt Antworten auf die Frage nach der Funktion und der Legitimation der Rechtskraft von Entscheidungen. Es legt damit den Grundstein für die Entwicklung einer Dogmatik der streitbeendenden Wirkungen von Schiedssprüchen. Als Entscheidung wird dabei das Ergebnis einer richterlichen Rechtsfindung bezeichnet, das eine verbindliche Aussage über die zwischen den Verfahrensparteien bestehenden Rechtsbeziehungen trifft. Der Begriff erfasst mithin gleichermaßen Urteile staatlicher Gerichte wie Schiedssprüche. Schon wegen der in vielen Gesetzen angeordneten Gleichstellung von Schiedssprüchen mit Urteilen kann und muss eine Lehre der Rechtskraft von Schiedssprüchen auf die für Urteile geltenden Grundsätze Bezug nehmen und auf ihnen aufbauen. Nachfolgend sind daher zunächst Funktion und Legitimation der Rechtskraft von Urteilen zu untersuchen. Im Anschluss wird auf Schiedssprüche eingegangen.

I. Urteile

In einem Rechtsstaat ist die Beilegung von Rechtsstreitigkeiten den Gerichten zugewiesen. Diese Aufgabe können Gerichte aber nur erfüllen, wenn ihre Entscheidungen endgültig sind. Rechtsstreitigkeiten dürfen nicht bis in alle Ewigkeit fortgesetzt und nach dem Erlass einer Entscheidung wiederholt werden können. Trotz der „*sachlogischen Notwendigkeit*"[31] der Einmaligkeit gerichtlichen Rechtsschutzes sind die Erklärung und Ausgestaltung dieses Prinzips nicht nur in rechtsvergleichender Hinsicht, sondern auch im Diskurs innerhalb einer nationalen Rechtsordnung verschieden. Die Bedeutung und die Folgen dieser Unterschiede in der Dogmatik lassen sich nur auf der Grundlage einer der Dogmatik vorauslie-

---

31 So *Spellenberg*, in: Gerhardt et al., FS Henckel, S. 841 (841); ähnlich *Geimer*, in: Geimer/Schütze, Urteilsanerkennung, Bd. I/1, § 133 I. 1. mit FN 3; *Braun*, Rechtskraft und Restitution, S. 40; vgl. auch *Cheng*, General Principles, S. 338 („*The binding effect of the award is thus inherent in the very institution of arbitration or judicial settlement.*"); a.A. *Posner*, Economic Analysis, S. 814.

genden Analyse der Funktion und Legitimation der Rechtskraft von Urteilen erkennen.

1. Funktionen der Rechtskraft

Der unmittelbare prozessuale Zweck der Rechtskraft besteht darin, die Endgültigkeit einer Entscheidung zu gewährleisten. In diesem Ziel vereinigen sich die formelle Rechtskraft, welche die äußere Beständigkeit des Urteils herstellt, und die materielle Rechtskraft, welche die Maßgeblichkeit des Entscheidungsausspruchs für spätere Gerichtsverfahren sichert. Mit dem Eintritt der formellen Rechtskraft verfügen die Parteien nicht (mehr) über die Möglichkeit, die ergangene Entscheidung durch ein Rechtsmittel anzugreifen. Die materielle Rechtskraft hingegen bewahrt eine Entscheidung davor, dass ihr Inhalt *durch* ein weiteres Verfahren und *in* einem weiteren Verfahren in Frage gestellt wird.[32]

a) Doppelfunktion der Rechtskraft

Die materielle Rechtskraft dient damit in erster Linie der Verhinderung einer in einem späteren Verfahren ergehenden, dem Ersturteil widersprechenden Entscheidung. Es geht ihr mithin zunächst um die Vermeidung von Urteilskollisionen, nicht aber um die Verhinderung einer zweiten Entscheidung an sich.[33] Dem Erlass einer zweiten, inhaltlich mit der ersten gleichlautenden Entscheidung stünde eine solche auf ein Widerspruchsverbot beschränkte Rechtskraft nicht entgegen. Zumeist wird mit der Rechtskraft nach heutigem Verständnis aber noch ein weiteres Ziel verbunden. Die Endgültigkeit von Entscheidungen soll demnach nicht nur die Vermeidung von Urteilskollisionen bezwecken, sondern auch ein Mittel zur Verhinderung der Wiederholung des Rechtsstreits sein (*ne bis in idem)*. Um

---

32 *Zeuner*, in: Canaris et al., FS BGH, S. 337 (338); auch Rosenberg/Schwab/Gottwald, Zivilprozessrecht, § 151 Rn. 1.

33 So ausdrücklich *Bötticher*, Kritische Beiträge, S. 96, S. 129; Rosenberg/Schwab/Gottwald, Zivilprozessrecht, § 149 Rn. 2, § 151 Rn. 1; *Schilken*, Zivilprozessrecht, Rn. 1006; wohl auch *Althammer*, Streitgegenstand, S. 210 ff.

diese doppelte Funktion[34] der Rechtskraft ist in der deutschen Rechtslehre über einen langen Zeitraum gerungen[35] worden; jedenfalls in jüngerer Zeit ist das Wiederholungsverbot als Teil der Rechtskraft aber unumstritten.[36]

Das Verbot der Durchführung eines zweiten Rechtsstreits in derselben Sache wirkt nicht bloß präventiv im Hinblick auf die Vermeidung einer Urteilskollision, sondern leistet einen eigenständigen Beitrag zur Erreichung der mit der Rechtskraft verfolgten Ziele. Ließe man nämlich nach Abschluss des ersten Verfahrens die Wiederaufnahme des Streits in einem zweiten Verfahren zu, würde der Streitabschluss durch das erste Urteil an Bedeutung verlieren. Zwar wäre in der Sache entschieden, der Rechtsstreit zwischen den Parteien aber noch nicht beendet. Die Rechtskraft bezweckt mithin nicht nur, dass der Streit durch die Klärung der Rechtslage zwischen den Parteien ein Ende findet, sondern auch, dass weitere gerichtliche Streitigkeiten in der Sache nicht zulässig sind. Dass diese Verhinderung eines zweiten Prozesses für die Funktionsfähigkeit einer Rechtsordnung von nicht unerheblichem Wert ist, wird sich im Folgenden zeigen,

---

34 Vgl. die Darstellung bei *Gaul*, in: Jakobs et al., FS Flume, Bd. I, S. 443 ff.; *Schilken*, Zivilprozessrecht, Rn. 1011.

35 Zu diesem Streit *Gaul*, in: Bökelmann/Henckel/Jahr, FS Weber, S. 154 (159 ff.); *ders.*, in: Jakobs et al., FS Flume, Bd. I, S. 443 ff.

36 Der Streit dreht sich weniger um die Frage, ob die Wiederholung von Prozessen zulässig ist, als vielmehr darum, ob ein derartiger Ausschluss Wirkung der Rechtskraft ist. Soweit eine solche negative Wirkung der Rechtskraft geleugnet wurde (zu den Gründen *Gaul*, in: Bökelmann/Henckel/Jahr, FS Weber, S. 154 [159 ff.]), griff man zur Verhinderung eines Zweitprozesses auf andere prozessuale Figuren zurück, vgl. etwa das Gebot der Einmaligkeit bei *Sauer*, Grundlagen, § 25, oder berief sich auf das Fehlen eines Rechtsschutzbedürfnisses für einen zweiten Prozess, vgl. *A. Blomeyer*, Zivilprozeßrecht, S. 471; *J. Blomeyer*, JR 1968, S. 407 (410); *Pohle*, in: Carnelutti, GS Calamendrei, Bd. II, S. 377 (401); für das Verwaltungsprozessrecht *Detterbeck*, Streitgegenstand, S. 111. Der Klarstellung halber sei noch angemerkt, dass auch dic *ne bis in idem*-Lehre insbesondere bei ausländischen Urteilen (vgl. BGH, Urt. v. 26.11.1986 – Az. IV b ZR 90/85, NJW 1987, S. 1146; OLG Hamm, Beschl. v. 19.9.1990 – Az. 5 WF 298/90, BeckRS 2010, 29706; OLG Braunschweig, Beschl. v. 28.2.1989 – Az. 2 UF 9/89, NJW-RR 1989, S. 1097; kritisch hierzu *Geimer*, in: Zöller, ZPO, § 328 Rn. 35; *Spellenberg*, in: Staudinger, § 328 ZPO, Rn. 151; *Stadler*, in: Musielak, ZPO, § 328 Rn. 38; zum Ganzen auch *Spiecker genannt Döhmann*, Anerkennung von Rechtskraftwirkungen, S. 113 ff.), aber auch im Übrigen eine Durchbrechung des Grundsatzes des Ausschlusses eines weiteren Vefahrens zulässt, vgl. BGH, Urt. v. 18.1.1985 – Az. V ZR 233/83, BGHZ 93, 287 (289); *Braun*, Lehrbuch des Zivilprozeßrechts, S. 906; ausführlich mit einer Aufzählung der einzelnen Fallgruppen *Spiecker genannt Döhmann*, Anerkennung von Rechtskraftwirkungen, S. 81 ff.

wenn die Untersuchung die an der Rechtskraft von Entscheidungen bestehenden Interessen in den Blick nimmt.

b) Individuelle und öffentliche Zwecke der Rechtskraft

Der Dualismus von privaten und öffentlichen Interessen, der den Zivilprozess prägt, findet sich auch in der Dogmatik der Rechtskraft. Vom einzelnen Rechtsstreit her besehen bilden zunächst die individuellen Zwecke der Parteien den Bezugspunkt: Unter den Parteien soll Rechtsfrieden herrschen und sie sollen sich ihrer gegenseitigen Rechte sicher sein können. Insoweit steht die Rechtskraft zunächst in enger Verbindung mit dem aus dem Rechtsstaatsprinzip in Verbindung mit Art. 2 Abs. 1 GG abzuleitenden allgemeinen Justizgewährungsanspruch.[37] Dieser ist durch die einmalige effektive Befassung eines Gerichts mit der Streitsache erfüllt;[38] nachfolgende Gericht haben das gefundene Ergebnis ihrer Entscheidung zugrunde zu legen. Angesichts dessen könnte man zwar meinen, dass ein vernünftiger Kläger, dessen Begehren erfolglos geblieben ist, an der Erhebung einer abermaligen Klage und der damit verbundenen abermaligen Abweisung kein Interesse haben kann.[39] Es ist jedoch nicht von vorneherein ausgeschlossen, dass er die zweite Klage allein zum Zwecke der Belästigung des Beklagten angestrengt. Indem es schon die Befassung des Gerichts als unzulässig erklärt, dient das Wiederholungsverbot mithin über

---

37 Zu diesem BVerfG, Beschl. v. 30.4.2003 – Az. 1 PBvU 1/02, BVerfGE 107, 395 (401); BVerfG, Beschl. v. 28.4.2011 – Az. 1 BvR 3007/07, NJW 2011, S. 2276 (2277); *Schmidt-Aßmann*, in: Maunz/Dürig, GG, Art. 19 Abs. 4 Rn. 16 (Stand: Februar 2003).

38 Ausdrücklich *Leipold*, in: Stein/Jonas, ZPO, § 322 Rn. 32; *Gaul*, in: Böckelmann/Henckel/Jahr, FS Weber, S. 155 (165); *Schmehl*, Parallelverfahren, S. 15.

39 Diese Überlegung verdeutlicht die Grenzen eines liberalen, ausschließlich an den Parteiinteressen ausgerichteten Verständnisses der Rechtskraft. Negiert man ein öffentliches Interesse an der Rechtskraft, entstehen nicht nur dann Probleme, wenn die Parteien einvernehmlich eine zweite Befassung mit der Sache wünschen, sondern auch dann, wenn eine der Parteien ein – sei es auch missbräuchliches – Interesse an der Führung eines zweiten Prozesses hat. Auf Grundlage einer liberalen Theorie kann das Rechtsschutzbedürfnis insoweit nicht verneint werden, ohne das Parteinteresse durch Kriterien der objektiven Vernünftigkeit zu ersetzen. In diesem Sinne etwa *Gottwald*, in: Münchener Kommentar zur ZPO, § 322 Rn. 4, dem zufolge der Staat den Obsiegenden vor der Unvernunft und der Rechthaberei der unterlegenen Partei zu schützen hat.

das bloße Widerspruchsverbot hinaus dem Interesse und dem Schutzbedürfnis des Beklagten, nicht mit ohnehin aussichtslosen Klagen überzogen zu werden.

Die Rechtskraft steht einer abermaligen gerichtlichen Befassung mit der Sache aber selbst dann entgegen, wenn eine Wiederholung des Rechtsstreits ausnahmsweise dem Interesse beider Parteien entspricht und damit gerade (noch) kein Bedürfnis nach Rechtsfrieden besteht.[40] Eine rein „individuelle" Erklärung der Rechtskraft greift mithin zu kurz.[41] An der Endgültigkeit der Entscheidung bestehen nicht nur private, sondern auch öffentliche Interessen.[42] Die auf Beständigkeit angelegten Urteile sichern das Ansehen der Justiz und die Autorität des Staates und seiner Judikative.[43] Selbst wenn man hierin keinen eigenen Zweck der Rechtskraft sehen

---

40 Die Rechtskraft von Urteilen steht in Deutschland der heutigen Rechtsprechung und Literatur zufolge nicht zur Disposition der Parteien; hierzu BGH, Urt. v. 6.3.1985 – Az. IV b ZR 76/83, NJW 1985, S. 2535 (2536); BSG, Urt. v. 13.12.1960 – Az. 2 RU 189/56, NJW 1961, S. 1499; *Hess/Jauernig*, Zivilprozessrecht, § 63 Rn. 19; Rosenberg/Schwab/Gottwald, Zivilprozessrecht, § 151 Rn. 17; *Gottwald*, in: Münchener Kommentar zur ZPO, § 322 Rn. 59; a.A. *Schlosser*, Einverständliches Handeln, S. 12 ff.; *Braun*, Lehrbuch des Zivilprozeßrechts, S. 908.

41 Keine Einigkeit besteht in der Frage, ob die Rechtskraft in erster Linie dem Interesse der Parteien (so etwa *Leipold*, in: Stein/Jonas, ZPO, § 322 Rn. 29) oder dem öffentlichen Interesse dient (so etwa *Koussoulis*, Beiträge, S. 222; für das US-amerikanische Recht bejaht bei *Lühmann*, Rechtskraft des Schiedsspruchs, S. 27). Zur dogmengeschichtlichen Entwicklung *Gaul*, in: Jakobs et al., FS Flume, Bd. I, S. 443 ff.; zum englischen Recht *Carl Zeiss Stiftung v Rayner & Keeler (No.2)* [1967] 1 A.C. 853 (909); zum US-amerikanischen Recht *Hart Steel Co. v. Railroad Supply Co.* 244 U.S. 294 (1917); *Lühmann*, Rechtskraft des Schiedsspruchs, S. 24 ff.; zu den Zielsetzungen des englischen und des französischen Rechts *Germelmann*, Rechtskraft in der EU, S. 108 ff. sowie S. 220 f.; zum türkischen Recht *Direnisa*, Materielle Rechtskraft, S. 73 f.; zum niederländischen Recht *van de Velden*, Finality of Litigation, S. 93 f.; rechtsvergleichend ferner *Ferrand*, in: Adolphsen et al., FS Gottwald, S. 143 (144 f.).

42 Zur Illustrierung dieser Zweigleisigkeit verweist vor allem die englische Rechtswissenschaft häufig auf zwei lateinische Sinnsprüche zur *res judicata*: *„Interest reipublicae ut sit finis litium"* sowie *„Nemo debet bis vexari pro una et eadem causa"*, vgl. *Barnett*, Res judicata, Rn. 1.13; *Zuckerman*, Civil Procedure, Kap. 25 Rn. 64; auch *Zeuner/Koch*, Effects of Judgments, Int. Enc. Comp. Law, XVI, Kap. 9 Rn. 6; *van de Velden*, Finality of Litigation, S. 20 ff.

43 BGH, Urt. v. 14.2.1962 – Az. IV ZR 156/61, BGHZ 36, 365 (367); BGH, Beschl. v. 3.3.2004, Az. IV ZB 43/03, NJW 2004, S. 1805 (1806); Rosenberg/Schwab/Gottwald, Zivilprozessrecht, § 151 Rn. 1; *Otte*, Umfassende Streitbeilegung, S. 91.

wollte,[44] hat das Vertrauen in das Durchsetzungsvermögen der Justiz doch jedenfalls eine wichtige Stabilisierungsfunktion in einer Rechtsordnung.[45] Ein Rechtsprechungsorgan, dessen Entscheidungen immerzu in Frage gestellt werden können, läuft Gefahr, in den Verdacht der willkürlichen Entscheidungsfindung zu geraten.[46] Durch die Widersprüchlichkeit von Entscheidungen werden die Rechtssicherheit und das Vertrauen in die Justiz zwar ungleich schwerer erschüttert als durch die bloße Wiederholung von Rechtsstreitigkeiten.[47] Doch erfüllt auch ein Staat, der nicht in der Lage ist, einen Rechtsstreit im Wortsinne zu „entscheiden", nicht seine Aufgabe, Frieden und Ordnung zwischen seinen Bürgern zu schaffen. Denn eine Beruhigung und Befriedung von Rechtsverhältnissen kann nur dann eintreten, wenn diese nicht mehr Gegenstand von Gerichtsverfahren sind. Hinzu kommt, dass es nicht ausgeschlossen ist, dass die Wiederholung von Rechtsstreitigkeiten dem Ansehen der Justiz schadet, denn gleichwohl in der Sache gebunden müsste ein Richter wieder und wieder entscheiden, was den Eindruck entstehen lassen könnte, eine einmalige Entscheidung sei nicht genug, sondern bedürfe steter Bestätigung.[48] Dem Vertrauen in die Durchsetzungskraft gerichtlicher Urteile wäre die Wiederholung von Rechtsstreitigkeiten daher selbst bei vorgegebenem Inhalt der Entscheidung kaum zuträglich.[49] Widerspruchs- und Wiederholungsverbot bezwecken Rechtsfrieden mithin nicht nur im subjektiven Sinne zwischen den

---

44 Entschiedene Ablehnung bei *Leipold*, in: Stein/Jonas, ZPO, § 322 Rn. 30.

45 *Cleary*, 57 Yale Law J. (1948), S. 339 (345).

46 *Peetz*, Materiellrechtliche Einordnung, S. 31; auch *Germelmann*, Rechtskraft in der EU, S. 13.

47 So (als Vertreter der *ne bis in idem* Lehre) *Bötticher*, Kritische Beiträge, S. 96 insb. FN 3, siehe ebenda auch S. 129 („*Diese [Rechtskraft] verlangt ja nur, daß eine abweichende Entscheidung verhindert werde; gegen eine nochmalige, mit der ersten identische Entscheidung hat sie an sich nichts zu erinnern. Nicht das „zweimal", sondern das „zweierlei" ist ihr verpönt!*").

48 Zu diesem Aspekt der Rechtssicherheit *Grzeszick*, in: Maunz/Dürig, GG, Art. 20 Rn. 50 (Stand: November 2006); *M. Sachs*, in: ders., GG, Art. 20 Rn. 122; BVerfG, Urt. v. 23.11.1999 – Az. 1 BvF 1/94, BVerfGE 101, 239 (260) („*Verlässlichkeit des Rechtsverkehrs*"); BVerfG, Urt. v. 5.2.2004 – Az. 2 BvR 2029/01, BVerfGE 109, 133 (180).

49 So auch *Gottwald*, in: Münchener Kommentar zur ZPO, § 322 Rn. 4; zweifelnd *Koussoulis*, Beiträge, S. 224 f.

Parteien.[50] Vielmehr hat die Rechtskraft auch eine soziale Bedeutung für die Herstellung und Aufrechterhaltung eines allgemeinen gesellschaftlichen Friedens.[51] Verfassungsrechtliche Wurzel der Rechtskraft ist neben den individuellen Grundrechten damit letztlich das Rechtsstaatsprinzip,[52] dessentwegen die Rechtskraft die Schaffung von Rechtssicherheit[53] bezweckt und der Bewährung der Rechtsordnung[54] dienlich ist.[55]

Um der Aufgabe der Rechtsbewahrung und Sicherung des Rechtsfriedens unter den Parteien gerecht zu werden, ist zudem eine funktionsfähige Gerichtsbarkeit erforderlich, die ihre Kräfte nicht mit der wiederholten Entscheidung verschwendet. Damit kommt der Aspekt der Verfahrensökonomie ins Spiel.[56] Die gezahlten Gerichtsgebühren mögen zwar in Einzel-

---

50 Auf diese Unterscheidung von subjektivem Rechtsfrieden zwischen den Parteien und objektiver Rechtssicherheit weist *Koussoulis*, Beiträge, S. 221 f., FN 135 m.w.N., hin.

51 So für die französische Rechtsordnung *Germelmann*, Rechtskraft in der EU, S. 108 (*paix sociale*); für das türkische Recht *Direnisa*, Materielle Rechtskraft, S. 74.

52 BVerfG, Urt. v. 1.7.1953 – Az. 1 BvL 23/51, BVerfGE 2, 380 (403); *Schmidt-Aßmann*, in: Isensee/Kirchhof, Handbuch des Staatsrechts, Bd. II, § 26 Rn. 82; *Robbers*, in: Bonner Kommentar zum GG, Art. 20 Rn. 1988 und 1995 (Stand: Oktober 2009); *Detterbeck*, Streitgegenstand, S. 7.

53 Hier verstanden im Sinne einer Sicherheit der objektiven Rechtsordnung. Vgl. zum Bedeutungswandel der „Rechtssicherheit" am Beispiel des § 580 Nr. 7 a ZPO *Gaul*, Wiederaufnahmegründe, S. 88 ff.

54 *Gaul*, in: Jakobs et al., FS Flume, Bd. I, S. 443 (512) bezeichnet die Rechtskraft als ein „*Institut […] zur Bewährung des Prozesses selbst als Rechtsschutzeinrichtung*" mit einer „*Rechtsschutzaufgabe […] gegenüber der Gesamtrechtsordnung*".

55 Zu dieser Doppelformel BVerfG, Urt. v. 1.7.1953 – Az. 1 BvL 23/51, BVerfGE 2, 380 (403); BVerfG, Beschl. v. 20.4.1982 – Az. 2 BvL 26/81, BVerfGE 60, 253 (267 f.); BGH, Urt. v. 14.2.1962 – Az. IV ZR 156/61, BGHZ 36, 365 (367); BGH, Urt. v. 18.1.1985 – Az. V ZR 233/83, BGHZ 93, 287 (289); *Gottwald*, in: Münchener Kommentar zur ZPO, § 322 Rn. 2; *R. Stürner*, in: Geimer, FS Schütze, S. 913 (913); *Germelmann*, Rechtskraft in der EU, S. 11.

56 So schon *Bötticher*, Kritische Beiträge, S. 201 ff. („*daß mit anderen Worten die Rechtskraft von dem ihr eigenen ökonomischen Prinzip ernstlich gar nicht getrennt werden kann*"); („*sparsames Umgehen mit der staatlichen Rechtspflegetätigkeit*"; „*Jede Kraftvergeudung, jede überflüssige Doppelleistung, jedes Gegeneinander ist verpönt.*"); *Zuckerman*, Civil Procedure, Kap. 25 Rn. 4; *Posner*, Economic Analysis, S. 813 ff.; aus dem englischen Recht *Hoystead v Commissioner of Taxation* [1926] A.C. 155 (165).

fällen den tatsächlich entstandenen Kosten eines Verfahrens[57] entsprechen oder sie sogar übersteigen. Im Mittel aber wird in der staatlichen Justiz eine Kostendeckung nicht erreicht.[58] Die Bereitstellung der finanziellen Mittel für die Gerichtsbarkeit erfolgt in erster Linie durch den Staat und damit den Steuerzahler, der unabhängig davon, ob er je selbst in Berührung mit der Justiz kommen wird, für deren Einrichtung und Unterhaltung aufzukommen hat. Das Verbot, gerichtlichen Rechtsschutz mehrfach in Anspruch zu nehmen, dient vor diesem Hintergrund der Entlastung des öffentlichen Haushalts.[59] Erklärt man die Schonung der Ressourcen nicht zum bloßen Selbstzweck, sondern ordnet dieses Ziel in einen größeren Kontext ein, zeigt sich, dass es auch hier letztlich um die Funktionsfähigkeit der Rechtspflege geht.[60] Gerade in Beziehung zu diesem ökonomischen Argument gewinnt das Wiederholungsverbot eine eigenständige Bedeutung.[61] Scheidet eine abweichende Entscheidung aufgrund des Widerspruchsverbots nämlich ohnehin aus, so kommt dem Parteiinteresse an

57 Die vorstehenden Ausführungen beschränken sich auf die Frage der Kostendeckung von Verfahren durch die Erhebung von Gebühren für die Inanspruchnahme der staatlichen Gerichte. Einen anderen Aspekt betrifft die Frage nach Kosten und Nutzen der Justiz aus volkswirtschaftlicher Sicht, der in seine Betrachtung auch den Nutzen von Gerichtsverfahren für Unbeteiligte einzubeziehen hat, vgl. hierzu etwa *Schmidtchen/Bier*, in: Bork/Eger/Schäfer, Ökonomische Analyse, S. 51 ff.; *Adams*, Ökonomische Analyse, S. 75 ff.; *Bier*, in: Schmidtchen/ders., Der Effizienz auf der Spur, S. 124 ff. Selbst wenn man davon ausgeht, dass Prozesse der Gesellschaft einen Nutzen bringen, mehrt sich dieser nicht durch die Wiederholung eines Prozesses.

58 So auch *Homfeldt*, Beachtung der Rechtskraft, S. 72 f. mit FN 206 (unter Berufung auf Zahlen des Bayerischen Justizministeriums); Berechnungen finden sich bei *Kotzorek*, Private Gerichte, S. 126 ff.; vgl. auch BT-Drs. 17/13537 (Beschlussfassung und Bericht des Rechtsausschusses zum Entwurf eines Zweiten Gesetzes zur Modernisierung des Kostenrechts), wo von einer rückläufigen Kostendeckungsquote der Justiz die Rede ist. Zur Kostendeckungsquote der Justiz Stellungnahmen des Deutschen Richterbundes 14/2012 und 03/2013, in denen die Kostendeckungsquote der Justiz mit 34,4% angegeben ist, sowie Abschlussbericht der Bund-Länder-Arbeitsgruppe „Kostendeckungsgrad in der Justiz“ der 82. Konferenz der Justizministerinnen und Justizminister, in dem ein durchschnittlicher Kostendeckungsgrad von 44% genannt wird.

59 *Bötticher*, Kritische Beiträge, S. 201; *Barnett*, Res Judicata, Rn. 1.13; *Söderlund*, J. Int. Arb. 22 (2005), S. 301 (304).

60 *Germelmann*, Rechtskraft in der EU, S. 13: *Cleary*, 57 Yale Law J. (1948), S. 339 (345).

61 So *Nikisch*, Zivilprozeßrecht, S. 407; ablehnend *Koussoulis*, Beiträge, S. 225, dem zufolge den Staat die Pflicht zur besseren Ausstattung der Gerichte trifft.

einer abermaligen Entscheidung in der Abwägung mit dem öffentlichen Interesse an einer arbeitsfähigen effizienten Justiz nur geringe Bedeutung zu.[62]

Im US-amerikanischen Denken ist die Rechtsordnung insgesamt und damit auch die Rechtskraft von Gerichtsentscheidungen sehr viel stärker an Gesichtspunkten der gesamtwirtschaftlichen Effizienz ausgerichtet. Die ökonomischen Erwägungen zu den Zielen der Rechtskraft beziehen hier nicht nur die Gerichte als staatliche Einrichtungen, sondern auch die streitenden Parteien selbst ein. Von dieser Perspektive aus betrachtet soll die Rechtskraft von gerichtlichen Entscheidungen auch verhindern, dass Private ihre Kräfte für das Führen von Prozessen verschwenden, die schon entschieden sind. Es besteht ein öffentliches Interesse daran, die Kräfte der Parteien mit Hilfe des Wiederholungsverbots dorthin zu lenken, wo sie wohlfahrtssteigernd wirken.[63] Unter der Voraussetzung, dass ein faires Verfahren stattgefunden hat, in dem der Sachverhalt aufgeklärt worden ist, hat daher nicht nur eine abermalige Beschäftigung der Gerichte, sondern auch der Parteien mit der Sache zu unterbleiben. Die Betonung der gesamtgesellschaftlichen ökonomischen Interessen an der Rechtskraft, die der deutschen Rechtsordnung jedenfalls in dieser ausgeprägten Form nicht bekannt ist, zeigt, dass die Gewichtung der einzelnen, mit der Rechtskraft verfolgten Ziele in den nationalen Rechtsordnungen variieren kann.[64]

2. Legitimation der Rechtskraft

Die Rechtskraft ist einem Urteil nicht kraft seiner „Staatlichkeit" von Amts wegen mitgegeben. Wie alles Recht in einem Verfassungsstaat bedarf auch sie einer Legitimation durch die Zwecke, denen zu dienen sie

---

62 Zu dieser Argumentation *Bötticher*, Kritische Beiträge, S. 201 ff.; ähnlich auch *Koussoulis*, Beiträge, S. 223.

63 *Shell*, UCLA Law Rev. 35 (1988), S. 623 (648); vor allem *Posner*, Economic Analysis, S. 813 ff.; die ökonomischen Aspekte der Rechtskraft im US-amerikanischen Recht betont auch *Niehoff*, Verfahrenskonzentration, S. 10 f.; dagegen aber *Cleary*, 57 Yale Law J. (1948), S. 339 (348). Die soziale wolhlfahrtsfördernde Funktion des Prozesses wurde schon von *F. Klein*, Zeit- und Geistesströmungen, S. 14 ff. hervorgehoben, der auf der Erfassung des gerichtlichen Verfahrens als Massenphänomen seine Prozessrechtslehre aufbaute.

64 So hinsichtlich des Merkmals des Rechtsfriedens auch die Einschätzung bei *Germelmann*, Rechtskraft in der EU, S. 109.

bestimmt und geeignet ist. Vorstehend ist dargestellt worden, welche außerhalb des Prozesses liegenden Zwecke durch das Gebot der Einmaligkeit des Rechtsstreits verfolgt werden. Dabei sollte jedoch nicht der Eindruck entstehen, dass die Rechtskraft eines Gerichtsurteils, das kraft staatlicher Autorität Beachtung und Gehorsam[65] für sich in Anspruch nimmt, bloße Ausübung von staatlicher Macht ohne eigene inhaltliche Anleitung ist. Der Einsatz von Hoheitsgewalt ist nicht als Zweck in sich selbst, sondern stets nur als Mittel zur Erreichung der gesetzlich vorgegebenen Zwecke legitimiert. Daher lässt sich die Rechtskraft einer Entscheidung auch nicht ausschließlich mit dem Verweis auf die Ausübung von Hoheitsgewalt rechtfertigen. Die Vorstellung, dass von den Parteien die Befolgung des Urteils eines Gerichts allein deshalb verlangt werden könnte, weil es sich eben um das Urteil eines Gerichts handelt, widerspräche dem Staatsverständnis eines modernen Verfassungsstaats.[66] Der rechtfertigende Grund der Befolgungspflicht und der fortdauernden Beachtlichkeit eines Urteils liegt vielmehr darin, dass der Entscheidung ein zweckorientiertes, nach rechtsstaatlichen Maßstäben geführtes Verfahren vorausgegangen ist. Die Rechtskraft sichert das im Prozess Erreichte ab und verhilft den Zwecken des Zivilprozesses gerade dadurch zur Verwirklichung,[67] dass sie Versuche zu einer abermaligen Zweckverfolgung – selbst bei Fehlentscheidungen – unterbindet.[68]

a) Richtigkeitsgewähr des Urteils

Für die Rechtskraft von Entscheidungen hat die Rechtsordnung damit den Preis zu zahlen, dass auch unrichtige Urteile nicht im Wege der Wiederholung des Rechtsstreits korrigiert werden können.[69] Aus diesem Grund wird

---

65 Ausdrücklich *Nikisch*, Zivilprozeßrecht, S. 405; auch *Gilles*, in: Lüke/Jauernig, FS Schiedermair, S. 183 (193).

66 Ähnlich *Gottwald*, in: Münchener Kommentar zu ZPO, § 322 Rn. 2.

67 *Gaul*, Grundlagen des Wiederaufnahmerechts, S. 92; *ders.*, in: Gerhardt et al., FS Henckel, S. 235 (253).

68 Vgl. *Gaul*, Grundlagen des Wiederaufnahmerechts, S. 51; *ders.*, AcP 168 (1968), S. 27 (60); *Arens*, in: FS Waseda Universität, S. 689 (699); *Jauernig*, ZZP 66 (1954), S. 398 (414 f.).

69 Freilich gibt es Grenzen der Rechtskraft, außerhalb derer eine Wiederaufnahme eines Verfahrens möglich ist. Neben der Anstrengung einer Klage auf Grundlage der §§ 578 ff. ZPO kann nach der Rechtsprechung in eng begrenzten Ausnahmefällen

die Rechtskraft bisweilen auch als Auflösung des Konflikts zwischen materieller Gerechtigkeit und Rechtssicherheit zugunsten der letzteren bezeichnet.[70] Nur selten wird man allerdings sicher davon ausgehen können, dass in einem zweiten Prozess das richtige, gerechte Ergebnis gefunden werden wird. Auch nach einem zweiten Urteil können sich Beteiligte oder Beobachter eines Rechtsstreits auf den Standpunkt stellen, dass die im ersten Prozess getroffene Entscheidung die richtige gewesen wäre.[71] So verstanden liegt die Bedeutung der Rechtskraft darin, dass sie es den Parteien verwehrt, sich auf die Unrichtigkeit der Entscheidung zu berufen.[72] In dieser Lesart verliert die Konfrontation von materieller Gerechtigkeit und Rechtssicherheit einiges an Schärfe. Der Prozess ist der institutionelle Rahmen, innerhalb dessen sich Gerechtigkeit verwirklicht. Ohne einen Prozess ist materielle Gerechtigkeit undenkbar. Der Zweck des Prozesses aber kann nur in der Erreichung einer relativen Gerechtigkeit bestehen. Es muss genügen, dass der Staat bestimmte Vorkehrungen dafür getroffen hat, dass im Prozess die richtige Entscheidung gefunden wird.[73] Zu nennen sind hier etwa die Zuweisung der Entscheidung von Rechtsstreitigkeiten an hierfür ausgebildete, unabhängige und unparteiliche Richter, die Öffentlichkeit des Verfahrens, die Pflicht der Gewährung rechtlichen Gehörs und weitere Vorgaben für das Verfahren der Entscheidungsfindung.[74]

---

die Rechtskraft eines Urteils auch durch Klage aus § 826 BGB durchbrochen werden, vgl. BGH, Urt. v. 24.9.1987 – Az. III ZR 187/86, BGHZ 101, 380 (384); BGH, Urt. v. 21.6.1951 – Az. III ZR 210/50, NJW 1951, S. 759 ff.

70 Vg. etwa BVerfG, Beschl. v. 14.3.1963 – Az. 1 BvL 28/62, BVerfGE 15, 313 (319).

71 In diese Richtung *Otto*, Präklusion, S. 158.

72 Ähnlich *Arens*, AcP 173, S. 250 (256). *Luhmann*, Recht der Gesellschaft, S. 182, bezeichnet die Rechtskraft einer Entscheidung als Kompensation des „*Endgültigkeitsdefizit[s]*" aufgrund des Fehlens absoluter Sicherheit, „[...] *die das Wiederholen der Prüfung unter den gleichen Prämissen rechtmäßig blockiert.*" Vgl. auch ebenda, S. 318 („*Die Diskrepanz zwischen Entscheidungszwang und Möglichkeiten, zu überzeugenden Ergebnissen zu kommen, findet unter anderem in der Institution der Rechtskraft Ausdruck. [...] So fragwürdig die Entscheidung sein und bleiben mag, sie wird durch Rechtskraft von einem dauernden Infragestellen entlastet.*").

73 Vgl. Rosenberg/Schwab/Gottwald, Zivilprozessrecht, § 151 Rn. 2; von „*Richtigkeitskautelen*" spricht *Gilles*, in: Lüke/Jauernig, FS Schiedermair, S. 183 (198 f.); auch *Prütting*, in: Dörr et al., FS Schiedermair, S. 445 ff.; *Henckel*, Thrazische Juristische Abhandlungen 18 (1988), S. 12 insb. FN 13.

74 *Gilles*, in: Lüke/Jauernig, FS Schiedermair, S. 183 (198); *Lenenbach*, Behandlung von Unvereinbarkeiten, S. 52 ff.

Die in Art. 20 Abs. 3 GG ausgesprochene Pflicht des Richters, den Rechtsstreit in Übereinstimmung mit Gesetz und Recht zu entscheiden, gewährt Schutz vor willkürlichen gesetzeswidrigen Entscheidungen und bettet die Rechtsprechung in ein dichtes Geflecht grundrechtlich flankierter Rechtsregeln ein, welche die Rechtmäßigkeit der Entscheidung absichern. Aufgrund dieser rechtlichen Vorkehrungen, die sicherstellen, dass jeder Partei die gleiche Möglichkeit geboten ist, den Richter im Prozess von der ihrer Ansicht nach richtigen Entscheidung zu überzeugen, treten die individuellen Schutzinteressen (wieder) hinter Rechtsfrieden und -sicherheit zurück.[75] Dass es trotz dieser „relativen Rechtmäßigkeitsgewähr"[76] und hohen Wahrscheinlichkeit richtiger Entscheidungen zu unrichtigen Urteilen kommen kann, lässt sich gleichwohl nicht ausschließen.[77]

b) Legitimation der Rechtskraft aus dem Zweck des Zivilprozesses

An die Feststellung, dass die Infragestellung des Urteils deshalb unzulässig ist, weil eine hinreichende Gewähr für die Richtigkeit der getroffenen Entscheidung besteht, schließt sich die Frage nach dem *Gegenstand* der Entscheidung an. Es muss im Folgenden daher darum gehen zu untersuchen, worüber eine Entscheidung gefällt, d.h. um welchen Zweck das Verfahren geführt worden ist. Zu beleuchten ist überdies, in welchem funktionalen Zusammenhang die Rechtskraft zu diesem Zweck steht.[78]

---

75 Aus Sicht des verfassungsrechtlichen Rechtsstaatsprinzips ist das unbedenklich, vgl. BVerfG, Beschl. v. 8.5.1973 – Az. 2 BvL 5, 6, 7 u. 13/72, NJW 1973, S. 1315 (1315); auch *Arens*, AcP 1973 (173), S. 250 (258).

76 Ausdruck bei *Gilles*, in: Lüke/Jauernig, FS Schiedermair, S. 183 (199); vgl. auch *Waßmuth*, Richtigkeitskontrolle, S. 2 ff.; in Bezug auf den Wegfall der Schlüssigkeitsprüfung beim Mahnbescheid *Arens*, in: FS Waseda Universität, S. 689 ff.

77 Ein Anliegen der materiell-rechtlichen Rechtskraftlehren war es daher über lange Zeit, ein Auseinanderfallen von Urteilsspruch und materieller Rechtslage zu vermeiden, indem dem Urteil eine unmittelbare Einwirkung auf die materiellen Rechtsverhältnisse der Parteien zugesprochen bzw. das Urteil als wahr deklariert wurde, vgl. die Auseinandersetzung mit den „Leugnern des Fehlurteils" bei *Schumann*, in: Bettermann/Zeuner, FS Bötticher, S. 289 ff.

78 Zum Zusammenhang von Rechtskraft und Prozess *Gaul*, AcP 168 (1968), S. 27 (35); *Leipold*, in: Stein/Jonas, ZPO, § 322 Rn. 27; *Sauer*, Grundlagen, S. 239 f., 249; siehe auch BVerfG, Beschl. v. 20.4.1982 – Az. 2 BvL 26/81, BVerfGE 60, 253 (267 f.). Kritisch dagegen *Braun*, Rechtskraft und Restitution, S. 42 ff.; der die Frage nach dem Zweck des Zivilprozesses als Pseudometaphysik abtut.

Über den Zweck des Prozesses wird in einer Vielzahl wissenschaftlicher Abhandlungen gerungen.[79] Die meisten Autoren gelangen dabei zu der Einschätzung, dass es den *einen* Zweck des Zivilprozesses nicht gebe, sondern von einem ganzen Zweckbündel auszugehen sei.[80] Erschwerend kommt hinzu, dass die Diskussion unter verschiedenen Vorzeichen und Erkenntniszielen geführt wird.[81] Für die vorliegend beabsichtigte Klärung der Beziehung zwischen dem Zweck des Prozesses und der Rechtskraft muss es ausreichen, die im Vordergrund der Diskussion stehenden Prozesszwecke vorzustellen. Herauszugreifen ist die Ausrichtung des Prozesses an der Durchsetzung subjektiver Rechte, der Bewahrung und Fortbildung der objektiven Rechtsordnung sowie seine Funktion für die Befriedigung der widerstreitenden Interessen und Auflösung von bestehenden Konflikten.

aa) Durchsetzung subjektiver Rechte

Als vornehmliche Aufgabe des Zivilprozesses in einem modernen Rechtsstaat wird der Schutz subjektiver Rechte angesehen.[82] Deshalb bestimmen die Parteien den Erkenntnisgegenstand des Gerichts und deshalb beruht

---

79 *E. Schmidt*, Zweck des Zivilprozesses und seine Ökonomie; *Gaul*, AcP 168 (1968), S. 27 ff.; *Pawlowski*, ZZP 80 (1967), S. 345 ff.; aus jüngerer Zeit *Münch*, in: Bruns/Münch/Stadler, Zukunft des Zivilprozesses, S. 5 ff.; aus rechtsvergleichender Sicht siehe die Beträge in Uzelac, Goals of Civil Justice.

80 Vgl. etwa *Pfeiffer*, Internationale Zuständigkeit, S. 235; *Musielak*, in: ders., ZPO, Einl. Rn. 5; *Rauscher*, in: Münchener Kommentar zur ZPO, Einl. Rn. 8 ff.

81 Hierzu *Rödig*, Gerichtliches Erkenntnisverfahren, S. 40 f., und *Gaul*, in: Gerhardt et al., FS Henckel, S. 235 (239), die sich vor allem gegen die Überlagerung der Diskussion durch die von *Luhmann*, Legitimation durch Verfahren, S. 55 ff., erfolgte empirisch-soziologische Erfassung des Prozesses aussprechen; dagegen auch *Gilles*, in: Lüke/Jauernig, FS Schiedermair, S. 183 ff.

82 Vgl. in unterschiedlichen Nuancierungen bei *Jauernig/Hess*, Zivilprozessrecht, § 1 Rn. 7 („*primären Zweck, subjektive Privatrechte durchzusetzen*"); *Brehm*, in: Stein/Jonas, ZPO, Einl. Rn. 9 („*Schutz subjektiver Rechte*"); Rosenberg/Schwab/Gottwald, Zivilprozessrecht, § 1 Rn. 7 („*Feststellung und Verwirklichung subjektiver Rechte*"); Henckel, Prozessrecht und materielles Recht, S. 61 ff. („*Mittel/Verfahren zur Rechtsausübung*"); *Rimmelspacher*, Prüfung von Amts wegen, S. 23 („*Schutz subjektiver Rechte als reales Ziel*"); *Rauscher*, in: Münchener Kommentar zur ZPO, Einl. Rn. 8 („*Feststellung, Durchsetzung und Gestaltung subjektiver Rechte*"); *Pfeiffer*, Internationale Zuständigkeit, S. 261 („*Rechtsstaatlich geschützte Ausübung subjektiver Rechte*").

auf ihrem Vorbringen die Tatsachen- und Rechtserforschung im Prozess. Der Grundsatz der Parteiherrschaft über die zu entscheidende Sache ist Ausdruck der Dispositionsmaxime, nach welcher der Rechtsinhaber dem Gericht eine Sache zur Entscheidung anträgt und so über Art und Umfang des ihm zu gewährenden Rechtsschutzes entscheidet.[83] Spiegelbildlich ist es dem Beklagten aufgegeben, sich gegen das klägerische Begehren zu verteidigen, einem unrichtigen Vortrag entgegenzutreten und Verteidigungsmittel vorzubringen – kurzum: im Prozess ebenfalls seine Rechte zu wahren.

Durch ihre Teilhabe am Prozess tragen beide Parteien dazu bei, dass der Richter ein dem materiellen Recht entsprechendes und im Einklang mit den prozessualen Vorschriften stehendes Urteil fällt.[84] Gelingen kann das aber nur, wenn das gefundene Ergebnis nicht nur für den Augenblick die Rechte der Parteien feststellt, sondern auch in der Zukunft Bestand hat. Keiner der Parteien wäre damit gedient, wenn sich ein Rechtsstreit immer und immer wiederholte; eine effektive Durchsetzung von subjektiven Rechten wäre nicht möglich. Die Rechtsfrieden und Rechtssicherheit schaffende Rechtskraft eines Urteils trägt mithin zum Schutz subjektiver Rechte bei.

bb) Bewährung und Fortbildung des objektiven Rechts

Andere Stimmen stellen die Bewährung der Rechtsordnung in den Mittelpunkt ihrer Lehre zum Prozesszweck.[85] Ein im Einklang mit der materiellen Rechtsordnung stehender Ausgang des Prozesses dient nach diesem Verständnis in erster Linie nicht den individuellen Rechtsdurchsetzungsin-

---

83 *Althammer*, Streitgegenstand, S. 240 f.; zur Geltung des Grundsatzes der Parteidisposition in den europäischen Rechtsordnungen vgl. *R. Stürner*, in: Lorenz et al., FS Heldrich, S. 1061 ff.

84 Dieser Zusammenhang von Prozess und Entscheidung wird in der Zivilprozessordnung an vielen Stellen hervorgehoben. So ist etwa nach § 308 Abs. 1 S. 1 ZPO das Gericht bei seiner Entscheidung an die Anträge der Beteiligten gebunden; gemäß § 286 Abs. 1 S. 1 ZPO ist der der rechtlichen Würdigung zugrunde zulegende Sachverhalt unter Berücksichtigung des gesamten Inhalts der Verhandlungen und des Ergebnisses einer etwaigen Beweisaufnahme zu erfassen.

85 Vgl. zu diesen Stimmen näher *Althammer*, Streitgegenstand, S. 241 ff.; auch *Thiere*, Überindivuelle Interessen, S. 367 f., der nachweisen will, dass es bei Verbands-/Sammelklagen ausschließlich um die Wahrung des objektiven Rechts geht.

teressen, sondern dem staatlichen Interesse an der Bewahrung der staatlichen Rechtsordnung.[86] Eine Ausrichtung des Prozessdenkens allein an der Bewährung der objektiven Rechtsordnung liefe indes Gefahr, sich von einem reinen Gesetzespositivismus in Richtung einer totalitären Doktrin zu wandeln,[87] in der die privaten Interessen der Parteien zugunsten überindividueller Zwecke instrumentalisiert sind. Die Parteien würden auf diese Weise zu bloßen Statthaltern des überindividuellen Interesses der Allgemeinheit werden; das sich im Prozess verwirklichende Privatrecht wäre eine „*Lebensordnung mit generalpräventiver Wirkung*".[88] Ein derartiger Zivilprozess verkannte die Bedeutung des Individualrechtsschutzes und der verfassungsrechtlichen Rechtsschutzgewährung. Ein Zivilprozess, in dessen Rahmen der primäre Zweck in der Bewährung objektiven Rechts zu finden und bei dem die Verteidigung subjektiver Rechte bloßer Reflex wäre, stieße an rechtsstaatliche Grenzen.[89] Die Bewährung der objektiven Rechtsordnung kann und darf die Ausrichtung des Prozesses an der Durchsetzung subjektiver Rechte daher nicht ersetzen, sondern kann lediglich an ihre Seite treten.[90]

Das Zusammenspiel privater Interessen und der Durchsetzung der objektiven Rechtsordnung zeigt sich am Beispiel des *private law enforcement*, wie es in der US-amerikanischen Rechtskultur bekannt ist[91] und von

86 So auch die Darstellung bei *Taruffo*, in: Heldrich/Uchida, FS Nakamura, S. 621 (625).

87 Davor warnend *Taruffo*, in: Heldrich/Uchida, FS Nakamura, S. 621 (625).

88 So *R. Stürner*, in: Lutter et al., FS Stiefel, S. 763 (783), für den US-amerikanischen Zivilprozess; eingehend auch *Marcus*, in: Uzelac, Goals of Civil Justice, S. 123 ff.

89 Kritisch auch *Brehm*, in: Stein/Jonas, ZPO, Einl. Rn. 12 f., der die Bewährung der objektiven Rechtsordnung deswegen auch als einen bloßen Reflex des Individualrechtsschutzes und damit nicht als eigenständigen Prozesszweck verstehen will. Siehe auch *R. Stürner*, in: Prütting, FS Baumgärtel, S. 545 (S. 548 FN 16); *Pfeiffer*, Internationale Zuständigkeit, S. 254.

90 Einen Überblick über die Diskussion des Verhältnisses der beiden Prozesszwecke bietet *Münch*, in: Bruns/Münch/Stadler, Zukunft des Zivilprozesses, S. 6 (11); auch *Pfeiffer*, Internationale Zuständigkeit, S. 253 ff.; ausführlich *Thiere*, Überindividuelle Interessen, S. 3 ff.

91 Hierzu *Marcus*, in: Uzelac, Goals of Civil Justice, S. 123 (129 ff.), der bemerkt, dass "*the American commitment to private enforcement lies at the heart of many of the 'exceptional' features of its procedure.*", S. 137; auch *Murray*, in: Bitburger Gespräche in München, 2016, S. 27 ff.

Zeit zu Zeit auch auf europäischer Ebene[92] propagiert wird. Indem materiell-rechtliche Schadensersatz- und Unterlassungsansprüche begründet und prozessuale Mechanismen zur Geltendmachung dieser Ansprüche geschaffen werden, wird eine privatrechtliche Ebene der Rechtsdurchsetzung implementiert, die neben die öffentlich-rechtlichen Steuerungsinstrumente tritt. Mit der Erhebung von Klagen werden die oft in Verbraucherverbänden zusammengeschlossenen privaten Kläger zu Statthaltern öffentlicher Interessen.[93]

In einem auf die Bewährung der objektiven Rechtsordnung fokussierenden Prozessmodell trägt die Rechtskraft dazu bei, dass der Prozess nicht nur für die Parteien, sondern zudem für die Allgemeinheit einen Nutzen hat, indem sie den Urteilsinhalt gegen eine Infragestellung absichert. Schafft die Rechtskraft Rechtssicherheit und -klarheit zwischen den Parteien, so trägt jedes einzelne rechtskräftige Urteil gleichsam zur Entstehung einer Rechtsprechung bei, die es auch Dritten erlaubt, eine zuverlässige Prognose über zu erwartende Entscheidungen zu treffen.[94]

Der Zusammenhang von Rechtskraft und der objektiven Zweckdimension des Prozesses tritt noch deutlicher zu Tage, betrachtet man die von einigen Autoren[95] als Zweck des Zivilprozesses angesehene Rechtsfortbil-

---

92 Zur Möglichkeit der Implementierung der privaten Rechtsdurchsetzung auf europäischer Ebene (aus US-amerikanischer Sicht) *Murray*, in: Bitburger Gespräche in München, 2016, S. 27 (35 ff.); kritisch etwa *Roth*, in: Bitburger Gespräche in München, 2016, S. 39 ff.; aus der europäischen Gesetzgebung vgl. etwa Richtlinie 2014/104/EU des Europäischen Parlaments und des Rates vom 26. November 2014 über bestimmte Vorschriften für Schadensersatzklagen nach nationalem Recht wegen Zuwiderhandlungen gegen wettbewerbsrechtliche Bestimmungen der Mitgliedstaaten und der Europäischen Union; zu dieser *Schweitzer*, NZKArt 2014, S. 335 ff.; zurückhaltend in Bezug auf eine private Rechtsdurchsetzung dagegen die Verordnung 596/2014/EU des Europäischen Parlaments und des Rates vom 16. April 2014 über Marktmissbrauch (Marktmissbrauchsverordnung); zu dieser *Schmolke*, NZG 2016, 721 ff.

93 Vgl. zur kollektiven Rechtsdurchsetzung *Hess*, Europäisches Zivilprozessrecht, § 11 Rn. 41 ff.; *ders.*, JZ 2011, 66 (67); *Möschel*, in: Schmidtchen/Albert/Voigt, More Economic Approach, S. 101 ff.; *Höft/Zimmer*, ZGR 2009, S. 662 ff.; *Rodger*, Competition Law, Comparative Private Enforcement and Collective Redress Across the EU; *Alexander*, Schadensersatz und Abschöpfung.

94 So *Brehm*, in: Stein/Jonas, ZPO, Einl. Rn. 18.

95 Programmatisch *Lames*, Rechtsfortbildung als Prozeßzweck; *Rauscher*, in: Münchener Kommentar zur ZPO, Einl. Rn. 10.

dung.[96] Wie zutreffenderweise hervorgehoben wird,[97] handelt es sich bei der Rechtskraft einer Entscheidung und der Präzedenzwirkung um zwei zu unterscheidende Phänomene. Während die Rechtskraft in ihrer Fokussierung auf den Einzelfall den Erlass einer widersprüchlichen Entscheidung in derselben Sache verhindern will, geht es der Präzedenzwirkung darum, den Einfluss der Entscheidung auf weitere Fälle zu sichern.[98] Verliert eine Entscheidung ihre Präzedenzwirkung, lässt das die Rechtskraft der Entscheidung unangetastet. Umgekehrt lässt sich indes ein Einfluss der Rechtskraft auf das Entstehen von Präzedenzurteilen nicht leugnen. Denn wäre es nicht ausgeschlossen, dass in Prozessen über ein und dieselbe Streitsache beständig neues Recht geschaffen wird, das sich mitunter sogar selbst widerspräche, so taugten Urteile nicht als Rechtsquelle und Anleitung von Entscheidungen kommender Rechtsfälle. Das Verbot der abermaligen Entscheidung hat damit Bedeutung für die Eignung eines Urteils in Bezug auf die Rechtsschaffung und -fortbildung.

Dass dem Prozess der Zweck zukommt, das Recht fortzubilden, ist indes nicht unumstritten. Durchaus nahe liegt ein solches Prozessverständnis im *common law*, in welchem das am gerichtlichen Fall gebildete Recht (*case law*) in den Rang einer Rechtsquelle gehoben ist. Dem Richter kommt in den vom *common law* geprägten Rechtsordnungen über die Rechtsanwendung auf den Fall hinaus auch die Aufgabe zu, Präjudizien zu ermitteln, induktiv auf den Fall anwendbare Normen zu schaffen und damit gleichsam für die Zukunft Präjudizien und Recht zu bilden.[99] In der deutschen Rechtswissenschaft wird – unbeschadet des auch hier großen, aber eben nur tatsächlichen Einflusses der (höchstrichterlichen) Rechtsprechung – eine rechtliche Bindung an Präjudizien dagegen abgelehnt.[100] Es handelt sich bei dem vom Richter geschaffenen Recht nicht um Gesetz

96 Zum Beleg dafür, dass das geltende deutsche Zivilprozessrecht dieses Ziel *de lege lata* (und nicht nur faktisch) verfolgt, wird häufig das Revisionsverfahren genannt, vgl. zur Diskussion *Pawlowski*, ZZP 80 (1967), S. 345 (351).

97 *König*, Präzedenzwirkung, S. 30; *Leipold*, in: Stein/Jonas, ZPO, § 322 Rn. 17; Rosenberg/Schwab/Gottwald, Zivilprozessrecht, § 148.

98 *König*, Präzedenzwirkung, S. 30.

99 Vgl. zum englischen Recht *Jones v Secretary of State for Social Services* [1971] A.C. 944 (1026); *Farrar/Dugdale*, Introduction, S. 81, 103; *Wilson et al.*, English Legal System, S. 138 ff.; *Ward/Akhtar*, Walker & Walker's, S. 1 f., 320 ff.

100 Vgl. jeweils mit weiterführenden Nachweisen zur rechtsmethodischen Diskussion *Engisch*, Einführung, S. 309 mit Fn. 3; *Larenz/Canaris*, Methodenlehre, S. 255; mit Blick auf die Rechtsprechung des BVerfG *v. Ungern-Sternberg*, AöR

und Recht im Sinne des Art. 20 Abs. 3 GG.[101] Selbst in einer Rechtsordnung, die stärker als die deutsche die rechtschaffende Funktion von Urteilen hervorhebt, sollte die Rechtsfortbildung gleichwohl nur Folge der Entscheidung bleiben, nicht aber innere Anleitung und Ausrichtung des Prozesses sein.[102]

cc) Schaffung von Rechtsfrieden

Nicht die Durchsetzung des (subjektiven und objektiven) Rechts, sondern die Schaffung von Rechtsfrieden steht anderen Ansichten nach im Vordergrund von Zivilprozessen.[103] Eine lange und über das bloße Aufzeigen von Vergleichsmöglichkeiten hinausgehende Tradition hat die Betonung der friedensschaffenden Funktion im anglo-amerikanischen Recht, wo die Durchführung eines Prozesses der möglichst umfassenden Aufarbeitung etwaiger Streitpunkte zwischen den Parteien dient.[104] In der deutschen Zivilprozessordnung, die dem Kläger die Pflicht auferlegt, sein Rechtsschutzbegehren dem Gericht gegenüber deutlich zu formulieren, besteht dagegen traditionell wenig Raum für eine Ausrichtung des Prozesses an

---

138 (2013), S. 1 (5 f.), auch zur Unterscheidung von Richterrecht und Präjudizienbindung.

101 BVerfG, Beschl. v. 26.6.1991 – Az. 1 BvR 779/85, BVerfGE 84, 212 (227); *Jarass*, in: ders./Pieroth, GG, Art. 20 Rn. 53; *M. Sachs*, in: ders., GG, Art. 20 Rn. 107; *Sommermann*, in: v. Mangoldt/Klein/Starck, GG, Art. 20 Abs. 3 Rn. 286.

102 Einen anderen Eindruck mag man angesichts zahlreicher *obiter dicta* gewinnen, die nicht der Entscheidung des Falls als solchem dienen, sondern Hintergründe darstellen und Handlungsanweisungen für zukünftige Fälle geben. Bedenklich wäre es allerdings, wenn es Gerichte, insbesondere die unterinstanzlichen Gerichte, allein darauf anlegten, Leitentscheidungen zu schaffen, anstatt den Einzelfall richtig zu entscheiden.

103 Grundlegend *Schönke*, AcP 150 (1949), S. 216 ff.; zu den historischen Hintergründen *Rimmelspacher*, Prüfung von Amts wegen, S. 19 ff. Dabei sind vor allem die früheren Lehren als Versuch zu verstehen, auch im Erlass eines unrichtigen Urteils die Erfüllung des Prozesszwecks zu sehen, so *Gaul*, Grundlagen des Wiederaufnahmerechts, S. 60; *ders.*, AcP 168 (1968), S. 27 (53 ff.); auch *E. Schmidt*, Zweck des Zivilprozesses und seine Ökonomie, S. 37.

104 *Althammer*, Streitgegenstand, S. 105; *Engelmann-Pilger*, Rechtskraft des Zivilurteils im Recht der Vereinigten Staaten, S. 45; für den englischen Prozess *Albrecht*, Streitsache, S. 216.

einer über den einzelnen Prozess hinausweisenden Friedensfunktion.[105] Sicherlich ist – wie jüngere Gesetzesänderungen und die Ausweitung der Möglichkeiten zur Streitbeilegung in den Prozessordnungen belegen – auch für die deutsche Rechtsordnung die friedensschaffende Funktion von Prozessen keineswegs zu vernachlässigen. Indes bleiben die Parteien frei, sich auf eine gütliche Einigung einzulassen. Es liegt also in ihrer Hand, ob sie auf die Klärung der materiellen Rechtslage zur Herstellung von Rechtsfrieden verzichten wollen. Im freiwilligen Abschluss eines Vergleichs äußert sich damit ebenso wie in der Durchsetzung der materiellen Rechtspositionen die Privatautonomie. Ein anderes Verständnis von Rechtsfrieden im Sinne eines gegen den Willen der Parteien hergestellten Zustands, der zwar das Streiten beendete, den Parteien allerdings nicht zu ihrem Recht verhülfe, wäre deshalb unter der Geltung des Grundgesetzes sogar verfassungswidrig.[106] Zudem wäre im Ergebnis die alleinige Ausrichtung des Prozesses an der Schaffung von Rechtsfrieden nichts anderes als eine Gleichsetzung mit dem Zweck der Rechtskraft.[107] Ziel des Prozesses wäre die Schaffung eines rechtskräftigen Urteils.[108] Über eine inhaltliche Ausrichtung verfügten der Prozess und das in ihm gefundene Ergebnis dann jedoch nicht.

c) „Materielle" Legitimation der Rechtskraft

Eine letzte Überlegung geht dahin, ob sich die Rechtskraft auch materiellrechtlich erklären lässt. Gemeint ist hier nicht eine materielle Rechtskraftlehre, welche von einer Neugestaltung der zwischen den Parteien bestehenden Rechtsverhältnisse durch das Urteil ausgeht. Anzusetzen ist vielmehr bei der Vorstellung, dass die Parteien selbst durch ihr Prozessverhalten auf das materielle Recht einwirken. Eine materiell-rechtliche Erklärung hätte den Vorzug, die Rechtskraft ohne Rückgriff auf überindividuelle Zwecke allein aus auf das Parteiverhältnis bezogenen Gerechtigkeits-

---

105 Kritisch daher zu einer Übertragung des US-amerikanischen Verständnisses auf den deutschen Zivilprozess *Althammer*, Streitgegenstand, S. 109.

106 *Althammer*, Streitgegenstand, S. 46.

107 Kritisch daher auch Rosenberg/Schwab/Gottwald, Zivilprozessrecht, § 1 Rn. 10; *Brehm*, in: Stein/Jonas, ZPO, Einl. Rn. 14.

108 So *Gaul*, Grundlagen des Wiederaufnahmerechts, S. 61, der in dieser Hinsicht *Schönke*, AcP 150 (1949), S. 216 ff., der unteleolgischen Vorgehensweise bezichtigt.

überlegungen zu legitimieren und damit auf den im konkreten Fall geführten Prozess Bezug zu nehmen. Besonders deutlich wird ein materieller Ansatz im kontinentaleuropäischen Schrifttum in Gestalt der sog. Verwirkungslehre vertreten.[109] Die Rechte der Parteien sind danach nicht bloßer Erkenntnisgegenstand der gerichtlichen Entscheidung, sondern werden im Prozess ausgeübt, aktualisiert und gegebenenfalls durch mangelhafte Wahrnehmung verwirkt.[110] Die Rechtskraft einer Entscheidung ist nach diesem Ansatz in erster Linie Ausdruck der Anerkennung der Schutzwürdigkeit der obsiegenden Partei, die darauf vertrauen darf, dass die Gegenseite alle ihr zur Verfügung stehenden Möglichkeiten zur Ausübung ihres behaupteten Rechts ergriffen hat. Die Rechtskraft wird damit als prozessuale Ausprägung des aus dem materiellen Recht stammenden Gedankens der Verwirkung[111] angesehen.[112] Ihre Grenzen findet sie dementsprechend nur im Schutzbedürfnis der in einem zweiten Verfahren um ihre Rechte streitenden Gegenseite.[113]

Eine in diesem Sinne materiell-rechtliche Färbung weist auch die englische Rechtskraftlehre auf. Das hängt damit zusammen, dass das englische Recht in dieser Hinsicht nicht nur Wurzeln im römischen Recht, sondern

---

109 *Henckel*, Prozeßrecht und materielles Recht, S. 97; in diese Richtung auch *Braun*, Zivilprozeßrecht, S. 899; kritisch zur Rückführung der Rechtskraft auf den Verwirkungsgedanken dagegen *Arens*, AcP 173 (1973), S. 251 ff.; *Gaul*, in: Walter et al., FS Henckel, S. 235 ff.; *Bötticher*, ZZP 85 (1972), S. 15 (20 f.); *Otto*, Präklusion, S. 160 ff. Einen geschichtlichen Überblick zum Verwirkungsgedanken gibt *Gaul*, in: Gerhard et al., FS Henckel, S. 235 (246 ff.).

110 *Henckel*, Prozeßrecht und materielles Recht, S. 61 ff.; kritisch *Arens*, AcP 173 (1973), S. 250 (255). Soweit *Henckel* den Prozess als Mittel nicht nur zur Rechts*durchsetzung*, sondern zur Rechts*ausübung* versteht, rückt er seine Lehre in die Nähe des *common law*, in dem sich das materielle Recht aus dem Verfahren heraus entwickelt hat und dessen materielles Recht lange Zeit durch ein prozessuales Aktionendenken geprägt wurde, vgl. *Schmitthof*, JZ 1972, S. 38 (40). Eingehend zu den sogenannten *forms of actions* und deren Bedeutung für die Entwicklung des englischen materiellen Rechts vgl. *Albrecht*, Streitsache, S. 21 ff.

111 Materiell-rechtlich verwirkt der Gläubiger ein Recht, wenn er es über einen längeren Zeit nicht ausgeübt hat, so dass sich der Schuldner in schutzwürdiger Weise darauf einrichten konnte, nicht mehr in Anspruch genommen zu werden, vgl. BGH, Urt. v. 27.6.1957 – Az. II ZR 15/56, BGHZ 25, 47 (51); BGH, Urt. v. 20.10.1988 – Az. VII ZR 302/87, BGHZ 105, 290 (298); *Looschelders/Olzen*, in: Staudinger, BGB, Neubearb. 2015, § 242 Rn. 300 m.w.N.

112 *Henckel*, Prozeßrecht und materielles Recht, S. 96.

113 *Henckel*, Prozeßrecht und materielles Recht, S. 98.

über das sog. *estoppel*-Prinzip[114] auch in der germanischen Tradition hat.[115] Nach dieser werden die streitbeendenden Wirkungen einer Entscheidung damit erklärt, dass sich eine Partei in einem späteren Verfahren nicht zu ihrem Verhalten in einem früheren Prozess in Widerspruch setzen darf. Die Rechtskraft wird damit ähnlich wie bei der Verwirkungslehre am konkreten Prozessverlauf und insbesondere am Parteiverhalten orientiert.[116] Die Bindungswirkungen eines Urteils werden weniger aus dem ergangenen Urteil und seinem Gegenstand heraus als vielmehr aus der Perspektive des zweiten Prozesses bestimmt.[117] Verbunden mit der Überlegung,[118] dass das, was nicht bewiesen werden kann, auch nicht vorgebracht werden darf, lässt sich mit dem *estoppel*-Prinzip nicht nur ein Verbot der inhaltlichen Abweichung in einem nachfolgenden Prozess erklären, sondern schon der Ausschluss einer nochmaligen Klage.[119] Wenngleich sich die römisch-rechtliche *res judicata*[120] und die Anknüpfung der streitbeendenden Wirkungen am Urteilsausspruch funktionell[121] durchge-

---

114 In seiner allgemeinen Fassung besagt das *estoppel*-Prinzip, dass derjenige, der einen anderen aufgrund einer Erklärung oder Handlung zu einer bestimmten Reaktion bewegt hat, sich an seinem Verhalten festhalten lassen muss, vgl. *Wilken/Ghaly*, Waiver, Variation and Estoppel, Kap. 7 Rn. 1.

115 Zu dieser Zweigleisigkeit vgl. *Millar*, 35 Ill. L. Rev. (1940/1941), S. 41 ff.; *Spellenberg*, in: Gerhardt et al., FS Henckel, S. 841 (844 ff.); auch *R. Stürner*, in: Geimer, FS Schütze, S. 913 (914); *Engelmann-Pilger*, Rechtskraft des Zivilurteils im Recht der Vereinigten Staaten, S. 90.

116 Zur Verwandtschaft der Verwirkungslehre *Henckels* und dem englischen *estoppel*-Gedanken auch *Gaul*, in: Gerhardt et al., FS Henckel, S. 235 (269).

117 So für das geltende englische Recht *Landbrecht*, Teil-Sachentscheidungen, S. 137.

118 Vgl. hierzu *Cohn*, in: Dietz/Hübner, FS Nipperdey, S. 875 (877 f.).

119 So *Otte*, Umfassende Streitbeilegung, S. 121; *Albrecht*, Streitsache, S. 199.

120 Vgl. *Spellenberg*, in: Gerhardt et al., FS Henckel, S. 841 (846 mit FN 22), der auf die strenggenommen inkorrekte Sprechweise vom *cause of action estoppel* hinweist; auch *Engelmann-Pilger*, Rechtskraft des Zivilurteils im Recht der Vereinigten Staaten, S. 92 m.w.N.

121 Nicht ganz eindeutig ist das Verhältnis der römisch-rechtlichen Konsumption, die das englische Recht nach wie vor in Form des *merger* kennt, siehe hierzu noch unten 2. Kap., II. 3. a) und des daraus abzuleitenden Einwands der *former recovery* und der im Text dargestellten *estoppel*-Lehre, vgl. hierzu *Albrecht*, Streitsache, S. 201; *Germelmann*, Rechtskraft in der EU, S. 246; *R. Stürner*, in: Geimer, FS Schütze, S. 913 (921). Vgl. die Beschreibung des Zusammenhangs bei Spencer/Bower/Handley, Res Judicata, Kap. 19 Rn. 1 („*A plea of former recovery is distinguishable from one of res judicata estoppel. The latter prohibits contradiction, the former reasseration.*“).

setzt hat,[122] kann die materiell-rechtliche Vorstellung zumindest als gedankliche Stütze nach wie vor einige der Besonderheiten der englischen und US-amerikanischen Rechtskraftlehre im Vergleich zu den kontinentaleuropäischen Lehren erhellen. So liegt in der Erfassung der Rechtskraft in den Formen des *estoppel* etwa der Grund für die fehlende Differenzierung zwischen der Rechtskraft als einer Entscheidungswirkung und ihrer prozessualen Geltendmachung.[123] Und die damit einhergegangene Zuordnung der *res judicata* zur Beweislehre[124] erklärt, warum sie ihre Vollendung weniger im Wege wissenschaftlicher Abhandlungen[125] als vielmehr in einer aus praktischer Erfahrung geschulten Kunstfertigkeit der Juristen gefunden hat.[126]

Die Gemeinsamkeit der *estoppel-Lehre* und der Verwirkungslehre besteht nun darin, dass die prozessausschließende Wirkung einer Entscheidung weniger als Folge des Urteils*ausspruchs* denn als eine Bindung an das (eigene) Prozessieren der Parteien, das heißt als Folge ihrer Mitwirkung an der Feststellung des Sachverhalts und ihrer sonstigen Einwirkung auf den Ablauf des Verfahrens gedeutet wird.[127] Darin liegt ein markanter Unterschied zu dem vorherrschenden kontinentaleuropäischen Verständnis, das die Rechtskraft vor allem als eine der gerichtlichen Entscheidung anhaftende Eigenschaft konzeptualisiert.

---

122 *Millar*, 35 Ill. L. Rev. (1940/1941), S. 41 (57).

123 *Landbrecht*, Teil-Sachentscheidungen, S. 137. Besonders deutlich wird das beim Ausschluss eines zweiten Prozesses aufgrund missbräuchlichen Verhaltens (*abuse of process*), vgl. dazu auch unten 2. Kap., I. 2. sowie 2. Kap. II. 1. a). Angesichts der Flexibilität und Offenheit dieses Konzepts für Wertungen des Einzelfalls mag man bezweifeln, dass es sich bei *abuse of process* um ein mit dem Rechtskraftgedanken verwandtes prozessuales Instrument zur Verhinderung von Zweitprozessen handelt und wird in ihm vielmehr eine prozessuale Ausprägung des Gedanken von Treu und Glauben bzw. der *fairness* sehen können. Kritisch zu einer Übertragung in die deutsche Rechtsordnung daher *Germelmann*, Rechtskraft in der EU, S. 240.

124 Vgl. *Cohn*, in: Dietz/Hübner, FS Nipperdey, S. 875 ff.

125 So auch die Einschätzung bei *van de Velden*, Finality of Litigation, S. 24.

126 Als eine *Kunstlehre* bezeichnet *Cohn*, in: Dietz/Hübner, FS Nipperdey, S. 875 ff. das englische Prozessrecht, das über „*eine voll ausgebildete, ja sogar eine überfeinerte, wenn nicht überspitzte Lehre von der Rechtskraft und ihrer Wirkung*“ verfüge, S. 876.

127 *Henckel*, Prozessrecht und materielles Recht, S. 156; für das englische Recht *Spellenberg*, in: Gerhardt et al., FS Henckel, S. 841 (844 f.); *Albrecht*, Streitsache, S. 204.

Der zentrale Einwand gegen die Heranziehung der Verwirkungslehre für das deutsche Recht geht dahin, dass sie das Institut der Rechtskraft letztlich von einer Prozessführungsschuld der Parteien abhängig macht und damit dem überindividuellen Interesse an Rechtssicherheit und Rechtsfrieden nicht Rechnung tragen kann. Auch dann, wenn einer Partei die Ausübung ihrer Rechte im Prozess ohne ihr Verschulden unmöglich war und sich ein schutzwürdiges Vertrauen des Prozessgegners auf die Einmaligkeit des Prozesses somit nicht herausbilden konnte, müssen einer Wiederholung des Rechtsstreits Grenzen gesetzt sein.[128] Zudem bestehen Zweifel, ob das materielle Recht den Verwirkungsgedanken tragen kann, da eine sorgfältige Führung des Prozesses im Eigeninteresse der Partei liegt und nicht der Gegenseite geschuldet ist.[129]. Kann eine Prozesspartei unverschuldet den Prozess nicht so führen, wie es in einer gerechten Welt möglich wäre, passt die Übertragung des Verwirkungsgedankens auf den Ausschluss der Wiederholung des Rechtsstreits nicht.[130]

Dessen unbeschadet kommt den materiellen Lehren das Verdienst zu, den Blick für „individuelle" Rechtfertigungen der Rechtskraft wach zu halten und damit rein überindividuelle Rechtskrafttheorien zu ergänzen. Außerdem haben gerade materielle Erklärungen einen prozessualen Wesenszug, der sie in mancher Hinsicht vorzugswürdig erscheinen lässt: Sie betrachten die Rechtskraft als Folge eines Verfahrens und der in ihm nach bestimmten Regeln ringenden Parteiinteressen statt als Wirkung des fertigen Entscheidungstenors. Vor allem in dieser Hinsicht können materielle Lehren als Wegbereiter der im Nachfolgenden für die Rechtskraft von Schiedssprüchen anzustellenden Gedanken gesehen werden.

---

128 *Hopfgarten*, Rechtskraft im Zivilprozess, S. 114; *Arens*, AcP 173 (1973), S. 251 (257); *Bötticher*, ZZP 85 (1972), S. 15 (20 f.). Auch *Henckel* hat in seiner späteren Abhandlung, Thrazische Juristische Abhandlungen 18 (1988), S. 12, eingestanden, dass der Verwirkungsgedanke dann an seine Grenzen stößt, wenn eine Partei ein unanfechtbar falsches Urteil hinnehmen muss, obwohl sie alle prozessualen Möglichkeiten ausgeschöpft hat.

129 *Hopfgarten*, Rechtskraft im Zivilprozess, S. 115; *Gaul*, in: Gerhard et al. FS Henckel, S. 235 (256).

130 *Arens*, AcP 173 (1973), S. 250 (256).

II. Schiedssprüche

Ob ein Staat eine private Gerichtsbarkeit duldet und in welchem Ausmaß er ihr Eigenständigkeit und Unabhängigkeit zuspricht, ist eine im Kern politische Entscheidung.[131] Aus diesem Grund ist die nun aufzuwerfende Frage nach der Legitimation der Rechtskraft von Schiedssprüchen aus der Perspektive des Staates gestellt, der vor dem Hintergrund der an ihn gerichteten verfassungsrechtlichen Anforderungen, insbesondere der Rechtsschutzgarantie, zu beurteilen hat, ob und mit welchem Umfang er einem Schiedsspruch Beachtlichkeit in einem nachfolgenden Verfahren zuspricht. Insoweit spiegeln sich die Legitimationsgründe der Rechtskraft in der entsprechenden Ausgestaltung und Auslegung der gesetzlichen Vorschriften wider. Dass die Frage nach der Legitimität der Rechtskraft von Schiedssprüchen aus der Sicht einer bestimmten Rechtsordnung und des sie tragenden Staates gestellt ist, bedeutet aber nicht, dass sich die Rechtskraft von vornherein nur aus öffentlichen Zwecken rechtfertigen könnte. Im Folgenden ist vielmehr das Gegenteil zu zeigen: Gerade um die ihr zugedachte öffentliche Funktion eines privaten Streitbeilegungsinstruments erfüllen zu können, müssen die Schiedsgerichtsbarkeit und die Dogmatik der streitbeendenden Wirkungen von Schiedssprüchen von öffentlichen Interessen freigehalten und die Lehre von einer *res arbitrata* jedenfalls primär vom Parteiinteresse her entwickelt werden.

1. Legitimation der Rechtskraft aus den Zwecken des Schiedsverfahrens

Die schon für Urteile charakteristische Legitimation der Rechtskraft von den Prozesszwecken her gewinnt für Schiedssprüche eine noch größere Bedeutung. Wiederum ist danach zu differenzieren, aus wessen Perspektive nach den Zwecken des Schiedsverfahrens gefragt wird. Der Dualismus aus staatlichen Interessen und Parteiinteressen wird dabei bei Schiedssprü-

131 So *Geimer*, in: Schlosser, Integritätsprobleme, S. 113 (117). Ob eine private Schiedsgerichtsbarkeit verfassungsrechtlich geboten ist, ist umstritten. Das verneinend *Geimer*, in: Schlosser, Integritätsprobleme, S. 113 (117 f.); a.A. *Stober*, NJW 1979, S. 2001 (2008); *Rehm*, Schiedsgerichtsbarkeit im Rechtssystem, S. 45 f., dem zufolge eine staatliche Pflicht besteht, eine private Gerichtsbarkeit nicht nur zuzulassen, sondern die hieraus resultierenden Schiedssprüche anzuerkennen und staatlichen Urteilen gleichzustellen.

chen durch die Institution der Schiedsgerichtsbarkeit und ihre Interessen ergänzt.[132] Als Träger dieser institutionellen Interessen sind die (potentiellen) Teilnehmer am internationalen Handel anzusehen,[133] die sich darauf geeinigt haben, ihre Rechtsstreitigkeiten durch ein Schiedsgericht entweder *ad hoc* oder mithilfe der Dienste einer Schiedsinstitution[134] klären zu lassen. Die schiedsgerichtlichen überindividuellen Interessen sind dabei zwar eng mit den staatlichen öffentlichen Interessen verwoben, aber nicht mit ihnen gleichzusetzen.

a) Beendigung einer individuellen Streitigkeit

Wie einem Urteil kommt auch einem Schiedsspruch die Funktion zu, einen Rechtsstreit zu entscheiden und die Rechtsbeziehungen zwischen den Parteien zu regeln (vgl. § 1029 Abs. 1 ZPO). Zu diesem Zweck haben die Parteien eine Schiedsvereinbarung geschlossen und private Schiedsrichter benannt, die eine für die Parteien verbindliche und endgültige Entscheidung der bestehenden Streitigkeiten treffen.[135] Die Tätigkeit von Schiedsgerichten wird aus diesem Grund als (materielle) Rechtsprechung[136] bezeichnet. Ein Schiedsspruch erledigt eine inhaltliche Streitig-

---

132 Dieser Aspekt bleibt in der Literatur oft ausgeklammert, vgl. etwa *Söderlund*, J. Int. Arb. 22 (2005), S. 301 (304), der allein auf die private Natur der Schiedsgerichtsbarkeit abstellt.

133 Im Vergleich zu den Interessengruppierungen innerhalb des staatlichen Rechtssystems dürfte es sich bei den Teilnehmern der Schiedsgerichtsbarkeit um eine recht homogene Gruppe handeln; schon von Gesetzes wegen ist etwa der Abschluss von Schiedsvereinbarungen zwischen Verbrauchern in einer Reihe von Ländern nur unter erschwerten Umständen möglich, vgl. etwa § 1031 Abs. 5 ZPO. Allg. zu Ungleichgewichten beim Abschluss von Schiedsvereinbarungen *Niedermaier*, Schieds- und Schiedsverfahrensvereinbarungen, S. 54 ff.

134 Etwa der *International Chamber of Commerce* (ICC), dem *London Court of Arbitration* (LCIA), der *Deutschen Institution für Schiedsgerichtsbarkeit* (DIS), der *American Arbitration Association* (AAA) u.v.m.

135 Vgl. die Definition der Schiedsgerichtsbarkeit bei *Born*, International Commercial Arbitration, S. 217 m.w.N.; *Schwartz*, in: Lèvy/Derains, Liber Amicorum Lazareff, S. 569 (569); auch Fouchard/Gaillard/Goldman, International Commercial Arbitration, Rn. 7 ff.

136 Vgl. BGH, Urt. v. 6.10.1954 – Az. II ZR 149/53, BGHZ 15, 12 (15); Urt. v. 19.12.1968 – Az. VII ZR 83, 84/66, BGHZ 51, 255 (258); BGH, Urt. v. 5.11.1970 – Az. VII ZR 31/69, BGHZ 54, 392 (395); BGH, Urt. v. 3.7.1975 – Az. III ZR 78/73, BGHZ 65, 59 (61).

keit,[137] indem er in Form einer verbindlichen Entscheidung festhält, was zwischen den Parteien rechtens ist.[138] Diese haben den Schiedsspruch zu befolgen und ihr Verhalten an ihm auszurichten. Zu dieser Verbindlichkeit tritt bei einem Urteil die Rechtskraft hinzu, die den Bestand der Entscheidung in die Zukunft absichert. Nur wenn Schiedssprüchen eine vergleichbare, nachfolgende (Gerichts-)Verfahren ausschließende Wirkung zukommt, kann die Schiedsgerichtsbarkeit die staatliche Gerichtsbarkeit in ihrem Tätigkeitsbereich ersetzen.[139] Diese Fähigkeit, eine rechtsverbindliche, weiteren Rechtsstreit ausschließende Entscheidung hervorzubringen, wird denn auch als eines der Wesensmerkmale der Schiedsgerichtsbarkeit bezeichnet,[140] die sie von anderen Institutionen der Streitbeilegung unterscheidet.

Was die „Streitigkeit" ist, die durch das Schiedsverfahren beendet werden soll, sagt das Gesetz allerdings nicht. Hier liegt der entscheidende Unterschied zwischen der staatlichen Gerichtsbarkeit und der Schiedsgerichtsbarkeit. Die Zwecke eines staatlichen Verfahrens werden vom Gesetzgeber bestimmt; allein er legt deshalb auch fest, was (Streit-)Gegenstand von Verfahren vor staatlichen Gerichten sein kann. Die Parteien können sich alsdann der staatlich angebotenen Form zur Durchsetzung ihrer Interessen bedienen; ihnen stehen innerhalb der staatlich vorgegebenen Prozessordnung verschiedene Möglichkeiten zur Gestaltung des Verfahrens offen. Ob ein bestimmtes Prozessverhalten zulässig ist, beurteilt sich aber stets anhand der Zwecke, die der Gesetzgeber mit der Bereitstellung des Instituts des Zivilprozesses verfolgt. Demgegenüber wird den Parteien in der Schiedsgerichtsbarkeit eine sehr viel größere Freiheit bei der Gestaltung des Verfahrens eingeräumt,[141] wie etwa im deutschen Recht die

137 Vgl. BGH, Urt. v. 7.10.1953 – Az. II ZR 170/52, BGHZ 10, 325 (325); BGH, Urt. v. 6.10.1954 – Az. II ZR 149/53, BGHZ 15, 12 (15).

138 *F. Schmidt*, Typologie von Schiedssprüchen, S. 36.

139 *Jacobson*, Rechtskraft von Schiedssprüchen, S. 3; *Münch*, in: Münchener Kommentar zur ZPO, § 1055 Rn. 1.

140 *Lew/Mistelis/Kröll*, Comparative Arbitration, Kap. 1 Rn. 12; *Gaillard/Savage*, International Arbitration, Rn. 15; *Rehm*, Schiedsgerichtsbarkeit im Rechtssystem, S. 34; *G. Roth*, Vorbehalt, S. 125; *Münch*, in: Münchener Kommentar zur ZPO, vor § 1025 ff. Rn. 1; Fouchard/Gaillard/Goldman, International Commercial Arbitration, Rn. 15; *Jarrosson*, Proceduré 2007, S. 27 (32).

141 Auf diesen Unterscheid weisen in diesem Zusammenhang hin *Shell*, UCLA Law Rev. 35 (1988), S. 623 (660); *Tembour*y *Redondo*, in: Fernández-Ballesteros/

Vorschrift des § 1042 Abs. 3 ZPO[142] zeigt. Diese Freiheit ist aber nur sinnvoll, wenn es den Parteien überlassen bleibt, über *was* sie streiten wollen und was sie mithin der Entscheidung durch das Schiedsgericht unterwerfen. Gemeinsames Interesse der Parteien ist ausweislich der Parteivereinbarung die Beilegung der Streitigkeit. Das setzt voraus, dass die Entscheidung des Schiedsgerichts nicht nur für den Augenblick gilt, sondern auch in der Zukunft Bestand hat, indem sie abermalige Entscheidungen in gewissem Umfang ausschließt. Den Schiedsparteien wäre nicht geholfen, wenn ihnen nach dem Verfahren dieselben prozessualen Mittel zur Durchsetzung ihrer Ansprüche zur Verfügung stünden wie davor.

b) Rechtssicherheit und Rechtsfrieden

aa) Individuelles Interesse

Durch den Erlass eines Schiedsspruchs werden die Rechtsverhältnisse zwischen den Parteien geklärt, so dass Rechtssicherheit und schließlich Rechtsfrieden eintreten können. Der Begriff des Rechtsfriedens nimmt dabei auf die Akzeptanz des „rechtssicher" festgestellten Rechts durch die Beteiligten und auf ein geringes Maß an Wahrscheinlichkeit abermaliger Rechtsstreitigkeiten Bezug. Hierzu ist ein Schiedsspruch nicht weniger als ein staatliches Urteil geeignet.[143] Indem sie Konflikten ein Ende bereitet und den Parteien so die Möglichkeit bietet, ihre Beziehungen unbelastet von Rechtsstreitigkeiten weiter zu pflegen, trägt die schiedsgerichtliche Streitentscheidung zu einem gedeihlichen Zusammenleben bei. Man wird davon ausgehen können, dass sich Schiedsverfahren im Grundsatz sogar besser dazu eignen, Streitigkeiten in einer für beide Seiten annehmbaren und damit friedensstiftenden Weise zu beenden. Denn aufgrund der Ver-

---

Arias, Liber Amicorum Cremades, S. 1131 (1132); ferner *Ebbing*, Private Zivilgerichte, S. 76.

142 Im Fall von ausländischen Schiedssprüchen ist die Freiheit der Parteien zur Verfahrensgestaltung nach § 1061 ZPO i.V.m. Art. V (1) lit. d) UNÜ anzuerkennen. Die Wahl der Parteien zur Bestimmung der Verfahrensregeln gewähren auch Art. 19 UNCITRAL-Modell-Gesetz, § 594 Abs. 1 ZPO-Ö, Art. 182 Schweizer Bundesgesetz über das Internationale Privatrecht (IPRG), Art. 1464 Abs. 1 CPC, *Section* 34 Arbitration Act 1996 (AA), Art. 25 Ley de Arbitraje.

143 *Lindacher*, KTS 1966, S. 153 (156); *Neef*, Rechtskraft des Schiedsspruchs, S. 7, 72; *Loritz*, ZZP 105 (1992), S. 1 (13); *Mourre*, ASA Special Series 38, S. 1 (3).

traulichkeit und Nichtöffentlichkeit des Schiedsverfahrens lässt sich unliebsame Berichterstattung in den Medien vermeiden, auf die im Prozess unter Umständen mit einer „härteren Gangart" reagiert werden würde.[144] In dieser Hinsicht können Schiedsverfahren dazu dienen, das öffentliche Ansehen beider Parteien nicht in Mitleidenschaft zu ziehen.[145]

Die Teilnehmer am Wirtschaftsverkehr, die üblicherweise die Parteien eines Schiedsverfahrens sind, haben typischerweise sogar ein gesteigertes Interesse an Rechtsfrieden, denn das Funktionieren der Märkte ist auf wechselseitiges Vertrauen und ein gewisses Maß an Erwartungssicherheit angewiesen.[146] Die Rechtsverhältnisse, welche die Teilnehmer am internationalen Handel miteinander eingehen, sind durch das zwischen ihnen bestehende Wettbewerbsverhältnis geprägt. Daher sind die Rechtsstreitigkeiten, über die Schiedsgerichte zu entscheiden haben, meistens auch nicht – wie etwa in deliktsrechtlichen Fällen, die einen großen Teil der Verfahren vor staatlichen Gerichten ausmachen – eher zufälliger Natur. Sie beruhen vielmehr auf einer bewussten Entscheidung der Marktteilnehmer, in einen Austausch von Wirtschaftsgütern einzutreten. Das bedeutet, dass die Rechtsbeziehungen, aus denen die zu klärenden Streitigkeiten hervorgehen, vorhersehbarer und überschaubarer sind als die, über die im staatlichen Gerichtswesen zu entscheiden ist. Zugleich sind die Beteiligten in stärkerem Maße aufeinander angewiesen und es fällt ihnen schwer, sich aus dem Weg zu gehen. In vielen Fällen hat ein Unternehmen ein grundsätzliches Interesse daran, mit dem Kontrahenten eines schiedsgerichtlichen Verfahrens nach der Beilegung des Streits neue Geschäftsbeziehungen einzugehen. Die besondere Rolle des Rechtsfriedens in der Schiedsgerichtsbarkeit bedeutet allerdings nicht, dass die „Effizienz" einseitig zu Lasten der materiellen Richtigkeit der Entscheidungen ausgespielt werden darf.[147] Es bleibt vielmehr den Parteien überlassen, durch die Ausgestaltung des Schiedsverfahrens im Einzelnen zu bestimmen, in welchem Verhältnis Schnelligkeit, Gründlichkeit und Richtigkeit zueinander stehen sollen.

---

144 So auch die Einschäftzung von *Kahlert*, Vertraulichkeit im Schiedsverfahren, S. 57.

145 Siehe hierzu *Kahlert*, Vertraulichkeit im Schiedsverfahren, S. 53 ff.

146 In diese Richtung *Mourre*, ASA Special Series 38, S. 1 (3); *Gallagher*, in: Mistelis/Lew, Pervasive Problems, Kap. 17 Rn. 2; *Brekoulakis*, Third Parties, Kap. 9 Rn. 5.

147 In diesem Sinne auch *Park*, ASA Special Series 35, S. 1 (7).

bb) Staatliches Interesse

Rechtssicherheit und Rechtsfrieden liegen wie gezeigt im staatlichen Interesse. Der Erlass sich widersprechender Entscheidungen und die Wiederholung von Rechtsstreitigkeiten sind über den Einzelfall hinaus eine Gefahr für das Funktionieren einer Rechtsordnung. Die Rechtskraft stellt die Beständigkeit der getroffenen Entscheidung daher nicht nur zwischen den Parteien sicher, sondern stärkt zugleich das Vertrauen der Rechtsgesellschaft in die Durchsetzungsfähigkeit der Gerichte und des Rechts. Die deutsche Verfassung vertraut die Ausübung der rechtsprechenden Gewalt dabei grundsätzlich den staatlichen Gerichten an, Art. 92 GG.[148] Diese haben zur Gewährleistung der inneren Sicherheit[149] zivilrechtliche Streitigkeiten zwischen Grundrechtsträgern zu entscheiden und erfüllen damit eine unverzichtbare Friedensfunktion in einem Rechtsstaat. Soweit auch die private Gerichtsbarkeit dazu beitragen kann, Rechtsgewissheit über die gegenseitigen Rechte und Pflichten von Prozessparteien herbeizuführen, kann sich der Staat im Wege der Anerkennung das im Schiedsverfahren gefundene Ergebnis zu Eigen machen und auf diese Weise seiner Aufgabe nachkommen. Er bringt damit zum Ausdruck, dass er den Schiedsspruch für ebenso „richtig" hält wie ein Urteil.[150] Der Ausschluss weiterer Verfahren auch vor staatlichen Gerichten dient mithin nicht nur den Privatinteressen der Schiedsparteien, sondern fördert zugleich die Herstellung und Wahrung des staatlichen Interesses an Rechtssicherheit und Rechtsfrieden.[151] Es ist der Beständigkeit des Rechts zuträglich, wenn ein Schiedsspruch ebenso wie ein staatliches Urteil Bestand hat.[152] Zudem werden aufgrund der Unmöglichkeit des abermaligen Rechtsstreits die Parteien

---

148 Zur Bedeutung dieser Vorschrift für das Verständnis des Verhältnisses von Schiedsgerichtsbarkeit und staatlicher Gerichtsbarkeit, siehe unten 3. Kap., I. 2. a).

149 Zur Gewährung innerer Sicherheit als Staatsaufgabe vgl. *Korioth*, in: Maunz/Dürig, GG, Art. 30 Rn. 12 (Stand: März 2006); *Hillgruber*, in: Maunz/Dürig, GG, Art. 92 Rn. 8, 10 (Stand: Dezember 2007) („*Verpflichtung zu einer Rechtsbefriedung*").

150 *Loritz*, ZZP 105 (1992), S. 1 (12); *Mourre*, ASA Special Series 38, S. 1 (3).

151 BGH, Urt. v. 4.3.1999 – Az. III ZR 72/98, NJW 1999, S. 2370 (2371); *Neef*, Rechtskraft des Schiedsspruchs, S. 7, 72; *Loritz*, ZZP 105 (1992), S. 1 (13); *Lindacher*, KTS 1966, S. 153 (157); *Barona Vilar*, in: dies., Ley de Arbitraje, Art. 43, S. 1833.

152 A.A. *Kessler*, Bindung der Schiedsgerichte, S. 38, der der Öffentlichkeit nicht nur jegliches Interesse am Ausgang des Verfahrens abspricht, sondern auch meint,

vom Führen endloser und unproduktiver Schiedsverfahren ferngehalten und ihre Kräfte auf die Gestaltung der Zukunft gelenkt.[153]

Der Verweis auf das öffentliche Interesse an Rechtssicherheit erweist sich allerdings dann nicht mehr als tragfähig, wenn die Parteien von dem durch die Schiedsgerichtsbarkeit erteilten Rechtsschutz wieder loskommen wollen.[154] Dem Parteiinteresse, sich der Wirkung des Schiedsspruchs zu entledigen, ist in dieser Situation Vorrang vor dem staatlichen Interesse an Rechtssicherheit und Rechtsfrieden zu geben. Wie den Parteien das Recht zusteht, durch eine Schiedsvereinbarung aus der staatlichen Gerichtsbarkeit herauszutreten, so müssen sie umgekehrt die Möglichkeit haben, in die staatliche Gerichtsbarkeit zurückzukehren.[155] Dass Schiedssprüche dem öffentlichen Interesse an Rechtssicherheit und Rechtsfrieden dienen, ist so verstanden bloßer Reflex des in der Regel gleichgerichteten Parteiinteresses.

cc) Institutionelles Interesse der Schiedsgerichtsbarkeit

Fraglich ist, ob ein überindividuelles Interesse der Teilnehmer der Schiedsgerichtsbarkeit dahingehend besteht, dass Schiedssprüche beständig sind und widersprüchliche Entscheidungen vermieden werden. Das ist Gegenstand wissenschaftlicher Diskussion.[156] Gegenüber stehen sich Ansichten, die unter Hinweis auf die Singularität der schiedsgerichtlichen

---

ein öffentliches Interesse an einer mit dem materiellen Recht in Einklang stehenden Entscheidung durch Schiedsgerichte bestehe nicht.

153 So aus Sicht der US-amerikanischen Rechtswissenschaft *Shell*, UCLA Law Rev. 35 (1988), S. 623 (661).

154 *Schlosser*, in: Stein/Jonas, ZPO, § 1055 Rn. 8.

155 Zur Beachtlichkeit der Aufhebung eines Schiedsspruchs für die staatliche Rechtsordnung vgl. unten 4. Kap., I. 1. c).

156 *Mourre*, in: Malatesta/Sali, Rise of Transparency, S. 53 ff.; *Lowe*, RADIC 8 (1996), S. 38 ff.; *Perret*, in: Gaillard/Banifatemi, Precedent, S. 25 ff.; differenzierend *Kaufmann-Kohler*, Arb. Int. 23 (2007), S. 357 ff. m.w.N.; zur Bedeutung von Kohärenz für die Normbildung durch Schiedsgerichte *Wimalasena*, Veröffentlichung von Schiedssprüchen, S. 166 ff. Noch stärker als in der *Handels*schiedsgerichtsbarkeit wird das Thema der Konsistenz von Schiedssprüchen allerdings in der *Investitionen*schiedsgerichtsbarkeit behandelt, so die Einschätzung von *Hobér*, Recueil des Cours 366 (2014), S. 99 (115); auch *Maultzsch*, ZZP 147 (2014), S. 249 ff.; hierzu auch *Kaufmann-Kohler*, in: Gaillard/Banifatemi, Precedent, S. 137 ff.

Entscheidung[157] solche überindividuellen Interessen in der Schiedsgerichtsbarkeit nur eingeschränkt anerkennen wollen und solche, die auf die Gefahren hinweisen, welche die Zunahme sich widersprechender Entscheidungen für die Institution der Schiedsgerichtsbarkeit haben kann.[158]

Gegen die Annahme überindividueller Interessen an der Beständigkeit eines Schiedsspruchs könnte die im Gegensatz zu Gerichtsverfahren individuelle Ausgestaltung von Schiedsverfahren sprechen. Das gilt zunächst schon für die Wahl des Schiedsverfahrens als Mechanismus der Streitentscheidung und zeigt sich – bereits vor Beginn des konkreten Schiedsverfahrens – bei der Wahl der Schiedsrichter. So benennt im Fall des üblichen Dreier-Schiedsgerichts jede Partei einen Schiedsrichter und diese einigen sich ihrerseits auf einen Vorsitzenden. Die Wahl der Parteischiedsrichter wird dabei regelmäßig von der Überlegung getragen, dass die in Betracht kommende Person eine für die ernennende Partei günstige Rechtsauffassung vertritt.[159] Sicherlich müssen Schiedsrichter – wie staatliche Richter – den Rechtsstreit unbefangen entscheiden, in der Wahl des Schiedsrichters durch die Parteien zeigt sich jedoch der Wille der Parteien, ein für ihre Zwecke geeignetes Gericht zu bilden. Die hierin zum Ausdruck kommende Parteiautonomie setzt sich bei der Wahl des Verfahrensrechts fort, das ebenfalls erheblichen Einfluss auf den Gang des Verfahrens und sein Ergebnis haben kann. Nicht zuletzt können die Parteien die Schiedsrichter sogar anweisen, den Rechtsstreit nicht nach dem materiellen Recht eines Staates, sondern nach Billigkeit zu entscheiden. Diese Freiheit der Parteien, darüber zu bestimmen, nach welchen Maßstäben eine Entscheidung zu finden ist, legt es nahe, dass es der Institution der Schiedsgerichtsbarkeit in erster Linie um die Entscheidung des Streits der Parteien geht.

Trotz aller Individualität ihres Verfahrens werden sich die Parteien gleichwohl in der Regel auf solche Entscheidungsmaßstäbe einigen, die für sie – zumindest in gewissem Umfang – Gewähr einer vorhersehbaren Entscheidung bieten. Dass gerade im Hinblick auf die materiellen Rechtsverhältnisse der Parteien dieser Aspekt auch in Schiedsverfahren eine Rol-

---

157 *Temboury Redondo*, in: Fernández-Ballesteros/Arias, Liber Amicorum Cremades, S. 1131 (1132); *Blackaby/Partasides*, Redfern and Hunter, Kap. 1 Rn. 113 f.; *G. Sanders*, Law & Pol. Int. Bus. 24 (1992), S. 101 ff.

158 *Brekoulakis*, Third Parties, Kap. 9 Rn. 19; *Lowe*, RADIC 8 (1996), S. 38 (48).

159 *Temboury Redondo*, in: Fernández-Ballesteros/Arias, Liber Amicorum Cremades, S. 1131 (1132); zu diesem Vorteil der Schiedsgerichtsbarkeit *Münch*, in: Bitburger Gespräche in München, 2016, S. 53 (78 ff.).

le spielt, zeigt sich unter anderem daran, dass Entscheidungen nach Billigkeit in Deutschland einer ausdrücklichen Ermächtigung durch die Parteien bedürfen, § 1051 Abs. 3 ZPO.[160] Die Parteien wollen nicht von einer Entscheidung überrascht werden, die sich aus Sicht der Schiedsrichter als billig erweist, sondern wollen das Prozessrisiko schon im Voraus anhand des anwendbaren Rechts beurteilen können. Es liegt mithin im ureigenen Interesse der Partei eines Schiedsverfahrens, dass sich die schiedsrichterliche Rechtsprechung an bestimmte Vorgaben hält und eine gewisse Verlässlichkeit im Umgang mit wiederkehrenden Fragen aufweist.[161] Grundvoraussetzung dafür ist, dass nicht schon in derselben Sache unterschiedliche und sich womöglich widersprechende Entscheidungen ergehen können.

Dieses individuelle Interesse weist in gewissem Umfang über den „eigenen" Rechtsstreit hinaus. Einen Beleg hierfür liefert die mit der Institutionalisierung der Schiedsgerichtsbarkeit einhergehende Etablierung von Schiedsinstitutionen, die sich nicht allein mit der Verringerung des Verwaltungsaufwands auf Seiten der Schiedsrichter erklären lässt. Vielmehr dient die Einbettung in einen institutionellen Rahmen der Kopplung des einzelnen Verfahrens an die sich in den Schiedsordnungen niederschlagenden Erfahrungswerte zur Ausgestaltung von Schiedsverfahren. Durch die von Schiedsinstitutionen erbrachten Unterstützungsleistungen wird das einzelne Schiedsverfahren in den Gesamtkontext aller von der angerufenen Schiedsinstitution administrierten Schiedsverfahren gestellt. Zeugnis des Wunsches der Parteien nach einer gewissen Beständigkeit und Vorhersehbarkeit ihres Schiedsverfahrens geben außerdem die Veröffentlichungen u.a. der *International Bar Association* (IBA)[162] zu verschiedenen wiederkehrenden Fragen, die sich im Laufe eines Schiedsverfahrens stellen können. Der in der Praxis große Erfolg dieser Dokumente drückt das Bedürfnis nach einer Vorhersehbarkeit von Entscheidungen in der internationalen Handelsschiedsgerichtsbarkeit aus, die in der Folge zu einer gewissen Vereinheitlichung von Schiedsverfahren führt. Zur Konstitutionalisie-

---

160 Vgl. auch Art. 187 Abs. 2 IPRG, Art. 381 Abs. 1 lit. b) ZPO-CH, *Section* 46 (1) lit. b) AA, § 603 Abs. 3 ZPO-Ö, Art. 1474 und 1497 CPC.

161 Ähnlich *Mann*, in: Jakobs et al., FS Flume, Bd. I, S. 591 (595); *Lowe*, RADIC 8 (1996), S. 38 (48); *König*, Präzedenzwirkung, S. 41; *Karton*, Arb. Int. 28 (2012), S. 447 (461).

162 Vgl. *IBA Guidelines on Conflicts of Interests in International Arbitration* (2004) und die *IBA Rules on the Taking of Evidence in International Arbitration* (2010).

rung trägt ferner die Debatte um die Herausbildung eigener juristischer Argumentationstopoi bei,[163] die zeigt, dass es sich bei der Schiedsgerichtsbarkeit nicht lediglich um bunt zusammengewürfelte, zusammenhangslose Rechtsstreitigkeiten handelt.[164] Was von einigen als zunehmende Juridifizierung und Installation gerichtsähnlicher Strukturen in Schiedsverfahren beklagt wird,[165] ist das deutliche Signal dafür, dass eine gewisse Vorherseh- und Planbarkeit des Schiedsverfahrens eine wichtige Rolle beim Abschluss einer Schiedsvereinbarung spielt.

Trotz dieses grundsätzlichen Befundes kann man bezweifeln, ob die Widersprüchlichkeit von Schiedssprüchen mit derselben Dringlichkeit zu vermeiden ist wie bei Entscheidungen staatlicher Gerichte.[166] Zum Tragen kommt insoweit die weitergehende Unabhängigkeit der einzelnen Schiedsverfahren voneinander. Während die Parteien vor staatlichen Gerichten *einer* Gerichtsbarkeit gegenüberstehen, die Teil *einer* Staatsgewalt ist, ist dies aufgrund der strukturellen Unterschiede bei der Bildung des die Entscheidung treffenden Spruchkörpers in der Schiedsgerichtsbarkeit von vornherein anders. Die Beteiligung der Parteien bei der Besetzung des Schiedsgerichts und die Ableitung der Entscheidungsgewalt der Schiedsrichter aus dem Willen der Parteien lässt den Eindruck der Einheitlichkeit nur in geringerem Umfang entstehen. Das einzelne Schiedsgericht in seiner spezifischen Zusammensetzung ist nicht Teil *einer* (Schieds-)Gerichtsbarkeit, sondern ein Gremium, das nur zu dem Zweck gebildet wurde, einen ganz bestimmten, nämlich den ihm vorgelegten Rechtsstreit zu entscheiden. In diesem Sinne gibt es nicht *die* schiedsgerichtliche Rechtsprechung, die durch *einen* Hoheitsträger ausgeübt wird, sondern eine Vielzahl

---

163 Siehe hierzu *König*, Präzedenzwirkung internationaler Schiedssprüche, die die Konsistenz schiedsgerichtlicher Rechtsprechung am Fallbeispiel der Ausweitung von Schiedsklauseln auf konzernangehörige Unternehmen („*group of companies*"-Doktrin) und im Bereich internationaler Baustreitigkeiten untersucht.

164 *G. Sanders*, Law & Pol. Int. Bus. 24 (1992), S. 101 ff. sieht es angesichts der fehlenden Administrierung von Schiedsverfahren dagegen als unmöglich an, einen Überblick über die ergangenen Entscheidungen zu wahren. Um das zu erreichen, bedürfe es einer aktiven *judicial supervision*, welche die Verlässlichkeit von Schiedssprüchen überprüft und ihre Vereinbarkeit überwacht.

165 *Motomura*, Tulane Law Rev. 63 (1988), S. 29 (71); allg. zum Thema *Horvath*, in: Kröll et al., FS Bergsten, S. 251 ff.; *Carbonneau*, in: Lillich/Brower, International Arbitration, S. 115.

166 Vgl. in einem anderen Zusammenhang *Neuner*, RabelsZ 3 (1929), S. 37 (48); *Shell*, UCLA Law Rev. 35 (1988), S. 623 (660).

von rechtsprechenden Entscheidungsträgern, deren Macht sich aus einzelnen Schiedsvereinbarungen ableitet. Nichtsdestotrotz lässt sich nicht leugnen, dass es auf das Ganze betrachtet dem Ansehen der Schiedsgerichtsbarkeit nicht gerade dienlich wäre, wenn sich Widersprüchlichkeit und Unvorhersehbarkeit von Entscheidungen häuften.

c) Verwirklichung des objektiven Rechts

Auch in der Schiedsgerichtsbarkeit erfolgt die Streitbeendigung in aller Regel durch eine Entscheidung, die anhand der Maßstäbe des materiellen Rechts getroffen wird. Die Herstellung materieller Gerechtigkeit ist damit ein weiterer Zweck des Schiedsverfahrens, der im Interesse der Parteien aber auch im staatlichen Interesse liegt.[167] Obgleich die Rechtskraft eine Entscheidung nämlich in gewissem Umfang von einer materiell-rechtlichen Richtigkeit abstrahiert, so ist sie doch notwendige Bedingung dafür, dass das materielle Recht sich tatsächlich durchzusetzen vermag. Denn eine Entscheidung, die jederzeit durch eine andere Entscheidung ersetzt werden kann, würde dem Recht nicht zur Geltung verhelfen. Das gilt in einem weiteren Sinne selbst noch im Falle einer Entscheidung nach Billigkeit, zu der die Schiedsgerichte nach § 1051 Abs. 3 ZPO gerade durch staatliches Recht in Verbindung mit einer entsprechenden Parteivereinbarung ermächtigt werden.[168]

d) Fortbildung des objektiven Rechts

Indem ein Schiedsspruch der Durchsetzung der materiellen Rechtslage dient, trägt er zugleich zur Erkenntnis und Fortbildung des Rechts mit

167 Dass in der Schiedsgerichtsbarkeit die Durchsetzung des objektiven Rechts gleichwohl ausschließlich ein „Nebenprodukt" der individuellen Rechtsdurchsetzung ist, zeigt sich nicht zuletzt an der lange Zeit geübten Zurückhaltung im Hinblick auf die Zulässigkeit von Instrumenten des kollektiven Rechtsschutzes, so *Radicati di Brozolo*, in: Nuyts/Hatzimihail, Cross Border Class Actions, S. 209 (215). Dem Schiedsverfahrensrecht der Vereinigten Staaten ist diese Rechtsschutzform dagegen schon länger bekannt; sie stößt dort allerdings zunehmend auf Bedenken, hierzu monographisch *Orgel*, Class Arbitration.

168 Vgl. *Kessler*, Bindung des Schiedsgerichts, S. 35 ff.; *Oertmann*, ZZP 47 (1918), S. 105 ff.

Blick auf zukünftige Rechtsverhältnisse bei.[169] Diese Funktion der Schiedsgerichtsbarkeit wird regelmäßig weniger im Interesse der Parteien des Schiedsverfahrens, vor allem aber im staatlichen Interesse liegen.[170] Der Hinweis auf die rechtsfortbildende Funktion eines Schiedsspruchs könnte deshalb zur Begründung der Forderung nach einer einheitlichen, vom Parteiwillen gelösten Definition der Rechtskraft von Schiedssprüchen herangezogen werden. Vor diesem Hintergrund könnte eine rechtsfortbildende Funktion der Schiedsgerichtsbarkeit etwa dafür streiten, die tragenden Gründe einer Entscheidung in die Rechtskraftwirkung einzubeziehen.

Es ist allerdings zu sehen, dass die Kosten eines Schiedsverfahrens ausschließlich von den Parteien getragen werden. Damit ist eine Inanspruchnahme des Verfahrens für eine nicht dem Parteiinteresse entsprechende „objektive" Funktion nicht zu vereinbaren.[171] Aus der Sicht der Parteien wird in einem Schiedsverfahren allein „ihre" Streitigkeit entschieden.[172] Wie noch näher zu zeigen sein wird, liegt es in ihrer Definitionsmacht, den Begriff der Streitigkeit weiter oder enger zu ziehen als dies in der für staatliche Urteile entwickelten Dogmatik der Fall ist. Auf diese Weise können die Parteien übereinkommen, ihr Schiedsverfahren auch zu dem Zweck zu verfolgen, mit der schiedsgerichtlichen Entscheidung zugleich eine weitgehende Bindungswirkung für zukünftige Fälle selbst hinsichtlich bloßer Vorfragen herzustellen. Dann aber wird ihr Handeln von ihren eigenen Interesse angeleitet und nicht von dem Interesse der Fortbildung des objektiven Rechts für zukünftige Streitigkeiten zwischen anderen Be-

---

169 Monographisch *Wimalasena*, Veröffentlichung von Schiedssprüchen; *König*, Präzedenzwirkung, S. 65; vgl. auch die Beiträge bei *Böckstiegel*, Rechtsfortbildung durch Internationale Schiedsgerichtsbarkeit.

170 So auch die Einschätzung von *Kahlert*, Vertraulichkeit im Schiedsverfahren, S. 69.

171 *Blackaby/Partasides*, Redfern and Hunter, Kap. 1 Rn. 113 f.; *Lachmann*, Handbuch Schiedsgerichtsbarkeit, Rn. 171; *Newdigate*, Arb. Int. 23 (2007), S. 431 ff.; *Park*, ASA Special Series 35, S. 1 (23) *(„[...] arbitrators are law-applier rather than law-makers [...]*"); *Nariman*, in: Briner et al., FS Böckstiegel, S. 555 (556); *Nicklisch*, RIW 1991, S. 89 (90); *Pfaff*, in: Kipp/Meyer/Steinkamm, FS von der Heydte, S. 1127 ff.; *Münch*, in: Bitburger Gespräche in München, 2016, S. 53 (94 ff.); a.A. *Kotzorek*, Private Gerichte, S. 21, der davon ausgeht, dass private Gerichte sogar einen größeren Anreiz als staatliche Gerichte haben, zur Rechtsfortbildung beizutragen.

172 Wohl a.A. *Wimalasena*, Veröffentlichung von Schiedssprüchen, S. 150 ff., der aus dem Schiedsrichtervertrag offenbar auch eine über den konkreten Einzelfall hinausgehende Pflicht zur Normbildung ableiten will.

teiligten.[173] Soweit die schiedsrichterliche Rechtsfindung nichts zur Entscheidung des von den Beteiligten geführten Rechtsstreits beitragen kann, steht das Kosten- und das Zeitinteresse der Parteien einer erschöpfenden und kreativen Beschäftigung der Schiedsrichter mit Fragen des materiellen Rechts und der Formulierung abstrakter Rechtsregeln entgegen. Das gilt insbesondere in solchen Verfahren, in denen die Honorare der Schiedsrichter nach der aufgewendeten Zeit berechnet werden.[174]

Eine Indienstnahme von Schiedsverfahren für den überindividuellen Zweck der Rechtsfortbildung würde außerdem dazu führen, dass das Recht der Parteien zum Ausschluss der Öffentlichkeit und zur Gewährleistung der Vertraulichkeit des Schiedsverfahrens[175] eingeschränkt werden müsste. Nur dann wenn auch nicht am Verfahren beteiligte Dritte und insbesondere die Wissenschaft durch entsprechende Veröffentlichungen von den Inhalten der Schiedssprüche Kenntnis nehmen können,[176] können Schiedssprüche einen Beitrag zur Fortentwicklung des Rechts leisten und Teil der materiellen Rechtsordnung werden.[177] Ob der Schiedsgerichtsbarkeit als Institution mit einer solchen Pflicht zur Veröffentlichung von Schiedssprüchen im Ergebnis gedient wäre, wird in der Literatur eingehend und kontrovers diskutiert.[178] Den individuellen Interessen der

---

173 Vgl. aber auch das oben b) cc) diskutierte überindividuelle Interessse der Parteien an Rechtssicherheit.

174 So für Verfahren unter der LCIA-SchO vgl. *Schedule of Arbitration Costs, LCIA Arbitration* (abzurufen unter: http://www.lcia.org//Dispute_Resolution_Services/schedule-of-costs-lcia-arbitration.aspx).

175 Monographisch zur Vertraulichkeit von Schiedsverfahren *Kahlert*, Vertraulichkeit im Schiedsverfahren.

176 *Motomura*, Tulane Law Rev. 63 (1988), S. 29 (75); *Shell*, UCLA Law Rev. 35 (1988), S. 623 (658); mit Bezug zur *rule of law Lowe*, RADIC 8 (1996), S. 38 (49).

177 Zur Normbildung durch Schiedsgerichte *Wimalasena*, Veröffentlichung von Schiedssprüchen, S. 162 ff.; siehe auch *Schlosser*, Internationale private Schiedsgerichtsbarkeit, Rn. 748; *Duve/Keller*, SchiedsVZ 2005, S. 169 (173).

178 Vgl. *Duve/Keller*, SchiedsVZ 2005, S. 169 ff.; *Karton*, Arb. Int. 28 (2012), S. 447 ff.; *Jolivet*, Arb. Int. 22 (2006), S. 265 ff.; *König*, Präzedenzwirkung, S. 41; *K. Sachs*, SchiedsVZ 2004, S. 123 (124); eingehend auch *Kahlert*, Vertraulichkeit im Schiedsverfahren, S. 110 ff.; *Wimalasena*, Veröffentlichung von Schiedssprüchen, S. 212 ff.; zu den Vorteilen der Veröffentlichung *Mc Illwrath/Schroeder*, in: Malatesta/Sali, Rise of Transparency, S. 87 ff.; siehe auch *Andrews*, in: Gottwald/Hess, Procedural Justice, S. 561; kritisch dagegen *R. Stürner*, wiedergegeben bei *Andrews*, in: Gottwald/Hess, Procedural Justice, S. 541, der auf die fehlende demokratische Legitimation von Schiedsgerichten hinweist.

Schiedsparteien dürfte das aber zumindest in vielen Fällen nicht entsprechen.

e) Richtigkeitsgewähr des Schiedsspruchs

Alle vorstehend diskutierten Ansätze zu einer Legitimation der Rechtskraft von Schiedssprüchen aus den Zwecken des Schiedsverfahrens setzen voraus, dass der ergangene und durch die Rechtskraft stabilisierte Schiedsspruch die an das Verfahren gerichteten Erwartungen tatsächlich mit einer gewissen Wahrscheinlichkeit erfüllt.[179] Das wiederum bedeutet, dass die Legitimation der Rechtskraft von Schiedssprüchen von der Existenz und der Wirksamkeit von Vorkehrungen zur Gewährleistung der *materiellen* Richtigkeit von Schiedssprüchen abhängt. Des Weiteren muss sich die Reichweite der Rechtskraftwirkungen am Umfang der Richtigkeitsgewähr orientieren; insbesondere darf nicht in Rechtskraft erwachsen, worüber nicht im Prozess zwischen den Parteien unter fairen Bedingungen gestritten wurde. In staatlichen Verfahren wird die durch die Rechtskraft bewirkte Einschränkung des Rechtsschutzes durch organisations- und verfahrensrechtliche Richtigkeitsgewährleistungen kompensiert. Zu nennen sind insbesondere die Zuweisung der Entscheidung von Rechtsstreitigkeiten an hierfür ausgebildete, unabhängige und unparteiliche Richter, die Öffentlichkeit des Verfahrens, die Pflicht zur Gewährung rechtlichen Gehörs und die Einhaltung eines bestimmten Verfahrens zur Entscheidungsfindung. Mit diesen Sicherungen wird einerseits die verfassungsrechtliche Garantie effektiven Rechtsschutzes eingelöst und andererseits gerechtfertigt, dass eine Wiederholung des Rechtsstreits ausgeschlossen ist.

Wie und in welchem Umfang die Richtigkeit von Schiedssprüchen gewährleistet wird, ist im Folgenden zu untersuchen. Dabei ist zunächst auf im Schrifttum gegen die Effektivität des schiedsgerichtlichen Rechtsschutzes vorgebrachte Argumente einzugehen, die mit der Forderung der Einschränkung der Rechtskraft verbunden werden. Im Anschluss ist zu zeigen, dass die Richtigkeit von Schiedssprüchen einerseits durch staatliche Gewährleistungen und andererseits durch die Parteivereinbarungen hinreichend gesichert wird.

---

179 Vgl. auch *Neef*, Rechtskraft des Schiedsspruchs, S. 93.

aa) Zweifel an der Gewährleistung effektiven Rechtsschutzes

Zweifel an der Gewährleistung effektiven Rechtsschutzes durch Schiedsverfahren sind – insbesondere im Zusammenhang mit der Schiedsfähigkeit kartellrechtlicher Streitigkeiten[180] – vor allem in der US-amerikanischen Rechtsordnung laut geworden.[181] Wenngleich das in der Diskussion bisweilen nicht deutlich wird, führen die geäußerten Bedenken nicht zu einer Fundamentalkritik der Eignung von Schiedssprüchen als Instrument zur abschließenden Streitentscheidung. Es werden denn auch kaum Einwände gegen ein *ne bis in idem*-Gebot erhoben.[182] Die Skepsis, mit welcher der Übertragung der für staatliche Urteile geltenden Regelungen auf Schiedssprüche begegnet wird, bezieht sich vielmehr vor allem auf eine Bindungswirkung von präjudiziellen Tatsachen- und Rechtsfeststellungen (*collateral estoppel*).[183] Verständlich wird die diesbezügliche Kritik, wenn man einen näheren Blick auf die Gründe wirft, aus denen heraus die Rechtfertigung der Rechtskraft von Schiedssprüchen in Frage gestellt wird.[184]

---

180 So auch *Lowenfeld*, ASA Special Series 15, S. 55 (58); zur Verwandtschaft der Argumentation bei den Aspekten der objektiven Schiedsfähigkeit von Kartellrechtsstreitigkeiten und Rechtskraftwirkungen *Motomura*, Tulane Law Rev. 63 (1988), S. 29 (63 ff.). Zum Meinungsstreit über die Schiedsfähigkeit kartellrechtlicher Streitigkeiten vgl. auch die Nachweise bei *Hilbig*, Das gemeinschaftsrechtliche Kartellverbot, S. 78.

181 Vgl. etwa die Auswertung der amerikanischen Rechtsprechung bei *Hulbert*, Int. Tax & Bus. Law. 7 (1989), S. 156 ff.; *Motomura*, Tulane Law Rev. 63 (1988), S. 29 ff.; *Sudol*, Uni. Pittsb. Law Rev. 65 (2004), S. 931 ff.; *Levine*, Ann. Surv. Am. Law 1999, S. 435 ff.

182 *Motomura*, Tulane Law Rev. 63 (1988), S. 29 (31).

183 So ausdrücklich *G. Sanders*, Law & Pol. Int. Bus. 24 (1991), S. 101 ff., der sich generell gegen eine Präklusion von tatsächlichen und rechtlichen Vorfragen ausspricht; siehe auch die Einschätzung bei *Lowenfeld*, ASA Special Series 15, S. 55 (56); vgl. mit zahlreichen Nachweisen *Sudol*, Uni. Pittsb. Law Rev. 65 (2004), S. 931 (945 f.); *Lühmann*, Rechtskraft des Schiedsspruchs, S. 59.

184 Ausführlich zu den Anforderungen an das Entstehen eines *issue estoppel* bei einem Schiedsspruch insb. auch im Vergleich zu staatlichen Urteilen *Lühmann*, Rechtskraft des Schiedsspruchs, S. 63 ff.

(1) Die Einwände im Einzelnen

(a) Unzureichende Sachverhaltsaufklärung

Ein Argument gegen die Übertragung der für Urteile geltenden Rechtskraftregeln zielt auf die angeblich nicht hinreichende Aufarbeitung der häufig komplexen Sachverhalte in Schiedsverfahren ab. Dieser Auffassung zufolge lassen Schiedsverfahren keine dem Niveau des staatlichen Verfahrens entsprechende Tatsachenerforschung – auch in Form einer *pre-trial discovery* – erwarten.[185] Eine Übertragung der Rechtskraftregeln auf Schiedssprüche habe daher auszuscheiden.

Jedenfalls von der Warte des deutschen Prozessrechts aus leuchtet die Betonung der eingehenden Sachverhaltsaufklärung für das Entstehen von Rechtskraft auf den ersten Blick nur bedingt ein. So erwachsen nach Maßgabe der Zivilprozessordnung auch Versäumnisurteile in Rechtskraft, ohne dass zuvor eine Sachverhaltsaufklärung stattgefunden hat. Zu bedenken ist aber, dass sich der Streitgegenstand nach US-amerikanischen Recht in Anlehnung an das englische *common law* eng am tatsächlichen Geschehenslauf orientiert. Es ließe sich daher argumentieren, dass ein Schiedsverfahren aufgrund der gemessen an gerichtlichen Standards weniger eingehenden Sachverhaltsaufklärung nicht als ein Forum zur Beilegung von Rechtsstreitigkeiten zu begreifen ist.

Schon die Richtigkeit der Annahme, in Schiedsverfahren werde der Sachverhalt generell nur unzureichend aufgeklärt, lässt sich aber durchaus in Zweifel ziehen.[186] Auch dass in Schiedsverfahren die Erforschung des Sachverhalts nicht den Standards eines staatlichen Gerichtsverfahrens ge-

185 So auch der Hinweis bei *Shell*, UCLA Law Rev. 35 (1988), S. 623 (659).

186 Überdies ist fraglich, ob der Verzicht auf eine Sachverhaltsaufklärung im Wege eines Vorverfahrens tatsächlich mit einer Verkürzung der Sachverhaltserfassung einhergeht oder nicht durch eine Fokussierung auf die relevanten Streitpunkte aufgewogen wird (vgl. die entsprechenden Forderungen nach einer Einführung einer sog. *relevance-method* im Sinne der deutschen Relationstechnik *Elsing*, SchiedsVZ 2011, S. 114 [117]; in diese Richtung auch *Rivkin*, Arb. Int. 24 [2008], S. 375 ff.). Dass sich die kontinental-europäische und die anglo-amerikanische Beweiserhebung nicht unerheblich unterscheiden, ist Gegenstand zahlreicher wissenschaftlicher Untersuchungen (vgl. etwa *Varga*, Beweiserhebung in transatlantischen Schiedsverfahren) und hat nicht zuletzt zu den *IBA Rules on the Taking of Evidence in International Arbitration* geführt, die einen Kompromiss zwischen den beiden Rechtsordnungen darstellen.

nügt, ist eine durch nichts bewiesene pauschale Behauptung. Schon angesichts des Mangels an empirischem Material zum Vergleich der Beweiserhebung vor Schiedsgerichten und staatlichen Gerichten, wird sich kaum nachweisen lassen, dass die Sachverhaltsaufklärung im Schiedsverfahren stets und aus strukturellen Gründen hinter der eines Verfahrens vor staatlichen Gerichten zurückbleibt. Das gilt schon deshalb, weil es in der Hand der Schiedsparteien liegt, sich auf eine den Vorschriften der jeweiligen Verfahrensordnung entsprechende Beweiserhebung zu einigen oder hiervon abzuweichen.

Einen berechtigten Kern enthält die Kritik allerdings, als sie die Bindungswirkung von tatsächlichen und rechtlichen Vorfragen der Entscheidung betrifft. Man darf insoweit nicht übersehen, dass im deutschen Prozessrecht eine solche Rechtskraftwirkung abgelehnt wird.[187] Wenn nun von Seiten der US-amerikanischen Rechtsordnung angemahnt wird, bei einer Sachverhaltsaufklärung, die hinter dem gerichtlichen Umfang zurückbleibt, die Bindungswirkung von Tatsachenfeststellungen mit Vorsicht zu behandeln, so sind diese Vorbehalte aus deutscher Sicht nur allzu verständlich. Hatten die Parteien nicht die Gelegenheit, den Sachverhalt umfassend aufzuarbeiten, so lässt sich mitunter nicht absehen, welche Bedeutung die der Entscheidung zugrundeliegenden Feststellungen in nachfolgenden Prozessen haben können. Zudem kann angesichts der geringeren Tiefe der Sachverhaltsaufklärung die Richtigkeit der getroffenen Feststellung nicht in ausreichendem Maße garantiert werden. Haben sich die Parteien jedoch auf eine umfangreiche Aufklärung in tatsächlicher Hinsicht geeinigt[188] und sind dazu bereit, ein Schiedsgericht für diese Dienste zu bezahlen, greift die geäußerte Kritik nicht durch. Es spricht in diesen Fällen daher nichts gegen eine Bindungswirkung von vorgreiflichen Tatsachen- und Rechtsfeststellungen und einen entsprechenden Rückgriff auf die für Urteile entwickelten Rechtskraftregelungen.[189]

---

187 Zu den Gründen siehe unten 2. Kap., II. 2. b).

188 Zur Bedeutung der Vereinbarungen der Parteien für die Bestimmung des Umfangs der Rechtskraft vgl. ausführlich 6. Kap. I.

189 *Shell*, UCLA Law Rev. 35 (1988), S. 623 (667); ähnlich *Motomura*, Tulane Law Rev. 63 (1988), S. 29 (33); auf die Bedeutung der Begründung für die Herausbildung einer schiedsrichterlichen Spruchspraxis weist hin *Carbonneau*, in: ders., Collected Essays, S. 345 ff.

(b) Fehlen von Entscheidungsgründen

Ein weiterer Einwand gegen die Übertragung der Rechtskraftregeln stützt sich auf die vermeintlich fehlende oder nicht hinreichende Begründung der Entscheidungen von Schiedsgerichten.[190] Auch dieses Argument ist insofern nachvollziehbar, als es zutreffend ist, dass sich der Kern der Entscheidung (der Tenor) zwar anhand des Inhalts des Leistungsbefehls ermitteln lässt und insoweit eine Wiederholung des Rechtsstreits verhindert werden kann. Fehlt allerdings die Begründung des gefundenen Ergebnisses, kann ein nachfolgendes Gericht nicht wissen, auf welche rechtlichen und tatsächlichen Vorfragen die Entscheidung gestützt wurde.[191] Ein *collateral estoppel* lässt sich auf einen begründungslosen Schiedsspruch mithin nur schwer gründen. Dass ein Schiedsspruch ohne Begründung ergeht, dürfte aber eher Ausnahme als Regel sein. Denn anders als die Schiedsregeln der *American Arbitration Association*, in denen eine entsprechende Regelung fehlt, sehen die meisten institutionellen Schiedsordnungen eine Begründungspflicht ausdrücklich vor.[192] Für das deutsche Recht kommt hinzu, dass eine Begründung der schiedsrichterlichen Entscheidung Voraussetzung ihrer Anerkennung als Schiedsspruch im Sinne des § 1054 Abs. 2 ZPO ist.

(c) Keine Bindung an materielles Recht

Angerissen sei noch ein letzter Einwand gegen die Gleichwertigkeit schiedsgerichtlichen Rechtsschutzes, der sich auf die im Schiedsverfahren bestehende Möglichkeit einer Entscheidung nach Billigkeit bezieht.[193] Hierzu soll es in Schiedsverfahren insbesondere deshalb oft kommen, weil als Schiedsrichter Rechtsunkundige ernannt werden können, die nicht

190 Vgl. mit zahlreichen Nachweisen aus der Rechtsprechung *Sudol*, Uni. Pittsb. Law Rev. 65 (2004), S. 931 (943); auch *Gordon*, Flor. J. Int. Law 18 (2006), S. 549 (560).

191 Ähnlich *Veeder*, ICC Bulletin 2003, S. 78 ff.; *Brekoulakis*, Third Parties, Kap. 11 Rn. 12; auch *Hulbert*, Int. Tax & Bus. Lawyer 7 (1989), S. 156 (196), der darauf hinweist, dass bei einem begründeten Schiedsspruch daher nichts gegen eine Bindung an Feststellungen über Vorfragen spricht.

192 Vgl. Art. 25 Abs. 2 ICC-SchO, § 34 Abs. 3 DIS-SchO, Art. 26.1 LCIA-SchO.

193 Hierzu *Gordon*, Flor. J. Int. Law 18 (2006), S. 549 (560).

(nur) rechtliche Maßstäbe, sondern auch Überlegungen der Billigkeit in ihre Entscheidung mit einfließen ließen.

Auch dieser Vorbehalt gegen die Richtigkeit eines Schiedsspruchs ist nur eingeschränkt überzeugend. So ist zwar zutreffend, dass im Fall von gerichtlichen Urteilen die Bindung des Richters an das materielle Recht ein Garant für die Richtigkeit der Entscheidung ist.[194] Allerdings sind zumindest nach deutschem Prozessrecht Schiedsgerichte keineswegs von sich aus befugt, eine Entscheidung nach Billigkeit zu treffen. Der Rechtsstreit ist vielmehr grundsätzlich in Übereinstimmung mit den Rechtsvorschriften zu entscheiden, die von den Parteien als auf den Inhalt des Rechtsstreits anwendbar bezeichnet worden sind, § 1051 Abs. 1 S. 1 ZPO. Soll eine Entscheidung nach Billigkeit ergehen, so bedarf das einer ausdrücklichen Ermächtigung durch die Parteien, § 1051 Abs. 3 ZPO.

Dass sich eine Billigkeitsentscheidung nicht anhand abstrakter Regeln nachvollziehen lässt,[195] bedeutet im Übrigen nicht, dass ein hierzu ermächtigtes Schiedsgericht frei wäre, irgendeine Entscheidung zu treffen. Gerade eine billige Entscheidung macht eine eingehende Auseinandersetzung mit den Interessen der Parteien erforderlich; eine rein willkürlich getroffene Entscheidung ist sicherlich nicht billig.[196] Auch Billigkeitsentscheidungen können demnach richtig oder unrichtig sein. Ob sie häufiger unrichtig sind als nach Maßstäben des materiellen Rechts getroffene Entscheidungen, wäre erst noch zu beweisen.[197] Es geht daher zu weit, Billigkeitsentscheidungen pauschal eine streitbeendende Wirkung abzusprechen. Die gegen die Übertragung der für die Rechtskraft von Urteilen geltenden Regelungen erhobenen Bedenken sind daher allenfalls vor dem

194 Die Entscheidung von Rechtsstreitigkeiten nach dem Kriterium der Billigkeit ist dem deutschen Recht in dieser Form dagegen nicht bekannt. Das gilt auch im Ausnahmefall des §§ 315 Abs. 3 S. 2, 319 Abs. 1 S. 2 BGB, dem zufolge ein Gericht die nach einem Vertrag geschuldete Leistung durch Urteil nach billigem Ermessen zu bestimmen hat. Hier wird nicht der Rechtsstreit als solcher auf Grundlage von Billigkeitsüberlegungen entscheiden, sondern nur eine vertragliche Leistung bestimmt.

195 So *Voit*, in: Musielak, ZPO, § 1051 Rn. 4.

196 *Münch*, in: Münchener Kommentar zur ZPO, § 1051 Rn. 54.

197 Zu bedenken ist überdies, dass auch Schiedssprüche, die nach Maßgabe des materiellen Rechts ergangen sind, nur in Bezug auf die Einhaltung des *ordre public* geprüft werden. Diese Möglichkeit der Inhaltskontrolle ist aber bei Billigkeitsentscheidungen ebenso gegeben; ein Unterschied zwischen den beiden Formen der Entscheidung besteht mithin nicht. Die Richtigkeit des Schiedsspruchs wird vielmehr durch verfahrensrechtliche Standards absichert, siehe hierzu sogleich bb).

Hintergrund berechtigt, als sich ein auf Billigkeitserwägungen stützendes Ergebnis aufgrund der engen Orientierung an den Besonderheiten des Einzelfalls nur schwer auf andere Fälle übertragen lässt. Dass sich aus einer Billigkeitsentscheidung Handlungsanweisungen für nachfolgende Verfahren ableiten lassen, erscheint daher fraglich. Ferner dienen nach dem Maßstab der Billigkeit ergangene Schiedssprüche dem überindividuellen Interesse an der Wahrung und Fortbildung des Rechts nur eingeschränkt. Diese Überlegung könnte dafür sprechen, die streitbeendende Wirkung von Billigkeitsentscheidungen auf den Streitgegenstand des Verfahrens zu begrenzen und von weitgehenden Bindungswirkungen abzusehen.

(2) Ergebnis: Gleichwertigkeit trotz Andersartigkeit

Einige der vorstehend diskutierten Einwände gegen die Übertragung der für Urteile geltenden Rechtskraftregelungen auf Schiedssprüche konnten entkräftet werden.[198] Gleichwohl ist nicht abzustreiten, dass man Schiedssprüchen, die die Bedingungen, die im Fall des gerichtlichen Urteils dessen Richtigkeit verbürgen und die Grundlage der Rechtskraft sind, nicht erfüllen, eine dem Urteil entsprechende Wirkung nicht zuteil kommen lassen sollte. Das Eingeständnis, dass sich die für Urteile geltenden Richtigkeitskautelen nicht allesamt und unbesehen auf Schiedssprüche übertragen lassen, bedeutet im Grunde aber nichts anderes als dass Schiedssprüchen Rechtskraft nicht allein deshalb zukommt, weil sie gleich Urteilen einen Rechtsstreit entscheiden. Der Abgleich zwischen der Ausgestaltung von Schiedsverfahren und staatlichen Verfahren sollte daher dazu anhalten, sich der Begründung für einzelne Ausprägungen der Rechtskraft zu vergewissern und zu fragen, ob es gerechtfertigt ist, auch Schiedssprüchen diese Wirkung zukommen zu lassen. Im Hinblick auf das erreichte Maß an Gerechtigkeit kommt der staatlichen Gerichtsbarkeit mithin eine Maßstabsfunktion zu.[199] An diesem Ziel und nicht an einzelnen prozessrechtlichen Abläufen haben sich Schiedsverfahren zu orientieren. Die Rechtfertigung

---

198 Vgl. dagegen *Ebbing*, Private Zivilgerichte, S. 63 („*Erhöhte Verfahrenseffizienz auf Kosten der verfahrensrechtlichen Rechtmäßigkeitsgewähr ist damit gleichsam ein Wesensmerkmal der herkömmlichen Schiedsgerichtsbarkeit.*“).

199 Vgl. zur Maßstabsfunktion des gerichtlichen Prozesses *Ebbing*, Private Zivilgerichte, S. 59 ff.; *Hofmann-Riem*, ZRP 1997, S. 190 ff.; auch *Rehm*, Schiedsgerichtsbarkeit im Rechtssystem, S. 6, 55.

der Rechtskraft eines Schiedsspruchs erklärt sich mit anderen Worten nicht mit der Gleich*artigkeit* von Schiedsverfahren und staatlichen Prozessen,[200] sondern damit, dass unbeschadet aller Unterschiede der Verfahren schiedsgerichtlicher Rechtsschutz dem durch staatliche Gerichte gewährten Schutz gleich*wertig* ist.[201]

Wie es in einer Rechtsordnung gelingen kann, eine solche Gleichwertigkeit der beiden Rechtsschutzformen auch in komplexen Situationen *ex ante* zu gewährleisten, ist im Folgenden am Beispiel der Schiedsfähigkeit gesellschaftsrechtlicher Beschlussmängelstreitigkeiten zu zeigen.

(3) Inkurs: Die Schiedsfähigkeit von Beschlussmängelstreitigkeiten

Die Zulässigkeit der Entscheidung gesellschaftsrechtlicher Beschlussmängelstreitigkeiten durch Schiedsgerichte ist von der deutschen Rechtsprechung über Jahrzehnte insbesondere mit dem Argument verneint worden, in den gesetzlichen Bestimmungen des Schiedsverfahrensrechts sei keine den § 248 AktG[202] vergleichbare Sonderregelung hinsichtlich der Rechtskrafterstreckung auf am Verfahren nicht beteiligte Dritte zu finden. Diese ausdrückliche gesetzliche Regelung könne aber „*nicht ohne weiteres aus dem Zusammenhang mit den sie ergänzenden verfahrensrechtlichen Vorschriften herausgelöst und auf den Spruch eines privaten Schiedsgerichts übertragen werden […].*“[203] Es sei nicht Aufgabe der Rechtsprechung, Kriterien zur Ausgestaltung des schiedsgerichtlichen Verfahrens und der Beteiligungsmöglichkeit der subjektiv Betroffenen zu entwickeln, die alsdann die Grundlage einer analogen Anwendung der Vorschriften der §§ 246 ff. AktG bilden könnten. Die Entscheidungen über die Zulässigkeit der Verhandlung von Beschlussmängelstreitigkeiten vor Schiedsgerichten sowie über die „*Erforderlichkeit, Art und Inhalt zusätzlicher Regelungen*

---

200 So auch *Brekoulakis*, Third Parties, Kap. 11 Rn. 11.

201 Von einer Gleichwertigkeit von schiedsgerichtlichem und staatsgerichtlichem Rechtsschutz geht ausdrücklich die Gesetzesbegründung zur Schiedsverfahrensrechtsnovelle aus: BT-Drs. 13/5274, S. 46.

202 Gemäß dieser Vorschrift, die im Fall von GmbH-Beschlussmängelstreitigkeiten analog anwendet wird (*Wertenbruch*, in: Münchener Kommentar zum GmbHG, Anh. zu § 47 Rn. 1), wirkt ein rechtskräftiges Urteil, das einen Beschluss für nichtig erklärt, für und gegen alle Aktionäre sowie die Mitglieder des Vorstands und des Aufsichtsrats, auch wenn sie nicht Partei des Verfahrens waren.

203 BGH, Urt. v. 29.3.1996 – Az. II ZR 124/95, BGHZ 132, 278 (285).

zum Zwecke der Sicherstellung einer einheitlichen Entscheidung und des unabdingbaren Drittschutzes [müssten] dem Gesetzgeber überlassen bleiben."[204]

Nachdem dieser in der Schiedsverfahrensnovelle seinerseits die übertragene Aufgabe ausdrücklich an die Rechtsprechung zurückgegeben hatte,[205] erklärte der BGH in einer Entscheidung aus dem Jahre 2009[206] Streitigkeiten über die Rechtmäßigkeit von gesellschaftsrechtlichen Beschlüssen grundsätzlich für schiedsfähig.[207] Erforderlich sei jedoch die Aufnahme bestimmter verfahrensrechtlicher Gleichwertigkeitskautelen in die Schiedsvereinbarung. Im Einzelnen müsse gesichert sein, dass die außenstehenden Gesellschafter über die Einleitung des Schiedsverfahrens und dessen Verlauf informiert werden und die Möglichkeit der Beteiligung am Verfahren bestehe.[208] Zudem müssten alle etwaigen Verfahren vor demselben Schiedsgericht verhandelt werden.[209] Nur wenn schon in der Schiedsvereinbarung entsprechende Regelungen getroffen worden sind, könne ein Schiedsspruch anerkannt werden.

Diese Ausführungen des BGH verdeutlichen den unmittelbaren Zusammenhang von verfahrensrechtlichen Vorschriften, Zielen und Wirkungen der Rechtskraft und damit die Bedeutung des Erfordernisses der Gleichwertigkeit von schiedsgerichtlichem und staatlichem Rechtsschutz. Die Zulässigkeit einer schiedsgerichtlichen Streitentscheidung von Beschlussmängelstreitigkeiten steht und fällt nach Ansicht des BGH mit der Möglichkeit der Erreichung von endgültigem Rechtsfrieden.[210] Das setzt voraus, dass sich widersprechende Ergebnisse in Bezug auf die Rechtmäßigkeit des angegriffenen Beschlusses vermieden werden. In Verfahren vor staatlichen Gerichten wird das durch die Regelungen in §§ 248 Abs. 1 S. 1, 249 Abs. 1 S. 1 AktG gewährleistet, welche die Rechtskraft eines Urteils

---

204 BGH, Urt. v. 29.3.1996 – Az. II ZR 124/95, BGHZ 132, 278 (290).

205 BT-Drucks. 13/5274, S. 35 („*[...] angesichts ihrer Vielschichtigkeit in tatsächlicher und rechtlicher Hinsicht weiterhin der Lösung der Rechtsprechung unter Berücksichtigung der konkreten Umstände des Einzelfalls überlassen bleiben.*").

206 BGH, Urt. v. 6.4.2009 – Az. II ZR 255/08, BGHZ 180, 221 ff.

207 Die für die Gesellschaft mit beschränkter Haftung ergangene Rechtsprechung hat der BGH mit Beschluss vom 6. April 2017 – Az. I ZB 32/16, auf Personengesellschaften erweitert. Zu Recht kritisch zu dieser Entscheidung *Bryant*, SchiedsVZ 2017, S. 196 ff.; *Nolting*, ZIP 2017, S. 1646 ff.

208 BGH, Urt. v. 6.4.2009 – Az. II ZR 255/08, BGHZ 180, 221 (228 f.).

209 BGH, Urt. v. 6.4.2009 – Az. II ZR 255/08, BGHZ 180, 221 (229).

210 *Nolting*, GmbHR 2011, S. 1017 (1019).

über die Parteien hinaus auf alle Aktionäre sowie die Mitglieder des Vorstands und des Aufsichtsrats erstrecken, selbst wenn diese nicht Partei des Verfahrens waren. Auch die Entscheidung von Beschlussmängelstreitigkeiten durch Schiedsgerichte erfordert es daher, dass in Abkehr der allgemeinen Vorschriften über die subjektive Reichweite der Rechtskraft über die Parteien des Verfahrens hinaus Bindungswirkungen eintreten und auf diese Weise weitere Rechtsstreitigkeiten umfassend ausgeschlossen sind. Die Übertragung der Rechtskraftregelungen setzt ihrerseits voraus, dass ergänzende verfahrensrechtliche Vorschriften zur Anwendung gelangen. Denn von den Wirkungen einer Entscheidung dürfen nur die Personen betroffen sein, denen rechtliches Gehör gewährt wurde bzw. diejenigen, die eine hinreichende Möglichkeit gehabt hatten, an dem Verfahren mitzuwirken. Innerhalb eines üblichen Verfahrens ist das aber nicht sichergestellt, denn hier sind Mitwirkungsbefugnisse nur in eingeschränktem Umfang bekannt. Mithilfe welcher zusätzlichen verfahrensrechtlichen Mechanismen die Möglichkeit der Beteiligung am Schiedsverfahren sichergestellt werden muss, hat der BGH für gesellschaftsrechtliche Beschlussmängelstreitigkeiten formuliert und sich dabei naheliegenderweise an den speziellen Verfahrensvorschriften der §§ 241 ff. AktG orientiert.[211] Dabei will der BGH die Einhaltung der Gleichwertigkeitskautelen aber nicht dem Einzelfall überlassen, sondern verlagert die Gewährleistung dafür, dass in Beschlussmängelstreitigkeiten das richtige Ergebnis gefunden werden kann, auf die institutionelle Ebene der Schiedsvereinbarung vor.[212] Die Gleichwertigkeit des schiedsgerichtlichen Rechtsschutzes wird so Voraussetzung von Schiedsverfahren überhaupt.

---

211 Die DIS hat auf die Rechtsprechung reagiert und empfiehlt Gesellschaften, die Beschlussmängelstreitigkeiten durch Schiedsgerichte klären lassen wollen, die Aufnahme einer entsprechend angepassten Schiedsklausel, vgl. DIS-Ergänzende Regeln für gesellschaftsrechtliche Streitigkeiten 09 (abzurufen unter: http://www.dis-arb.de/de/16/regeln/dis-ergänzende-regeln-für-gesellschaftsrechtliche-streitigkeiten-09-erges-id5).

212 Hierzu kritisch *Filker*, Schiedsgerichtliche Beurteilung, S. 127 ff.

bb) Staatliche Mindestanforderungen

(1) Staatliche Kontrolle als Gewähr der Richtigkeit

Soll in einer Rechtsordnung die private Schiedsgerichtsbarkeit gleichwertig neben der staatlichen Gerichtsbarkeit stehen,[213] so macht das – schon aus verfassungsrechtlichen Gründen – eine Qualitätskontrolle von Schiedssprüchen erforderlich.[214] Denn auch wenn die Verfassungsmäßigkeit des deutschen Schiedsverfahrensrechts grundsätzlich nicht mehr in Rede steht,[215] ist die Rechtskraft eines Schiedsspruchs mit der Folge des Ausschlusses der Entscheidung der Streitigkeit durch staatliche Gerichte nur dann mit der Justizgewährungspflicht zu vereinbaren,[216] wenn die Gleichwertigkeit schiedsgerichtlichen Rechtsschutzes sichergestellt ist.[217] Die Zuerkennung von Rechtskraft bei Entscheidungen einer von staatlichen Vorgaben und Kontrolle völlig losgelösten privaten Gerichtsbarkeit

---

213 Für Deutschland spricht *Steiner*, SchiedsVZ 2013, S. 15 (15), von *„routinierter, verfassungsrechtlich unaufgeregter Koexistenz“*.

214 *Schlosser*, in: Stein/Jonas, ZPO, vor § 1025 Rn. 7; ausführlich zum Verhältnis der Schiedsgerichtsbarkeit und Verfassungsrecht *Geimer*, in: Schlosser, Integritätsprobleme, S. 113–198; monographisch *Hesselbarth*, Schiedsgerichtsbarkeit und Grundgesetz; *Rehm*, Schiedsgerichtsbarkeit im Rechtssystem; zur Rechtlage in der Schweiz vgl. *Walder-Richli*, in: Schlosser, Integritätsprobleme, S. 59–111; aus internationaler Sicht *Lalive*, Rev. Arbitragem 2008, S. 1 (9).

215 Zweifel an der Verfassungskonformität der Schiedsgerichtsbarkeit wurden vor allem im Zuge der Schiedsverfahrensnovelle im Jahre 1997 geäußert. Dabei wurden die Erweiterung der objektiven Schiedsfähigkeit und ihre Entkoppelung von der Vergleichsfähigkeit thematisiert, vgl. etwa *Voit*, JZ 1997, S. 120 ff.; *Hesselbarth,* Schiedsgerichtsbarkeit und Grundgesetz, S. 17 ff.

216 Nach Ansicht von *Münch*, in: Münchener Kommentar zur ZPO, vor §§ 1025 Rn. 4, verzichten die Parteien mit Abschluss der Schiedsvereinbarung in zulässiger Weise (!) auf ihren Justizgewährungsanspruch; so auch *Niedermaier*, Schieds- und Schiedsverfahrensvereinbarungen, S. 22, 42; differenzierend *Lühmann*, Rechtskraft des Schiedsspruchs, S. 193 ff. m.w.N. zur Diskussion.

217 Eine unmittelbare Bindung von Schiedsgerichten an die Grundrechte wird in der deutschen Rechtswissenschaft kaum vertreten, vgl. hierzu *Geimer*, in: Schlosser, Integritätsprobleme, S. 113 (126 ff.) m.w.N.; noch im Fluss ist die Debatte um eine unmittelbare Geltung von Art. 6 EMRK vgl. hierzu *Jaksic*, J. Int. Arb. 24 (2007), S. 159 ff.; *Habscheid*, in: Gerhardt et al., FS Henckel, S. 341 ff.; *Petrochilos*, Procedural Law, Kap. 4 Rn. 95 ff.; *Besson*, ASA Bulletin 24 (2006), S. 5 ff. m.w.N.

ist ausgeschlossen.[218] Ein Staat, der die Ergebnisse privatrechtlich ausgestalteter Verfahren anerkennt, ist verpflichtet, die Wirksamkeit dieses Rechtsschutzes sicherzustellen.

Die Zulässigkeit schiedsgerichtlichen Rechtsschutzes wie seine Grenzen ergeben sich mithin aus den grundrechtlich verbürgten Ansprüchen des Individuums auf Rechtsschutz gegenüber dem Staat.[219] Zum einen muss gewährleistet sein, dass die Unterwerfung unter die private Gerichtsbarkeit auf freiwilliger Basis geschieht, zum anderen ist ein Mindestmaß an Rechtsstaatlichkeit erforderlich; hierzu gehören etwa die Gleichheit der Parteien, Unabhängigkeit und Neutralität der Schiedsrichter und die Gewährung rechtlichen Gehörs.[220] Auf einfachgesetzlicher Ebene finden sich diese verfassungsrechtlichen Vorgaben in § 1042 Abs. 1 ZPO (Recht auf Gleichbehandlung und rechtliches Gehör) wieder.[221] Mit der Aufstellung bestimmter gesetzlicher Vorgaben *ex ante* an das Schiedsverfahren kann der deutsche Gesetzgeber seinem verfassungsrechtlichen Schutzauftrag allerdings nicht genügen. Er muss vielmehr außerdem – auch außerhalb des Verfahrens zur Erteilung der Vollstreckbarkeit – eine *ex post* Kontrolle der Rechtmäßigkeit des Schiedsspruchs vorsehen und den Weg zu den staatlichen Gerichten offenhalten. Hierfür hat der Gesetzgeber mit der Möglichkeit der gerichtlichen Aufhebung des Schiedsspruchs nach § 1059 ZPO gesorgt.[222] Soweit der Einsatz staatlicher Zwangsmittel zur Durchsetzung des Schiedsspruchs in Rede steht, ist staatlichen Gerichten zudem die Prüfung vorbehalten, ob der Schiedsspruch im Einklang mit grundlegenden Gerechtigkeitsvorstellungen steht, § 1060 Abs. 2 ZPO. Neben den *ex ante*

---

218 *Hillgruber*, in: Maunz/Dürig, GG, Art. 92 Rn. 88 (Stand: Dezember 2007); auch *Spohnheimer*, Antezipiertes Legalanerkenntnis, S. 178; *Ebbing*, Private Zivilgerichte, S. 22.

219 Verfassungsrechtliche Grundlage der Schiedsgerichtsbarkeit bildet nach überwiegender Meinung die verfahrensrechtliche Privatautonomie, die in Art. 2 Abs. 1 GG verbürgt ist; im Fall vermögensrechtlicher Ansprüche sind zudem (vorrangig) Art. 14 und Art. 12 GG heranzuziehen, *Classen*, in: v. Mangoldt/Klein/Starck, GG, Art. 92 Rn. 42; *Hillgruber*, in: Maunz/Dürig, GG, Art. 92 Rn. 87 (Stand: Dezember 2007); *Steiner*, SchiedsVZ 2013, S. 15 (16).

220 *Hillgruber*, in: Maunz/Dürig, GG, Art. 92 Rn. 88 (Stand: Dezember 2007).

221 Zur Frage, ob der Gehörsanspruch in dieser Vorschrift oder in Art. 103 Abs. 1 GG seine Grundlage findet vgl. *Spohnheimer*, Antezipiertes Legalanerkenntnis, S. 166 ff. m.w.N. zum Meinungsstand.

222 *Geimer*, in: Schlosser, Integritätsprobleme, S. 113 (178); *Rehm*, Schiedsgerichtsbarkeit im Rechtssystem, S. 71 f.; *Hillgruber*, in: Maunz/Dürig, GG, Art. 92 Rn. 88 (Stand: Dezember 2007).

und *ex post* Kontrollen sichern auch die Vorschriften zu Unterstützungsleistungen staatlicher Gerichte in Schiedsverfahren, §§ 1034 Abs. 2, 1035 Abs. 3 ZPO, die Richtigkeit des Schiedsspruchs ab.

(2) Vorwirkungen der staatlichen Kontrollmöglichkeiten

Die *ex post* Überprüfung des Schiedsspruchs auf seine Übereinstimmung mit den Wirksamkeitsanforderungen der nationalen Rechtsordnung hat gleichsam unmittelbaren Einfluss auf das Schiedsverfahren. Indem die staatlichen Richtigkeitskautelen auf das Schiedsverfahren „vorwirken", wird die Richtigkeit des Schiedsspruchs auch systemintern gewährleistet. Das gilt insbesondere im Hinblick auf die Verfahrensvorschriften, von denen nach nationalem Recht eine Abweichung nicht erlaubt ist, § 1042 Abs. 3 ZPO.[223] Eine „Bindungswirkung" für Schiedsgerichte entfalten diese Vorgaben deshalb, weil es der Schiedsgerichtsbarkeit an Zwangsmitteln fehlt, um die Befolgung von Schiedssprüchen sicherzustellen. Kommt die unterlegene Partei dem Schiedsspruch nicht nach, so bedarf der Schiedsspruch der staatlichen Anerkennung, um für vollstreckbar erklärt und mithilfe der staatlichen Zwangsvollstreckungsorgane durchgesetzt zu werden.[224] Ein nicht anerkennungsfähiger Schiedsspruch ist für die obsiegende Partei nutzlos. Aus diesem Blickwinkel liegt die Einhaltung der staatlichen Vorgaben im eigenen und unmittelbaren Interesse der Parteien des Schiedsverfahrens.[225] Nichts anderes ist gemeint, wenn eine Pflicht des Schiedsgerichts behauptet wird,[226] einen vollstreckbaren Schiedsspruch zu

223 Im Einzelnen *Spohnheimer*, Antezipiertes Legalanerkenntnis, S. 138 ff.

224 Schon aus diesem Grund kann es keinen „anationalen", d.h. ausschließlich im Parteiwillen oder einer überstaatlichen Rechtsordnung wurzelnden Schiedsspruch geben. Die rechtliche Durchsetzbarkeit eines Schiedsspruchs kann sich allein aus einer Rechtsordnung ergeben, vgl. nur *Solomon*, Verbindlichkeit von Schiedssprüchen, S. 451 ff.; *Schlosser*, Internationale private Schiedsgerichtsbarkeit, Rn. 190; *Rensmann*, J. Int. Arb. 15 (1998), S. 37 (39); *Münzberg*, Schranken, S. 132 f.

225 In diese Richtung auch *Spohnheimer*, Antezipiertes Legalanerkenntnis, S. 179; *R. Stürner*, ZZP 127 (2014), S. 271 (277 mit FN 25), der im Schiedsverfahrensrecht eine Form „hoheitlichen Privatrechts" sieht, das ein im Grundsatz staatlich anerkennungsfähiges Verfahrensergebnis schafft.

226 Eine solche Pflicht soll generell anerkannt sein, vgl. etwa *v. Mehren*, Arb. Int. 19 (2003), S. 465 (467); *Blackaby/Partasides*, Redfern and Hunter, Kap. 9 Rn. 10 ff.; *Horvath*, J. Int. Arb. 18 (2001), S. 135 ff.; *Mann*, in: Jakobs et al., FS Flume,

schaffen.[227] Eine solche „Pflicht“ zur Einhaltung staatlicher Vorgaben beschränkt sich dabei nicht nur auf die Garantien, die das verfahrensmäßige Zustandekommen des Schiedsspruchs betreffen. Die staatlichen Vorstellungen über die materielle Richtigkeit von Entscheidungen setzen sich auch insoweit durch, als einige Vorschriften Teil des *ordre public* sind und ihre Missachtung daher zumindest einer Anerkennung und Vollstreckung des Spruchs entgegenstünden. Insofern kann man von einer Bindung des Schiedsrichters an das materielle Recht[228] sprechen.[229]

Doch selbst jenseits dieser rechtlichen Sicherungsmechanismen, welche die Einhaltung rechtsstaatlicher Mindeststandards durch Schiedsgerichte gewährleisten, lebt die Schiedsgerichtsbarkeit davon, dass ihren Schiedssprüchen von Seiten der staatlichen Gerichtsbarkeit Vertrauen entgegen gebracht wird. Denn die verfahrensrechtliche und inhaltliche Qualität von Schiedssprüchen ist Voraussetzung dafür, dass die Schiedsgerichtsbarkeit als eine im Grundsatz der staatsgerichtlichen Rechtspflege gleichwertige Rechtsschutzform anerkannt wird. Missbrauchen Schiedsgerichte dieses Vertrauen anhaltend durch den Erlass von rechtlich fragwürdigen Schiedssprüchen, so wird ein Staat seine Schiedsfreundlichkeit politisch überdenken.[230]

Bd. I, S. 591 (596); kritisch *Hilbig*, Das gemeinschaftsrechtliche Kartellverbot, S. 132, *Karrer*, in: Aksen et al., Liber Amicorum Briner, S. 429 ff. Auch in einigen institutionellen Schiedsordnungen (Art. 35 ICC-SchO, Art. 32.2 LCIA-SchO) findet sich ein entsprechendes Gebot.

227 Die Pflicht zur Schaffung eines vollstreckbaren Schiedsspruchs hat sich allerdings auf die Vollstreckbarkeit nach einer bestimmten Rechtsordnung zu konkretisieren. Zur Sicherstellung einer Universalgeltung des Schiedsspruchs sind Schiedsrichter nicht angehalten, vgl. *Mann*, in: Jakobs et al., FS Flume, Bd. I, S. 591 (596 f.).

228 Vgl. hierzu *Kessler*, Die Bindung des Schiedsgerichts an das materielle Recht; *Oertmann*, ZZP 47 (1918), S. 105 ff.; *Horn*, SchiedsVZ 2008, S. 109 ff.; für das Kartellrecht *Altenmüller*, Entscheidung kartellrechtlicher Streitigkeiten, S. 157.

229 *Schlosser*, Internationale private Schiedsgerichtsgerichtsbarkeit, Rn. 750. Inwiefern das auch im Hinblick auf zwingende Sachnormen einer anderen Rechtsordnung als dem Vertragsstatut gilt, ist umstritten, vgl. für Art. 101 AEUV [ex Art. 81 EGV] *Hilbig*, Das gemeinschaftsrechtliche Kartellverbot, S. 111 ff.; *Blanke*, Aust. Yb. Int. Arb. 2009, S. 3 (36 ff.); *Schlosser*, in: Stein/Jonas, ZPO, § 1051 Rn. 10.

230 *Spohnheimer*, Antezipiertes Legalanerkenntnis, S. 68.

cc) Parteivereinbarungen als Gewähr der Richtigkeit

Die Richtigkeit des Schiedsspruchs wird jedoch nicht nur durch die Einhaltung der staatlichen Vorgaben verbürgt. Indem die Parteien Vereinbarungen über das Verfahren treffen, nach dem das Schiedsgericht zu einer Entscheidung der Rechtsstreitigkeit gelangen soll, können sie ihre Überzeugung davon, wie eine gerechte Entscheidung auszusehen hat und auf welchem Wege sie zu finden ist, in das Verfahren einführen. Im Wege des Aushandelns der Art und Weise der Beweiserhebung, der Regeln der Beweisführung und -bewertung und mitunter der Anwendbarkeit einer bestimmten Rechtsordnung versucht jede Partei ihre Vorstellung davon, wie eine richtige Entscheidung getroffen werden kann, in rechtliche Vorgaben für die Entscheidungsfindung zu übersetzen. Einigen sich Parteien alsdann auf die Durchführung des Schiedsverfahrens nach bestimmten Regeln, so haben sie selbst die Grundlage für die Richtigkeit des Schiedsspruchs geschaffen. Hält das Schiedsgericht bei seiner Entscheidungsfindung die von den Parteien getroffenen Vereinbarungen nicht ein, so hat es gegen die von den Parteien eigens entwickelten Richtigkeitskautelen verstoßen. Es liegt dann in der Hand der Parteien, ob sie gegen einen Schiedsspruch, der entgegen ihren Vereinbarungen getroffen wurde, vor staatlichen Gerichten vorgehen wollen.[231] Verzichten sie darauf, erklären sie gleichsam ihr Einverständnis mit dem gefundenen Ergebnis.

2. Legitimation der Rechtskraft aus finanziellen Interessen

Im Hinblick auf staatliche Urteile sind auch andere, nicht auf die Prozesszwecke bezogene öffentliche Interessen an der Rechtskraft anerkannt. Insbesondere wird die Rechtskraft von Urteilen damit gerechtfertigt, dass der finanzielle Aufwand des Staates für die Gewährleistung der materiellen Richtigkeit von Gerichtsentscheidungen begrenzt werden müsse. Die Rechtskraft von Urteilen soll also die öffentlichen Haushalte schonen. Ob dieser Befund für die Schiedsgerichtsbarkeit gilt, ist nachstehend zu untersuchen. Dabei ist zu unterscheiden zwischen staatlichen finanziellen Inter-

231 Nach § 1059 Abs. 2 Nr. 1 lit. d) ZPO, Art. V (1) lit. d) UNÜ ist ein Schiedsspruch aufzuheben bzw. nicht anzuerkennen, wenn das schiedsrichterliche Verfahren der Vereinbarung der Parteien nicht entsprochen hat.

essen und finanziellen Interessen der Institution der Schiedsgerichtsbarkeit und ihrer Teilnehmer.

a) Staatliche finanzielle Interessen

Die Rechtskraft eines Schiedsspruchs in einem nachfolgenden Gerichtsverfahren trägt zur Schonung der Ressourcen der Justiz und damit des öffentlichen Haushalts bei. Anders als bei Urteilen bedeutet eine Streitwiederholung zwar nicht eine finanzielle *Doppel*belastung der staatlichen Gerichte, da diese in der Sache bislang noch nicht beschäftigt waren. Allerdings kann bei einer Neuverhandlung der Streitsache vor staatlichen Gerichten der Entlastungsaspekt, der aus staatlicher Sicht für eine großzügige Haltung gegenüber der privaten Streitbeilegung spricht,[232] nicht eintreten. Zu einer Doppelbelastung des öffentlichen Haushalts kann es zudem kommen, wenn zwar auch der zweite Rechtsstreit vor einem Schiedsgericht ausgetragen wird, dieses aber – wie schon das Schiedsgericht im ersten Schiedsverfahren – auf die Unterstützungsleistungen staatlicher Stellen angewiesen ist.[233]

Festzuhalten ist mithin, dass sich ein Staat durch die Anerkennung eines Schiedsspruchs nicht nur die Rechtssicherheit und Rechtsfrieden stiftende Eigenschaft von Schiedssprüchen zu Eigen macht, sondern auch in finanzieller Hinsicht seine Justiz entlastet. Folglich hat ein Schiedsspruch auch in dieser Hinsicht eine öffentliche Funktion und dient einem überindividuellen *staatlichen* Interesse.[234] Es ist allerdings nicht möglich, die Rechtskraft von Schiedssprüchen mit diesem Interesse normativ zu begründen. Da dem Staat von Verfassungs wegen die Aufgabe der Gewährleistung effektiven Rechtsschutzes zukommt, darf er einen Schiedsspruch unbeschadet der eigenen finanziellen Interessen nur dann anerkennen, wenn durch das vorangegangene Schiedsverfahren das individuelle Rechtsschutzinteresse der Parteien in hinreichender Weise befriedigt wur-

232 Vgl. BT-Drs. 13/5274, S. 35; *Shell*, UCLA Law Rev. 35 (1988), S. 623 (661); so dürfte auch *Loritz*, ZZP 105 (1992), S. 1 (6) zu verstehen sein, der danach fragt, *„ob das öffentliche Interesse nicht gerade den Einsatz der Schiedsgerichtsbarkeit fordert, um den in mancher Hinsicht sachkundigeren Schiedsrichtern Aufgaben zu übertragen, die sie besser erledigen können als die ohnehin überlasteten staatlichen Richter.*“.

233 So *ILA*, Final Report, Rn. 61 und 69.

234 *Neef*, Rechtskraft des Schiedsspruchs, S. 36.

de. Dass die Funktionsfähigkeit der staatlichen Justiz durch die erstmalige (!) Inanspruchnahme eines staatlichen Gerichts gefährdet wird, ist auszuschließen.

b) Finanzielle Interessen der Schiedsgerichtsbarkeit

Zu untersuchen ist, ob die Rechtskraft von Schiedssprüchen zu finanziellen Entlastungen innerhalb der Institution der Schiedsgerichtsbarkeit führt.[235] Dabei ist zu beachten, dass für die Kosten eines Schiedsverfahrens im Unterschied zu einem staatlichen Gerichtsverfahren in voller Höhe die Parteien selbst aufkommen müssen.[236] Das gilt für *ad hoc* Verfahren, aber auch dann, wenn sich die Parteien auf die Inanspruchnahme der Dienste einer Schiedsinstitution einigen. Ein Argument für das Verbot einer mehrfachen Durchführung eines Schiedsverfahrens mithilfe einer Schiedsinstitution könnte sich dann ergeben, wenn mehrfaches Prozessieren dazu führte, dass andere Nutzer der Schiedsinstitution höhere Gebühren zu zahlen hätten.[237] Zwar wird sich nicht für jeden Einzelfall ausschließen lassen, dass es bei einer mehrfachen Inanspruchnahme der Schiedsgerichtsbarkeit zu einem Kostensprung kommt; beispielsweise kann die Einstellung von weiterem Personal erforderlich werden, was in der Folge eine Anhebung der Verwaltungsgebühren für alle Nutzer der institutionellen Schiedsgerichtsbarkeit notwendig machen kann. Umgekehrt ist es aber auch denkbar, dass ein Verfahren mit hohem Gegenstandswert, für das dementsprechend hohe Gebühren zu zahlen sind, aufwandsintensive Verfahren mit geringem Streitwert „subventioniert". Eine abschließende Aussage darüber, ob die Zulassung von abermaligen Verfahren zu einer Kostensteigerung führen könnte, lässt sich deshalb nicht treffen; im Ergebnis werden sich die positiven und die negativen finanziellen Effekte wohl langfristig gegenseitig aufheben. Jedenfalls aber, und damit ist der grundlegende Unterschied zu staatlichen Verfahren bezeichnet, werden mit den etwaigen Kosten der Wiederholung von Streitigkeiten nicht gänzlich unbeteiligte Dritte belastet, sondern allenfalls diejenigen, die die Dienste der

---

235 Das verneinend *Brekoulakis*, Third Parties, Kap. 9 Rn. 5; *ders.*, Am. Rev. Int. Arb. 16 (2005), S. 177 (179); *Homfeldt*, Beachtung der Rechtskraft, S. 82.

236 Die Bereitschaft der Parteien für die Kosten des Verfahrens aufzukommen wird betont bei *Münch*, in: Bitburger Gespräche in München, 2016, S. 53 (68 ff.).

237 So *Gordon*, Flor. J. Int. Law 18 (2006), S. 549 (575).

Institution in Anspruch nehmen wollen und damit ihre grundsätzliche Bereitschaft zur Zahlung der Gebühren erklärt haben.[238] Dass im Hinblick auf den konkreten Rechtsstreit die Schiedsparteien selbst ein grundsätzliches Interesse daran haben, die Kosten in einem Schiedsverfahren niedrig zu halten,[239] schließt es nicht aus, ihnen die Entscheidung darüber zu lassen, was ihnen die abermalige Prozessführung wert ist.[240] Mit ökonomischen Interessen der Institution der Schiedsgerichtsbarkeit kann die streitbeendende Wirkung von Schiedssprüchen im Ergebnis nicht begründet werden.

3. Desiderat einer auf dem Parteiwillen aufbauenden Rechtskraftdogmatik

Wie vorstehend gezeigt werden konnte, ist die Rechtskraft von Schiedssprüchen ausschließlich aus den mit einem Schiedsverfahren verfolgten Zwecken zu legitimieren. Werden diese Zwecke modifiziert, kann ein veränderter Rechtskraftbegriff sinnvoll werden. Umgekehrt kann eine Modifikation des Rechtskraftbegriffs nicht ohne Auswirkungen auf die Zwecke und damit die Ausgestaltung des Verfahrens sein. Wenn die Entscheidung als das Produkt eines Prozesses verändert wird, verändern sich zwangsläufig auch die von den Parteien mit dem Prozess verbundenen Erwartungen und ihr Verhalten im Prozess. Eine Lehre der Rechtskraft von Schiedssprüchen hat diesen Zusammenhang von Rechtskraft, Prozesszweck und Verfahren zu berücksichtigen. Wer über die Zwecke eines Schiedsverfah-

---

238 Zur Finanzierung der Schiedsinstitutionen vgl. etwa § 5 Abs. 1 der Satzung der DIS, dem zufolge sich der Verein finanziert aus Mitgliedsbeiträgen, Förderbeiträgen, Gebühren aus der Durchführung von Schiedsgerichtsverfahren sowie Einnahmen aus der Durchführung von Veranstaltungen und aus der Herausgabe von Veröffentlichungen; abrufbar unter: http://www.disarb.org/de/13/content/satzung-id9.

239 *G. Sanders*, Law & Pol. Int. Bus. 24 (1992), S. 101, III., will aus diesem Grund auch das Kostenargument für das Schiedsverfahren gelten lassen.

240 Die Aussage, dass Kostenerwägungen vernachlässigt werden können, steht unter dem Vorbehalt, dass es nicht zu einer Belastung desjenigen kommt, der von der Rechtskraft der Entscheidung profitieren würde. Das kann dann der Fall sein, wenn die Parteien anfänglich hälftig für die Verfahrenskosten aufkommen müssen; dasselbe gilt mit Blick auf die für die Rechtsverteidigung anfallenden Kosten, die von den Parteien zunächst selbst zu tragen sind, erst im Fall des Obsiegens hat der Prozessgegner hierfür aufzukommen.

rens entscheidet, sollte über die Verfahrensregeln sowie über die Rechtskraft und den Umfang der Rechtskraft des Schiedsspruchs entscheiden.

Indem die Rechtsordnungen den Schiedsparteien in weitem Maße die Befugnis zur Regelung des Verfahrens einräumen, übertragen sie ihnen auch das Recht zur Konkretisierung der Zwecke des Verfahrens.[241] Diese Freiheit ist der wichtigste Unterschied der Schiedsgerichtsbarkeit zur staatlichen Gerichtsbarkeit und damit zugleich der Legitimationsgrund ihrer staatlichen Anerkennung. Führt man diese Gedanken zusammen, so zeigt sich, dass die Rechtskraft von Schiedssprüchen die zentrale Frage nach dem Verhältnis von staatlicher Gerichtsbarkeit und Schiedsgerichtsbarkeit berührt. Eine Vereinheitlichung der Rechtskraft von Schiedssprüchen und eine Gleichschaltung mit der für staatliche Urteile geltenden Dogmatik mögen vielleicht ein höheres Maß an Transparenz und Vorhersehbarkeit der Schiedsgerichtsbarkeit bewirken und damit zugleich ihre Akzeptanz in der Öffentlichkeit stärken. Sie ziehen aber die Frage nach sich, weshalb ein Verfahren mit einem „standardisierten Produkt" nicht selbst einer Vereinheitlichung zugänglich, ja aus rechtsstaatlichen Gründen letztlich auf sie angewiesen ist. Nach der hier vertretenen Ansicht ist zur Gewährleistung des wesensbildenden Unterschieds von Schiedsgerichtsbarkeit und staatlicher Gerichtsbarkeit deshalb eine auf den *individuellen Rechtsschutz nach Maßgabe des Parteiwillens ausgerichtete Lehre von der res arbitrata* notwendig.

Die vielfach erkannten Mängel bei der Handhabung der streitbeendenden Wirkung von Schiedssprüchen haben ihren Ursprung nicht zuletzt darin, dass die Rechtskraft von Schiedssprüchen mit einem Rückgriff auf die für Urteile geltenden Erklärungsmuster begründet wird. Eine adäquate Rechtskraftlehre wird den Grund für die Beachtlichkeit von Schiedssprüchen in der Parteivereinbarung sehen und dementsprechend auch den Umfang der Rechtskraftwirkungen der Bestimmungsmacht der Parteien unterwerfen. Damit wird nicht ausgeschlossen, dass die Rechtskraft von Schiedssprüchen faktisch auch öffentlichen Interessen entspricht. Es geht lediglich darum, einer normativen Ausrichtung der Rechtskraft an überindividuellen Interessen entgegenzutreten.[242] Nur wenn die Schiedsgerichtsbarkeit selbst von hoheitlicher Beeinflussung freigehalten wird, kann der

---

241 *Shell*, UCLA Law Rev. 35 (1988), S. 623 (663); a.A. *F. Schmidt*, Typologie von Schiedssprüchen, S. 86.

242 In diese Richtung auch *Mayer*, Cahiers de l'Arb. 2011, S. 413 (420) („*Contrairement aux juges étatiques, qui font partie d'un système dépassant le cas particu-*

erreichte Grad an Gleichbehandlung von Schiedssprüchen und Urteilen in Bezug auf die Einmaligkeit des gewährten Rechtsschutzes als Indiz für die Liberalität einer Rechtsordnung herangezogen werden. Diesen Grundansatz zur Bestimmung der *res arbitrata* in ein Verhältnis zum staatlichen Recht zu setzen und praktikabel auszuarbeiten ist das Anliegen der weiteren Untersuchung.

Zusammenfassung und Ergebnis

Die Rechtskraft einer Entscheidung bezweckt die Endgültigkeit eines Rechtsstreits, indem sie verhindert, dass eine zweite Entscheidung in der Sache ergeht. Ausgeschlossen ist darüber hinaus aber schon die Wiederholung des Rechtsstreits selbst. Auf diese Weise trägt die Rechtskraft zu Rechtsfrieden und Rechtssicherheit und mithin zur Erfüllung der staatlichen Aufgabe der Gewährleistung innerer Sicherheit bei. Das gilt auch für den Schiedsspruch. Neben staatlichen Interessen dient seine Rechtskraft der Konsistenz und Vorhersehbarkeit der schiedsgerichtlichen Rechtsprechung und damit einem überindividuellen Interesse an der Funktionsfähigkeit der Schiedsgerichtsbarkeit und an der Bewahrung und Fortbildung des objektiven Rechts. Die Schiedsgerichtsbarkeit wäre jedoch ihres Legitimationsgrunds beraubt, wenn es zu einer unmittelbaren Indienstnahme der privaten Rechtsprechung für staatliche Zwecke käme. Die Freiheit der Parteien, den Gegenstand und die Zwecke eines Schiedsverfahrens zu bestimmen, sollte deshalb nicht zum Schutz überindividueller Interessen eingeschränkt werden.

Gerechtfertigt ist die Endgültigkeit einer Entscheidung nur dann, wenn aufgrund institutioneller Vorkehrungen eine Gewähr für ihre Richtigkeit gegeben ist. Das bedeutet allerdings nicht, dass der schiedsgerichtliche Rechtsschutz das Verfahren vor staatlichen Gerichten spiegeln müsste. Voraussetzung ist nicht die Gleichartigkeit, sondern nur die Gleichwertigkeit des Rechtsschutzes, die durch parteiliche Vorgaben sowie die staatliche *Ex-ante-* und *Ex-post-*Kontrolle eines Schiedsspruchs erreicht wird.

---

lier qui leur est soumis, et dont ils cherchent à améliorer le fonctionnement général, les arbitres se focalisent sur la situation individuelle et ne se préoccupent pas d'œuvrer pour l'instauration d'un ordre meilleur; ils regardent les faits passés du litige, non le futur de l'institution.“).

Ökonomische Erwägungen legitimieren die Rechtskraft von Schiedssprüchen hingegen nicht. Während die Kosten eines staatlichen Gerichtsverfahrens typischerweise anteilig von der Allgemeinheit getragen werden, belasten die Kosten eines Schiedsverfahrens nicht unbeteiligte Dritte, sondern nur die Parteien selbst.

Zweites Kapitel: Begriff der Rechtskraft

Im zweiten Kapitel ist der Begriff der Rechtskraft anhand einer Analyse der Wirkungen der Rechtskraft zu entfalten. Obwohl es ihr letztlich darum geht, einen Rechtskraftbegriff für Schiedssprüche zu erarbeiten, nimmt die Untersuchung zunächst die Vorschriften zur Rechtskraft von Urteilen nationaler Gerichte in den Blick.[243] Diese Vorgehensweise ist deshalb vorteilhaft, weil die Rechtskraftdogmatik für die nationale Gerichtsbarkeit schon wegen der großen Zahl der dort geführten Rechtsstreitigkeiten weit entwickelt und alltagstauglich ist.[244] Wie sich zeigen wird, bestehen bei aller Übereinstimmung über die Streitbeendigung als grundlegende Funktion der Rechtskraft erhebliche Unterschiede zwischen den Rechtsordnungen.[245] Der deutschen Rechtskraftlehre werden dabei Lösungen ausländischer Rechtsordnungen gegenübergestellt, die andere Schwerpunkte setzen und die Ziele der Rechtskraft auf andere Weise zu erreichen versuchen. Zunächst wird auf die tatbestandlichen Voraussetzungen der Rechtskraft eingegangen (*I.*) und dann auf den Umfang der Rechtskraftwirkungen (*II.*).

---

243 Anerkannt ist die Rechtskraft ferner für Entscheidungen der Gerichte der Europäischen Union (vgl. Art. 91 VfO-EuGH; *Germelmann*, Rechtskraft in der EU, insb. S. 333 ff. m.w.N.), des Europäischen Gerichtshofs für Menschenrechte (vgl. Art. 46 EMRK; *Brunozzi*, in: Meyer-Ladewig/Nettesheim/von Raumer, EMRK, Art. 46 Rn. 13; vgl. auch BVerfG, Beschl. v. 11.10.1985 – Az. 2 BvR 336/85, NJW 1986, S. 1425 [1427]) und des Internationalen Gerichtshofs (vgl. *Reinisch*, Law & Pr. Int. Ct. & Tr. 3 [2004], S. 37 [46] m.w.N.; zur Anerkennung des Prinzips der Rechtskraft im Völkerrecht *Bubrowski*, Internationale Investitionsschiedsverfahren, S. 183 m.w.N.; *Cheng*, General Principles, S. 336 ff. [„*There seems little, if indeed any question as to res judicata being a general principle of law or as to its applicability in international judicial proceedings.*"]).

244 Vgl. zu den Gründen der stiefmütterlichen Behandlung der Rechtskraft von Entscheidungen der gemeinschaftsrechtlichen Gerichte *Germelmann*, Rechtskraft in der EU, S. 323 f.

245 Zu diesem Befund *R. Stürner*, in: Geimer, FS Schütze, S. 913 (913); *Germelmann*, Rechtskraft in der EU, S. 1; *Spellenberg*, in: Gerhardt et al., FS Henckel, S. 841 (841); *van de Velden*, Finality of Litigation, S. 2.

I. Voraussetzungen

In den bisherigen Ausführungen ist die Rechtskraft als eine Funktion angesehen worden, die Entscheidungen notwendigerweise schon kraft ihrer Bestimmung zur endgültigen Beilegung eines Rechtsstreits zukommt und ihnen von daher „wesenseigen“ ist. Offen geblieben ist aber, welche Merkmale eine Entscheidung kennzeichnen, was also die tatbestandlichen Voraussetzungen des Eintritts der Rechtskraft sind.

1. Tatbestandliche Voraussetzungen

Voraussetzung des Eintritts von Rechtskraft ist zunächst, dass eine Entscheidung eines[246] richterlichen Spruchkörpers vorliegt, die darauf abzielt, einen bestimmten Teil des Klagebegehrens endgültig und mit Verbindlichkeit abzuschließen.[247] Diese Bedingung erfüllen in erster Linie End- und Prozessurteile und in den gesetzlich vorgesehenen Fällen auch Zwischenurteile[248] sowie Beschlüsse.[249] Zwischenentscheidungen, die eine endgültige Entscheidung lediglich vorbereiten, sind dagegen nicht – selbst dann nicht, wenn sie selbstständig anfechtbar sind – der materiellen Rechtskraft fähig, sondern entfalten lediglich eine innerprozessuale Bindungswirkung.[250]

In *materielle* Rechtskraft erwächst eine gerichtliche Entscheidung in der deutschen und einer Vielzahl von Rechtsordnungen erst, wenn sie unanfechtbar im Sinne der sogenannten *formellen* Rechtskraft ist.[251] Nur dann, wenn der Bestand des Urteils gegen Angriffe abgesichert ist, erscheint es gerechtfertigt, ihm auch inhaltliche Maßgeblichkeit für spätere

---

246 Das englische Recht kennt die Besonderheit, dass es sich um die Entscheidung des zuständigen Gerichts handeln muss, vgl. *Watt and Others v Ahsan* [2008] 1 A.C. 696 (708); *van de Velden*, Finality of Litigation, S. 65 m.w.N.

247 *Gottwald*, in: Münchener Kommentar zur ZPO, § 322 Rn. 5 ff.; Rosenberg/Schwab/Gottwald, Zivilprozessordnung, § 152 Rn. 1.

248 Vgl. etwa §§ 35, 71, 387 ZPO.

249 *Gottwald*, in: Münchener Kommentar zur ZPO, § 322 Rn. 29.

250 *Leipold*, in: Stein/Jonas, ZPO, § 322 Rn. 58 f.; *Musielak*, in: ders., ZPO, § 303 Rn. 1.

251 Einen rechtsvergleichenden Überblick zu den nationalstaatlichen Regelungen bieten *Zeuner/Koch*, Effects of Judgments, Int. Enc. Comp. Law, XVI, Kap. 9 Rn. 49 ff.

Entscheidungen zuzusprechen.[252] In § 705 ZPO ist dieser Zeitpunkt dadurch gekennzeichnet, dass die Parteien das Urteil nicht mehr mit Rechtsbehelfen angreifen können; die Einlegung eines rechtzeitigen Rechtsbehelfs hemmt den Eintritt der formellen und damit auch der materiellen Rechtskraft. Wie der Blick in andere Rechtsordnungen zeigt, ist der Zusammenhang von Unanfechtbarkeit und materieller Bindung indes nicht zwingend. So tritt beispielsweise nach französischem Recht die *autorité de la chose jugée* schon unmittelbar mit Erlass des Urteils ein und ist von seinem äußeren Bestand unabhängig.[253]

Materielle Voraussetzungen muss eine Entscheidung nach der deutschen Zivilprozessordnung nicht erfüllen, um Rechtskraftwirkungen zu entfalten. Dagegen kennt etwa das englische *common law* die Regel, dass (bestimmte) Rechtskraftwirkungen[254] nur dann eintreten, wenn die Parteien die Möglichkeit hatten, ihre Position im Prozess vorzutragen und das Gericht über die zwischen den Parteien streitigen Punkte eine Entscheidung gefällt hat.[255] Dieser Gedanke, dass die Rechtskraft nur für und gegen diejenigen wirken kann, denen im Prozess rechtliches Gehör gewährt wurde, ist dem deutschen Recht zwar nicht fremd. Er findet sich in den Vorschriften der §§ 325 ff. ZPO, welche die subjektive Reichweite der Rechtskraft regeln;[256] materielle Voraussetzung des Eintritts von Rechtskraftwirkungen ist die Gewährung rechtlichen Gehörs jedoch nicht.

---

252 *Germelmann*, Rechtskraft in der EU, S. 22.

253 Zum französischen Recht *Germelmann*, Rechtskraft in der EU, S. 119 ff.; zur Rechtslage in England *Barnett*, Res judicata, Rn. 1.32; *van de Velden*, Finality of Litigation, S. 24; Spencer/Bower/Handley, Kap. 5 Rn. 19.

254 Das betrifft vor allem die Bindungswirkung von präjuduziellen Feststellungen, den sog. *issue estoppel*, der durch ein Versäumnisurteil nicht ausgelöst wird, da es in diesem Fall an einer Verhandlung über die streitigen Punkte fehlt, vgl. *Zuckerman*, Civil Procedure, Kap. 25 Rn. 96; *Spencer/Bower/Handley*, Res Judicata, Kap. 2 Rn. 23; *Spellenberg*, in: Gerhardt et al., FS Henckel, S. 841 (851).

255 Vgl. *Re State of Norway's Application (No. 2)* [1988] 3 W.L.R. 603 (624); auch *Spellenberg*, in: Gerhardt et al., FS Henckel, S. 841 (847, 850); zur vergleichbaren Rechtslage im US-amerikanischen Recht *Engelmann-Pilger*, Rechtskraft des Zivilurteils im Recht der Vereinigten Staaten, S. 73 ff.; *Niehoff*, Verfahrenskonzentration, S. 49.

256 Vgl. *Musielak*, in: ders., ZPO, § 325 Rn. 1; *Gottwald*, in: Münchener Kommentar zur ZPO, § 325 Rn. 1.

2. Prozessuale Geltendmachung

Zur Entfaltung von Wirkungen in einem Prozess bedarf eine Entscheidung der Kenntnisnahme durch das nachfolgende Gericht. Die Antworten auf die Frage, inwiefern ein Gericht dabei zu einer Berücksichtigung von Amts wegen befugt ist oder die Rechtskraft nur auf Einrede einer Partei hin beachten darf, fallen in den nationalen Rechtsordnungen unterschiedlich aus. Während in einer Reihe von Ländern die Erhebung der Einrede in die Hände der Parteien gelegt ist,[257] hat ein Richter in Deutschland die Rechtskraft einer Entscheidung *ex officio* zu beachten;[258] in Österreich hat eine entsprechende Regelung sogar Eingang in die Zivilprozessordnung gefunden, § 411 ZPO-Ö.[259] Hintergrund dieser Ausweitung der richterlichen Befugnisse war die mit der zunehmenden Belastung der Gerichte einhergehende Entwicklung des Zivilprozesses zu einer gesamtgesellschaftlichen Institution,[260] die nicht nur den einzelnen am Verfahren Beteiligten, sondern auch der Volkswirtschaft von Nutzen sein sollte.[261] Die anhaltende Betonung des staatlichen Interesses an kosteneffektiver Zivilrechtspflege, die ausschlaggebend für das Gebot der amtswegigen Prüfung

---

257 Für England *Morrision Rose & Partners v Hillman* [1961] 2 Q.B. 266; *Zuckerman*, Civil Procedure, Kap. 25 Rn. 80; zur Rechtslage in Italien, in den ehemals sozialistischen Staaten sowie im anglo-amerikanischen Rechtsraum vgl. *Zeuner/Koch*, Effects of Judgments, Int. Enc. Comp. Law, XVI, Kap. 9 Rn. 36.

258 BGH, Urt. v. 24.6.1993 – Az. III ZR 43/92, NJW 1993, S. 3204 (3205); BGH, Urt. v. 16.1.2008 – Az. XII ZR 216/05, NJW 2008, S. 1227 (1227); Rosenberg/Schwab/Gottwald, Zivilprozessordnung, § 151 Rn. 17, 19; *Leipold*, in: Stein/Jonas, ZPO, § 322 Rn. 211; *Gottwald*, in: Münchener Kommentar zur ZPO, § 322 Rn. 58.

259 Die amtswegige Beachtung der Rechtskraft einer Entscheidung in Deutschland und Österreich steht im Zusammenhang mit dem vorherrschenden prozessualen Rechtskraftverständnis (siehe unten II. 3. a)). So auch *Zeuner/Koch*, Effects of Judgments, Int. Enc. Comp. Law, XVI, Kap. 9 Rn. 47; *Gaul*, in: Jakobs et al., FS Flume, Bd. I, S. 443 (512 ff.); a.A. *Homfeldt*, Beachtung von Amts wegen, S. 19 ff.

260 So auch *Cappelletti/Garth*, Introduction, Int. Enc. Comp. Law, XVI, Kap. 1 Rn. 14.

261 *F. Klein*, Zeit- und Geistesströmungen, S. 20 f. Wie *Engelmann-Pilger*, Rechtskraft des Zivilurteils im Recht der Vereinigten Staaten, S. 38, zu Recht bemerkt, erscheint es insoweit widersprüchlich, dass gerade im US-amerikanischen Recht der Einwand in die Hände der Parteien gelegt wird; vgl. hierzu aber die Erklärungen bei *Lühmann*, Rechtskraft des Schiedsspruchs, S. 25 f.

der Rechtskraft scheint,[262] führt dazu, dass auch in Ländern, in denen der Rechtskrafteinwand traditionell von den Parteien zu erheben ist, zunehmend für eine Beachtung *ex officio* plädiert wird.[263]

Deutlich zeigt sich diese Entwicklung am Beispiel des englischen Rechts, das die Rechtskraft einer Entscheidung seit jeher als einen von den Parteien vorzubringenden Einwand der *res judicata* angesehen hat.[264] Dem englischen Recht ist neben dieser *res judicata* aber auch die sog. *abuse of process*-Doktrin[265] bekannt, der zufolge es im Ermessen des Gerichts liegt,[266] eine Klage, mit der kein legitimes Ziel verfolgt, sondern eine bloße Verschwendung öffentlicher Gelder und eine Belästigung des Beklagten betrieben wird,[267] *ex officio* als unzulässig abzuweisen. Durch die Festschreibung des maßvollen Einsatzes von Gerichtsressourcen als ein *overriding objective* der *Civil Procedure Rules* 1998 (CPR) hat der Gedanke der Schonung des öffentlichen Haushalts auch im Übrigen an Gewicht gewonnen, siehe Rule 1.1. (2) lit. e) CPR. Im Anschluss an diese Regelung wird im englischen Schrifttum diskutiert, ob nicht generell das angerufene Gericht und nicht die Parteien über die Zulässigkeit einer Wiederholung des Rechtsstreits entscheiden sollten.[268]

262 *Homfeldt*, Beachtung der Rechtskraft, S. 73; *Wagner*, Prozeßverträge, S. 714 ff.; a.A. *Braun*, Lehrbuch des Zivilprozeßrechts, S. 907, der den Beklagtenschutz hervorhebt.

263 Vgl. zur Diskussion in Frankreich *Zeuner/Koch*, Effects of Judgments, Int. Enc. Comp. Law, XVI, Kap. 9 Rn. 38; für das US-amerikanische Recht weist *Lühmann*, Rechtskraft des Schiedsspruchs, S. 26, darauf hin, dass hier die Befugnis der Gerichte zur Beachtung der Rechtskraft *sua sponte* betont wird.

264 *Zuckerman*, Civil Procedure, Kap. 25 Rn. 80; *Albrecht*, Streitsache, S. 200.

265 Zu dieser unten II. 1. a).

266 *Zuckerman*, Civil Procedure, Kap. 25 Rn. 101 m.w.N.; *Albrecht*, Streitsache, S. 210.

267 Deutlich in diese Richtung *Barrow v Bankside Members Agency Ltd* [1996] 1 W.L.R. 257 (260); *Zuckerman*, Civil Procedure, Kap. 25 Rn. 69, 102; dagegen aber *Hunter v Chief Constable of the West Midlands Police and Others* [1982] A.C. 529 (536).

268 Vgl. *Zuckerman*, Civil Procedure, Kap. 25 Rn. 80; andere Einschätzung bei *Landbrecht*, Teil-Sachentscheidungen, S. 153, der meint, kostenökonomische Überlegungen müssten gerade zu einer Begrenzung des *abuse of process*-Konzepts führen, da eine Konzentration aller Ansprüche in einem Prozess zu einer Aufblähung des Prozesstoffes führte.

II. Wirkungen

Im Folgenden sind die Wirkungen, welche die Rechtskraft einer Entscheidung auslöst, näher zu betrachten. Dazu ist zunächst auf die beiden Erscheinungsformen der Rechtskraft einzugehen. Alsdann ist zu untersuchen, ob zwischen den im Prozess verfolgten Zwecken und der Reichweite der Rechtskraft ein Zusammenhang besteht. Abschließend ist die konstruktive Verwirklichung der Rechtskraft in den Blick zu nehmen.

1. Ausschluss- und Bindungswirkung

Zwei Erscheinungsformen der Rechtskraft sind zu unterscheiden. Zum einen schließt eine rechtskräftige Entscheidung einen Rechtsstreit über den identischen oder unter Umständen auch einen anderen Streitgegenstand aus (Ausschlusswirkung). Zum anderen ist die rechtskräftige Entscheidung in einem zukünftigen Erkenntnisverfahren über einen anderen Streitgegenstand präjudiziell (Bindungswirkung).[269]

a) Ausschluss weiteren Rechtsstreits

Die Ausschlusswirkung der Rechtskraft zeigt sich insbesondere in der Verhinderung der Wiederholung eines Rechtsstreits. Über denselben Gegenstand darf nicht abermals gestritten werden (*ne bis in idem*). Unter wel-

---

269 In der Literatur wird die Ausschlusswirkung verbreitet als „negative Wirkung", die Bindungswirkung als „positive Wirkung" bezeichnet, vgl. *Landbrecht*, Teil-Sachentscheidungen, S. 35; *Braun*, Lehrbuch des Zivilprozeßrechts, S. 906 f.; *Hanotiou*, Complex Arbitration, S. 240. Im Grunde führen diese Begriffe aber in die Irre. Denn auch die positive Rechtskraftwirkung hat insoweit „negative" Effekte, als sie eine abermalige Beweisaufnahme zu einer rechtskräftig entschiedenen Vorfrage verbietet. Für ein *ne bis in idem* bei dieser Frage sprechen sich daher aus *Bötticher*, Kritische Beiträge, S. 167 ff.; *Gottwald*, in: Münchener Kommentar zur ZPO, § 322 Rn. 51; wohl auch *Jauernig/Hess*, Zivilprozessrecht, § 62 Rn. 18; *Zeuner*, in: Canaris et al., FS BGH, S. 335 (342); a.A. *Gaul*, in: Jakobs et al., FS Flume, Bd. I, S. 443 (517 f.); *Schilken*, Zivilprozessrecht, Rn. 1011. Anderseits lässt sich die (negative) Ausschlusswirkung bei Streitgegegenstandsidentität damit erklären, dass angesichts der positiven Bindungswirkung das wiederholte Führen eines abermaligen Prozesses über den gleichen Streitgegenstand sinnlos wäre.

chen Voraussetzungen zwei Prozesse denselben Streitgegenstand haben, welche Merkmale mithin den Begriff des Streitgegenstands definieren, ist eine Frage des positiven Rechts. Der Streitgegenstandsbegriff ist nicht *a priori* durch den Begriff des Rechts vorgegeben, auf dass er vom Gesetzgeber lediglich in die jeweiligen nationalen Vorschriften zu überführen wäre. Er kann vielmehr in den nationalen Prozessordnungen[270] mit verschiedenen Inhalten belegt werden.[271] Denkbar ist es sogar, dass Prozessgesetze innerhalb einer Rechtsordnung verschiedene Begriffe verwenden.[272]

In der deutschen zivilprozessualen Lehre besteht Übereinstimmung, dass der Streitgegenstand nicht mit dem materiell-rechtlichen Anspruch im Sinne des § 194 BGB identisch ist,[273] sondern den auch als Rechtsschutzbegehren oder Rechtsfolgenbehauptung definierten eigenständigen prozessualen Anspruch bezeichnet. Dieser wird nach herrschender Auffassung durch den Lebenssachverhalt (Anspruchsgrund), aus dem der Kläger die begehrte Rechtsfolge herleitet,[274] eingegrenzt. Während die Literatur vermehrt dazu tendiert, den Sachverhalt je nach Verfahrensstadium enger oder weiter zu ziehen,[275] hält der BGH an einer einheitlichen Bestimmung fest und rechnet zum Lebenssachverhalt alle Tatsachen, *„die bei einer natürlichen, vom Standpunkt der Parteien ausgehenden, den Sachverhalt seinem Wesen nach erfassenden Betrachtungsweise zu dem zur Entscheidung*

270 Aus rechtsvergleichender Sicht *Spellenberg*, in: Gerhardt et al., FS Henckel, S. 841 ff.; *R. Stürner*, in: Geimer, FS Schütze, S. 913 ff.; *Zeuner*, in: Bernstein/Kötz, FS Zweigert, S. 603 ff.

271 *Althammer*, Streitgegenstand, S. 197; *Habscheid*, Streitgegenstand, S. 108.

272 Zwischen Prozessen, in denen die Verhandlungsmaxime gilt, und solchen, in denen der Untersuchungsgrundsatz gilt, unterscheidet *Jauernig*, Verhandlungsmaxime, S. 6; ablehnend *Detterbeck*, Streitgegenstand, S. 9; *Grunsky*, Grundlagen, S. 40.

273 Statt aller nur BGH, Urt. v. 8.5.2007 – Az. XI ZR 278/06, NJW 2007, S. 2560 (2561); *Albrecht*, Streitsache, S. 117.

274 BGH, Urt. v. 19.12.1991 – Az. IX ZR 96/91, BGHZ 117, 1 (5); BGH, Urt. v. 5.11.2009 – Az. IX ZR 239/07, NJW 2010, S. 2210 Rn. 10; *Musielak*, in: ders., ZPO, Einl. Rn. 68 ff. m.w.N auch zur a.A., der Theorie des eingliedrigen Streitgegenstands.

275 Vgl. allg. zum Streitstand *Althammer*, Streitgegenstand, S. 85 ff.; *K. Blomeyer*, ZZP 65 (1952), S. 52 (58); ablehnend Rosenberg/Schwab/Gottwald, Zivilprozessordnung, § 153 Rn. 1; *Becker-Eberhard*, in: Münchener Kommentar zur ZPO, Vorb. zu §§ 253 ff Rn. 36; *Jauernig/Hess*, Zivilprozessrecht, § 63 Rn. 27; *Albrecht*, Streitsache, S. 121 ff. (auch allg. zu Relativierungstendenzen).

gestellten Tatsachenkomplex gehören, den der Kläger zur Stützung seines Rechtsschutzbegehrens dem Gericht zu unterbreiten hat".[276] Neben den Anspruchsgrund tritt als zweites Element des Streitgegenstandsbegriffs der im Sinne des § 253 Abs. 2 Nr. 2 ZPO bestimmte Klageantrag, in dem sich die vom Kläger begehrte Rechtsfolge ausdrückt.

Im Gegensatz zum deutschen Verständnis spielt im englischen *common law* der gestellte Antrag für die Bestimmung des Streitgegenstands (*cause of action*) eine allenfalls untergeordnete Rolle. Der Schwerpunkt liegt vielmehr auf dem tatsächlichen Vortrag des Klägers, in dessen Rahmen das Gericht das geeignete, das Potential des Falles möglichst umfassend ausschöpfende Begehren zu finden hat.[277] Dabei ist eine Aufarbeitung der Tatsachen erforderlich, mithilfe derer sich das Erfüllen der tatbestandlichen Voraussetzungen der materiellen Grundlage, aus welcher der Kläger seine Berechtigung ableitet, schlüssig darlegen lässt.[278] Noch stärker als das englische betont das anglo-amerikanische Recht die sachverhaltsbezogenen Elemente bei der Erfassung der Streitsache.[279]

Im Anwendungsbereich der Verordnung (EU) Nr. 1215/2012 des Europäischen Parlament und des Rates vom 12. Dezember 2012 über die gerichtliche Zuständigkeit und die Anerkennung und Vollstreckung von Entscheidungen in Zivil- und Handelssachen (EuGVO) und ihrer Vorgängervorschriften haben die nationalen Streitgegenstandsbegriffe eine gewisse Vereinheitlichung erfahren.[280] Für die von Art. 29 EuGVO geregelte Rechtshängigkeit hat der EuGH entschieden, dass zwei Klagen schon dann „denselben Anspruch" betreffen, wenn sie auf demselben „Kernpunkt" beruhen,

---

276 So BGH, Urt. v. 8.5.2007 – Az. XI ZR 278/06, NJW 2007, S. 2560 (2561); vgl. auch BGH, Urt. v. 22.5.1981 – Az. V ZR 111/80, NJW 1981, S. 2306 (2306); BGH, Urt. v. 24.11.1982 – Az. VIII ZR 263/81, NJW 1983, S. 390 (391).

277 Vgl. die Defintion des *cause of action* in *Letang v Cooper* [1965] 1 Q.B. 232 (243); *Republic of India v India Steamship Co The Indian Endurance and The Indian Grace (No. 1)* [1993] A.C. 410 (419); Spencer/Bower/Handley, Res Judicata, Kap. 7 Rn. 5, 16; *Albrecht*, Streitsache, S. 177; *Otte*, Umfassende Streitentscheidung, S. 121.

278 *Albrecht*, Streitsache, S. 181.

279 So auch die Einschätzung bei *Lühmann*, Rechtskraft des Schiedsspruchs, S. 91 f.; *Althammer*, Streitgegenstand, S. 104 ff., 248; *R. Stürner*, in: Lutter et al., FS Stiefel, S. 763 (766); siehe auch *Niehoff*, Verfahrenskonzentration, S. 33 f.

280 *Walker*, ZZP 111 (1998), S. 429 (433); *Oberhammer/Koller/Slonina*, in: Leible/Terhechte, Enzyklopädie Europarecht, Bd. 3, § 15 Rn. 188; zurückhaltend *Hess*, Europäisches Zivilprozessrecht, § 6 Rn. 156 mit FN 738.

d.h. die Grundlage und der Gegenstand der Verfahren identisch sind.[281] Dabei kommt es nach der Ansicht des EuGH nicht auf die formale Identität der Klage an, sondern auf eine Betrachtung der mit der Klage verfolgten Zwecke.[282] Hintergrund dieser Begriffsdefinition war vor allem die Sorge, ein zu eng gezogener Streitgegenstand und ein insoweit eingeschränkter Anwendungsbereich der gemeinschaftsweit geltenden Rechtshängigkeitsvorschriften könne zu Problemen bei der Anerkennung gerichtlicher Entscheidungen führen und die Urteilsfreizügigkeit behindern.[283] Die Diskussion darüber, ob sich ausgehend von der Kernpunkttheorie ein einheitliches europäisches Rechtskraftverständnis entwickeln lässt[284] und inwiefern ein weiter Streitgegenstandsbegriff der Rechtshängigkeit ein engeres Verständnis im Hinblick auf die Rechtskraft erlaubt,[285] ist im Fluss. Seine bis dahin

---

281 Zur Vorgängernorm Art. 21 EuGVÜ vgl. EuGH, Urt. v. 8.12.1987 – Rs. C-144/86, Slg. 1987, 4861; EuGH, Urt. v. 6.12.1994 – Rs. C-406/92, Slg. 1994 I, 5439; zum europäischen Streitgegenstandsbegriff *Hess*, Europäisches Zivilprozessrecht, § 6 Rn. 156 ff.

282 EuGH, Urt. v. 8.12.1987 – Rs. C-144/86, Slg. 1987, 04861, Rn. 17.

283 EuGH, Urt. v. 8.12.1987 – Rs. C-014/86, Slg. 1987, 04861, Rn. 18; zur Urteilsfreizügigkeit nach der neuen EuGVO siehe *Hess*, in: Adolphsen et al., FS Gottwald, S. 273 ff. Der weite Streitgegenstandsbegriff hängt mit der Interpretation des Anerkennungsversagungsgrunds in Art. 45 Abs. 1 lit. c EuGVO (Art. 34 Nr. 3 EuGVO a.F) zusammen. Einem ausländischen Urteil soll die Anerkennung schon dann versagt werden können, wenn es in den tragenden Entscheidungsgründen mit einem Urteil des Vollstreckungsstaates unvereinbar ist. Es ist allerdings fraglich, inwiefern es Aufgabe des europäischen Rechts ist, auszuschließen, dass sich mitgliedstaatliche Urteile einander in nicht an der Rechtskraftwirkung teilhabenden Punkten widersprechen, vgl. hierzu *Peiffer*, Grenzüberschreitende Titelgeltung, Rn. 262 ff. m.w.N.

284 *Gottwald*, in: Münchener Kommentar zur ZPO, Art. 33 EuGVO Rn. 3; *Sepperer*, Rechtskrafteinwand, S. 140.

285 So *Walker* ZZP 111 (1998), S. 429 (449); a.A. *Althammer*, Streitgegenstand, S. 213. Zur Funktion der Rechtshängigkeitssperre und zu ihrem Verhältnis zur Rechtskraft *Althammer*, Streitgegenstand, S. 217 ff. Für eine einheitliche Fassung des Streitgegenstands in Bezug auf Rechtshängigkeit und Rechtskraft spricht zunächst, dass es bei wertender Betrachtung nicht darauf ankommen kann, ob zwei Prozesse gleichzeitig oder nacheinander anhängig gemacht werden. Zu bedenken ist allerdings, dass sich der genaue Streitgegenstand einer anhängigen Klage im Verfahren erst noch finden kann. Im Unterschied zur Rechtskraft schließt die Rechtshängigkeit ein weites Verfahren nicht gänzlich aus, sondern „verzögert" es nur zeitlich. Ein weiter gefasster Streitgegenstandsbegriff hätte zudem nicht nur Auswirkungen auf das *ne bis in idem*-Gebot, sondern auch auf die positive Bin-

geübte Zurückhaltung[286] im Hinblick auf die Entwicklung eines europäischen Rechtskraftbegriffs[287] hat der EuGH Ende des Jahres 2012[288] jedenfalls partiell aufgegeben.

Die streitausschließende Wirkung der Rechtskraft wird in einigen Rechtsordnungen[289] über die Grenzen des Streitgegenstands hinaus erstreckt.[290] In der französischen Rechtswissenschaft wird etwa eine Pflicht zur Konzentration der rechtlichen Begründungsmöglichkeiten (*concentration des moyens*) diskutiert, die Teil des Klagegrunds (*cause*) sind.[291] Auch im englischen Recht ist nach Maßgabe der schon erwähnten *abuse of process*-Doktrin eine Partei nicht nur mit auf den Streitgegenstand des Erstprozesses bezogenem Vorbringen, sondern auch mit solchem Vortrag gesperrt, der, hätte eine Partei den Streit sorgfältig geführt und den ent-

---

dungswirkung. Um im Sinne der Kernpunktlehre „innere" Widersprüche zu vermeiden, wäre es nämlich erforderlich, die Bindungswirkung über den Entscheidungsausspruch hinaus auf die tragenden Feststellungen auszudehnen. Strebt man grundsätzlich eine Vereinheitlichung an, so wäre zu überlegen, ob es nicht vorzugswürdig ist, als Ausgangspunkt die gewünschten inhaltlichen Bindungswirkungen zu wählen und Reichweite der Rechtshängigkeit und des *ne bis in idem*-Einwand in Abstimmung zu diesen zu wählen, vgl. die Überlegungen bei *Peiffer*, Grenzüberschreitende Titelgeltung, Rn. 281 ff.

286 Vgl. noch EuGH, Urt. v. 3.9.2009 – Rs. C-02/08, Slg. 2009 I-07501, Rn. 24; EuGH, Urt. v. 6.10.2009 – Rs. C-40/08, Slg. 2009 I-09579, Rn. 38.

287 Kritisch zu einer europäischen Rechtskraftlehre *Walker* ZZP 111 (1998), S. 429 (449); *Sepperer*, Rechtskrafteinwand, S. 140–151; *Peiffer*, Grenzüberschreitende Titelgeltung, Rn. 289 („*Für die Geltung einer europaweit einheitlichen Rechtskraftlehre wäre auch die Zeit noch nicht reif.*"); *H. Roth*, IPrax 2014, S. 136 ff.

288 Vgl. EuGH, Urt. v. 15.11.2012 – Rs. C-456/11, EuZW 2013, S. 60 ff., zur Reichweite der Rechtskraft eines Urteils, mit dem sich das erkennende Gericht für unzuständig erklärt und die Klage abweist. Der EuGH hat die Bindungswirkung des Urteils nicht aus dem nationalen Recht des Herkunftsstaats, sondern aus europäischem Recht entwickelt. Ob es sich hierbei um eine Einzelfallentscheidung handelt, die sich aus der Verzahnung der Zuständigkeitsregeln mit den Grundsätzen der Anerkennung erklären lässt, oder ob das Urteil die Entwicklung eines einheitlichen europäischen Rechtskraftbegriffs einleitet, ist noch offen. Vgl. hierzu die Überlegungen bei *Bach*, EuZW 2013, S. 56 ff.; *H. Roth*, IPrax 2014, 136 ff.

289 Die deutsche Rechtsordnung begegnet jenseits der etwa in § 767 Abs. 3 ZPO und § 145 PatG gesetzlich geregelten Fälle einer über die Streitgegenstandsgrenzen hinausgehenden Rechtskraft mit Zurückhaltung, siehe hierzu Rosenberg/Schwab/Gottwald, Zivilprozessrecht, § 154 Rn. 13; *Otto*, Präklusion, S. 66 ff.

290 Die Frage, ob eine Erstreckung über den Streitgegenstand hinaus vorliegt, wird auch davon beeinflusst, wie weit der Streitgegenstand gezogen wird.

291 Vgl. hierzu ausführlich *Landbrecht*, Teil-Sachentscheidungen, S. 226 ff. m.w.N.

sprechenden Punkt aufgeworfen, Gegenstand der Erstentscheidung hätte werden können.[292] Wie insbesondere jüngere gerichtliche Entscheidungen und Äußerungen der Literatur zeigen,[293] ist zwischen der *res judicata* in ihrer eigentlichen Form und dem *abuse of process* zu trennen und Wert auf die unterschiedlichen Voraussetzungen der beiden Konzepte zu legen.[294]

b) Bindung bei Präjudizialität der Entscheidung

Über die Ausschlusswirkung hinaus ist die positive Rechtskraftwirkung von Urteilen anerkannt. Der Richter eines späteren Verfahrens ist an das ergangene Urteil gebunden.[295] Wenn und soweit die Tatbestandsvoraussetzungen einer den Rechtsfolgenausspruch des zweiten Verfahrens bestimmenden Norm an ein rechtskräftig entschiedenes Element anknüpfen, ist die Entscheidung des ersten Gerichts maßgeblich. Weniger klar ist hingegen, welche Elemente der Ausgangsentscheidung an dieser Bindungswir-

---

292 Zurückgeführt wird die *abuse of process*-Doktrin auf *Henderson v Henderson* [1843] 3 Hare 100; vgl. auch *Yat Tung Investements v Dao Heng Bank* [1975] A.C. 581 (590 ("*it becomes an abuse of process to raise in subsequent proceedings matters which could and therefore should have been litigated in earlier proceedings*"); *Johnson v Gore Wood & Co* [2002] 2 A.C. 1; *Barnett*, Res judicata, Kap. 1 Rn. 46; *Zuckerman*, Civil Procedure, Kap. 25 Rn. 103; *Albrecht*, Streitsache, S. 210.

293 In diese Richtung *Johnson v Gore Wood & Co* [2002] 2 A.C. 1 (32); *Bradford & Bingley Building Society v Seddon* [1999] 4 All ER 217 (225); *Andrews*, Civil Processes, Kap. 17 Rn. 4, vgl. dagegen aber auch *Brisbane City Council v Attorney General of Queensland* [1979] A.C. 411(425); *Yat Tung Investements v Dao Heng Bank* [1975] A.C. 581 (589).

294 Vgl. etwa die Abgrenzung bei *OMV Petrom S.A v Glencore International AG* [2014] EWHC 242 (Comm), Rn. 27.

295 Ein Lehrbuchbeispiel ist die Abweisung der Klage desjenigen, der, nachdem er verurteilt worden ist und seine rechtskräftig festgestellte Schuld beglichen hat, gegen seinen Gläubiger Klage auf Rückzahlung aus ungerechtfertigter Bereicherung erhebt. Das erste Urteil hat hier rechtskräftig festgestellt, dass die Leistung nicht „ohne rechtlichen Grund" erfolgt ist. – Wurde in einem rechtskräftigen Urteil festgestellt, dass der Kläger Eigentümer einer bestimmten Sache sei, so steht dies auch für eine nachfolgende Herausgabeklage fest. Weitere Beispiele bei *Gottwald*, in: Münchener Kommentar zur ZPO, § 322 Rn. 52.

kung teilhaben. Die nationalen Rechtsordnungen geben darauf unterschiedliche Antworten.[296]

Für deutsche Urteile ist in § 322 ZPO geregelt, dass sie der Rechtskraft nur insoweit fähig sind, als über den mit der Klage erhobenen Anspruch entschieden ist. Nach nahezu unbestrittener Auffassung[297] der Rechtsprechung und Literatur ergibt sich aus dieser Vorschrift, dass sich die Bindungswirkung eines Urteils grundsätzlich auf den Rechtsfolgenausspruch, den Tenor der Entscheidung, beschränkt.[298] Nur dann, wenn sich der Urteilsformel nicht mit genügender Bestimmtheit entnehmen lässt, worüber das Gericht entschieden hat, wie dies beispielsweise bei Klageabweisungen der Fall ist, können der Tatbestand und die Entscheidungsgründe zur Ermittlung des Entscheidungsinhalts herangezogen werden.[299]

Das Gegenmodell zu dieser – im internationalen Vergleich[300] – engen deutschen Rechtskraftlehre findet sich vor allem in den Rechtsordnungen des *common law*. Nach der englischen und der gegenüber dieser noch erweiterten Rechtskraftlehre des US-amerikanischen Rechtsraums sind von der Rechtskraft eines Urteils über den Ausspruch hinaus auch die präjudiziellen rechtlichen und tatsächlichen Feststellungen (*issues*) von der Bindungswirkung erfasst. Das gilt jedoch nur für solche *issues*, welche die Entscheidung über den Streitgegenstand, die *cause of action*, stützen und nur soweit über sie verhandelt und eine Entscheidung getroffen wurde.[301] Hintergrund der Beschränkung ist die Auffassung, dass der Gesamtausspruch in Frage gestellt und ihm seine Stütze entzogen wäre, wenn über eine seiner notwendigen Voraussetzungen eine abweichende Beurteilung

---

296 Eine Untersuchung der Grenzen der objektiven Rechtskraft in 21 Rechtsordnungen findet sich bei *Ritter*, ZZP 87 (1974), S. 138 ff.

297 Im deutschen Schrifttum (vgl. vor allem *Zeuner*, Die objektiven Grenzen der Rechtskraft im Rahmen rechtlicher Sinnzusammenhänge) konnten sich Ansätze zu einer Erweiterung der objektiven Rechtskraft bisher nicht durchsetzen.

298 BGH, Urt. v. 12.12.1975 – Az. IV ZR 101/74, NJW 1976, S. 1095; BGH, Urt. v. 17.2.1983 – Az. III ZR 184/81, NJW 1983, S. 2032 (2032); BGH, Urt. v. 26.6.2003 – Az. I ZR 269/00, NJW 2003, S. 3058 (3059).

299 BGH, Urt. v. 28.5.1998 – Az. I ZR 275/95, NJW 1999, S. 287 (289) m.w.N; *Musielak*, ZPO, § 322 Rn. 16.

300 Zur Rechtslage in Frankreich vgl. *Germelmann*, Rechtskraft in der EU, S. 157 ff.; *Landbrecht*, Teil-Sachentscheidungen, S. 232 f.; zur Rechtslage in Italien *Zeuner/Koch*, Effects of Judgments, Int. Enc. Comp. Law, XVI, Kap. 9 Rn. 78 ff.

301 *Hoystead v Commissioner of Taxation* [1926] A.C. 155 (171); *Blair v Curran* (1939) 62 CLR 463 (532); Spencer/Bower/Handley, Res Judicata, Kap. 8 Rn. 23; *van de Velden*, Finality of Litigation, S. 65.

in einem Folgeprozess gegeben wird.[302] In nachfolgenden Verfahren ist mithin nicht nur die Abweichung vom Entscheidungsausspruch (*cause of action estoppel*), sondern auch von den präjudiziellen Feststellungen einer Entscheidung verhindert (*issue estoppel*).

2. Abbildung des Prozesszwecks im Umfang der Rechtskraft

Die vorstehenden Ausführungen haben erhebliche Unterschiede im Umfang der streitbeendenden Wirkung von Entscheidungen offengelegt. Vor dem Hintergrund des im ersten Kapitel herausgearbeiteten Zusammenhangs von Rechtskraft und Prozesszweck ist davon auszugehen, dass diese Differenzen nicht zufällig, sondern Folge unterschiedlicher gesetzgeberischer Zweckvorstellungen sind. Das Prozessrecht, das die Rollen zwischen den Gerichten als Träger der Hoheitsgewalt und den Parteien als privatautonome Rechtssubjekte verteilt, spiegelt damit das Sclbstverständnis der Hoheitsgewalt wider.[303] Zur Erklärung und für das Verständnis des geltenden Rechts erweist sich daher die Rückführung der Einzelnormen auf übergeordnete Prozessmaximen als hilfreich.[304] So findet etwa der auf die Durchsetzung individueller Rechte zugeschnittene Zivilprozess seine Grundlage in einer klassischen liberalen Staatsauffassung, die auch den Prozess als einen von der unsichtbaren Hand geführten Wettbewerb[305] versteht, der aus sich selbst heraus zu dem für die Parteien, aber auch für die Gesellschaft besten Ergebnis führt.[306] Ein allein auf diesem Grundverständnis aufbauendes Prozessrecht wird es den Parteien überlassen, das

---

302 *Blair v Curran* (1939) 62 CLR 463 (533); Spencer/Bower/Handley, Res Judicata, Kap. 8 Rn. 24.

303 *Cappelletti/Garth*, Introduction, Int. Enc. Comp. Law, XVI, Kap. 1 Rn. 1, 11; siehe auch *Meyer*, JR 2004, S. 1 ff.; zur Bedeutung des Zivilprozesses für die Entstehung eines aufgeklärten Bürgertums im 19. Jahrhundert vgl. *Ahrens*, in: Heun/Schorkopf, Wendepunkte, S. 119 ff.

304 *A. Bruns*, in: ders./Münch/Stadler, Zukunft des Zivilprozesses, S. 53 (56); *Rauscher*, in: Münchener Kommentar zur ZPO, Einl. Rn. 289; *R. Stürner*, ZZP 127 (2014), S. 271 (282); ähnlich auch *Pfeiffer*, Internationale Zuständigkeit, S. 286 („*Die Teleologie des Zivilprozeßrechts beruht zum großen Teil auf politischer Zwecksetzung [...].*"); einschränkend *Trocker*, ZZP Int. 14 (2009), S. 103 ff.

305 Klassisch hierzu *v. Jhering*, Kampf um's Recht; kritisch zu dieser Auffassung *F. Klein*, Zeit- und Geistesströmungen, S. 27.

306 *Taruffo*, in: Heldrich/Uchida, FS Nakamura, S. 621 (625); *Uzelac*, in: ders., Goals of Civil Justice, S. 3 (7).

zur Wahrung ihrer Rechte Erforderliche zu tun und dementsprechend von der Verhandlungs- und der Dispositionsmaxime geprägt sein.[307] Werden hingegen darüberhinaus auch öffentliche Interessen mit dem Zivilprozess verbunden, zeigt sich dies beispielsweise daran, dass dem Gericht eine amtswegige Prüfung von Zulässigkeitshindernissen aufgegeben wird oder dass eine gerichtliche Aufklärungspflicht an die Stelle des Beibringungsgrundsatzes tritt.[308] Ausgehend von diesem Zusammenhang ist im Folgenden zu untersuchen, inwiefern die Verfolgung bestimmter Prozesszwecke Einfluss auf die Dogmatik der Rechtskraft nimmt.

a) Betonung überindividueller Interessen

Auf den ersten Blick mag die Vermutung naheliegen, dass den Zielen der Rechtskraft am besten mit einem möglichst weiten Umfang der streitbeendenden Wirkungen gedient sei.[309] Besonders deutlich scheint dies im Hinblick auf mögliche Kosteneinsparungen der Justiz zu sein. Je stärker das Verfahren konzentriert wird und je weiter die Rechtskraft eines Urteils reicht, umso weniger Platz bleibt für weitere kostspielige Streitigkeiten.[310] Man könnte daher meinen, dass die Erstreckung der Bindungswirkung auch auf die tragenden Gründe eines Urteils zu einer größtmöglichen Entlastung der Gerichte beiträgt.[311] Dieser Argumentation ist jedoch entgegenzuhalten, dass eine Bindung der Parteien nur gerechtfertigt ist, wenn und soweit ihnen rechtliches Gehör gewährt wurde und sie während des Prozesses vorhersehen konnten, dass das Gericht die Entscheidung auf einen bestimmten rechtlichen Gesichtspunkt stützen wird und dass dieser

307 Zur Geltung des Grundsatzes der Parteidisposition in den europäischen Rechtsordnungen *R. Stürner*, in: Lorenz et al., FS Heldrich, S. 1061 ff.

308 Bundesministerium der Justiz, Bericht der Kommission zur Vorbereitung einer Reform der Zivilgerichtsbarkeit, S. 166 f.

309 Vgl. die überzogene Kritik an den engeren Lehren des *civil law*-Rechtskreises bei *Martinez-Fraga*, in: Rovine, Contemporary Issues (2011), S. 142 (152); in diese Richtung auch *ILA*, Final Report, Rn. 52.

310 *Niehoff*, Verfahrenskonzentration, S. 3; *Leipold*, in: Stein/Jonas, ZPO, § 322 Rn. 67; *Otto*, Präklusion, S. 154; *R. Stürner*, ZZP 127 (2014), S. 271 (284); vgl. auch den Diskussionsbeitrag von *Schack* bei *Heiderhoff*, ZZP 111 (1998), S. 455 (455).

311 Vgl. *Zeuner*, Beachtung von Sinnzusammenhängen, S. 56 f.; *Reischl*, Objektive Grenzen, S. 187.

rechtliche Gesichtspunkt für weitere zukünftige Verfahren relevant werden könnte.[312] Mit anderen Worten setzt eine Bindung zur Gewährleistung effektiven Rechtsschutzes voraus, dass die Parteien über einen bestimmten Punkt überhaupt und unter fairen Bedingungen gestritten haben. Dementsprechend tritt im *common law,* dem eine Bindung an Tatsachen- und Rechtsfeststellungen grundsätzlich bekannt ist, diese Wirkung nur hinsichtlich der gerichtlichen Feststellungen ein, die Gegenstand des Streits waren. Eine Ausweitung der objektiven Grenzen der Rechtskraft hat daher einherzugehen mit einer erweiterten Sachverhaltsaufklärung und Erörterung von Punkten, über die in Zukunft ein Streit möglicherweise entstehen könnte. Das bedeutet allerdings, dass das Führen des einzelnen Zivilprozesses aufwendiger wird und gerichtliche und gesellschaftliche Kräfte in größerem Umfang beansprucht werden.[313] Zu Kostenersparnissen führt eine Erweiterung des Umfangs der Rechtskraft deshalb nicht zwingend.[314]

Bei näherem Hinsehen könnte die Erstreckung der Rechtskraft auf die Urteilsgründe im *common law eher* als ein Beitrag zur Stärkung des Rechtsfriedens zu werten sein. Schon von seiner Grundkonzeption her ist vor allem der anglo-amerikanische Prozess darauf angelegt, Rechtsstreitigkeiten zwischen Parteien möglichst umfassend auszuräumen, so dass in Zukunft ein gedeihliches Miteinander möglich ist.[315] Der Prozess ist nicht nur ein Mittel zur Durchsetzung subjektiver Rechte, sondern bezweckt eine umfassende Gestaltung der Rechtsbeziehungen der Parteien durch Gerichte im Interesse des Rechtsfriedens zwischen den Parteien,[316] aber auch in der Gesellschaft. Es kommt hinzu, dass im *common law* der einzelne Prozess stets auch die objektive Rechtsklärung und Fortbildung des Rechts bezweckt. Versteht man das Urteil als Rechtserkenntnisquelle, liegt es nahe, den Umfang der Entscheidungswirkung weit zu ziehen. Auf diese Weise wird verhindert, dass in nachfolgenden Verfahren widersprüchliche

---

312 *Leipold*, in: Stein/Jonas, ZPO, § 322 Rn. 68; *Otte*, Umfassende Streitentscheidung, S. 51.

313 So die Einschätzung bei *Walker*, ZZP 111 (1998), S. 429 (451); a.A. *Otte*, Umfassende Streitentscheidung, S. 50.

314 Skeptisch auch *Engelmann-Pilger*, Rechtskraft des Zivilurteils im Recht der Vereinigten Staaten, S. 69; *Leipold*, in: Stein/Jonas, ZPO, § 322 Rn. 68; zwischen *claim* und *issue preclusion* unterscheidend *Niehoff*, Verfahrenskonzentration, S. 75.

315 *Althammer*, Streitgegestand, S. 105.

316 *Zeuner*, in: Canaris et al., FS BGH, S. 337 (347); *Otto*, Präklusion, S. 154; auch *Leipold*, in: Stein/Jonas, ZPO, § 322 Rn. 67; *Albrecht*, Streitsache, S. 221.

Entscheidungen ergehen,[317] welche die Autorität der rechtsprechenden und rechtsetzenden Gewalt in Frage stellen könnten.

b) Durchsetzung individueller Rechtspositionen

Wenn die weite Bestimmung des Umfangs der Rechtskraft im *common law* vor allem mit überindividuellen Interessen zu rechtfertigen ist, liegt umgekehrt als Erklärung für die engere deutsche Konzeption die stärkere Ausrichtung des Prozesses an der individuellen Rechtsdurchsetzung nahe. Ein Blick auf die Anfänge der Zivilprozessordnung bestätigt diese Vermutung.[318] Obwohl der historische Gesetzgeber in den Motiven zur Civilprozeßordnung von 1877 davon ausgegangen war, dass die Allgemeinheit die Widersprüchlichkeit von Entscheidungen für unerträglich halten werde,[319] entschied man sich gegen eine Ausweitung der Rechtskraft auf die Entscheidungsgründe. Zur Begründung wurde auf das Interesse der Parteien an einer maßvollen, den Rahmen des konkreten Rechtsstreits nicht übersteigenden Bindung verwiesen. Sofern die Parteien im Einzelfall ein Interesse an einer Bindung an für die Entscheidung vorgreiflichen Feststellungen hätten, könnten sie diese ihrerseits zum Gegenstand einer Entscheidung machen.[320] Ermöglicht wird das durch die in § 256 Abs. 2 ZPO geregelte Zwischenfeststellungsklage, die dem Kläger durch Erweiterung des Klagebegehrens und dem Beklagten durch Erhebung einer Widerklage das Stellen eines Antrags dahingehend erlaubt, dass ein im Laufe des Prozesses streitig gewordenes Rechtsverhältnis, von dessen Bestehen oder Nichtbestehen die Entscheidung des Rechtsstreits ganz oder zum Teil abhängt, durch richterliche Entscheidung festgestellt werde. Die Herstellung von

---

317 Vgl. BGH, Beschl. v. 20.5.1954 – Az. GSZ 6/53, BGHZ 13, 265 (282), wo diese Überlegung im Hinblick auf die Reichweite der Bindungswirkung von Art. 31 BVerfGG anklingt („*Die mitunter zum Vergleich herangezogene Lage im angelsächsischen Rechtsraum kann die gegenteilige Auffassung nicht rechtfertigen. Denn dort kommt den Gerichten – gerade im Gegensatz zum deutschen Rechtssystem – weitgehend rechtsetzende und nicht nur rechtsprechende Gewalt zu.*“); im konkreten Fall hat der BGH eine Bindungswirkung der Entscheidungsgründe im Ergebnis abgelehnt.

318 Ausführlich zur historischen Diskussion *Gaul*, in: Jakobs et al., FS Flume, Bd. I, S. 443 ff.

319 *Hahn*, Die gesammten Materialien zur Civilprozeßordnung, S. 291.

320 *Hahn*, Die gesammten Materialien zur Civilprozeßordnung, S. 291.

Rechtskraftwirkungen in Bezug auf präjudizielle Feststellungen liegt mithin in den Händen der Parteien;[321] sie bestimmen den Streitgegenstand und sie entscheiden über den Streitstoff.[322] Die Zulässigkeit der Zwischenfeststellungsklage[323] kompensiert damit das Fehlen einer Bindungswirkung von rechtlichen Vorfragen eines Urteils.[324]

Die Entscheidung gegen eine Bindungswirkung von rechtlichen und tatsächlichen Feststellungen, die für die Entscheidung tragend sind, ist in der deutschen Rechtsordnung mithin nicht getroffen worden, weil man die Vorteile einer umfassenden Streiterledigung verkannt hätte. Auch die deutsche Lösung ist auf die Schaffung von Rechtsfrieden ausgerichtet. Dem Vorteil einer weitreichenden Streitbeendigung wird jedoch die prozessuale Freiheit der Streitparteien gegenübergestellt, die eine gerichtliche Entscheidung dieser Streitpunkte nicht begehrt haben. Der Nachteil des geringeren Umfangs der Rechtskraft von Entscheidungen wird durch den Vorteil von auf die Durchsetzung einzelner subjektiver Rechte ausgerichteten und hierdurch schlankeren Prozessen aufgewogen. Die Parteien werden davor geschützt, dass für sie Unübersehbares rechtskräftig festgestellt wird. Zudem werden die Ressourcen der Justiz geschont, was wiederum der Erhaltung ihrer Funktionsfähigkeit dient. Auch das ist ein Beitrag zu Rechtssicherheit und Rechtsfrieden. Es wäre daher zu kurz gegriffen, die deutsche Lösung als ineffizient oder gar unzweckmäßig zu bezeichnen.

c) Das Beispiel der Teilklage

Wie Prozesszweck, Möglichkeiten der Verfahrensgestaltung und Umfang der Rechtskraft zusammenspielen, lässt sich beispielshaft an der unterschiedlichen Behandlung der Zulässigkeit von Teilklagen zeigen. Wäh-

---

321 *H. Roth*, ZZP 124 (2011), S. 3 (6); *Engelmann-Pilger*, Rechtskraft des Zivilurteils im Recht der Vereinigten Staaten, S. 68.

322 *R. Stürner*, in: Lorenz et al., FS Heldrich, S. 1061 (1067); *Albrecht*, Streitsache, S. 177.

323 Vgl. *Stoll*, in: Bettermann/Zeuner, FS Bötticher, S. 341 (346), mit Ausführungen zur Rechtslage im *common law*, dem eine (Zwischen-)Feststellungsklage traditionell nicht bekannt war.

324 So ausdrücklich BGH, Urt. v. 21.2.1992 – Az. V ZR 273/90, NJW 1992, S. 1897 (1897) („*Die Möglichkeit einer Zwischenfeststellungsklage eröffnet das Gesetz vielmehr deshalb, damit der Streit über das Bestehen oder Nichtbestehen des Rechtsverhältnisses mit Rechtskraftwirkung entschieden werden kann.*").

rend nach deutschem Zivilprozessrecht dem Kläger, der im ersten Prozess nur einen Teil eines Anspruchs einklagt, der Weg zur Geltendmachung eines weiteren Teils dieses Anspruchs, nicht versperrt ist[325] sehen das *common law* und vor allem die US-amerikanische Prozessordnung ein solches *claim splitting* eher skeptisch.[326]

Eine Erklärung für die gegensätzliche Bewertung findet sich in den voneinander abweichenden Definitionen des Streitgegenstandsbegriffs. Nach der deutschen Lösung erfasst der Streitgegenstand neben dem Lebenssachverhalt auch den vom Kläger gestellten und bestimmten Antrag. Folglich wird nur in dem durch den Antrag gekennzeichneten Umfang durch das Gericht entschieden, § 308 ZPO.[327] Das gilt auch dann, wenn der Kläger nicht offen legt, dass ihm zumindest aus seiner Sicht noch weitere Ansprüche zustehen (sog. verdeckte Teilklage).[328] Das grundsätzliche Interesse des Beklagten, keinen zweiten Prozess führen zu müssen, reicht zur Erweiterung des Umfangs der Rechtskraft nicht aus.[329] Dem steht auch nicht der Gedanke der Gleichbehandlung der Prozessparteien entgegen.[330] Dem Interesse des Beklagten an einer Vermeidung von Kosten und an Rechtssicherheit hinsichtlich des Anspruchsgrunds wird in anderer Weise Rechnung getragen. Der Beklagte kann im Wege der Widerklage eine ne-

---

325 So die h.M. vgl. BGH, Urt. v. 9.4.1997 – Az. IV ZR 113/96, BGHZ 135, 178 (178); BGH, Urt. v. 15.6.1994 – Az. XII ZR 128/93, NJW 1994, S. 3165 (3165); *Otto*, Präklusion, S. 110 ff.; *Gottwald*, in: Münchener Kommentar zur ZPO, § 322 Rn. 124 ff. Aufbereitung der Rechtsprechung bei *Kuschmann*, in: Lüke/Jauernig, FS Schiedermair, S. 351 ff.

326 Zur Unzulässigkeit eines *splitting of claims* im englischen Recht vgl. Spencer/Bower/Handley, Res Judicata, Kap. 21 Rn. 6 f.; zu den einzelnen Fallgruppen sowie den Ausnahmen im US-amerikanischen Recht *Engelmann-Pilger*, Rechtskraft des Zivilurteils im Recht der Vereinigten Staaten, S. 50 ff.; *Niehoff*, Verfahrenskonzentration, S. 35 ff.; *Lühmann*, Rechtskraft des Schiedsspruchs, S. 92 m.w.N.; *Zeuner/Koch*, Effects of Judgments, Int. Enc. Comp. Law, XVI, Kap. 9 Rn. 26; aus ökonomischer Sicht *Posner*, Economic Analysis, S. 814.

327 Unberührt bleibt freilich die Möglichkeit, im Prozessverhalten die (konkludente) Erklärung eines materiellen Verzichts oder Erlassangebots zu sehen, vgl. die Nachweise bei *Gottwald*, in: Münchener Kommentar zur ZPO, § 322 Rn. 130. Damit kann das Verhalten der Parteien zwar mittelbar von Bedeutung für Folgeprozesse sein, Einfluss auf die Reichweite des Ersturteils hat es aber nicht.

328 BGH, Urt. v. 15.6.1994 – Az. XII ZR 128/93, NJW 1994, S. 3165; BGH, Urt. v. 9.4.1997 – Az. IV ZR 113/96, BGHZ 135, 178 (178).

329 *Musielak*, in: ders., ZPO, § 322 Rn. 70 ff.; *Leipold*, in: Bettermann et al., FS Zeuner, S. 431 (439 ff.) m.w.N.

330 Anders *Marburger*, in: Schön, GS Knobbe-Keuk, S. 187 (196 ff.).

gative Zwischenfeststellungsklage nach § 256 Abs. 2 ZPO erheben und so Gewissheit darüber erlangen, ob er dem Kläger mehr schuldet als dieser zunächst eingeklagt hat.[331] Entsprechendes gilt im Fall der Abweisung einer – offenen oder verdeckten – Teilklage. Auch hier trifft den Beklagten die Obliegenheit, das Nichtbestehen eines klägerischen Anspruchs rechtskräftig feststellen zu lassen.[332] Das deutsche Recht kennt keine allgemeine, an die Vorschriften des § 767 Abs. 3 ZPO und des § 145 PatG angelehnte Präklusionsregel.[333] Der Kläger hat grundsätzlich keine Nachteile zu befürchten, wenn er zunächst nur eine Teilsumme einklagt.

Der stärker auf den Lebenssachverhalt ausgerichteten Streitgegenstandslehre des *common law* ist eine Beschränkung der Ausschlusswirkung auf den gestellten Antrag in dieser Form dagegen nicht bekannt.[334] Das hängt mit der Pflicht des Klägers zusammen, seinen Fall dem Gericht umfassend vorzutragen (Konzentrationspflicht).[335] Mit dieser Pflicht geht eine sehr viel umfangreichere und damit kostenintensivere Sachverhaltsaufklärung durch das Gericht einher, die anders als nach kontinentaleuropäischem Recht nicht durch eine auf die Tatbestandsvoraussetzungen von Anspruchsnormen bezogene Erheblichkeitsprüfung beschränkt ist. Auf diese Weise kann zwar eine umfassende Aufarbeitung der Rechtsverhältnisse geleistet werden, die sich dann in einer entsprechend erweiterten Rechtskraftwirkung zugunsten des allgemeinen Rechtsfriedens bezahlt

---

331 *Kuschmann*, in: Lüke/Jauernig, FS Schiedermair, S. 351 (364); *Engelmann-Pilger*, Rechtskraft des Zivilurteils im Recht der Vereinigten Staaten, S. 68.

332 Nach BGH, Urt. v. 30.1.1985 – Az. IV b ZR 67/83, BGHZ 93, 330 (334), schließt ein Prozessurteil die Erhebung einer zweiten Klage über einen weiteren Teilbetrag nicht aus.

333 So die Lösung von *Marburger*, in: Schön, GS Knobbe-Keuk, S. 187 (196 ff.), für die Fälle, in denen der Kläger schuldhaft die Geltendmachung sämtlicher Schäden im Erstprozess versäumt hat.

334 Ist der Kläger im ersten Prozess erfolgreich, führt der *merger* dazu, dass der materielle Anspruch mit dem Urteil verschmilzt und fürderhin nicht Grundlage eines zweiten Urteils sein kann, vgl. *Fraser v HLMAD Ltd.* [2006] I.C.R. 1395 (1403). Wurde die Klage dagegen abgewiesen, ist der Kläger aufgrund des *cause of action estoppel* an der abermaligen Klage gehindert.

335 Die Pflicht zur Konzentration gilt nach US-amerikanischem Recht nicht nur für den Kläger, sondern auch für den Beklagten. Denn nach *Rule* 13(a) der *Federal Rules of Civil Procedure* kann den Beklagten eine Pflicht zur Konzentration in Form der sogenannten *compulsory counterclaim* treffen, vgl. hierzu *Niehoff*, Verfahrenskonzentration; *Althammer*, Streitgegenstand, S. 249; *Engelmann-Pilger*, Rechtskraft des Zivilurteils im Recht der Vereinigten Staaten, S. 57 f.

macht.[336] Sie nimmt den Parteien aber auch die Möglichkeit, die Entscheidungsbefugnis des Gerichts auf einzelne Aspekte zu begrenzen. Dass nach einer Klageabweisung eine zweite Klage auf einen weiteren Teilbetrag eines Anspruchs im *common law* nur unter bestimmten Fällen in Betracht kommt, hängt überdies mit der Bindungswirkung von präjudiziellen Feststellungen zusammen, die in nachfolgenden Verfahren abweichenden Vortrag zur rechtlichen und tatsächlichen Grundlage des geltend gemachten Begehrens ausschließen.

3. Materiell-rechtliche Rechtskraftwirkungen

Das zweite Kapitel schließt mit einem Blick auf die konstruktive Verwirklichung des Gebots der Einmaligkeit. Nüchtern betrachtet geht es hier weniger um das „Wesen" der Rechtskraft als vielmehr darum, durch welche rechtlichen Gebote und Verbote die Ausschluss- und die Bindungswirkung im Einzelnen hergestellt werden. Hierzu werden in verschiedenen Schattierungen zwei Grundsatzpositionen vertreten: die materiell-rechtlichen und die prozessualen Theorien.[337] Selbst wenn – wie oft behauptet wird – die praktischen Auswirkungen der beiden Theorien heute nicht mehr ins Gewicht fallen,[338] bleibt die Unterscheidung für die von der vorliegenden Untersuchung hinsichtlich der Schiedsgerichtsbarkeit verfolgten „rechtsschöpferischen" Zwecke gleichwohl wichtig. Die Rechtskraft ist nicht gleichbedeutend mit der Verbindlichkeit eines Urteils für die Parteien.

a) Materiell-rechtliche und prozessuale Theorien

Die materiell-rechtlichen Theorien kennzeichnet die Annahme, dass die Rechtskraft des Urteils Einfluss auf die materiell-rechtlichen Rechtsbezie-

---

336 *Albrecht*, Streitsache, S. 183.

337 Dass es sich hierbei nicht um eine rein deutsche Diskussion handelt, zeigen *Zeuner/Koch*, Effects of Judgments, Int. Enc. Comp. Law, XVI, Kap. 9 Rn. 45 ff.

338 *Germelmann*, Rechtskraft in der EU, S. 14; *Leipold*, in: Stein/Jonas, ZPO, § 322 Rn. 26; *Saenger*, in: ders., ZPO, § 322 Rn. 11; *Vollkommer*, in: Zöller, ZPO, Vorbem. § 322 Rn. 14; siehe aber auch *Koussoulis*, Beiträge, S. 69 ff.; *Gaul*, in: Jakobs et al., FS Flume, Bd. I, S. 443 ff.

hungen der Parteien hat.[339] In ihrer schärfsten Ausprägung geht diese Theorie davon aus, dass durch das Urteil selbst die Rechtslage zwischen den Parteien gestaltet wird, so dass sie dem Inhalt seines Tenors entspricht. Das Urteil konstituiert das seine Richtigkeit begründende Recht und verändert hierzu erforderlichenfalls die eigentliche materielle Rechtslage.[340] In ihrer ursprünglichen Lesart bei *Savigny*,[341] und *Windscheid*[342] besteht die Wirkung der Rechtskraft hingegen lediglich in der Herstellung einer Fiktion bzw. unwiderleglichen Vermutung der inhaltlichen Richtigkeit des Urteils und der in ihm ausgesprochen Rechtsfolge.[343]

Eine klare Aussage zugunsten einer solchen materiell-rechtlichen Theorie ist etwa dem französischen Recht zu entnehmen. Die *autorité de la chose jugée* wird dort im *Code Civil* im Zusammenhang mit den gesetzlichen Vermutungsregeln normiert. Nach Art. 1350 Nr. 3 i.V.m. 1351 *Code civil* besteht die Vermutung, dass das Urteil der Wahrheit entspricht.[344] Der Gedanke eines unmittelbaren Einflusses der gerichtlichen Entscheidung auf die materielle Rechtslage liegt auch der Figur des sog. *merger* im *common law* zugrunde: Der materiell-rechtliche Anspruch verschmilzt mit dem Urteil und wird vollständig von diesem konsumiert. Dadurch wird eine neue Legalobligation geschaffen.[345] Möchte man trotz aller Unterschiede die kontinentaleuropäisch geprägten Begriffe verwenden, ist es richtig zu sagen, dass auch die englische Rechtskraftlehre einer materiell-rechtlichen Erklärung der Rechtskraft folgt.[346] Das gilt jedenfalls für die

---

339 Vgl. die Darstellung in den Lehrbüchern und Kommentaren, etwa *Saenger*, in: ders., ZPO, § 322 Rn. 8 ff.; *Musielak*, in: ders., ZPO, § 322 Rn. 4; *Musielak/Voit*, Grundkurs ZPO, Rn. 578 ff.; *Schilken*, Zivilprozessrecht, Rn. 1008.

340 Im Fall des richtigen Urteils sollen die materiellen Rechtsbeziehungen bestätigt, beim unzutreffenden Urteil hingegen mitsamt der erforderlichen Tatsachenfeststellungen konstitutiv umgestaltet werden. Siehe hierzu vor allem *Pagenstecher*, Lehre von der materiellen Rechtskraft, S. 303; für eine materiell-rechtliche Entscheidungswirkung neuerdings *Braun*, Lehrbuch des Zivilprozeßrechts, S. 901.

341 *Savigny*, System, Band VI, § 280 (S. 261), § 281 (S. 271).

342 *Windscheid*, Actio, S. 110.

343 Vgl. auch die Vermutungslehre von *Pohle*, in: Carnelutti, GS Calamendrei, Bd. II, S. 377 ff.; *ders.*, JBl. 1957, 113 ff.; auch *Martens*, ZZP 79 (1966), S. 404 ff.

344 Zur *presomption de vérité légale* und der französischen Rechtskraftlehre vgl. *Germelmann*, Rechtskraft in der EU, S. 106 ff.

345 Vgl. hierzu etwa *Fraser v HLMAD Ltd.* [2006] I.C.R. 1395; *Unilin Beheer BV v Berry Floor NV* [2007] EWCA Civ. 364 para. 50.

346 So *Bunge*, ZZP 92 (1979), S. 351 (362); ähnlich *Engelmann-Pilger*, Rechtskraft des Zivilurteils im Recht der Vereinigten Staaten, S. 36.

Fälle, in denen derselbe Gegenstand abermals vor Gericht anhängig gemacht wird.[347]

Die deutsche Gesetzeslage erlaubt demgegenüber keine eindeutige Aussage über die dogmatische Konstruktion der Rechtskraft.[348] Auch wenn die Frage demgemäß umstritten ist, werden in der Rechtspraxis und Rechtswissenschaft[349] heute vornehmlich prozessuale Theorien vertreten.[350] Diesen zufolge ist die Rechtskraft vielmehr ein an das nachfolgende Gericht adressiertes Verhaltensgebot, dem zufolge die abermalige Verhandlung[351] und Entscheidung über denselben Gegenstand auszuscheiden hat und eine gleichwohl erhobene Klage als unzulässig abzuweisen ist (*ne bis in idem*-Lehre).[352] Prozessuale Theorien verzichten entweder ganz auf die gewagte Konstruktion einer materiellen Rechtsgestaltung durch das

---

347 Soweit das englische Recht die Bindungswirkungen von Entscheidungen in den Kategorien des Beweisrechts denkt und der früheren Entscheidung die Eigenschaft eines unwiderleglichen Beweises zuspricht, so *Morton, Rose & Partners v Hillman* [1961] 2 QB 266 (277) (*"The easiest apporach to this question is to regard the previous decision as conclusive evidence.*"), scheint sich das weniger darauf zu beziehen, dass das Urteil der materiellen Rechtslage entspricht, sondern vielmehr als Beweis für einen entsprechenden Parteivortrag im Vorprozess, der zu einer bestimmten Entscheidung geführt hat, und zu der sich die Parteien nunmehr nicht in Widerspruch setzen können.

348 Vgl. *Pohle*, JBl. 1957, S. 113 (113); *Gottwald*, in: Münchener Kommentar zur ZPO, § 322 Rn. 13; *Leipold*, in: Stein/Jonas, ZPO, § 322 Rn. 24.

349 BGH, Urt. v. 3.7.1961 – Az. III ZR 19/60, BGHZ 35, 338 (340); BGH, Urt. v. 14.2.1962 – Az. IV ZR 156/61, BGHZ 36, 365 (367); BGH, Beschl. v. 16.6.1993 – Az. I ZB 14/91, BGHZ 123, 20 (34); BGH, Urt. v. 19.11.2003 – Az. VIII ZR 60/03, NJW 2004, S. 1252 (1253); zur Rechtsprechung eingehend *Zeuner*, in: Canaris et al., FS BGH, S. 337 ff.; aus der Literatur *Jauernig/Hess*, Zivilprozessrecht, § 62 Rn. 6; *Musielak/Voit*, Grundkurs ZPO, Rn. 578; *Schilken*, Zivilprozessrecht, Rn. 1010; *W. Lüke*, Zivilprozessrecht, Rn. 359.

350 Ein Paradebeispiel einer prozessualen Lehre findet sich in § 411 Abs. 2 ZPO-Ö, der bestimmt, dass die Rechtskraft des Urteils von Amts wegen zu beachten ist, vgl. hierzu *Koussoulis*, Beiträge, S. 65; auch *Gaul*, in: Jakobs et al., in: FS Flume, Bd. I, S. 443 (512 ff.) will die prozessuale Lehre maßgeblich auf die – unbestrittene – Geltung des Amtsprüfungsgrundsatzes stützen.

351 Nach der u.a. von *A. Blomeyer*, Zivilprozessrecht, S. 471, und *J. Blomeyer*, JR 1968, S. 407 (410), vertretenen Lehre vom Abweichungsverbot ist es dem Richter lediglich untersagt, in einer Sache über denselben Streitgegenstand abweichend zu urteilen – am Erlass eines zweiten, inhaltlich identischen Sachurteils ist er dagegen nicht gehindert.

352 BGH, Urt. v. 3.7.1961 – Az. III ZR 19/60, BGHZ 35, 338 (340); BGH, Urt. v. 14.2.1962 – Az. IV ZR 156/61, BGHZ 36, 365 (367); BGH, Beschl.

Urteil oder sie erkennen diese Möglichkeit zwar an, sehen darin aber nicht den maßgeblichen Grund für die Bindung des nachfolgenden Gerichts.[353] Ob die prozessuale Gebundenheit des Richters Rückwirkungen auf die materiellen Rechtsverhältnisse der Parteien hat, ist für die Einordnung einer Theorie als „prozessualer" Erklärungsansatz nicht von Belang.[354] Auch die Vertreter einer prozessualen Rechtskraftlehre können davon ausgehen, dass das rechtskräftige Urteil Einfluss auf die außerprozessualen Verhältnisse der Parteien hat.[355]

b) Unterscheidung von Rechtskraft und Verbindlichkeit

Gegen materiell-rechtliche Lehren ist vorzubringen,[356] dass sie das Verbot der Wiederholung eines Rechtsstreits nicht schlüssig erklären können.[357] Sie halten den Richter lediglich dazu an, ein der vermuteten bzw. fiktiven (Rechts-)Lage entsprechendes Urteil zu erlassen; die Beschäftigung mit der Streitsache als solcher ist ihm allerdings nicht verwehrt.[358] Dagegen gelingt es prozessualen Lehren nicht nur in Fällen der Identität der prozes-

---

v. 16.6.1993 – Az. I ZB 14/91, BGHZ 123, 20 (34); BGH, Urt. v. 19.11.2003 – Az. VIII ZR 60/03, NJW 2004, S. 1252 (1253); *Bötticher*, Kritische Beiträge, S. 128 ff.; Rosenberg/Schwab/Gottwald, Zivilprozessrecht, § 150 Rn. 7; *Musielak*, in: ders., ZPO, § 322 Rn. 5.

353 Vgl. *Koussoulis*, Beiträge, S. 22; ihm folgend *Spieker genannt Döhmann*, Anerkennung von Rechtskraftwirkungen, S. 55; *Otto*, Präklusion, S. 81; schon *Bötticher*, Kritische Beiträge, S. 104.

354 Diese Frage will *Koussoulis*, Beiträge, S. 28, den Rechtskrafttheorien im weiteren Sinne zuweisen. Diese unterscheidet er von Rechtskrafttheorien im engeren Sinne, die sich allein mit der Frage des „Wie" der Bindung des Richters befassen.

355 *Koussoulis*, Beiträge, S. 26 ff.

356 Zu den weiteren gegen materiell-rechtliche Lehren vorgebrachten Argumenten siehe die Auseinandersetzung bei *Gottwald*, in: Münchener Kommentar zur ZPO, § 322 Rn. 13 ff.; *Leipold*, in: Stein/Jonas, ZPO, § 322 Rn. 34 ff.; *Gaul*, in: Jakobs et al., FS Flume, Bd. I, S. 443 (521 f.).

357 *Gaul*, in: Jakobs et al., FS Flume, Bd. I, S. 443 (521 ff.), zweifelt zudem an, dass die materiell-rechtlichen Lehren geeignet sind, die Bindung des Richters in Fällen der Präjudizialität zu erklären.

358 Zugegeben etwa von *Pohle*, JBl. 1957, S. 113 (118), der es zwar für möglich hält, dass „*die Bindung in gewissen Fällen von einem Wiederholungsverbot überlagert sein*" kann, jedoch weiter bemerkt, dass das deutsche Zivilprozessrecht „*keinen hinreichenden Anhalt für eine derartige Annahme zu bieten*" scheint; siehe auch *Leipold*, in: Stein/Jonas, ZPO, § 322 Rn. 37.

sualen Ansprüche den Ausschluss weiteren Rechtsstreits überzeugend zu begründen, sondern sie bieten auch für die Fälle der Präjudizialität eine Erklärung der Bindung des Richters an die vorausgegangene Entscheidung.[359] Zwar wird vereinzelt auch hier am *ne bis in idem*-Gedanken festgehalten,[360] die überwiegende Auffassung geht jedoch von einer positiven Bindung des Richters aus, der dazu angehalten ist, das in der vorausgegangenen Entscheidung Ausgesprochene seiner Entscheidung zugrunde zu legen.[361]

Wenn gleichwohl an prozessualen Lehren Kritik geübt wird, dann daher nicht deshalb, weil ihre Brauchbarkeit zur Erklärung der Rechtskraftwirkungen bezweifelt würde.[362] Vorgeworfen wird rein prozessualen Theorien vielmehr, nicht zu erklären, weshalb die *Parteien* den Urteilsspruch zu befolgen haben. Der Versuch, die Rechtskraftwirkungen auf prozessuale Gebote an den Richter zu beschränken, blende einen wesentlichen Teil der Aufgabe einer Rechtskraftlehre aus.[363] Eine Bindung der Richter, der nicht eine Bindung der Parteien korrespondiere, werde nämlich dem Ziel der Rechtskraft und damit ihrem „Wesen" nicht gerecht. Dauerhafter Rechtsfrieden[364] zwischen den Parteien könne nur durch das materielle Recht, nicht durch eine prozessuale Abstraktion desselben geschaffen werden.[365] Eine Rechtskraftlehre müsse deshalb neben der Bindung der Gerichte auch

---

359 *Leipold*, in: Stein/Jonas, ZPO, § 322 Rn. 40; *G. Lüke*, in: ders./Jauernig, FS Schiedermair, S. 377 (387 insb. FN 26).

360 *Bötticher*, Kritische Beiträge, S. 150; dagegen *Gaul*, in: Jakobs et al., FS Flume, Bd. I, S. 443 (517 mit FN 431).

361 *Gaul*, in: Jakobs et al., FS Flume, Bd. I, S. 443 (520); *ders.*, in: Ackermann et al., Jahrbuch junger Zivilrechtswissenschaftler, S. 9 (25); *Landbrecht*, Teil-Sachentscheidungen, S. 36 mit FN 39.

362 So auch die Einschätzung bei *Zeuner/Koch*, Effects of Judgments, Int. Enc. Comp. Law, XVI, Kap. 9 Rn. 32.

363 *Sauer*, in: Lehmann/Bohne, FS R. Schmidt, S. 308 (320); *ders.*, Grundlage des Prozessrechts, S. 238 ff. In diese Richtung auch – nicht nur gegen die prozessuale Lehre gerichtet – *Braun*, in: Bernreuther et al., FS Spellenberg, S. 69 ff.; *ders.*, Lehrbuch des Zivilprozeßrechts, S. 905.

364 *Leipold*, in: Stein/Jonas, ZPO, § 322 Rn. 34; *G. Lüke*, in: ders./Jauernig, FS Schiedermair, S. 377 (387), sieht hierin den Zweck der Rechtskraft schlechthin („*Der Zweck der Rechtskraft besteht aber nicht allein darin, die zwischen den Parteien streitigen Rechtsverhältnisse endgültig zu ordnen.*"); wohl auch *Otto*, Präklusion, S. 81 mit FN 97.

365 *Nikisch*, Zivilprozeßrecht, S. 402; *Sauer*, in: Lehmann/Bohne, FS R. Schmidt, S. 308 ff.; vgl. dagegen aber (vom Standpunkt einer materiell-rechtlichen Lehre) *Pohle*, in: Carnelutti, GS Calamendrei, Bd. II, S. 377 (385).

die Bindung der Parteien erklären, wobei es nicht ausreiche, diese Bindung nur als den „Reflex" der Bindung der Gerichte zu deuten.[366] Hingewiesen wird in diesem Zusammenhang auch auf die Vorschriften der §§ 121 VwGO, 141 Abs. 1 SGG, 110 Abs. 1 FGO, in denen die Bindung der Parteien und ihrer Rechtsnachfolger an das rechtskräftige Urteil angeordnet sei.[367]

Eine Auseinandersetzung mit dieser Kritik an prozessualen Lehren hat bei der Frage ansetzen, ob der Rechtskraftbegriff *alle* Wirkungen einer Entscheidung bezeichnen sollte[368] oder ob er auf den Status der Einmaligkeit einer gerichtlichen Entscheidung und die hierzu erforderlichen rechtlichen Gebote zu beschränken ist. Hiervon zu unterscheiden ist die inhaltliche Frage, ob ein Urteil eine materiell-rechtliche Gestaltungswirkung auf die Rechtsbeziehungen der Parteien hat. Das bedeutet, dass auch wenn man eine materiell-rechtliche Verpflichtung der Parteien zur Befolgung des Urteils und zur Duldung der Zwangsvollstreckung annimmt, man es gleichwohl für sinnvoll halten kann, diese Urteilswirkung nicht unter den Begriff der Rechtskraft zu subsumieren.[369] Nach hier vertretener Ansicht spricht in der Tat schon das Erfordernis terminologischer Präzision dafür, die Verbindlichkeit von Entscheidungen von ihrer Rechtskraft zu unterscheiden und letztere dementsprechend nur als ein prozessuales Gebot an nachfolgende Gerichte zu deuten. Die im Schrifttum verbreitete Ergänzung prozessualer Rechtskraftlehren durch materiell-rechtliche Aspekte ist diesem Ansinnen nicht hilfreich.[370] Sie befrachtet eine dogmatische Untersuchung über die prozessualen Wirkungen der Rechtskraft in einem nach-

---

366 *Leipold*, in: Stein/Jonas, ZPO, § 322 Rn. 34; ähnlich auch *Gottwald*, in: Münchener Kommentar zur ZPO, § 322 Rn. 14; *R. Bruns*, ZZP 78, 264 (277), spricht von der *„auch notwendige[n], „funktionale[n]" Bestimmung der materiellen Rechtskraft*".

367 Rosenberg/Schwab/Gottwald, Zivilprozessrecht, § 151 Rn. 9. Freilich verweist die verwaltungsprozessuale Lehre hinsichtlich der Rechtskraft ihrerseits auf die zivilprozessuale Dogmatik, vgl. *Detterbeck*, Streitgegenstand, S. 22; *Clausing*, in: Schoch/Schneider/Bier, VwGO, § 121 Rn. 54 ff. (Stand: Januar 2012); kritisch hierzu *Niese*, JZ 1952, 353 ff.

368 In diesem Sinne *Lent*, Gesetzeskonkurrenz, S. 168.

369 *Bötticher*, Kritische Beiträge, S. 104; *ders.*, ZZP 85 (1972), S. 1 (15); *Gaul*, in: Jakobs et al., FS Flume, Bd. I, S. 443 (524 f.); zustimmend *Schwab*, JUS 1976, S. 69 (73).

370 In diesem Sinne *Bötticher*, Kritische Beiträge, S. 5 („*Die Rechtskraft hat ihr vielfach schon durchlöchertes prozessuales Kleid abgeworfen und betritt als Rechtsgeltungsproblem den Boden der allgemeinen Rechtslehre. Der Richterspruch*

folgenden Verfahren letztlich mit einer Grundfrage der allgemeinen Rechtslehre,[371] nämlich derjenigen nach dem Verhältnis, in dem der Urteilsspruch als das Ergebnis der Anwendung einer generellen Norm auf einen Sachverhalt zur Rechtsordnung steht.

Für die Zwecke der Untersuchung ist mithin zwischen der Rechtskraft als einem Instrument prozessualer Gestaltung und der Verbindlichkeit einer Entscheidung für die Parteien zu unterscheiden. Die Verbindlichkeit des gerichtlichen Urteils als Hoheitsakt tritt nach deutschem Prozessrecht unabhängig von der (formellen) Rechtskraft schon mit seinem Erlass ein.[372] Der Begriff der Rechtskraft hingegen bezeichnet die prozessuale Gewährleistung der Einmaligkeit einer Entscheidung und dient damit der Vermeidung von Geltungskonflikten zwischen Entscheidungen. Sie stellt sicher, dass in einer späteren Entscheidung nicht eine konfligierende Rechtsfolge als verbindlich festgestellt wird.[373] Die Rechtskraft von Urteilen ist jedoch keine Folge der Verbindlichkeit der Entscheidung für die Parteien. Wie die weitere Untersuchung zeigen wird, liegt darin ein entscheidender Unterschied zur Rechtskraft von Schiedssprüchen. Die Rechtskraft von Schiedssprüchen setzt die Bindung der Parteien voraus.

Zusammenfassung und Ergebnis

Im zweiten Kapitel sind die tatbestandlichen Voraussetzungen der Rechtskraft und ihre Wirkung auf ein nachfolgendes Verfahren betrachtet worden. Der Rechtskraft fähig sind nur solche gerichtlichen Entscheidungen,

---

aber, der eigentliche Ausgangspunkt unserer Lehre und ihrer seitherigen Theorien, sieht sich plötzlich vor verschlossener Türe.“).

371 Als prominentester Vertreter dieser Richtung sei hier *Merkl*, Lehre von der Rechtskraft, genannt. Zur Rechtskraftlehre *Merkls* eingehend *Bötticher*, Kritische Beiträge, S. 38 ff.; zur Rechtskraft als Gegenstand der allgemeinen Rechtslehre auch *Michelakis*, in: Fasching/Kralik, FS Schima, S. 303 (305); *Leipold*, in: Stein/Jonas ZPO, § 322 Rn. 26. Zur Unterscheidung zwischen der rechtsdogmatischen und der rechtstheoretischen Betrachtung des Instituts der Rechtskraft *Koussolis*, Beiträge, S. 4; *Neuner*, ZZP 54 (1928/1929), S. 217 (217).

372 *Bötticher*, Kritische Beiträge, S. 15.

373 Zum Verständnis der Rechtskraft als „Dauergeltung“ eines Urteils *Merkl*, Wesen der Rechtskraft, S. 244 („*Rechtskraft ist die Eigenschaft aller Rechtsnormen – daß sie vorbehaltlich positiv-rechtlich gesetzter Abänderungsmöglichkeiten – grundsätzlich unabänderlich gelten.*“). Kritisch hierzu *Bötticher*, Kritische Beiträge, S. 38–44.

die eine abschließende Aussage über einen (Teil-)Aspekt eines Rechtsstreits treffen. Nach deutschem Recht erwächst eine Entscheidung überdies erst dann in Rechtskraft, wenn auf ihre Aufhebung abzielende Rechtsbehelfe nicht (mehr) zulässig sind. Unterschiedliche Ausgestaltungen finden sich im Hinblick auf die prozessuale Geltendmachung der Rechtskraft. Während zur Wahrung öffentlicher Interessen deutsche und österreichische Gerichte die Rechtskraft von Amts wegen zu beachten haben, wird es in der Mehrzahl der Rechtsordnungen den Parteien überlassen, den Einwand der Rechtskraft zu erheben. Einigkeit besteht demgegenüber hinsichtlich der beiden grundlegenden Wirkungen der Rechtskraft. Zum einen schließt eine rechtskräftige Entscheidung einen zweiten Rechtsstreit aus (Ausschlusswirkung); hierbei ist zu unterscheiden zwischen der Ausschlusswirkung bei identischen Streitgegenständen und einer streitgegenstandsfremden Präklusionswirkung. Zum anderen ist die rechtskräftige Entscheidung in einem zukünftigen Erkenntnisverfahren über einen anderen Streitgegenstand präjudiziell (Bindungswirkung). Insbesondere mit Blick auf die Bindungswirkung unterscheidet sich der Umfang der Rechtskraft einer Entscheidung dann aber erheblich. Der deutschen Lehre liegt ein im internationalen Vergleich enges Rechtskraftverständnis zugrunde, dem zufolge lediglich der Tenor einer Entscheidung in Rechtskraft erwächst. Im *common law* nehmen demgegenüber auch die den Entscheidungsspruch tragenden rechtlichen und tatsächlichen Feststellungen an der Bindungswirkung teil. Diese Unterschiede sind nicht das Ergebnis einer willkürlichen Wahl, sondern das Spiegelbild einer unterschiedlichen Gewichtung der mit der Rechtskraft und dem Zivilprozess verfolgten Ziele und Zwecke in den nationalen Rechtsordnungen. Der Umfang der Rechtskraft steht in einem Zusammenhang mit den verfahrensrechtlichen Instrumenten, die den Parteien für die Prozessführung zur Verfügung gestellt werden. Beispielsweise kann eine Rechtsordnung die Rechtskraft auf den Tenor einer Entscheidung beschränken, den Parteien aber zur Durchsetzung ihrer subjektiven Rechte im Gegenzug die verfahrensrechtliche Möglichkeit einräumen, die die Entscheidung tragenden Feststellungen zum Gegenstand eines eigenen Verfahrens zu machen. Auf diese Weise wird eine rechtskräftige Entscheidung erlangt, und zwar wenn und soweit eine Partei dies wünscht.

Die Rechtskraft äußert sich in erster Linie in einem prozessualen Gebot an ein nachfolgendes Gericht. Nach materiell-rechtlichen Lehren beeinflusst eine Entscheidung dagegen unmittelbar die materiellen Rechtsbeziehungen zwischen den Parteien, deren Richtigkeit ein nachfolgendes Gericht aufgrund der Rechtskraft der Entscheidung nicht in Frage stellen kann. Nach hiesiger Auffassung ist die Verbindlichkeit des Urteilsspruchs für die Parteien jedoch nicht Voraussetzung der Rechtskraftwirkung in einem nachfolgenden Verfahren.

Drittes Kapitel: Geltungsgrund des Schiedsspruchs

Im dritten Kapitel wird untersucht, wie der Wille der Schiedsparteien und die staatliche Rechtsordnung bei der Herstellung der Geltung des Schiedsspruchs zusammenspielen. Was macht den Schiedsspruch zu einer verbindlichen und endgültigen Entscheidung? Unter welchen Voraussetzungen werden seine Wirkungen von einer Rechtsordnung anerkannt? Die Antworten auf diese Fragen sind zugleich die Grundlage für die im vierten und fünften Kapitel zu entwickelnde Dogmatik der Rechtskraft von Schiedssprüchen in nachfolgenden Gerichtsverfahren und Schiedsverfahren.

In einem ersten Schritt ist zu zeigen, dass die Verbindlichkeit des Schiedsspruchs als Akt einer privaten Gerichtsbarkeit auf einer Vereinbarung der Parteien beruht (*I.*). Daran anschließend wird untersucht, unter welchen Voraussetzungen ein Schiedsspruch anerkannt wird und welche Rechtsfolgen damit verbunden sind (*II.*). Abschließend ist darzustellen, wie die Anerkennung von Schiedssprüchen in der deutschen Zivilprozessordnung ausgestaltet ist (*III.*). Terminologisch wird dabei zwischen der Verbindlichkeit des Schiedsspruchs im Verhältnis der Parteien und seiner Wirksamkeit in Form der Berücksichtigung durch staatliche Organe unterschieden.

I. Der Parteiwille als Grundlage der Verbindlichkeit

Der Erlass eines Schiedsspruchs stellt den Abschluss eines Schiedsverfahrens dar. Wird der Schiedsspruch befolgt, ist die Schiedsgerichtsbarkeit der ihr von den Parteien übertragenen Aufgabe gerecht geworden, eine Rechtsstreitigkeit ohne die Hilfe staatlicher Gerichte nicht nur im juristischen Sinne zu entscheiden, sondern auch tatsächlich zu beenden. In Berührung mit staatlichen Hoheitsträgern kommen die Parteien jedoch dann, wenn eine der Parteien sich weigert, eine im Schiedsspruch ausgesprochene Leistungspflicht zu erfüllen und deshalb staatliche Vollstreckungsgewalt eingesetzt werden muss. Des Weiteren kommt es zu einer staatlichen Befassung mit dem Schiedsspruch, wenn eine der Parteien seine Richtigkeit anzweifelt und eine Aufhebungsklage anstrengt. Schließlich gibt es noch einen dritten Schnittpunkt zwischen Schiedsgerichtsbarkeit und staatlicher Gerichtsbarkeit, der mitten in der Thematik der vorliegenden Untersuchung liegt: die Beachtlichkeit eines vorangegangenen Schiedsspruchs in einem staatlichen Gerichtsverfahren.

Um zu verstehen, weshalb eine Rechtsordnung in diesen Situationen dem Schiedsspruch zur Durchsetzung verhilft, ihn als endgültige Entscheidung einer rechtlichen Streitigkeit respektiert oder aber ihm die Wirksamkeit abspricht, ist das Verhältnis der schiedsrichterlichen Entscheidungsbefugnis zur staatlichen Hoheitsgewalt zu klären. In der Literatur werden Überlegungen zu diesem Verhältnis oft unter dem Schlagwort von der Rechtsnatur des Schiedsspruchs[374] geführt. Traditionell stehen sich hier zwei Grundideen gegenüber.[375] Auf der einen Seite findet sich die These von der vertraglichen bzw. privatrechtlichen Rechtsnatur des Schiedsspruchs, auf der anderen Seite die These von seiner jurisdiktionellen bzw. prozessualen Rechtsnatur.

1. Die Lehre von der vertraglichen Grundlage

Im Mittelpunkt der vertraglichen Theorie steht die privatrechtliche Vereinbarung der Parteien als Grundlage des Schiedsverfahrens und des daraus resultierenden Schiedsspruchs.[376] Nach der klassischen Vertragstheorie[377] hat an diesem Vertragscharakter der Schiedsgerichtsbarkeit auch der Schiedsspruch teil. Er wird also als ein von den Schiedsrichtern als Vertre-

---

374 Bisweilen wird die Rechtsnatur des Schiedsspruchs in Verbindung mit der allgemeinen Frage nach der Rechtsnatur der Schiedsgerichtsbarkeit gesehen. Dabei finden sich auch Mischlösungen, denen zufolge zwar von einem materiell-rechtlich vertraglichen Charakter der Schiedsvereinbarung, aber von einem jurisdiktionellen Charakter des Schiedsspruchs auszugehen ist und dementsprechend bei der Lösung schiedsrechtlicher Probleme unterschiedliche Rechtsregeln anzuwenden sind. Siehe hierzu *Schlosser*, Internationale private Schiedsgerichtsbarkeit, Rn. 52; *Solomon*, Verbindlichkeit von Schiedssprüchen, S. 299; *Samuel*, Jurisdictional Problems, S. 60 ff. m.w.N.

375 Einen Überblick über die verschiedenen Auffassungen bieten *Samuel*, Jurisdictional Problems, S. 31–74; *Schlosser*, Internationale private Schiedsgerichtsbarkeit, Rn. 40–53; *Bosch*, Rechtskraft und Rechtshängigkeit, S. 13–23; *Lew/Mistelis/Kröll*, Comparative Arbitration, Kap. 5 („*Juridicial Nature of Arbitration*").

376 Zur Historie der Vertragslösung siehe *Solomon*, Verbindlichkeit von Schiedssprüchen, S. 290; *Schlosser*, Internationale private Schiedsgerichtsbarkeit, Rn. 11.

377 Zu dieser Bezeichnung *Samuel*, Jurisdictional Problems, S. 33.

ter beider Parteien geschlossener Vertrag angesehen. Überzeugend ist eine solche rein vertragliche Konstruktion allerdings nicht. Der Schiedsspruch ist nicht das Ergebnis eines von Interessen geleiteten Aushandelns, sondern die bindende Entscheidung einer zwischen den Schiedsparteien bestehenden Streitigkeit anhand eines objektiven Maßstabs, nämlich des Rechts. Die Aufgabe der Schiedsrichter ist es nicht, für die Schiedsparteien rechtsgeschäftlich eine Vereinbarung zu finden oder im Namen der Parteien einen Vergleich zu schließen; sie bestimmen auch nicht etwa als Dritte eine Leistung im Sinne des § 317 BGB. Dass Schiedsparteien und Schiedsrichter durch ein vertragliches Rechtsgeschäft, den Schiedsrichtervertrag, miteinander verbunden sind, ändert hieran nichts.[378]

Überwindet man jedoch die *„ursprünglich naive Konstruktivität“*[379] der vertraglichen Theorie zeigt sich ihr wahrer Kern. Es geht nicht darum, im Schiedsspruch selbst einen Vertrag zu sehen,[380] sondern darum, dass der Schiedsspruch aus einem vertraglichen Geltungsgrund abgeleitet ist.[381] Die Schiedsvereinbarung enthält diesem Verständnis nach nicht nur eine negative, die staatlichen Gerichte ausschließende Komponente. Sie begründet vielmehr die Befugnis der Schiedsrichter, über den Rechtsstreit zu entscheiden. Die Schiedsvereinbarung dokumentiert die Übereinkunft der Parteien, den durch die von ihnen eingesetzten Schiedsrichter und im Einklang mit den von ihnen bestimmten Verfahrensregeln erlassenen Schiedsspruch als Grundlage ihrer weiteren Rechtsbeziehungen anzuerkennen.[382] Mit dem Abschluss einer Schiedsvereinbarung kommen die Parteien mithin überein, dass das gefundene Ergebnis für sie gelten und verbindlich sein soll.[383] In dieser Rückführung der Bindung der Parteien an den Schiedsspruch auf die Schiedsvereinbarung liegt der entscheidende Aspekt

378 Zum Ganzen ausführlich *Samuel*, Jurisdictional Problems, S. 36 m.w.N.

379 So *Schlosser*, Internationale private Schiedsgerichtsbarkeit, Rn. 47.

380 Ausdrücklich *K. Blomeyer*, Festgabe Rosenberg, S. 49 (62).

381 *Solomon*, Verbindlichkeit von Schiedssprüchen, S. 296; *Lorenz*, AcP 157 (1958/59), S. 265 (274); *K. Hellwig*, System II, S. 102.

382 *G. Roth*, Vorbehalt, S. 125; *Solomon*, Verbindlichkeit von Schiedssprüchen, S. 293 m.w.N.

383 So auch *Electric & Gas Insurance Services Ltd v European Reinsurance Co of Zurich* [2003] UKPC 11 („*It is an implied term of an arbitration agreement that the parties agree to perform the award.*“); *Andrews*, Civil Processes, Kap. 17 Rn. 1. Siehe auch die entsprechenden Regelungen in Art. 34 Abs. 6 S. 2 Halbs. 1 ICC-SchO sowie Art. 26.9 S. 2 Halbs. 1 LCIA-SchO.

der vertraglichen Theorie.[384] Die Entscheidung der Schiedsrichter ist demnach ein privater Gestaltungsakt, zu dem die Schiedsrichter aufgrund der Schiedsvereinbarung der Parteien ermächtigt sind.[385]

2. Die Lehre von der jurisdiktionellen Grundlage

Die Vertreter der sogenannten jurisdiktionellen bzw. prozessualen Theorien[386] wählen einen anderen Ansatzpunkt. Sie heben nicht die Schiedsvereinbarung als Grundlage der Schiedsgerichtsbarkeit hervor, sondern die Funktion der Schiedsgerichtsbarkeit, die in der verbindlichen Entscheidung von Rechtsstreitigkeiten gesehen wird.[387]

a) Verbindlichkeit kraft staatlicher Ermächtigung

In einer Spielart dieser Lehre wird die Aufgabe der Schiedsgerichtsbarkeit in der Ausübung rechtsprechender Gewalt gesehen und mithin als Teilhabe an einer originär dem Staat vorbehaltenen Befugnis verstanden. Aus diesem Grund könne der Schiedsspruch nur in den Formen des öffentlichen Rechts ergehen; Schiedsgerichte übten staatliche Hoheitsgewalt aus.[388] Begründet wird diese Auffassung unter anderem damit, dass die Schiedsgerichtsbarkeit in den meisten Rechtsordnungen in den staatlichen Zivilprozessgesetzen geregelt wird.[389] Außerdem werde einem Schiedsspruch überall Rechtskraft beigemessen[390] und er könne Grundlage von Maßnahmen der Zwangsvollstreckung sein.[391]

Die Betonung der Funktion der Schiedsgerichtsbarkeit als Institution zur Streitentscheidung ist bei Lichte besehen aber nicht das Spezifikum

---

384 Zu diesem Verständnis *Solomon*, Verbindlichkeit von Schiedssprüchen, S. 294.

385 *K. Blomeyer*, Festgabe Rosenberg, S. 49 (62); ähnlich auch *Schlosser*, Internationale private Schiedsgerichtsbarkeit, Rn. 47.

386 Ein Überblick findet sich bei *Samuel*, Jurisdictional Problems, S. 50 ff.

387 *Schlosser*, Internationale private Schiedsgerichtsbarkeit, Rn. 46; *G. Roth*, Vorbehalt, S. 127.

388 So ausdrücklich *H.-J. Hellwig*, Systematik, S. 54.

389 So die Beobachtung von *Schlosser*, Internationale private Schiedsgerichtsbarkeit, Rn. 46.

390 *Schlosser*, Internationale private Schiedsgerichtsbarkeit, Rn. 46.

391 *Neuner*, RabelsZ 3 (1929), S. 37 (37).

der jurisdiktionellen Theorien. Auch Vertreter der vertraglichen These sehen die Funktion der Schiedsgerichtsbarkeit in der Entscheidung von Rechtsstreitigkeiten.[392] Der Unterschied liegt vielmehr in den aus dieser Feststellung gezogenen Konsequenzen. Die jurisdiktionell-prozessualen Theorien schließen aus der Substitution einer originär staatlichen Aufgabenwahrnehmung durch die Schiedsgerichte auf die Legitimationsgrundlage der Schiedsgerichtsbarkeit überhaupt und die Rechtsnatur ihres Handelns.[393] Der gedankliche Ausgangspunkt dieser Lehre ist nichts anderes als die Annahme eines staatlichen Rechtsprechungsmonopols, aufgrund dessen die Entscheidung von Rechtsstreitigkeiten der staatlichen Gewalt vorbehalten ist.[394] Werden Schiedsgerichte rechtsprechend tätig, so können sie das folglich nur in Ausübung staatlicher Gewalt.[395]

Ein solcher Schluss vom Inhalt oder der Funktion einer Aufgabe auf den Modus der Wahrnehmung ist jedoch verfehlt. So sind denn auch die mannigfaltigen Versuche zu einer materiellen Abgrenzung zwischen Staatsaufgaben und gesellschaftlichen Aufgaben gescheitert.[396] Es ist nicht möglich, von materiellen Qualitäten einer Aufgabe darauf zu schließen, dass sie nur vom Staat bzw. auf Grundlage einer Beleihung von Privatpersonen wahrgenommen werden darf. Das Grundgesetz enthält zwar eine institutionelle Garantie der staatlichen Gerichtsbarkeit (siehe insbesondere Art. 92 GG), normiert aber kein staatliches Rechtsprechungsmonopol.[397] Es ist mithin verfassungsrechtlich nicht ausgeschlossen, dass ein Schiedsgericht auf vertraglicher Grundlage entscheidet. Des Weiteren ver-

---

392 So auch *Solomon*, Verbindlichkeit von Schiedssprüchen, S. 298 (insb. FN 40).

393 Siehe zur Unterscheidung von prozessualen und jurisdiktionellen Theorien *Münzberg*, Schranken der Parteivereinbarung, S. 25.

394 *Schlosser*, Internationale private Schiedsgerichtsbarkeit, Rn. 51; *ders.*, in: Stein/Jonas, ZPO, vor § 1025 Rn. 4; *Geimer*, in: Schlosser, Integritätsprobleme, S. 113 (118); zur Bedeutung des Staatsverständnisses auch *Chiwitt-Oberhammer*, Fehlerhafter Schiedsspruch, S. 52.

395 *Schwab*, in: P. Sanders, FS Domke, S. 301 (306); *Habscheid*, JZ 1998, S. 445 (446) („*Die schiedsrichterliche Tätigkeit ist nach wohl h.M. Ausübung staatlicher Gerichtsbarkeit […].*“); *H.-J. Hellwig*, Systematik, S. 55; *Guldener*, Schweizerisches Zivilprozeßrecht, S. 596.

396 Vgl. BVerfG, Urt. v. 28.2.1961 – Az. 2 BvG 1,2/60, BVerfGE 12, 205 (243); BVerwG, Beschl. v. 6.3.1990 – Az. 7 B 120/89, NVwZ 1990, S. 754 (754); *Schneider* in: Schoch/Schneider/Bier, VwGO, Bd. 1, § 40 Rn. 275 (Stand: März 2015); *J. H. Klement*, VerwArch 101 (2010), S. 112 (120).

397 Vgl. BGH, Urt. v. 3.7.1975 – Az. III ZR 78/73, BGHZ 65, 59 (61); *Hillgruber*, in: Maunz/Dürig, GG, Art. 92 Rn. 87 ff. (Stand: Dezember 2007); *Classen*, in: v.

fügt der Staat bei der Wahrnehmung seiner Aufgaben über Wahlfreiheit, das heißt er kann seine Ziele grundsätzlich unter Nutzung privatrechtlicher und insbesondere vertraglicher Handlungsformen zu erreichen suchen. Tritt er zugunsten einer privatautonom regulierten Aufgabenwahrnehmung zurück, muss dies folglich nicht in Form einer Beleihung mit der Kompetenz zu einem Handeln in öffentlich-rechtlichen Formen geschehen. Entscheidend ist – soweit die rechtsprechende Gewalt in Rede steht – letztlich nur die Einlösung der verfassungsrechtlichen Rechtsschutzgarantien, die erst auf der Stufe der Zwangsvollstreckung zwingend den Einsatz öffentlich-rechtlicher Instrumente erfordert.

Aus alldem folgt, dass sich allein aus der Tatsache, dass Schiedsgerichte eine rechtsprechende Tätigkeit ausüben, nicht ableiten lässt, dass dies hoheitlich geschieht.[398] Vielmehr müssten die Vorschriften der Zivilprozessordnung, welche die Möglichkeit für eine schiedsrichterliche Rechtsprechung öffnen, eine stillschweigende Beleihung der Schiedsgerichte mit der Befugnis zum Handeln in den Formen des öffentlichen Rechts beinhalten.[399] Bei einer solchen Ausgestaltung wäre dem Schiedsgericht die hoheitliche Gewalt zwar nicht durch die Parteien selbst übertragen,[400] aber diese erfüllten mit dem Abschluss einer Schiedsvereinbarung den hoheitlich gesetzten Beleihungstatbestand und statteten die Schiedsgerichte mit hoheitlicher Kompetenz aus. Aus dieser Kompetenz folgte dann die Verbindlichkeit des Schiedsspruchs zwischen den Parteien.[401] Im deutschen Recht ist ein solcher Beleihungstatbestand allerdings nicht ersichtlich. Die Vorschrift des § 1029 Abs. 1 ZPO spricht den Parteien lediglich das Recht zu, eine Streitigkeit der Entscheidung durch ein Schiedsgericht zu unter-

---

Mangoldt/Klein/Starck, GG, Art. 92 Rn. 42; *Geimer*, in: Schlosser, Integritätsprobleme, S. 113 (118); *Ebbing*, Private Zivilgerichte, S. 20.

398 Vgl. ausdrücklich BGH, Urt. v. 5.12.1985 – Az. III ZR 180/84, NJW-RR 1986, S. 1059 (1060) („*Der Gesetzgeber hat mit der Zulassung des schiedsrichterlichen Verfahrens [§§ 1025ff. ZPO] eine auf dem Willen der Beteiligten beruhende nichtstaatliche Gerichtsbarkeit in privatrechtlichen Angelegenheiten anerkannt. Ein Schiedsgericht übt zwar keine öffentliche Gewalt aus, setzt keine Hoheitsakte. Schiedsgerichtsbarkeit ist gleichwohl materiell Rechtsprechung.*“).

399 In diese Richtung für die österreichische Rechtsordnung *Bajons*, in: Rechberger/Welser, FS Kralik, S. 3 (10).

400 Irreführend daher *Habscheid*, JZ 1998, S. 445 (446) der meint, dass diese Aufgabe „*[...] durch eine Parteiabrede, die Schiedsvereinbarung, den Schiedsrichtern übertragen wird*“.

401 *Guldener*, Schweizerisches Zivilprozeßrecht, S. 596; auch *H.-J. Hellwig*, Systematik, S. 54.

werfen. Dass die „Entscheidung“ in öffentlich-rechtlicher Form getroffen werden kann oder gar muss, sagt die Vorschrift nicht.

Zu diesen Einwänden kommt eine weitere, etwas schwierigere Überlegung. Wenn die Beleihungsthese richtig ist, müsste das Schiedsgericht nämlich jeweils von einer ganz bestimmten Hoheitsgewalt beliehen worden sein. Es stellt sich dann die Frage, welche Hoheitsgewalt das sein soll. In Betracht kommt in erster Linie die Hoheitsgewalt des Staates, in dem das Schiedsgericht seinen Sitz hat. Damit könnte zu erklären sein, weshalb in der Mehrzahl der Rechtsordnungen zwischen inländischen und ausländischen Schiedssprüchen differenziert wird: Schiedssprüche, die innerhalb des Geltungsbereichs einer Rechtsordnung ergangen sind, werden mit Urteilen inländischer staatlicher Gerichte gleichgesetzt, während Schiedssprüche, die im Ausland ergangen sind, den Urteilen der dortigen Gerichte gleichgestellt werden.[402] Offenbar sieht das staatliche Recht die inländischen Schiedssprüche also als Teil der eigenen Rechtsordnung. Überzeugend ist die zwingende Zuordnung inländischer Schiedssprüche zur inländischen Hoheitsgewalt jedoch nicht.[403] Denn anders als im Verfahren vor staatlichen Gerichten, in dem sich die (internationale) Zuständigkeit aus den Gesetzen ergibt, sind die Parteien bei der Wahl des Sitzes ihres Schiedsgerichts frei. In ihre Entscheidung fließt eine Reihe von praktischen Erwägungen ein, etwa die Neutralität des Sitzstaates oder seine Erreichbarkeit durch Schiedsrichter und Parteien.[404] Zwar spielen auch rechtliche Erwägungen bei der Wahl des Schiedsorts eine Rolle, etwa die Frage, welche staatlichen Gerichte gegebenenfalls für die Aufhebung des zu erlassenden Schiedsspruchs zuständig wären. Selbst wenn sie aber eine

---

402 *Mezger*, AWD 1970, S. 258 (260); *Solomon*, Verbindlichkeit von Schiedssprüchen, S. 312.

403 Hierzu ausführlich *Solomon*, Verbindlichkeit von Schiedssprüchen, S. 316 ff. m.w.N.

404 Der Sitz des Schiedsgerichts ist dabei nicht mit dem Ort zu verwechseln, an dem das Schiedsverfahren in der Folge tatsächlich durchgeführt wird. Die Vorschrift des § 1043 ZPO erfordert keine Identität von Sitz-, Verhandlungs- und Entscheidungort; zur Zulässigkeit der Vereinbarung eines rein fiktiven Sitzorts vgl. *Voit*, in: Musielak, ZPO, § 1043 Rn. 4; *Münch*, in: Münchener Kommentar zur ZPO, § 1043 Rn. 14; auch BT-Drs. 13/5274, S. 47; zum UNÜ *Adolphsen*, in: Münchener Kommentar zur ZPO, Anh. § 1061 Art. I UNÜ Rn. 14; *Schlosser*, in: Stein/Jonas, ZPO, Anh. § 1061 Rn. 31. Praktische Überlegungen dürften daher bei der Wahl des Sitzes des Schiedsgerichts weniger eine Rolle spielen, ausführlich zu den Aspekten der Sitzwahl *Born*, International Commercial Arbitration, Bd. I, S. 69 ff.

bewusste Wahl im Hinblick auf die Aufhebungskompetenz getroffen haben, ist damit nicht zugleich gesagt, dass die Schiedsparteien den Schiedsspruch auch als Akt der staatlichen Gewalt dieses Staates einordnen wollen. Weswegen sich die Hoheitsgewalt des Schiedsgerichts zwingend von dem Staat ableiten muss, in dem es seinen Sitz hat, erklärt die jurisdiktionelle Theorie nicht. Ebenfalls nicht überzeugend ist es, auf die Zuständigkeit des Staates abzustellen, der ohne die Konstituierung des Schiedsgerichts für die Entscheidung des Rechtsstreits zuständig gewesen wäre.[405] Abgesehen davon, dass die hypothetische Zuständigkeit nur zufällig die des Sitzstaates des Schiedsgerichts sein wird, stellt sich hier die Frage, wie eine Abgrenzung erfolgen soll, wenn – wie in internationalen Sachverhalten nicht unüblich – die internationale Zuständigkeit mehrerer Staaten in Betracht kommt. Letztlich können auch Lehren, die darauf abstellen, dass die Tätigkeit der Schiedsrichter auf dem Hoheitsgebiet eines Staates dessen faktischer Kontrolle unterliegt,[406] nicht überzeugen. Aus der Pflicht der Schiedsrichter, die – wie sonstige Private auch – das Recht des Sitzstaates zu beachten, lässt sich nicht ableiten, dass sich der Schiedsspruch ebenfalls aus diesem Recht heraus legitimiert.[407]

So zutreffend es mithin ist, den Schiedsspruch als eine Entscheidung zu begreifen, die anstelle eines staatlichen Urteils ergangen ist, so wenig lässt sich eine konkrete Gerichtsbarkeit finden, deren Jurisdiktion durch die Schiedsvereinbarung ausgeschlossen ist. Vielmehr schließt die Schiedsvereinbarung jede staatliche Gerichtsbarkeit aus und weist die Rechtsstreitigkeit der Entscheidung durch ein Schiedsgericht zu. Dass diese Ausschlussfunktion und in der Folge auch der Schiedsspruch von einer Rechtsordnung anerkannt werden, erfüllt allerdings noch nicht die Anforderungen, die an einen Übertragungsakt zu stellen sind. In einem solchen Denkmodell wäre es im Grunde nicht eine Rechtsordnung, sondern wären es all jene Rechtsordnungen, deren Gerichtsbarkeit aufgrund der Schiedsvereinbarung ausgeschlossen ist, sowie all jene, in denen der Schiedsspruch grundsätzlich anerkannt werden könnte, die ihm seinen hoheitlichen Charakter verliehen. Ein solches Ergebnis dürfte jedoch dem Sinn der jurisdiktionell-prozessualen Theorie zuwiderlaufen, einen klaren und sicheren Anknüp-

405 So *K. Hellwig*, System II, S. 131 mit FN 107.

406 *Mann*, in: P. Sanders, FS Domke, S. 158 ff.; *ders.*; in: Jakobs et al., FS Flume, Bd. I, S. 593 ff.

407 Zur Lehre *Manns* eingehend *Solomon*, Verbindlichkeit von Schiedssprüchen, S. 345 ff.

fungspunkt für die Zuordnung des Schiedsspruchs zu finden. Der Versuch, die Entscheidungsbefugnis der Schiedsrichter auf eine staatliche Ermächtigung zurückzuführen, aus der sich die Verbindlichkeit des Schiedsspruchs erklären ließe, erweist sich damit als wenig überzeugend und praktikabel.

b) Verbindlichkeit kraft staatlicher Anerkennung

Einen ähnlichen Weg zur Erklärung der hoheitlichen Natur des Schiedsspruchs wählen diejenigen Auffassungen, welche die Verbindlichkeit des Schiedsspruchs mit der gesetzlichen Gleichstellung von Schiedsspruch und Urteil begründen, wie sie sich im deutschen Recht in § 1055 ZPO findet.[408] Der staatliche Akt der Gleichstellung soll nicht nur die prozessualen Wirkungen des Schiedsspruchs in Gerichtsverfahren erklären, sondern auch seine Verbindlichkeit zwischen den Parteien. Der gemeinsame Wille der Parteien, ihren Streit durch einen Schiedsspruch beizulegen, den sie in der Schiedsvereinbarung bezeugt haben, tritt dagegen zurück. Im Unterschied zu den klassischen jurisdiktionellen Theorien, bei denen die staatliche Übertragung von Hoheitsgewalt von vorneherein die Grundlage des Schiedsspruchs bildet, werden hier die hoheitliche Rechtsnatur des Schiedsspruchs und die daraus folgende Verbindlichkeit für die Parteien gleichsam nachträglich durch die staatliche Anerkennung des fertigen Schiedsspruchs kreiert.

Es ist allerdings zweifelhaft, ob sich aus dem staatlichen Umgang mit einem erlassenen Schiedsspruch Schlüsse auf seine Legitimationsgrundlage und Rechtsnatur ziehen lassen. Die gesetzliche Gleichstellung von Schiedsspruch und Urteil lässt sich verschieden interpretieren. Während die Gleichstellung aus der Sicht der jurisdiktonell-prozessualen Theorie gerade zeigt, dass ein Schiedsspruch staatlich legitimiert ist, werden die Vertreter der vertraglichen Theorie die Ansicht vertreten können, die Gleichstellung sei gerade wegen der vertraglichen Grundlage des Schiedsspruchs erforderlich. Dass dem privatrechtlichen Schiedsspruch von der

408 So *Rüßmann/Spohnheimer*, in: Dammann/Grunsky/Pfeiffer, GS Wolf, S. 517 (520) („*wenn man als Geltungsgrund des Schiedsspruchs nicht die parteiautonome Schiedsvereinbarung, sondern das antezipierte Legalanerkenntnis begreift,*)“; zuvor schon *Spohnheimer*, Antezipiertes Legalanerkenntnis, S. 16. Ähnlich auch *Rehm*, Schiedsgerichtsbarkeit im Rechtssystem, S. 62 („*Es ist vielmehr die staatliche Anerkennung, die das Schiedsurteil legitimiert.*“).

staatlichen Rechtsordnung gewisse Wirkungen beigemessen werden, nehme ihm nicht seine Rechtsnatur, sondern bestätige sie geradezu. Dementsprechend wird speziell die Rechtskraft von Schiedssprüchen von beiden Seiten für die Richtigkeit der eigenen Konstruktion in Anspruch genommen. So wird zum einen darauf verwiesen, dass die Rechtskraftfähigkeit von Schiedssprüchen belege, dass ein Schiedsspruch hoheitlicher Natur sei,[409] zum anderen heißt es, die (nicht zu bestreitenden) Bindungswirkungen von Schiedssprüchen seien weniger eine Rechts- als eine Vertragskraft.[410]

Dass einem Schiedsspruch in nachfolgenden Gerichtsverfahren eine streitbeendende Wirkung zukommt, ist aber lediglich Ausdruck des Zwecks, den eine Rechtsordnung mit der Anerkennung eines Schiedsspruchs verfolgt. Insoweit ergibt sich die streitbeendende Wirkung eines Schiedsspruchs aus der Inanspruchnahme des Schiedsverfahrens als einer Institution zur Beilegung von Rechtsstreitigkeiten, mit deren Hilfe der Staat seiner Pflicht zur Justizgewährung nachkommt. Die streitbeendende Wirkung von Entscheidungen fußt auf Überlegungen, die sich nicht nur im Falle von Urteilen anstellen lassen, sondern gleichsam für Schiedsverfahren gelten. Ein Schiedsspruch schöpft mithin seine Wirkung, weitere Rechtsstreitigkeiten auszuschließen, nicht aus seiner Urteilsgleichheit, sondern allein aus seiner Funktion als Ergebnis eines Streitentscheidungsprozesses. Die Rechtskraft ist nicht ein Urteilen, sondern Entscheidungen immanentes Wesensmerkmal.

3. Schiedsgerichtsbarkeit als private Gerichtsbarkeit

Nach der mithin vorzugswürdigen vertraglichen Theorie folgt die Verbindlichkeit des Schiedsspruchs aus dem in der Schiedsvereinbarung ausgedrückten Willen der Parteien.[411] Zwar ist die Tätigkeit der Schiedsrichter Rechtsprechung in einem materiellen Sinne, doch übt das Schiedsgericht

409 So etwa *Schlosser*, Internationale private Schiedsgerichtsbarkeit, Rn. 46; ähnlich auch *Neuner*, RabelsZ 3 (1929), S. 37 (37); *Brekoulakis*, Third Parties, Kap. 9 Rn. 4; in diese Richtung auch *Hascher*, Travaux du Comité Français (2004), S. 17 (17); ähnlich *Hanotiau*, in: Bruyneel et al., FS Simont, S. 301 (301).

410 *Lorenz*, AcP 157 (1958/59), S. 265 (276).

411 *F.-E. Klein*, Considérations, S. 189, 197, 201; *G. Roth*, Vorbehalt, S. 125; *Solomon*, Verbindlichkeit von Schiedssprüchen, S. 293, 320; dagegen *Spohnheimer*, Antezipiertes Legalanerkenntnis, S. 15; *Rehm*, Schiedsgerichtsbarkeit im Rechts-

keine hoheitliche Gewalt aus. Die Grundlage des Schiedsspruchs ist nicht die Hoheitsgewalt des Staates,[412] sondern die vertragliche Vereinbarung der Parteien. Nicht der Staat, sondern die Parteien haben den Schiedsrichtern die Befugnis zur Streitentscheidung übertragen.[413] Das verdeutlicht auch die verfassungsrechtliche Verankerung der Schiedsgerichtsbarkeit in der durch Art. 2 Abs. 1 GG verbürgten Privatautonomie.[414] Der Schiedsspruch ist folglich nicht Ausdruck staatlicher Entscheidungsbefugnis, sondern das Produkt eines privaten Entscheidungsprozesses.[415]

a) Anforderungen an die Verbindlichkeit

Die Parteien werden in der Regel aber nicht nur vereinbaren, dass eine zwischen ihnen bestehende Streitigkeit durch ein Schiedsgericht anstelle der staatlichen Gerichtsbarkeit zu entscheiden ist, und sich ohne Weiteres dazu verpflichten, den Schiedsspruch zu befolgen. Sie werden vielmehr weitere Vereinbarungen über die Umstände und die Art und Weise der Entscheidungsfindung treffen.[416] Neben einer Regelung zur Zusammen-

---

system, S. 62. – Eine entsprechende Regelung enthalten zudem institutionelle Schiedsordnungen, vgl. Art. 28.6 ICC-SchO, Art. 26.9 LCIA-SchO.

412 Aus diesem Grund ist es Schiedsgerichten auch nicht möglich, den Gerichtshof im Wege des Vorabentscheidungsverfahrens nach Art. 267 Abs. 1 AEUV anzurufen, vgl. EuGH, Urt. v. 23.3.1982 – Rs. C-102/81; *Schütze*, SchiedsVZ 2007, S. 21 ff.; eingehend *Zobel*, Schiedsgerichtsbarkeit und Gemeinschaftsrecht, S. 120 ff.

413 *Solomon*, Verbindlichkeit von Schiedssprüchen, S. 320; *Ernemann*, Anerkennung und Vollstreckung, S. 44; *Hobér*, Recueil des Cours 366 (2014), S. 99 (191); a.A. *Chiwitt-Oberhammer*, Fehlerhafter Schiedsspruch, S. 54 ff., der zufolge der Schiedsrichtervertrag den Schiedsrichtern die Befugnis zur Streitentscheidung verleiht; auf das Gesetz, die Schiedsvereinbarung und den Schiedsrichtervertrag abstellend *Calavaros*, in: Lindacher et al., FS Habscheid, S. 65 (72).

414 *Classen*, in: v. Mangoldt/Klein/Starck, GG, Art. 92 Rn. 41; *Hillgruber*, in: Maunz/Dürig, GG, Art. 92 Rn. 87 (Stand: Dezember 2007); *Steiner*, SchiedsVZ 2013, S. 15 (16); *Ebbing*, Private Zivilgerichte, S. 22.

415 *Schlosser*, Internationale private Schiedsgerichtsbarkeit, Rn. 458; *Geimer*, IZPR, Rn. 3700; *G. Roth*, Vorbehalt, S. 126; *Kohler*, Beiträge, S. 239 f.; *Solomon*, Verbindlichkeit von Schiedssprüchen, S. 322; *Chiwitt-Oberhammer*, Fehlerhafter Schiedsspruch, S. 49; a.A. *Habscheid*, JZ 1998, S. 445 (446); *Sandrock*, in: Hohloch/Frank/Schlechtriem, FS Stoll, S. 661 (688); zurückhaltend auch *Bosch*, Rechtskraft und Rechtshängigkeit, S. 19.

416 *Solomon*, Verbindlichkeit von Schiedssprüchen, S. 353.

setzung des Schiedsgerichts enthalten die Schiedsvereinbarungen typischerweise eine Festlegung der Sprache des Schiedsverfahrens sowie eine Wahl des Sitzungsorts des Schiedsgerichts. Hinsichtlich des Verfahrens, nach dem das Schiedsgericht zu einer Entscheidung gelangen soll, können sich die Parteien auf die Wahl eines nationalen Verfahrensrechts oder der Schiedsordnung einer Schiedsinstitution verständigen,[417] wobei Abweichungen und zusätzliche Vereinbarungen möglich sind.

In zeitlicher Hinsicht erlangt der Schiedsspruch in aller Regel mit seinem Erlass Verbindlichkeit. Vereinbaren die Parteien darüber hinaus, dass ein Schiedsspruch bestimmte Voraussetzungen erfüllen muss, um eine sie bindende Entscheidung darzustellen, so bestimmt der Eintritt dieser Bedingungen den Zeitpunkt der Verbindlichkeit.[418] Von Bedeutung dürfte dabei vor allem sein, dass die Parteien die Einhaltung bestimmter Formerfordernisse oder Regelungen zur Übermittlung des Schiedsspruchs treffen können. Möglich ist aber auch eine Vereinbarung eines schiedsgerichtlichen Instanzenzugs.[419] In einem solchen Fall ist davon auszugehen, dass die Parteien den in erster Instanz ergangenen Schiedsspruch noch nicht unbedingt gegen sich gelten lassen wollen und Verbindlichkeit erst mit der Bestätigung des Spruchs durch ein Oberschiedsgericht oder dem Ablauf der Rechtsmittelfrist eintreten soll.

b) Aufhebung der Verbindlichkeit des Schiedsspruchs

In ihrem Innenverhältnis[420] bestimmen die Parteien, ob, auf welcher Grundlage und zu welchen Bedingungen ein Schiedsspruch eine sie bindende Entscheidung darstellt. Es ist den Parteien daher auch unbenom-

---

417 Vgl. etwa die Muster-Schiedsvereinbarungen bei Hofmann-Becking/Rawert, Beck'sches Formularhandbuch, XII, Nr. 1 und 2; *Schaefer*, in: Walz, Beck'sches Formularhandbuch, B.II. 4.; *Stummel*, Standardvertragsmuster, IX. 1.; auch die Vorschläge für eine Musterschiedsklausel der DIS (abzurufen unter: http://www.dis-arb.de/de/17/klauseln/dis-schiedsgerichtsvereinbarung-98-id21) und des LCIA (abzurufen unter http://www.lcia.org//Dispute_Resolution_Services/LCIA_Recommended_Clauses.aspx).

418 *Schlosser*, in: Stein/Jonas, ZPO, § 1055 Rn. 1; *Münch*, in: Münchener Kommentar zur ZPO, § 1055 Rn. 4; *Spohnheimer*, Antezipiertes Legalanerkenntnis, S. 22.

419 *Hobér*, Recueil des Cours 366 (2014), S. 99 (192).

420 Inwiefern diese Parteivereinbarungen auch für den staatlichen Richter verbindlich sind, ist unten 4. Kap., I. 1. b) aa) zu untersuchen.

men, vertraglich die Aufhebung der Verbindlichkeit des Schiedsspruchs zu vereinbaren.[421] Sind sie mit dem Ergebnis des Verfahrens nicht einverstanden, so steht es ihnen frei, den Schiedsspruch aufzuheben mit der Folge, dass sie den Rechtsstreit abermals vor einem (Schieds-)Gericht austragen können. An dieser Stelle zeigt sich der Unterschied zwischen der vertraglichen Deutung des Schiedsspruchs und dem Verständnis als Hoheitsakt besonders deutlich. Denn wer in einem Schiedsspruch einen hoheitlichen Akt sieht, kann den Parteien schwerlich die Kompetenz zusprechen, ihn durch eine vertragliche Vereinbarung aufzuheben.

Dass an seinem Bestand überindividuelle Interessen bestehen, steht der Aufhebbarkeit des Schiedsspruchs aber grundsätzlich nicht entgegen.[422] Wie im ersten Kapitel herausgearbeitet worden ist, verfolgt die Rechtskraft einer Entscheidung nicht nur die Bewahrung der individuellen Rechtspositionen der streitenden Parteien, sondern liegt im öffentlichen Interesse, indem sie zum Erreichen von Rechtsfrieden und Rechtssicherheit beiträgt. Das gilt nicht nur im Hinblick darauf, dass sich eine Rechtsordnung durch die Anerkennung den Schiedsspruch zu Eigen macht und ihn für die Erreichung der staatlichen Zwecke einsetzt. Vielmehr hat der Bestand eines Schiedsspruchs auch innerhalb des Systems der Schiedsgerichtbarkeit Bedeutung, indem er für die Konsistenz und Kontinuität der Institution der Streitbeilegung sorgt. Diese Aspekte könnten daher dagegen sprechen, den Parteien allein die Entscheidung über den Bestand des Schiedsspruchs zu überlassen. Allerdings überwiegen die überindividuellen Interessen nicht die Interessen der unmittelbar vom Schiedsspruch betroffenen Parteien, die mit dem Ergebnis des Schiedsverfahrens nicht zufrieden sind. Ein Vorteil der Schiedsgerichtsbarkeit gegenüber ihrer Alternative der staatlichen Gerichtsbarkeit ist nämlich gerade darin zu sehen, dass sie dem Willen der Parteien größere Freiheiten einräumt. Es sind die Parteien, die – innerhalb der Grenzen des zwingenden Rechts – bestimmen, auf welchem Wege eine Entscheidung getroffen wird. Auch dass sie diese Entscheidung gegen sich gelten lassen wollen, beruht auf ihrer einvernehmlichen Bindung an die Schiedsvereinbarung. Widerstrebt ihnen diese Bindung jedoch, so kommt ihrem privaten Willen ein größeres Ge-

---

421 *Hobér*, Recueil des Cours 366 (2014), S. 99 (192); *Loquin*, Rev. de l'Arb. 2010, S. 201 (225).

422 Kritisch dagegen *Walters*, J. Int. Arb. 29 (2012), S. 651 (673), der zufolge die vertragliche Aufhebung des Schiedsspruchs gegen den *ordre public*-Vorbehalt verstoßen kann.

wicht als den überindividuellen Interessen zu, die für das Weiterbestehen einer Bindung sprechen. Durch die Aufhebung verliert der Schiedsspruch daher seine Eigenschaft als verbindliche Entscheidung der zwischen den Parteien bestehenden Rechtsstreitigkeiten.

II. Wirksamkeit kraft staatlicher Anerkennung

Nachdem die Schiedsvereinbarung als die Grundlage der Verbindlichkeit des Schiedsspruchs zwischen den Parteien herausgearbeitet worden ist, geht es im Folgenden um die Durchsetzung der Wirkungen des Schiedsspruchs in einer Rechtsordnung. Angefangen von der Zulässigkeit des Abschlusses einer Schiedsvereinbarung, über die Wahl der Schiedsrichter bis hin zu den Anforderungen, die an den Erlass des Schiedsspruchs gestellt werden, ist der Schiedsspruch während seiner Entstehung auf vielfältige Weise mit nationalen Vorgaben in Berührung gekommen. Das nationale Recht hat den Rahmen der schiedsrichterlichen Entscheidungsfindung gebildet. Diese Verzahnung ändert allerdings nichts daran, dass der Schiedsspruch aus Sicht der staatlichen Rechtsordnung zunächst einmal nur Ausdruck eines privaten Gestaltungswillens ist, an dessen Ausübung die staatliche Hoheitsgewalt nicht beteiligt war. Die Rechtsordnung steht daher vor der Frage, ob sie diese private Entscheidungsfindung anerkennen und an sie rechtliche Folgen knüpfen will. Hierzu muss die Schiedsvereinbarung als Verbindlichkeitsgrund des Schiedsspruchs für die Parteien um einen hoheitlichen Beachtungsbefehl ergänzt werden. Dieser findet sich in den nationalen Vorschriften über die Anerkennung des Schiedsspruchs, durch die eine Rechtsordnung zu erkennen gibt, dass sie einen Schiedsspruch als wirksam erachtet.

1. Erfordernis der Anerkennung

Das Erfordernis der Anerkennung gilt für ausländische und inländische Schiedssprüche gleichermaßen. Es spielt aus Sicht eines staatlichen Gerichts insoweit nämlich keine Rolle, an welchem Ort der Schiedsspruch erlassen worden ist. Vielmehr stellen sowohl Schiedssprüche, die außerhalb des eigenen staatlichen Territoriums als auch Schiedssprüche, die innerhalb dessen ergangen sind, für einen staatlichen Richter „*ein fremdes ge-*

richtliches Erkenntnis"[423] dar, das nicht der Rechtsgewalt entspringt, aus der er die eigene Befugnis zur Entscheidung von Rechtsstreitigkeiten ableitet. Der inländische Schiedsspruch steht dem Staat, in dem das Schiedsgericht seinen Sitz hatte, mithin nicht näher als die Entscheidung eines Schiedsgerichts, das seine Entscheidung auf dem Territorium eines ausländischen Staates gefunden hat. Eine unterschiedliche Behandlung von „heimischen" und „ausländischen" Schiedssprüchen ist nicht mehr plausibel.[424] Mit dieser Erkenntnis entfällt auch die Begründung für die in der Literatur verbreitet befürwortete entsprechende Anwendung der Regeln zur Anerkennung ausländischer Urteile auf ausländische Schiedssprüche.[425] Ein Schiedsspruch bedarf nicht deshalb der Anerkennung, weil er ein *ausländischer*, sondern weil er ein *privater* Akt ist. Auch die in den meisten nationalen Zivilprozessordnungen getroffene Unterscheidung zwischen in- und ausländischen Schiedssprüchen hängt demnach jedenfalls nicht damit zusammen, dass für ausländische im Gegensatz zu inländischen Schiedssprüchen eine Anerkennung erforderlich ist. Dass die Anerkennungsverfahren verschieden ausgestaltet sind, ändert nichts daran,[426] dass richtigerweise alle Schiedssprüche gleichermaßen der Überführung in die jeweilige staatliche Rechtsordnung bedürfen.[427]

2. Anforderungen an die Anerkennung

Nicht jede auf Grundlage einer privatrechtlichen Vereinbarung getroffene Entscheidung kann aber als rechtlich wirksame Beendigung von Rechtsstreitigkeiten und damit als Ersatz der staatlichen Gerichtsbarkeit angesehen werden. Wie gezeigt, ist in Deutschland der Staat schon aus verfassungsrechtlichen Gründen dazu aufgefordert, sich eine gewisse Kontrolle

---

423 *G. Roth*, Vorbehalt, S. 133, 136.

424 *Solomon*, Verbindlichkeit von Schiedssprüchen, S. 325; *Bülow*, KTS 1959, S. 1 (5); *Neuner*, RabelsZ 3 (1929), S. 37 (41); *Ernemann*, Anerkennung und Vollstreckung, S. 44; *Radicati di Brozolo*, in: ICCA Congress Series 16, S. 74 (81).

425 Siehe hierzu auch unten 4. Kap. II. 2. a) bb).

426 *Schwab/Walter*, Schiedsgerichtsbarkeit, Kap. 30 Rn. 1; *Borges*, ZZP 111 (1998), S. 487 (487 FN 1).

427 *Geimer*, in: Schlosser, Integritätsprobleme, S. 113 (128 FN 80); *Solomon*, Verbindlichkeit von Schiedssprüchen, S. 326 ff.; *Waßmuth*, Richtigkeitskontrolle, S. 16; *G. Roth*, Vorbehalt, S. 133; a.A. *Haas*, Anerkennung und Vollstreckung, S. 130; *Gessner*, Anerkennung und Vollstreckung, S. 54.

der Schiedsgerichtsbarkeit vorzubehalten und bestimmte Anforderungen an einen Schiedsspruch zu stellen.[428] Nur wenn ein Schiedsspruch diese Voraussetzungen erfüllt, ist er aus Sicht der Rechtsordnung geeignet, Entscheidungswirkungen hervorzubringen.[429] Das Erfordernis der Anerkennung eines Schiedsspruchs dient mithin der Wahrung der Mindestanforderungen, die an eine materielle Rechtsprechung gestellt sind, und sichert zugleich den Anspruch des Bürgers auf die Gewährleistung rechtlichen Schutzes.

a) Universelle Anforderungen

Zentrales Erfordernis der Wirksamkeit eines Schiedsspruchs ist zunächst, dass er auf Grundlage einer wirksamen Schiedsvereinbarung ergangen ist. Notwendig ist zudem, dass der Spruch im Einklang mit den von den Parteien vereinbarten Verfahrensregeln gefunden worden ist. Die Einhaltung dieser beiden Wirksamkeitserfordernisse – Bestehen einer zulässigen Schiedsvereinbarung sowie einwandfreier, im Einverständnis der Parteien erfolgter Verfahrensgang – ist in jeder Rechtsordnung Voraussetzung der Anerkennung des Schiedsspruchs. Die universelle Geltung der beiden Erfordernisse lässt sich ableiten aus Art. V des New Yorker Übereinkommens vom 10. Juni 1958 über die Anerkennung und Vollstreckung ausländischer Schiedssprüche (UNÜ), in dem die Gründe aufgezählt sind, aufgrund derer Schiedssprüchen die Anerkennung des Schiedsspruchs nach Art. III UNÜ versagt werden darf. Ein nahezu wortgleicher Katalog an Versagungsgründen findet sich in Art. 36 des UNCITRAL-Modell-Gesetzes und auch die Aufhebungsgründe des § 1059 ZPO sind dem UNÜ nachgebildet.[430]

Die erste und dritte der in den genannten Regelwerken aufgezählten Voraussetzungen betreffen jeweils die Schiedsvereinbarung als vertragliche Grundlage der Entscheidungsgewalt der Schiedsrichter. Zunächst muss überhaupt ein wirksamer Schiedsvertrag geschlossen worden sein, insbesondere müssen die Parteien die hierzu erforderliche subjektive Schiedsfähigkeit aufweisen, Art. V (1) lit. a) UNÜ, Art. 36 (1) lit. a) (i)

428 Siehe hierzu die Ausführungen oben 1. Kap., II. 1. e) bb).

429 So die Definition des Wirksamkeitsbegriffs bei *Solomon*, Verbindlichkeit von Schiedssprüchen, S. 353.

430 Hierauf weist auch die Regierungsbegründung BT-Drs. 13/5274, S. 58 hin.

Modell-Gesetz, § 1059 Abs. 2 Nr. 1 lit. a) ZPO. Ist dem Schiedsgericht die Entscheidung einer bestimmten Rechtsstreitigkeit aufgegeben, so darf es bei seiner Entscheidung diese Grenzen nicht überschreiten, Art. V (1) lit. c) UNÜ, Art. 36 (1) lit. a) (iii) Modell-Gesetz, § 1059 Abs. 2 Nr. 1 lit. c) ZPO. Der Entscheidungsgegenstand ist den Schiedsrichtern vertraglich vorgegeben. Die Anforderungen an den Prozess der Entscheidungsfindung sind in Art. V (1) lit. b) UNÜ, Art. 36 (1) lit. a) (ii) Modell-Gesetz, § 1059 Abs. 2 Nr. 1 lit. b) ZPO geregelt. Die Parteien müssen hiernach Kenntnis vom Beginn des Schiedsverfahrens gehabt haben und während des Verfahrens muss ihnen rechtliches Gehör gewährt worden sein. Wirksamkeitserfordernis ist des Weiteren, dass dem Parteiwillen auch bei der Bildung des Schiedsgerichts Rechnung getragen wurde, Art. V (1) lit. d) UNÜ, Art. 36 (1) lit. a) (iv) Modell-Gesetz, § 1059 Abs. 2 Nr. 1 lit. d) ZPO. Nach Art. V (1) lit. e) UNÜ sowie Art. 36 (1) lit. a) (v) Modell-Gesetz ist ferner Voraussetzung, dass ein Schiedsspruch zwischen den Parteien verbindlich geworden ist und in dem Land, in dem oder nach dessen Recht er ergangen ist, nicht aufgehoben oder in seinen Wirkungen einstweilen gehemmt worden ist.[431] Rechtliche Wirkungen kann ein Schiedsspruch überdies nur dann entfalten, wenn seine Anerkennung nicht gegen den *ordre public* des Staates verstoßen würde, Art. V (2) lit. b) UNÜ, Art. 36 (1) lit. b) (ii) Modell-Gesetz sowie § 1059 Abs. 2 Nr. 2 lit. b) ZPO. Nicht wirksam sind demnach Schiedssprüche, deren Anerkennung elementare Gerechtigkeitsvorstellungen der nationalen Rechtsordnung entgegenstehen.[432] Während bei der Bestimmung der Anforderungen nach Art. V (1) UNÜ, Art. 36 (1) lit. a) Modell-Gesetz, § 1059 Abs. 2 Nr. 1 ZPO ausländisches Recht maßgeblich für die Entscheidung über die Wirksamkeit sein kann, setzt sich im Fall des *ordre public*-Vorbehalts die inländische Rechtsauffassung gegen das ausländische Schiedsvertrags- und Schiedsverfahrensrecht durch.

b) Weitere (nationale) Anforderungen

Es bleibt einem anerkennenden Staat unbenommen über diese international weitgehend einheitlich geregelten Wirksamkeitserfordernisse hinaus für inländische Schiedssprüche weitere zusätzliche inhaltliche Erfordernis-

---

431 Zur Bedeutung dieser Vorschrift siehe unten 4. Kap., II. 1. b).
432 Siehe *Alvarez de Pfeifle*, Ordre Public-Vorbehalt, S. 129 ff.

se aufzustellen. So erfordert die Wirksamkeit des Schiedsspruchs nach deutschem Recht etwa die Unterschrift der Schiedsrichter, § 1054 Abs. 1 S. 1 ZPO, und die Übersendung an die Parteien, § 1054 Abs. 4 ZPO. Bis zur Schiedsverfahrensnovelle enthielt die Vorschrift des § 1039 Abs. 3 a.F. ZPO zudem ein Niederlegungserfordernis, dem zufolge erst bei Hinterlegung des Schiedsspruchs auf der Geschäftsstelle des zuständigen Gerichts diesem die Wirkung des § 1040 a.F. ZPO zukam. Über die bloße Niederlegung bei Gericht hinaus wird im anglo-amerikanischen Rechtskreis verlangt, dass ein Schiedsspruch (innerhalb einer bestimmten Frist) von einem staatlichen Gericht bestätigt wird („*confirmation*"). Ausdrücklich bestimmt wird das etwa in *Section* 1287.6 des *Californian Code of Civil Procedure*; auch *Section* 9 des US-amerikanischen *Federal Arbitration Act* (FAA) fordert eine gerichtliche Bestätigung des Schiedsspruchs.

Nicht alle dieser zusätzlichen Anforderungen an einen Schiedsspruch dienen jedoch der Prüfung seiner Anerkennungsfähigkeit und der Entscheidung darüber, ob dem Schiedsspruch die Wirkung zukommen soll, Rechtsstreitigkeiten zwischen Parteien zu beenden.[433] Es besteht nämlich ein Unterschied, ob ein Schiedsspruch lediglich eine Wiederholung des Verfahrens vor staatlichen Gerichten ausschließt und ihm eine entsprechende schuldrechtliche oder urteilsgleiche Rechtskraft beigegeben ist, oder ob er auch mithilfe staatlicher Vollstreckungsgewalt durchgesetzt werden soll. Diese Abgrenzung der Anerkennung im Sinne einer Streitbeendigung von der Vollstreckung eines Schiedsspruchs erscheint auf den ersten Blick banal, wird aber doch dadurch verwischt, dass in den einschlägigen gesetzlichen Vorschriften Anerkennung und Vollstreckung zumeist in einem Atemzug genannt werden. Dass die deutsche Rechtsordnung aber durchaus einen Unterschied zwischen der Rechtskraft und der Vollstreckung des Schiedsspruchs macht, zeigt sich schon daran, dass die Prüfung der Wirksamkeitsvoraussetzungen im Hinblick auf die Rechtskraft des inländischen Schiedsspruchs nur bei Erhebung einer Anfechtungsklage durch die Parteien, während vor Erteilung der Vollstreckbarerklärung eine amtswegige Prüfung durch die staatlichen Gerichte erfolgt. Aus Sicht des Gesetzgebers stellt der unmittelbare Einsatz von staatlicher Zwangsgewalt nämlich ein Mehr gegenüber der bloßen Anerkennung der

433 Zur Abgrenzung der Wirksamkeit von der Verbindlichkeit des Schiedsspruchs siehe unten 4. Kap., II. 1. b).

Rechtskraftwirkungen des Schiedsspruchs dar.[434] Soweit es um die Wirksamkeit eines Schiedsspruchs geht, ist mithin zu unterscheiden, ob der Schiedsspruch bloß anerkannt oder anerkannt und vollstreckt werden soll.[435]

c) Keine inhaltliche Prüfung

Ungeachtet der Voraussetzungen an die Anerkennungsfähigkeit von Schiedssprüchen im Einzelnen setzt die Eigenständigkeit der Schiedsgerichtsbarkeit gegenüber der staatlichen Gerichtsbarkeit voraus, dass sich die Prüfung der Wirksamkeit des Schiedsspruchs auf das Bestehen einer Schiedsvereinbarung als seiner Grundlage und die Einhaltung der Vorschriften über sein Zustandekommen beschränkt. Fände dagegen eine Überprüfung der Übereinstimmung des Schiedsspruchs mit dem materiellen Recht oder eine sonstige inhaltliche Prüfung der Richtigkeit des Schiedsspruchs statt, so handelte es sich bei einem Schiedsverfahren um eine bloße Vorstufe zum Verfahren vor den staatlichen Gerichten. Ob der Schiedsspruch eine hinreichende Gewähr der Richtigkeit bietet, die den Ausschluss des Führens weiterer Rechtsstreitigkeiten rechtfertigt, ist nicht anhand der inhaltlichen Vereinbarkeit des Schiedsspruchs mit dem der Entscheidung zugrundeliegenden materiellen Recht zu beurteilen. Vielmehr hat sich die Rechtsordnung zur Wahrung der Eigenständigkeit der Schiedsgerichtsbarkeit als System der Streitentscheidung auf die Errichtung bestimmter „rahmenartiger" Richtigkeitsgewährleistungen des Schiedsspruchs zu beschränken. Die Überprüfung der Wirksamkeit des Schiedsspruchs im Rahmen der Anerkennung ist eine dieser im ersten Kapitel herausgearbeiteten Richtigkeitskautelen des Schiedsspruchs.[436]

---

434 In diese Richtung auch *Voit*, in: Musielak, ZPO, § 1060 Rn. 1; *Rüßmann/Spohnheimer*, in: Dammann/Grunsky/Pfeiffer, GS Wolf, S. 517 (520).

435 *Kröll*, in: Böckstiegel/Kröll/Nacimiento, Commentary on the German Arbitration Law, § 1061 Rn. 2, 5; *Münch*, in: Münchener Kommentar zur ZPO, § 1061 Rn. 2; *Kronke*, in: ders. et al., Commentary on the New York Convention, Introduction, S. 6; ICCA, New York Convention, Overview, S. 8; zur Unterscheidung auch *Horvath*, J. Arb. Int. 26 (2009), S. 249 (249 f.).

436 Siehe hierzu oben 1. Kap., II. 1. e) bb).

3. Folgen der Anerkennung

Die Anerkennung eines Schiedsspruchs führt nach dem Gesagten dazu, dass seine Wirkungen in einer staatlichen Rechtsordnung Beachtung finden. Bedeutung hat das vor allem in zwei Situationen. Zum einen kann der anerkannte Schiedsspruch mithilfe des staatlichen Vollstreckungsapparats gegen eine Partei, die ihm nicht freiwillig Folge leistet, durchgesetzt werden. Zum anderen sind die staatlichen Gerichte gehalten, die streitbeendende Wirkung des Schiedsspruchs zu beachten. Welche Bedeutung dieser Berücksichtigungspflicht zukommt und in welchen rechtlichen Erscheinungsformen sie ausgedrückt werden kann, wird im Nachstehenden betrachtet.

a) Beachtung der streitbeendenden Wirkung des Schiedsspruchs

In der Anerkennung äußert sich der Wille einer Rechtsordnung, einen Schiedsspruch als Instrument zur Beendigung eines Rechtsstreits zu akzeptieren. Folge der Anerkennung ist mithin, dass die Wiederholung des schon schiedsgerichtlich entschiedenen Rechtsstreits vor staatlichen Gerichten ausgeschlossen ist und Gerichte an das gefundene Ergebnis in nachfolgenden Gerichtsverfahren gebunden sind. Die Anerkennung eines Schiedsspruchs führt – mit anderen Worten – dazu, dass die zwischen den Parteien getroffene Vereinbarung, den Schiedsspruch als eine endgültige und abschließende Entscheidung ihres Rechtsstreits zu betrachten, in die nationale Rechtsordnung übernommen wird.[437] In diesem Sinne mag man auch von einer Erstreckung der privatrechtlich vereinbarten Wirkungen in die nationale Rechtsordnung sprechen können.

Eine solche streitbeendende Wirkung des Schiedsspruchs im Hinblick auf nachfolgende Gerichtsverfahren kann von den Parteien eines Schiedsverfahrens nicht privatautonom herbeigeführt werden. Aus der vertraglichen Bindung der Parteien an den Schiedsspruch folgt nicht etwa, dass auch staatliche Gerichte an die schiedsgerichtlichen Feststellungen gebun-

---

437 Zu Unterschieden bei der Anerkennung von Schiedssprüchen und von Urteilen *Solomon*, Verbindlichkeit von Schiedssprüchen, S. 327, dem zufolge es *„bei Schiedssprüchen nicht um die „Erstreckung" irgendwelcher bereits entstandener Wirkung „auf das Inland" geht und damit insofern auch nicht um eine echte „Anerkennung*"; sich anschließend *Waßmuth*, Richtigkeitskontrolle, S. 16.

den wären.[438] Selbst wenn die Parteien sich über die Beachtlichkeit der streitbeendenden Wirkung des Schiedsspruchs in staatlichen Gerichtsverfahren verständigt hätten,[439] kann ihre Vereinbarung einen staatlichen Richter nicht unmittelbar binden.[440] Es liegt außerhalb der Rechtsmacht der Parteien zu bestimmen, ob eine Rechtsordnung ihren Willen respektiert und ihn auch dann noch durchsetzt, wenn mindestens eine der Parteien an der getroffenen Vereinbarung nicht mehr festhalten will. Es ist vielmehr Aufgabe des Gesetzgebers zu entscheiden, ob und welche Wirkungen einem Schiedsspruch zukommen und ein entsprechendes Verhaltensgebot an die staatlichen Gerichte zu formulieren.[441] Die Beachtlichkeit der streitbeendenden Wirkung von Schiedssprüchen beruht stets auf einer positivrechtlichen Anordnung des Gesetzgebers;[442] eine etwaige Parteivereinbarung kann ein solches staatliches Gebot nicht ersetzen.[443]

b) Ausdrucksformen der Beachtlichkeit

Mit der Entscheidung für die Beachtlichkeit der streitbeendenden Wirkung von Schiedssprüchen in gerichtlichen Verfahren hat der Gesetzgeber auch darüber zu befinden, auf welche Weise er dieses Ziel erreichen möchte. Dabei hat er grundsätzlich die Wahl zwischen zwei Möglichkeiten.[444] Er

---

438 So aber *G. Roth*, Vorbehalt, S. 125 FN 45; zumindest missverständlich BGH, Beschl. v. 1.3.2007 – Az. III ZB 7/06, BGHZ 171, 245 (249) („*Dem Schiedsspruch erwächst die bindende Kraft (vgl. § 1055 ZPO) durch den Konsens der Parteien, eine bestimmte Streitigkeit der Entscheidung in einem schiedsrichterlichen Verfahren zu unterstellen.*“).

439 Eine solche Regelung scheint die Schiedsvereinbarung in BGH, Urt. v. 13.1.2009 – Az. XI ZR 66/08, NJW-RR 2009, S. 790 ff., Rn. 16, enthalten zu haben.

440 *Altenrath*, Wirkung des Schiedsspruchs, S. 38.

441 Auch die in Schiedsordnungen anzufindenden Bestimmungen binden nicht den staatlichen Richter. Die in § 38 DIS-SchO sowie Art. 40 der Schiedsordnung der Stockholmer Handelskammer enthaltene Festschreibung, einem Schiedsspruch komme die Wirkung eines rechtskräftigen gerichtlichen Urteils zu, kann die staatliche Anordnung nicht ersetzen, vgl. auch *Elsing*, in: Böckstiegel/Kröll/Nacimiento, Commentary on the German Arbitration Law, § 38 DIS-SchO Rn. 2.

442 *Waßmuth*, Richtigkeitskontrolle, S. 16; *Altenrath*, Wirkung des Schiedsspruchs, S. 33; *Gaul*, in: Berger et al., FS Sandrock, S. 285 (322); *Bock*, Rechtsnatur des Schiedsspruches, S. 66; *Spohnheimer*, Antezipiertes Legalanerkenntnis, S. 23.

443 *Altenrath*, Wirkung des Schiedsspruchs, S. 42.

444 So auch *Solomon*, Verbindlichkeit von Schiedssprüchen, S. 328; ähnlich *Waßmuth*, Richtigkeitskontrolle, S. 13.

kann sich dafür entscheiden, einen Schiedsspruch mit Urteilen staatlicher Gerichte gleichzustellen und ihm damit unmittelbar materielle Rechtskraft zuerkennen. Es ist des Weiteren denkbar, dass einem Schiedsspruch lediglich die Wirkungen eines Vertrags zugesprochen sind.

aa) Gleichstellung mit Urteilen

Stellt eine Rechtsordnung einen Schiedsspruch Urteilen staatlicher Gerichte gleich, tritt ein Schiedsspruch – entsprechend den Vorstellungen der Parteien – vollends an die Stelle einer staatlichen Entscheidung. Er hat dieselben prozessualen Wirkungen wie ein Urteil.[445] Ein Schiedsspruch entfaltet bei dieser Ausgestaltung unmittelbar mit seiner Anerkennung materielle Rechtskraft.

Die Gleichstellung des Schiedsspruchs mit einem Urteil staatlicher Gerichte kann dabei durch Gesetz geregelt sein, wie das in Deutschland für den inländischen Schiedsspruch in § 1055 ZPO geschehen ist.[446] Das hat zur Folge, dass eine Einzelprüfung der Wirksamkeitserfordernisse nicht erfolgt. Beruft sich eine Partei in einem Verfahren vor einem staatlichen Gericht auf die Rechtskraft eines zuvor in der Sache ergangenen Schiedsspruchs, so hat das erkennende Gericht die streitbeendende Wirkung unmittelbar zu beachten. Die Anerkennung und damit der Eintritt der Rechtskraftwirkungen können aber auch einer gerichtlichen Einzelprüfung vorbehalten sein. Dieses Modell hat der deutsche Gesetzgeber für den ausländischen Schiedsspruch gewählt, § 1061 Abs. 1 ZPO i.V.m. dem New Yorker Übereinkommen. Im Gegensatz zu einem inländischen Schiedsspruch steht die Rechtskraft des ausländischen Schiedsspruchs mithin unter dem Vorbehalt der gerichtlichen Bestätigung des Nichtvorliegens von Wirksamkeitshindernissen.

---

445 Daher ist eine Erfüllungsklage unzulässig, denn sie steht dem Sinn und Zweck der gerichtlichen Gleichstellung entgegen, vgl. *Altenrath*, Wirkung des Schiedsspruchs, S. 36.

446 Vgl. auch Art. 387 ZPO-CH sowie § 607 ZPO-Ö; ähnlich auch Art. 1484 Abs. 1 CPC und Art. 43 *Ley de Arbitraje*.

bb) Beigabe von schuldrechtlichen Wirkungen

Das Gegenmodell zur Gleichstellung mit Urteilen verfolgt eine Rechtsordnung, die einem Schiedsspruch lediglich schuldrechtliche Wirkung beimisst. Der Schiedsspruch wird hier rechtlich einem Vertrag gleichgestellt, aus dem sich das erforderliche Verhalten der Parteien verbindlich ergibt. Bekanntestes Beispiel ist der *lodo di arbitrato irrituale* des italienischen Rechts, der nunmehr in Art. 808-ter *Codice di procedura civile* kodifiziert ist.[447]

Dass die Beigabe rein schuldrechtlicher Wirkungen eine Anerkennung im vorstehend herausgearbeiteten Sinne darstellt, könnte deshalb zu verneinen sein, weil ein vertraglich wirkender Schiedsspruch das Urteil eines staatlichen Gerichts nicht zu ersetzen vermag, sondern zu seiner Durchsetzung der Erhebung einer Klage aus dem Schiedsspruch bedarf. Kommt die unterlegene Partei der im Schiedsspruch ausgesprochen Leistungsanordnung nicht nach, so hat der Gläubiger eine Leistungsklage auf Erfüllung des Schiedsspruchs anzustrengen, die sogenannte *actio ex contractu*, mit der er geltend macht, der Gegner sei aufgrund des Schiedsvertrags zur Befolgung des im Schiedsspruch Ausgesprochenen verpflichtet.[448] Sieht man die vollständige Ersetzung der staatlichen Rechtsprechung in zumindest materieller Hinsicht als Wesensmerkmal der Schiedsgerichtsbarkeit an,[449] so erfüllen Schiedssprüche, denen eine solche rein vertragliche Wirkung

---

447 Zum *lodo di arbitrato irrituale* vgl. *Sangiovanni*, ASA Bulletin 26 (2008), S. 688 ff.; *di Garbo*, Aust. Yb. Int. Arb. 2010, S. 129 ff.; allg. zu obligationenrechtlichen Schiedssprüchen *Wenger*, Zum obligationenrechtlichen Schiedsverfahren im schweizerischen Recht. Nach überkommener Ansicht in der deutschen Rechtsprechung und Literatur ist der rein obligatorische Schiedsspruch kein „echter" Schiedsspruch. Er sei deshalb nicht nach den Grundsätzen des New Yorker Übereinkommen anzuerkennen und zu vollstrecken. Siehe hierzu unten 4. Kap., II. 1. a) bb).

448 Vgl. die *action upon the award* des *common law*, die auch nach Erlass des *Arbitration Act* 1996 eine Möglichkeit zur Durchsetzung des Schiedsspruchs bietet, hierzu *Merkin/Flannery*, AA 1996, S. 288; *Anselm*, Arbitration Act 1996, 212 f.; *Kilgus*, Anerkennung und Vollstreckbarerklärung, S. 65 f.; zum US-amerikanischen *common law*, *Borris*, Internationale Schiedsgerichtsbarkeit, Rn. 319; allg. *Mustill/Boyd*, Commercial Arbitration, S. 417; *Wenger*, Zum obligationenrechtlichen Schiedsverfahren, S. 74 f.

449 Die Ersetzungsfunktion für entscheidend haltend *Bosch*, Rechtskraft und Rechtshängigkeit, S. 11; auch BGH, Urt. v. 8.10.1981 – Az. III ZR 42/80, NJW 1982, S. 1224 (1225).

zukommt, diese Funktion nicht. Denn anders als bei einem ein Urteil unmittelbar ersetzenden Schiedsspruch ist bei einem schuldrechtlich wirkenden Schiedsspruch eine gerichtliche Feststellung der Rechtsverhältnisse der Parteien erst mit der gerichtlichen Bestätigung des Schiedsspruchs erreicht. Insofern spricht nicht der Schiedsspruch, sondern das gerichtliche Urteil das „letzte Wort" über die Rechtsbeziehungen zwischen den Parteien, beendet das Erkenntnisverfahren und bildet die Grundlage für ein sich anschließendes Vollstreckungsverfahren.

Für die Anerkennung eines Schiedsspruchs ist aber nicht maßgeblich, ob er noch einer gerichtlichen Bestätigung bedarf, um vollstreckungsfähig zu sein,[450] sondern ob er einem Urteil insoweit vergleichbar ist, als er einen Rechtsstreit zwischen den Parteien beendet und eine Wiederholung verhindert.[451] Soweit der mit Vertragskraft ausgestattete Schiedsspruch die abermalige Befassung des Gerichts mit den Sachfragen ausschließt, ist die Beigabe schuldrechtlicher Wirkungen mithin eine Anerkennung. Untermauern lässt sich dieses Begriffsverständnis durch die Behandlung von nicht bestätigten Schiedssprüchen in den Vereinigten Staaten. Für Schiedssprüche, die unter dem Prozessrecht Kaliforniens ergangen sind, bestimmt – wie erwähnt – *Section* 1287.6 des kalifornischen *Code of Civil Procedure*, dass einem gerichtlich nicht bestätigten Schiedsspruch die Wirkungen eines zwischen den Parteien geschlossenen Vertrags zukommen. Ähnliches gilt für Schiedssprüche, die nach den Regeln des *Federal Arbitration Act* ergangen sind, in dem sich zwar keine ausdrückliche Regelung der Wirkungen eines Schiedsspruchs findet, jedoch bestimmt ist, dass eine gerichtliche Bestätigung des Schiedsspruchs zu erfolgen hat.[452]

Die US-amerikanischen Gerichte sprechen jedoch auch Schiedssprüchen, die nicht im Sinne der vorgenannten Vorschriften bestätigt wurden, eine streitbeendende Wirkung dahingehend zu, dass sie die Wiederholung

---

450 Für den Begriff des Schiedsspruchs auch *Kilgus*, Anerkennung und Vollstreckbarerklärung, S. 71.

451 *Wenger*, IPRax 1982, S. 135 (136).

452 Dem den Schiedsspruch bestätigenden Urteil kommen – im Gegensatz zu einem unbestätigten Schiedsspruch – dieselben Wirkungen wie jedem anderen Urteil eines föderalen Gerichts zu. Es ist unter dem *Full Faith and Credit Act* (§ 1738) anerkennungs- und vollstreckungsfähig, vgl. *Born*, International Commercial Arbitration, Bd. III, S. 3747 ff.

des Rechtsstreits ausschließen und nachfolgende Gerichte binden.[453] Die Anerkennung der streitbeendenden Wirkung eines Schiedsspruchs setzt insoweit nicht die gerichtliche Bestätigung durch den Erlass eines den Schiedsspruch in sich aufnehmenden Urteils voraus. Im Hinblick auf seine streitbeendende Funktion kommt dem Schiedsspruch demnach nicht nur die Kraft eines Vertrags zu, der von Gerichten inhaltlich voll überprüft und dem streitbeendende Wirkung demnach abgesprochen werden könnte, sondern er bindet den staatlichen Richter an das im Schiedsverfahren gefundene Ergebnis. Dieser Aspekt ist entscheidend, um in der Beigabe einer bloß schuldrechtlichen Wirkung eine Anerkennung des Schiedsspruchs zu sehen.[454] Soweit in der Rechtspraxis Schiedssprüche, die schuldrechtlich im Wege einer Klage auf Erfüllung durchzusetzen sind, eine Wiederholung des Rechtsstreits durch das staatliche Gericht ausschließen oder jedenfalls erschweren, sind die urteilsgleiche und die bloß vertragliche Rechtskraft damit grundsätzlich gleichwertig. Wenn dennoch bezweifelt wird, dass schuldrechtlich wirkende und urteilsgleichgestellte Schiedssprüche gleichberechtigt nebeneinander stehen,[455] dürfte das allein mit Blick auf die Symbolkraft der Gleichstellung zutreffend sein.

cc) Inkurs: Anerkennung nach Section 58 Arbitration Act

Dass eine schuldrechtliche Wirkung und eine Urteilsgleichstellung sogar zusammenspielen können, kann sich insbesondere in einer Rechtsordnung zeigen, die – anders als die deutsche Zivilprozessordnung – einen Schiedsspruch nicht von Gesetzes wegen mit einem Urteil gleichstellt, sondern – wie etwa im Modell-Gesetz – eine gerichtliche Anerkennung für erforderlich hält. Da sich die Rechtskraft einer Entscheidung als ein prozessuales Instrument zur Verhinderung der Wiederholung von Rechtsstreitigkeiten und sich widersprechender Entscheidung in aller Regel erst in einem Folgeprozess zeigt, tritt jedenfalls faktisch erst im Zeitpunkt der gerichtlichen

---

453 *Born*, International Commercial Arbitration, Bd. III. S. 3748; ausdrücklich geregelt in *Restatement (Second) Judgments* (1982), § 84 (1); *Gordon*, Flor. J. Int. Law 18 (2006), S. 549 (566); *Borris*, Internationale Handelsschiedsgerichtsbarkeit, Rn. 259 f.; auch *Lühmann*, Rechtskraft des Schiedsspruchs, S. 31, 54 f. m.w.N. insb. zur US-amerikanischen Rechtsprechung.

454 In diese Richtung *Solomon*, Verbindlichkeit von Schiedssprüchen, S. 350.

455 *Münzberg*, Schranken, S. 20; a.A. *Nußbaum*, Int. Jb. SchiedsG. 1 (1926), S. 7 (12).

Entscheidung über die Anerkennung Rechtskraft ein. Gleichwohl gehen auch von diesem Schiedsspruch vor seiner Anerkennung Wirkungen aus, die anhand der zwischen den Parteien getroffenen Vereinbarungen bestimmt werden, und die von der Rechtsordnung potentiell zu beachten sind. Ein gerichtlich noch nicht anerkannter Schiedsspruch wirkt mit anderen Worten bis zu diesem Zeitpunkt ebenfalls allein schuldrechtlich.

Noch deutlicher zeigt sich das Zusammenspiel etwa in der englischen Rechtsordnung, in der beide Anerkennungsmodelle Anwendung finden. So bedarf ein Schiedsspruch nach dem *common law* zu seiner Durchsetzung der Klage auf Erfüllung (*judgment upon the award*); Grundlage der Zwangsvollstreckung bildet dann nicht der Schiedsspruch, sondern das den Schiedsspruch bestätigende Urteil. Damit folgt das *common law* einem schuldrechtlichen Verständnis. Neben diese traditionelle Durchsetzung tritt aber die gesetzliche Regelung des *Arbitration Act* 1996, der die bindende Wirkung des Schiedsspruchs zwischen den Parteien – anders noch der *Arbitration Act* 1950 – in *Section* 58 AA regelt.[456] Eine ausdrückliche Anerkennungsentscheidung durch einen Richter ist demnach nicht erforderlich; die englische Rechtsordnung erkennt Schiedssprüche damit von Gesetzes wegen an; ein Schiedsspruch hat dieselben (Rechtskraft-)Wirkungen wie ein staatliches Urteil. In der Konsequenz bedarf ein Schiedsspruch zu seiner Durchsetzung nach *Section* 66 (1) AA 1996 lediglich der Erteilung einer Vollstreckbarerklärung (*leave of the court*), die zur Vollstreckung eines Schiedsspruchs gleich einem Urteil berechtigt.[457] Daneben besteht jedoch nach *Section* 66 (2) AA die Möglichkeit, ein Urteil mit dem Inhalt des Schiedsspruchs zu erlassen (*judgment in terms of award*).[458] Ein solches Urteil nimmt den Inhalt des Schiedsspruchs in sich

---

456 *Section* 58 Arbitration Act (1996): „*Effect of award.*
(1) Unless otherwise agreed by the parties, an award made by the tribunal pursuant to an arbitration agreement is final and binding both on the parties and on any persons claiming through or under them.
[...]".

457 *Section* 66 Arbitration Act 1996: „*Enforcement of the award.*
(1) An award made by the tribunal pursuant to an arbitration agreement may, by leave of the court, be enforced in the same manner as a judgment or order of the court to the same effect.
[...]".

458 *Section* 66 Arbitration Act 1996: „*Enforcement of the award.*
[...]

auf[459] und bildet den Vollstreckungstitel.[460] Diese Möglichkeit, einen Schiedsspruch durch ein Urteil zu ersetzen, ist im Grunde eine Durchbrechung der Vorstellung, dass einem Schiedsspruch nach *Section* 58 AA unmittelbar urteilsgleiche Wirkungen zukommen. Denn eine Bestätigung eines Urteils durch ein Urteil ist nicht nur schlicht überflüssig, sondern aufgrund der Rechtskraft auch unzulässig. Eine Erklärung für *Section* 66 (2) AA könnte aber darin liegen, dass im *Arbitration Act* 1996 nach wie vor die Vorstellung des *common law* fort lebt, ein Schiedsspruch bedürfe zur Durchsetzung einer Klage auf Erfüllung. Das *judgment in terms of award* der *Section* 66 (2) AA 1996 ist insoweit ein Relikt aus der Zeit des schuldrechtlichen Verständnisses, das im Grunde durch *Section* 58 und *Section* 66 (1) AA 1996 überholt ist.

Indes könnte man im Hinblick auf den Wortlaut von *Section* 58 AA auch eine andere Erklärung der Regelungssystematik des englischen Schiedsverfahrensgesetzes finden. Der englische Gesetzgeber erklärt den Schiedsspruch zwischen den Parteien für endgültig und verbindlich („*final and binding on the parties*"), allerdings unter dem Vorbehalt, dass die Parteien nichts anderes vereinbaren. Es ist bemerkenswert, dass der englische Gesetzgeber es nach dem Wortlaut der Vorschrift den Parteien überlassen will, ob und welche Rechtsfolgen an einen Schiedsspruch geknüpft werden.[461] Wie zuvor gezeigt wurde, können die Parteien zwar grundsätzlich nicht vertraglich vereinbaren, ob und wie ein Richter den Schiedsspruch zu beachten hat. Denkbar ist aber, dass der Gesetzgeber anordnet, einer solchen Vereinbarung komme Wirkung zu. Eine Erklärung für diese bemerkenswerte Offenheit der englischen Rechtsordnung gegenüber den Vereinbarungen der Parteien könnte wiederum sein, dass – wie im zweiten Kapitel herausgearbeitet wurde – die englische Lehre in der Rechtskraft einer Entscheidung traditionell weniger ein rein prozessuales an den Richter des Folgeprozesses gerichtetes Gebot sieht, sondern am Prozessverhalten der Parteien anknüpft.[462] Den Parteien ist es verwehrt, von ihrem bis-

---

(2)
Where leave is so given, judgment may be entered in terms of the award.
[...]".

459 Zur Bedeutung dieses *mergers* für die Anerkennung des Schiedsspruchs siehe unten 4. Kap., II. 1. a) bb) (2).

460 Zur Funktion von *Section* 66 AA 1996 im Gefüge des englischen Schiedsverfahrensrechts vgl. auch *Hess*, JZ 2014, S. 538 ff.

461 *Merkin/Flannery*, AA 1996, S. 288.

462 Siehe hierzu oben 1. Kap., I. 2. c).

herigen Vortrag, der zu einer Entscheidung über eine gewisse Streitfrage geführt hat, abzuweichen. Bei diesem Ausgangspunkt liegt es näher, dem Willen der Parteien auch angesichts der Wirkungen eines Schiedsspruchs in nachfolgenden gerichtlichen Verfahren Bedeutung zuzumessen. Es ist zwar ebenfalls denkbar, dass der englische Gesetzgeber mit dem Vorrang der Parteivereinbarung lediglich ausdrücken wollte, dass es den Parteien frei steht, über die Verbindlichkeit des Schiedsspruchs im Innenverhältnis zu disponieren. Das entspricht allerdings nicht der Lesart der englischen Lehre und Rechtsprechung, die in *Section* 58 AA eine Regelung der Rechtskraft eines Schiedsspruchs sehen und ihm damit über das Parteiverhältnis hinausreichende Wirkungen entnehmen.

Festzuhalten ist, dass im englischen Schiedsrecht verschiedene Vorstellungen zur Durchsetzung von Schiedssprüchen nebeneinander bestehen und es nicht möglich ist, den englischen Schiedsspruch eindeutig als urteilsgleich oder schuldrechtlich zu qualifizieren. Damit verliert auch die scharfe Gegenüberstellung der beiden Regelungsmodelle im Hinblick auf die streitausschließende Wirkung an Überzeugungskraft. Während die Unterscheidung von urteilsgleichen und schuldrechtlichen Schiedssprüchen damit für die Durchsetzung (unmittelbare Vollstreckbarerklärung oder Klage auf Erfüllung des Schiedsspruchs) bedeutsam bleibt, ist für die Frage, ob Schiedssprüchen Rechtskraft zukommt, dagegen allein entscheidend, dass eine inhaltliche Überprüfung des Schiedsspruchs und eine Neuentscheidung des Rechtsstreits ausgeschlossen ist.

III. Die Anerkennung im deutschen Recht

An die abstrakte Darstellung der Voraussetzungen der Rechtswirksamkeit eines Schiedsspruchs knüpft die nachstehende Betrachtung der Ausgestaltung der Anerkennung von Schiedssprüchen durch die deutsche Zivilprozessordnung an. In dieser Hinsicht ist für einen inländischen Schiedsspruch in § 1055 ZPO bestimmt, dass ihm von Gesetzes wegen die Wirkungen eines rechtskräftigen Urteils zukommen. Für einen ausländischen Schiedsspruch gilt, dass er nach § 1061 Abs. 1 ZPO i.V.m. Art. III, V UNÜ im Wege einer Einzelfallentscheidung anzuerkennen ist. Diese beiden Anerkennungsmodelle und die sich aus ihnen ergebenden prozessualen Folgerungen sind im Folgenden näher darzustellen.

1. Abgrenzung von inländischen und ausländischen Schiedssprüchen

Ob ein inländischer oder ein ausländischer Schiedsspruch vorliegt, bestimmt sich in Anlehnung an § 1025 Abs. 1 und 2 ZPO danach, wo das schiedsrichterliche Verfahren stattgefunden hat; lag dieser Ort in Deutschland, ist der Schiedsspruch inländisch, bei einem Ort im Ausland handelt es sich um ausländischen Schiedsspruch.[463]

In der Unterscheidung der rechtlichen Behandlung von Schiedssprüchen in Abhängigkeit vom Ort ihres Erlasses (Territorialprinzip) folgt das deutsche Recht dem Vorschlag von Art. 1 Abs. 2 UNCITRAL-Modell-Gesetz und kehrt von der vor der Schiedsverfahrensnovelle herrschenden prozessualen Theorie ab. Nach dieser sollte die Abgrenzung zwischen inländischen und ausländischen Schiedssprüchen nach dem angewandten Verfahrensrecht erfolgen,[464] wobei es im Ausgangspunkt den Parteien frei stand, das anwendbare Recht zu wählen.[465] Der Begriff des *internationalen* Schiedsspruchs ist der deutschen Zivilprozessordnung – anders als einer Reihe von ausländischen Rechtsordnungen[466] – nicht bekannt.[467] Für

---

463 *Voit*, in: Musielak, ZPO, § 1025 Rn. 7; *Münch*, in: Münchener Kommentar zur ZPO, § 1025 Rn. 1.

464 BGH, Urt. v. 3.10.1956 – Az. V ZR 32/55, BGHZ 21, 365 (365); BGH, Urt. v. 26.9.1985 – Az. III ZR 16/84, BGHZ 96, 40 (40); BGH, Urt. v. 1.2.2001 – Az. III ZR 332/99, NJW-RR 2001, S. 1059 ff.; *Schlosser*, Internationale private Schiedsgerichtsbarkeit, Rn. 783.

465 BGH, Urt. v. 3.10.1956 – Az. V ZR 32/55, BGHZ 21, 365 (365); BGH, Urt. v. 10.5.1984 – Az. III ZR 206/82, NJW 1984, S. 2763 (2764); BGH, Urt. v. 26.9.1985 – Az. III ZR 16/84, NJW 1986, S. 1436 (1436); *Schlosser*, Internationale private Schiedsgerichtsbarkeit, Rn. 459.

466 Sonderregeln für internationale Schiedsverfahren enthält das französische Recht im Fünften und Sechsten Teil des CPC, vgl. hierzu *Solomon*, Verbindlichkeit von Schiedssprüchen, S. 224 ff. In der Schweiz ist es nach Art. 192 Abs. 1 IPRG zulässig, bei einem Schiedsspruch auf die Möglichkeit der Anfechtung zu verzichten, sofern kein Binnenbezug zur Schweiz besteht. Zwar ist für die Verzichtmöglichkeit richtigerweise nicht die Internationalität des Spruchs entscheidend, sondern der fehlende Bezug zum Inland, allerdings findet neben der rein territorialen Anknüpfung der Gesichtspunkt der Nationalität der Parteien Berücksichtigung. Zur Auslegung und Anwendung dieser Verfahrensvorschriften *Solomon*, Verbindlichkeit von Schiedssprüchen, S. 254 ff. sowie S. 167 ff.

467 Ausweislich der Regierungsbegründung zum SchiedsVfG, BT-Drs. 13/5274, S. 25 f. bestand hierfür angesichts der wenigen Fälle, in denen unterschiedliche Regelungen für nationale und internationale Schiedsverfahren diskutabel seien, kein Bedarf.

die Bestimmung des Anwendungsbereichs der §§ 1025 ff. ZPO ist demnach unerheblich, ob ein Schiedsverfahren einen grenzüberschreitenden Sachverhalt zum Gegenstand hat. Entscheidend ist allein die Nationalität des Schiedsspruchs. Eine Definition des Begriffs des Schiedsspruchs enthält die Zivilprozessordnung weder für inländische noch für ausländische Schiedssprüche.[468]

2. Anerkennung des inländischen Schiedsspruchs

a) Erfordernis der Anerkennung

Das deutsche Schiedsrecht enthält keine Vorschrift, die sich ausdrücklich mit der Anerkennung eines inländischen Schiedsspruchs befasst. Gemäß § 1055 ZPO hat der Schiedsspruch vielmehr die Wirkungen eines rechtskräftigen Urteils. Nach dem klaren Wortlaut der Vorschrift steht der Eintritt dieser Wirkung nicht unter dem Vorbehalt der Anerkennung.

In diesem Sinne wird im deutschen Schrifttum vertreten, die Anerkennung inländischer Schiedssprüche sei dem deutschen Recht fremd.[469] Zu erklären ist dieses Verständnis von § 1055 ZPO in Abgrenzung zum UNCITRAL-Modell-Gesetz, das den Ausgangspunkt der deutschen Neuregelung bildete. In Art. 35 und 36 des Modell-Gesetzes ist bestimmt, dass Schiedssprüche als bindend anzuerkennen sind („*recognized as binding*"), wobei eine Unterscheidung zwischen inländischen und ausländischen Schiedssprüchen nicht getroffen wird. Von den Kommentatoren des UNCITRAL-Modell-Gesetzes wurde diese Regelung als ein Rückschritt gegenüber der in einigen Ländern vorgesehenen gesetzlichen Gleichstellung des Schiedsspruchs mit einem Urteil angesehen.[470] Diesen Ländern wurde von der Übernahme der Regelungen des UNCITRAL-Modell-Gesetzes abgeraten.[471] Der deutsche Gesetzgeber hat sich diesem Verständnis

468 Siehe hierzu auch unten 4. Kap., I. 1. a) für inländische sowie 4. Kap., II. 1. a) für ausländische Schiedssprüche.

469 Vgl. etwa *Gaul*, in: Berger et al., FS Sandrock, S. 285 (288).

470 *Calavaros*, UNCITRAL-ModellG, S. 170; *Gaul*, in: Berger et al., FS Sandrock, S. 285 (288).

471 Der Umstand, dass in einer Reihe von Ländern Schiedssprüchen von Gesetzes wegen Wirkungen zukommen, ohne dass ein spezielles Anerkennungsverfahren vorgeschaltet ist, war in der Kommission zur Ausarbeitung von Art. 35 UNCITRAL-Modell-Gesetz eingehend debattiert worden. Angesichts des Wunsches

von Art. 35 und 36 UNCITRAL-Modell-Gesetz angeschlossen[472] und auf eine ausdrückliche Regelung der Anerkennung von inländischen Schiedssprüchen verzichtet.

Es wäre jedoch verfehlt, aus der in § 1055 ZPO angeordneten Wirkungsgleichstellung zu schließen, ein inländischer Schiedsspruch müsse in Deutschland nicht anerkannt werden. Diese Auffassung vermischt den Aspekt der Anerkennung an sich mit der Frage, in welchem Verfahren die Anerkennung erteilt wird. Einer Anerkennung bedarf ein Schiedsspruch aufgrund seiner vertraglichen Grundlage; das gilt für inländische ebenso wie für ausländische Schiedssprüche.[473] Demnach kann die deutsche Zivilprozessordnung auch nicht von einer Anerkennung der inländischen Schiedssprüche als solcher absehen, sondern lediglich auf die Einzelanerkennung jedes ergehenden Schiedsspruchs und auf die Statuierung eines besonderen Anerkennungsverfahrens. Der auf deutschem Hoheitsgebiet ergangene Schiedsspruch wird nach richtiger Auffassung lediglich ohne zwischengeschaltetes Anerkennungsverfahren von Gesetzes wegen vorbehaltlos anerkannt. Ausgedrückt ist dieses abstrakt-generelle Anerkenntnis in der Vorschrift des § 1055 ZPO, der einem Schiedsspruch die Wirkungen zuspricht, die an sich nur Urteilen staatlicher Gerichte beigelegt sind.[474] Die Vorschrift des § 1055 ZPO enthält damit nicht nur eine Vorgabe zur Wirkungsweise von inländischen Schiedssprüchen, sondern dem vorausgehend die Anerkennung des Schiedsspruchs durch die deutsche Rechtsordnung.[475]

---

nach einer Rechtsvereinheitlichung wurde ein entsprechender Vorschlag zur Anpassung der Regelung an diese Gesetzeslage allerdings zurückgestellt, vgl. zur Gesetzgebungsgeschichte UN-DOC A/CN.9/245 Rn. 128 sowie UN-DOC A/CN.9/264 Rn. 2, abgedr. bei *Holtzmann/Neuhaus*, Guide UNCITRAL Model Law, S. 1026 ff.

472 So BT-Drs. 13/5274, S. 61.

473 Vgl. hierzu oben II. 1.

474 *Neef*, Rechtskraft des Schiedsspruchs, S. 34.

475 Abgesehen von dieser auch im deutschen Recht bestehenden Notwendigkeit der Anerkennung eines inländischen Schiedsspruchs schießt die Kritik an der vermeintlichen Rückständigkeit des UNCITRAL-Modell-Gesetzes über ihr Ziel hinaus. Denn ein besonderes Verfahren zur Anerkennung sieht das UNCITRAL-Modell-Gesetz nicht vor, es betont lediglich die Bedeutung der Anerkennung als Voraussetzung der Beachtlichkeit der Wirkungen eines Schiedsspruchs in einem nachfolgenden Gerichtsverfahren. Auch die Autoren des Modell-Gesetzes gingen davon aus, dass die Anerkennung automatisch eintreten kann und nicht zwingend eines besonderen Antrags oder einer ausdrücklichen gerichtlichen Entscheidung

b) Folgen der gesetzesunmittelbaren Anerkennung

Die deutsche Entscheidung für eine Anerkennung des inländischen Schiedsspruchs von Gesetzes wegen bleibt nicht folgenlos, wenn sich in einem Verfahren vor staatlichen Gerichten die Frage nach der Anerkennungsfähigkeit des Schiedsspruchs stellt. Denn der deutsche Gesetzgeber hat sich nicht darauf beschränkt, die Anerkennung des inländischen Schiedsspruchs *ipso iure* anzuordnen, sondern hat für seine Aufhebung in § 1059 ZPO die Anstrengung eines besonderen Verfahrens vorgesehen.

aa) Erfordernis einer Aufhebungsklage

Gemäß der Vorschrift des § 1059 ZPO hat eine durch einen Schiedsspruch belastete Partei, welche die Richtigkeit des gefundenen Ergebnisses in Zweifel zieht, dessen Aufhebung im Wege des gerichtlichen Verfahrens zu betreiben. Zuständig für die Aufhebung von Schiedssprüchen sind die Oberlandesgerichte, § 1062 Abs. 1 Nr. 4 ZPO. Sofern die Parteien nichts Abweichendes vereinbart haben, kann der Aufhebungsantrag nur innerhalb von drei Monaten nach Empfang des Schiedsspruchs gestellt werden, § 1059 Abs. 3 ZPO. Eine Aufhebung des Schiedsspruchs erfolgt, wenn die antragende Partei begründet geltend macht, dass der Schiedsspruch an einem der in § 1059 Abs. 2 Nr. 1 ZPO genannten Mängel leidet oder das Gericht feststellt, dass einer der Aufhebungsgründe des § 1059 Abs. 2 Nr. 2 ZPO vorliegt. Dabei kann das Vorliegen der in Nr. 2 genannten Aufhebungsgründe („fehlende Schiedsfähigkeit" sowie „Verstoß gegen den *ordre public*") unabhängig von einer Geltendmachung durch die Parteien geprüft werden. Sieht das Gericht den Antrag als begründet an, so hebt es den Schiedsspruch mit konstitutiver Wirkung auf; das Urteil hat Gestaltungswirkung.[476]

---

bedarf, vgl. UN-DOC A/CN.9/246 Rn. 146, abgedr. bei *Holtzmann/Neuhaus*, Guide UNCITRAL Model Law, S. 1033 („*recognition was an abstract legal effect which could obtain automatically without necessarily being requested by a party.*").

476 *Voit*, in: Musielak, ZPO, § 1059 Rn. 32; *Schlosser*, in: Stein/Jonas, ZPO, § 1059 Rn. 3.

bb) Ausschluss einer Inzidentprüfung

Diese gesetzliche Ausgestaltung verdeutlicht, dass eine Inzidentverwerfung des Schiedsspruchs ausgeschlossen ist. Solange ein Schiedsspruch nicht gerichtlich aufgehoben ist, entfaltet er die ihm in § 1055 ZPO zugesprochenen urteilsgleichen Wirkungen. Verweist eine Partei in einem nachfolgenden Gerichtsverfahren darauf, dass über diese Frage durch Schiedsspruch schon abschließend entschieden sei, so hat das erkennende Gericht den Schiedsspruch zu beachten. Behauptet die gegnerische Partei, der Schiedsspruch sei nicht anerkennungsfähig und stehe daher einer Sachentscheidung durch das angerufene Gericht nicht entgegen, so darf das Gericht diesem Einwand kein Gehör schenken. Außerhalb des Verfahrens der Aufhebung nach § 1059 ZPO (und des Verfahrens zur Erteilung der Vollstreckbarkeit) haben staatliche Gerichte das Vorliegen von Aufhebungsgründen nicht zu prüfen.[477] Hierauf sind die Parteien hinzuweisen und das anhängige Verfahren ist gegebenenfalls auszusetzen.

cc) Möglichkeit einer Feststellung der Wirksamkeit

Nach überwiegender Auffassung soll die Vorschrift des § 1055 ZPO außerdem die Erhebung einer Klage gerichtet auf Feststellung der Unwirksamkeit des Schiedsspruchs ausschließen.[478] Denn dass ein Schiedsspruch wirksam ist, solange er nicht aufgehoben ist, folge schon aus § 1055 ZPO selbst. In Zusammenhang mit dem Verbot der Inzidentverwerfung des Schiedsspruchs sei die Feststellung der Wirksamkeit eines Schiedsspruchs im Grunde nicht mehr als die Klärung einer abstrakten Rechtsfrage, die nach § 256 ZPO gerade nicht erlaubt ist.[479] Zu bedenken ist allerdings, dass die Wirksamkeit des Schiedsspruchs unter dem Vorbehalt der Erhebung einer Anfechtungsklage steht, die nur innerhalb von drei Monaten nach Erlass eines Schiedsspruchs erhoben werden kann. Nach Ablauf dieser Frist ist zwar die Aufhebung nicht mehr möglich, gleichwohl kann die Vollstreckung des Schiedsspruchs scheitern, wenn die Entscheidung über

---

477 *Voit*, in: Musielak, ZPO, § 1059 Rn. 1.

478 *Münch*, in: Münchener Kommentar zur ZPO, § 1059 Rn. 80; *Voit*, in: Musielak, ZPO, § 1059 Rn. 38.

479 Vgl. BGH, Urt. v. 12.12.1994 – Az. II ZR 269/93, NJW 1995, S. 1097 (1097); *Becker-Eberhard*, in: Münchener Kommentar zur ZPO, § 256 Rn. 22 m.w.N.

einen nicht schiedsfähigen Gegenstand ergangen ist oder ein Verstoß gegen den *ordre public* vorliegt. In diesen Situationen könnte einer Klage auf Feststellung der Wirksamkeit ein Mehrwert zukommen und zur Klärung des Bestehens eines konkreten Rechtsverhältnisses beitragen. Die in der deutschen Literatur und Rechtsprechung überwiegende Auffassung zieht hier jedoch die Erteilung der Vollstreckbarerklärung vor.[480]

Unter keinen Umständen gestattet sind dagegen Klagen zur Feststellung der Unwirksamkeit eines Schiedsspruchs, selbst dann nicht, wenn das Vorliegen von bestimmten Aufhebungsgründen behauptet wird. Hält die unterlegene Partei einen Schiedsspruch für unwirksam, so ist sie auf das Aufhebungsverfahren nach § 1059 ZPO zu verweisen.

dd) Ausnahmsweise Nichtigkeit eines Schiedsspruchs

Eine Ausnahme gilt nach herrschender Auffassung[481] bei solchen Schiedssprüchen, bei denen die Rechtsfolge des § 1055 ZPO aus Gerechtigkeitserwägungen unangemessen erscheint. Schiedssprüche, die an gravierenden Mängeln leiden, sind demnach nicht nur nach § 1059 ZPO aufhebbar, sondern nichtig und damit ohne weiteres wirkungslos.

Aufgrund der in der Schiedsverfahrensnovelle erfolgten Verkürzung der Frist[482] zur Anstrengung einer Aufhebungsklage auf drei Monate hat diese Unterscheidung zwischen einer bloßen Aufhebung auf Parteiantrag und einer Nichtigkeit kraft Gesetzes an Bedeutung gewonnen.[483] Angesichts der abschließenden Normierung der Anfechtungsgründe in § 1059 ZPO und der insoweit gegenüber Urteilen erleichterten Aufhebbarkeit von Schiedssprüchen kann allerdings nicht jeder Rechtsverstoß zur Nichtigkeit

---

480 Siehe hierzu kritisch unten 4. Kap., I. 1. b) cc) (2).

481 *Solomon*, Verbindlichkeit von Schiedssprüchen, S. 210; *Voit*, in: Musielak, ZPO, § 1059 Rn. 5; *Münch*, in: Münchener Kommentar zur ZPO, § 1059 Rn. 85; *Bosch*, Rechtskraft und Rechtshängigkeit, S. 58 ff.; auch BGH, Urt. v. 30.11.1961 – Az. VII ZR 12/61, JZ 1962, S. 287 ff.

482 Das gilt umso mehr, als das Gesetz keine Vorschriften zur Abmilderung der Fristenregelung enthält. Denn obwohl der Gesetzgeber gesehen hat, dass bestimmte Tatsachen, die zur Anfechtung berechtigen können, mitunter erst nach Ablauf der Dreimonats-Frist bekannt werden, hat er an der strikten Fristsetzung festgehalten, vgl. BT-Drs. 13/5274, S. 60.

483 Zu dieser Einschätzung *Schlosser*, in: Schilken/Becker-Eberhard/Walter, FS Gaul, S. 679 (681).

eines Schiedsspruchs führen. Die gesetzgeberische Wertung in §§ 1055, 1059 ZPO ist zu respektieren.[484] In Orientierung an den für Urteile geltenden Maßstäben[485] ist von einer Nichtigkeit des Schiedsspruchs vor allem in Fällen auszugehen, in denen der Schiedssausspruch widersprüchlich und völlig unklar ist.[486] Des Weiteren heißt es, dass ein Schiedsspruch jedenfalls dann nichtig ist, wenn *„willkürlich schiedsrichterliche Entscheidungsmacht usurpiert worden ist.*"[487] Eine weitere Fallgruppe, in der Nichtigkeit angenommen wird,[488] betrifft Entscheidungen, die eine Rechtsfolge anordnen, die kraft Parteivereinbarung nicht herbeigeführt werden kann,[489] bzw. die über einen nicht schiedsfähigen Gegenstand etwa die Auflösung einer Ehe ergangen sind.[490] In Betracht zu ziehen ist ferner eine Nichtigkeit von Schiedssprüchen, deren Anerkennung gegen die öffentliche Ordnung[491] verstößt. Das gilt unbeschadet des Umstandes, dass der *ordre public*-Vorbehalt ausweislich § 1059 Abs. 2 Nr. 2 ZPO lediglich als Aufhebungsgrund konzipiert ist.[492] Zumindest in bestimmten

---

484 *Geimer*, in: Zöller, ZPO, § 1059 Rn. 15; *Schroeter*, SchiedsVZ 2004, S. 288 (295).

485 Monographisch hierzu *Chiwitt-Oberhammer*, Fehlerhafter Schiedsspruch.

486 Zur Übertragung der für Urteile geltenden Maßstäbe vgl. BGH, Urt. v. 13.1.2009 – Az. XI ZR 66/08, NJW-RR 2009, S. 790 (790); *Schlosser*, in: Schilken/Becker-Eberhard/Gerhardt, FS Gaul, S. 679 (684); *ders.*, in: Stein/Jonas, ZPO, § 1059 Rn. 7. Zu wirkungslosen Urteilen vgl. *Musielak*, in: ders., ZPO, § 300 Rn. 4; *Braun*, in: Münchener Kommentar zur ZPO, § 578 Rn. 11 ff.

487 Zu dieser Formel *Schlosser*, in: Schilken/Becker-Eberhard/Walter, FS Gaul, S. 679 (681); *ders.*, in: Stein/Jonas, ZPO, § 1059 Rn. 7; Zitat auch bei *Rehm*, Schiedsgerichtsbarkeit im Rechtssystem, S. 60; ähnlich *Solomon*, Verbindlichkeit von Schiedssprüchen, S. 210 („*wenn der Schiedsspruch unter keinem denkbaren Gesichtspunkt wirksam sein kann, also wenn etwa für den Abschluss einer Schiedsvereinbarung von vornherein jegliche Grundlage fehlt.*").

488 Zur Frage, ob zwischen einem nichtigen Schiedsspruch und einem Nicht-Schiedsspruch zu unterscheiden ist und zu welchen Konsequenzen diese Unterscheidung führt vgl. *Chiwitt-Oberhammer*, Fehlerhafter Schiedsspruch, S. 73 ff.

489 Z.B. eine grundbuchamtliche Eintragungsverfügung so BGH, Urt. v. 30.11.1961 – Az. VII ZR 12/61, JZ 1962, S. 287 ff.

490 *Bosch*, Rechtskraft und Rechtshängigkeit, S. 58; *Schlosser*, in: Stein/Jonas, ZPO, § 1059 Rn. 9; auch *Rehm*, Schiedsgerichtsbarkeit im Rechtssystem, S. 56.

491 Die objektive Schiedsfähigkeit wird in aller Regel als Teil des *ordre public* angesehen, vgl. *Solomon*, Verbindlichkeit von Schiedssprüchen, S. 211.

492 Hieran ausdrücklich festhaltend *Geimer*, in: Zöller, ZPO, § 1055 Rn. 14 und § 1059 Rn. 15.

Konstellationen[493] kann die Beachtung des *ordre public* aus zwingenden öffentlichen Interessen – insbesondere aus verfassungsrechtlichen Überlegungen – nämlich nicht in die Hände der Parteien gelegt werden.[494] Das zeigt auch die Regelung über die Vollstreckbarerklärung des Schiedsspruchs, nach welcher der *ordre public*-Verstoß im Aufhebungsverfahren von Amts wegen zu beachten ist und nicht der Präklusion unterliegt, § 1060 Abs. 2 S. 2 ZPO.[495] Zudem besteht nach der auf ausländische Schiedssprüche anwendbaren Regelung des § 1061 Abs. 1 i.V.m. Art. V (2) UNÜ die Pflicht zur zeitlich unbegrenzten Prüfung der Einhaltung des inländischen *ordre public* von Amts wegen. Jedenfalls in Extremfällen, in denen das Ziel der Rechtskraft, nämlich Rechtssicherheit, sich angesichts der Schwere des Verstoßes gegen elementare Gerechtigkeitsvorstellungen nicht einstellen kann,[496] wird man daher von einer Nichtigkeit und damit Wirkungslosigkeit des Schiedsspruchs ausgehen müssen.

Schon aus Gründen der Rechtssicherheit steht der belasteten Partei bei Nichtigkeit des Schiedsspruchs die Möglichkeit zu, die Unwirksamkeit des Schiedsspruchs gerichtlich festzustellen zu lassen.[497] Wie sich aus der Begründung der Schiedsverfahrensnovelle ergibt, ging auch der Gesetzgeber von der Notwendigkeit eines gerichtlichen Rechtsbehelfs gegen einen nichtigen Schiedsspruch aus. Er hat die Schiedsparteien für diesen Fall auf das Schadensersatzrecht verwiesen.[498] Ob eine solche Klage vor den für die Aufhebung und Vollstreckung von Schiedssprüchen zuständigen Oberlandesgerichten, vor dem schon zuvor mit der Sache befassten Schiedsgericht oder vor einem anderen Schiedsgericht zu erheben wäre, ließ der Gesetzgeber offen.[499] Denkbar wäre es auch, eine Ausnahme von der Fristen-

---

493 Siehe zur (Teil-)Nichtigkeit von Schiedssprüchen aufgrund einer Verletzung des Grundsatzes des rechtlichen Gehörs oder anderer Verfahrensrechte unten 6. Kap., II. 3.

494 *Solomon*, Verbindlichkeit von Schiedssprüchen, S. 211; *Lühmann*, Rechtskraft des Schiedsspruchs, S. 46.

495 *Solomon*, Verbindlichkeit von Schiedssprüchen, S. 211; *Borges*, ZZP 111 (1998), S. 487 (501).

496 In diese Richtung *Geimer*, in: Zöller, ZPO, § 1055 Rn. 14 und 1059 Rn. 15.

497 *Chiwitt-Oberhammer*, Fehlerhafter Schiedsspruch, S. 230.

498 BT-Drs. 13/5274, S. 60.

499 Eingehend *Schlosser*, in: Schilken/Becker-Eberhard/Walter, FS Gaul, S. 679 ff., der die Anwendbarkeit des § 826 BGB für möglich hält; kritisch zu einer solchen Konstruktion *Gaul*, in: Berger et al., FS Sandrock, S. 285 (293 ff.).

regelung des § 1059 Abs. 3 ZPO,[500] eine (deklaratorische) Aufhebung des Schiedsspruchs nach § 1059 ZPO zu erlauben,[501] eine Klage auf Feststellung der Unwirksamkeit des Schiedsspruchs zuzulassen[502] oder einem Gericht, bei dessen Entscheidung die Wirksamkeit des Schiedsspruchs präjudiziell ist, die Kompetenz zur Inzidentprüfung und -verwerfung des Schiedsspruchs zuzusprechen.[503] Argumente für und wider lassen sich für jede dieser Lösungen finden.[504] Unabhängig davon, wie man sich entscheidet, darf ein in erheblichem Maße gegen deutsche Gerechtigkeitsvorstellungen verstoßender und deshalb als nichtig anzusehender Schiedsspruch die Wiederholung des Rechtsstreits vor staatlichen Gerichten nicht verhindern.

3. Anerkennung des ausländischen Schiedsspruchs

Ob ein ausländischer Schiedsspruch in Deutschland anzuerkennen ist, steht unter dem Vorbehalt des Nichtvorliegens von Anerkennungsversagungsgründen, §§ 1061 ZPO i.V.m. Art. V UNÜ. Wird die Zulässigkeit der Sachentscheidung durch das angerufene Gericht von einer Partei unter Berufung auf einen schon ergangenen Schiedsspruch in Frage gestellt, hat das Gericht im Einzelfall darüber zu befinden, ob der ihm vorgelegte Schiedsspruch die Voraussetzungen erfüllt, die an seine Anerkennung gestellt sind. Zwar lässt sich aus § 1055 ZPO, in dem lediglich von „Schiedsspruch" die Rede ist, nicht ableiten, dass er auf ausländische Schiedssprüche keine Anwendung findet. Dass das – jedenfalls in Bezug auf die Aner-

---

500 So *Lühmann*, Rechtskraft des Schiedsspruchs, S. 48.

501 *Gaul*, in: Berger et al., FS Sandrock, S. 285 (297); *Chiwitt-Oberhammer*, Fehlerhafter Schiedsspruch, S. 234.

502 *Borges*, ZZP 111 (1998), S. 487 (501); *Chiwitt-Oberhammer*, Fehlerhafter Schiedsspruch, S. 244; *Solomon*, Verbindlichkeit von Schiedssprüchen, S. 213.

503 *Borges*, ZZP 111 (1998), S. 487 (501).

504 Der Vorteil einer Konstruktion in Form der Aufhebung des Schiedsspruchs bestünde darin, dass die Verfahrenskonzentration bei den Oberlandesgerichten beibehalten würde und angesichts der Rechtskraft des Urteils über die Aufhebung des Schiedsspruchs Rechtssicherheit geschaffen wäre. Ermächtigt man dagegen die jeweils mit dem Schiedsspruch konfrontierten Gerichte dazu, den Schiedsspruch nicht zu beachten, hält man die Fristregelung des § 1059 Abs. 3 ZPO zumindest formal ein.

kennung des ausländischen Schiedsspruchs[505] – ausgeschlossen ist, folgt indes aus der Zusammenschau von § 1025 Abs. 1, 2 und 4 ZPO, wonach für die Anerkennung eines ausländischen Schiedsspruchs auf § 1061 ZPO zurückzugreifen ist.

a) Vorbehalt der Anerkennung

aa) Anwendbarkeit des New Yorker Übereinkommens

Unter welchen Voraussetzungen ein ausländischer Schiedsspruch in Deutschland anerkannt wird, ist nicht direkt in § 1061 Abs. 1 S. 1 ZPO geregelt. Das Gesetz verweist vielmehr auf die Vorschriften des New Yorker Übereinkommens. Mit dem Verweis des § 1061 ZPO werden die Vorschriften des New Yorker Übereinkommens umfassend in das deutsche Recht übernommen. Nur hinsichtlich der Erfordernisse für die Erteilung der Vollstreckbarerklärung finden sich in § 1064 ZPO noch eigenständige Vorschriften des nationalen Rechts, die gegenüber dem New Yorker Übereinkommen gelockerte Voraussetzungen aufstellen. Dass diese anerkennungsfreundlicheren Regelungen des nationalen Rechts nicht entgegenstehen, betont der Meistbegünstigungsgrundsatz des Art. VII UNÜ.

Klarstellend ist in § 1061 Abs. 1 S. 2 ZPO ausgesprochen, dass die Vorschriften anderer Staatsverträge von dieser Verweisung unberührt bleiben.[506] Der Verweis des § 1061 ZPO auf das New Yorker Übereinkommen erfasst auch Schiedssprüche aus Staaten, die selbst nicht Vertragspartei des Abkommens sind; die nach altem Recht notwendige Differenzierung zwischen ausländischen Schiedssprüchen von Vertragsstaaten und Nicht-Vertragsstaaten ist damit überholt.[507] Der diesbezügliche von Deutschland ur-

---

505 Siehe zur Anwendbarkeit des § 1055 ZPO im Hinblick auf die Rechtsfolge unten 4. Kap., II. 2. a) bb) (3).

506 Von Bedeutung ist hier vor allem das (Genfer) Europäische Übereinkommen über die internationale Handelsschiedsgerichtsbarkeit (EuÜ) vom 21. April 1961. Eine Aufzählung verschiedener multi- und bilateraler Übereinkommen findet sich bei *Schlosser*, in: Stein/Jonas, ZPO, Anh. § 1061 Rn. 526 ff.

507 Dass die Behandlung von Schiedssprüchen nach dem autonomen deutschen Recht des § 1044 a.F. ZPO und dem New Yorker Übereinkommen durchaus zu Unterschieden führen konnte, zeigt *Bosch*, Rechtskraft und Rechtshängigkeit, S. 150 ff. sowie S. 159 ff.

sprünglich erklärte Vorbehalt[508] wurde im Zuge der Einführung des § 1061 ZPO daher konsequenterweise auch formell zurückgenommen.[509]

bb) Erfordernis der Anerkennung im Einzelfall

Nach Art. III UNÜ haben die Vertragsstaaten Schiedssprüche dann anzuerkennen, wenn die in den Art. IV und V genannten Voraussetzungen erfüllt sind. Es wäre gleichwohl verfehlt, den Vorbehalt einer Anerkennungsprüfung aus dem New Yorker Übereinkommen selbst abzuleiten – aus Art. III UNÜ folgt keineswegs, dass nicht auch eine vorbehaltlose Anerkennung ausländischer Schiedssprüche möglich wäre. Bei dem Übereinkommen handelt es sich um ein an die Vertragsstaaten adressiertes Regelwerk, in dem lediglich bestimmt ist, unter welchen Voraussetzungen eine Anerkennung von Schiedssprüchen nicht versagt werden darf. Zwingende Vorgaben darüber, auf welche Weise sich die Anerkennung des ausländischen Schiedsspruchs in den nationalen Rechtsordnungen zu vollziehen hat, lassen sich ihm nicht entnehmen.[510] Das New Yorker Übereinkommen markiert lediglich den Minimalstandard der Anerkennung, zu dem sich die Vertragsstaaten verpflichtet haben.[511]

Das Erfordernis der Prüfung der Anerkennungsvoraussetzungen im Einzelfall ergibt sich vielmehr aus der Zusammenschau des deutschen Schiedsrechts und Art. III bis V UNÜ. Da der deutsche Gesetzgeber die in § 1055 ZPO angeordnete Wirkungsgleichstellung auf inländische Schiedssprüche beschränkt, bedeutet der Verweis auf das New Yorker Übereinkommen, dass dessen Regelungstechnik im Hinblick auf die Anerkennung zu übernehmen ist. Das New Yorker Übereinkommen geht insoweit nicht von einer generell-abstrakt bestehenden Anerkennungsfähigkeit von ausländischen Schiedssprüchen aus, sondern stellt die Anerkennung unter den

508 Vgl. Bekanntmachung vom 23.3.1962, BGBl. II S. 102.

509 So geschehen in BGBl. 1999 II S. 7. Bis zu dieser Rücknahme hatte die Verweisung des § 1061 ZPO in Verhältnis zu Nicht-Vertragsstaaten konstitutive Wirkung, vgl. hierzu die Ausführungen der Regierungsbegründung des SchiedsVfG, BT-Drs. 13/5274, S. 61 f.

510 *Giardina*, in: Briner et al., FS Böckstiegel, S. 205 (210 mit FN 21); *Spohnheimer*, Antezipiertes Legalanerkenntnis, S. 12 f.

511 *Solomon*, Verbindlichkeit von Schiedssprüchen, S. 163; *Schlosser*, Internationale private Schiedsgerichtsbarkeit, Rn. 761; *ders.* in: Stein/Jonas, ZPO, Anh. § 1061 Rn. 131 a; *Lastenouse*, J. Int. Arb. 16 (1999), S. 25 (31).

Vorbehalt, dass im Einzelfall nicht das Vorliegen von Versagungsgründen festgestellt wird.[512]

cc) Präklusion von Versagungsgründen

Weder nach deutschem Recht noch nach den Vorschriften des UNÜ ist die Anerkennung und Vollstreckung eines Schiedsspruchs an eine Frist gebunden;[513] zu welchem Zeitpunkt die Anerkennung bzw. in aller Regel die Vollstreckung ersucht wird, bleibt allein den Parteien überlassen. Damit ist jedoch noch nicht gesagt, dass dem Antragsgegner das Recht zusteht, aus Gründen der Waffengleichheit zeitlich unbegrenzt Versagungsgründe nach Art. V UNÜ geltend zu machen. Diese Frage stellt sich insbesondere dann, wenn eine Aufhebung im Ursprungsstaat des Schiedsspruchs nicht mehr möglich ist, weil dort die zur Erhebung einer entsprechenden Klage einzuhaltende Frist abgelaufen ist. Ist der Schuldner des Schiedsspruchs, der eine Anfechtung unterlassen hat, in diesem Fall auch mit Vorbringen zur Versagung der Anerkennung präkludiert? Wie diese Problematik zu behandeln ist, ist umstritten.

Als Ausgangpunkt ist zunächst festzuhalten, dass das New Yorker Übereinkommen von einem Nebeneinander von Aufhebung und Versagung der Anerkennung ausgeht und die unterlegene Partei ihre Einwendungen gegen den Schiedsspruch sowohl im Aufhebungsverfahren als auch im Anerkennungsverfahren geltend machen kann.[514] Ein Vorrang der Aufhebungsklage besteht damit zunächst nicht.[515] Dementsprechend lässt sich dem Übereinkommen auch keine Aussage zur Frage der Zulässigkeit

---

512 So auch *Spohnheimer*, Antezipiertes Legalanerkenntnis, S. 12.

513 Vgl. allerdings § 197 Abs. 1 Nr. 3 BGB, dem zufolge rechtskräftig festgestellte Ansprüche innerhalb von 30 Jahren verjähren; zur Anwendbarkeit auf Schiedssprüche *Grothe*, in: Münchener Kommentar zum BGB, § 197 Rn. 17; *Peters/Jacoby*, in: Staudinger, BGB, Neubearb. 2014, § 197 Rn. 52.

514 *Kröll*, IPrax 2007, S. 430 (434); *Merkt*, in: Bruns et al., FS Stürner, Bd. 2, S. 1303 (1316); *v. Bernuth*, Doppelkontrolle, S. 33; wohl a.A *Radicati di Brozolo*, in: ICCA Congress Series 16, S. 74 (80), dem zufolge dem New Yorker Übereinkommen nicht der Gedanke des zweigleisigen Rechtsschutzes zugrunde liegt, sondern dieses allein mit der Kontrolle des Anerkennungsstaates befasst ist.

515 A.A. *Reisman/Richardson*, in: ICCA Congress Series 16, S. 17 (25).

der Präklusion von Anerkennungsversagungsgründen entnehmen.[516] Die Frage ist daher in den nationalen Rechtsordnungen eigenständig zu beantworten.

In Abkehr von seiner früheren Rechtsprechung[517] hat der BGH entschieden, dass der sich auf die Versagung der Anerkennung Berufende jedenfalls mit Vortrag zum Aufhebungsgrund der Unwirksamkeit der Schiedsvereinbarung auch dann nicht ausgeschlossen ist, wenn er nicht rechtzeitig vor den Gerichten des Herkunftslands eine Aufhebungsklage angestrengt hat.[518] Eine solche Aussage könne dem New Yorker Übereinkommen nicht entnommen werden. Der Meistbegünstigungsgrundsatz des Art. VII UNÜ erlaube zwar, dass sich die Parteien auf einen Schiedsspruch nach Maßgabe des innerstaatlichen Rechts und damit auch auf dort etwaig enthaltene Präklusionsvorschriften berufen. Allerdings stehe dem deutschen Gesetzgeber nicht die Kompetenz zur Entscheidung darüber zu, *„ob und unter welchen Voraussetzungen ein im Ausland ergangener Schiedsspruch aufgehoben und ob ein entsprechendes Rechtsmittel unbefristet oder nur innerhalb einer bestimmten Frist bei Gericht eingereicht werden kann*“.[519]

Völlig einleuchtend ist diese Begründung indes nicht. Schon die Richtigkeit der Annahme des BGH, Art. VII UNÜ nehme Bezug auf günstigeres nationales Recht zur Anerkennung und Vollstreckung *inländischer* Schiedssprüche, kann bezweifelt werden.[520] Hiervon ausgehend ergibt es dann jedoch keinen Sinn, die Präklusionsvorschrift des § 1060 Abs. 2 S. 3 ZPO wiederum nur für inländische Schiedssprüche anwendbar zu halten

---

516 *Merkt*, in: Bruns et al., FS Stürner, Bd. 2, S. 1303 (1313); a.A. *Schwab/Walter*, Schiedsgerichtsbarkeit, Kap. 30 Rn. 19; *Schütze*, RIW 2011, S. 417 (418).

517 BGH, Urt. v. 26.6.1969 – Az. VII ZR 32/67, NJW 1969, S. 2093 ff.; BGH, Urt. v. 10.5.1984 – Az. III ZR 206/82, NJW 1984, S. 2763 ff.; BGH, Urt. v. 1.2.2001 – Az. III ZR 332/99, NJW-RR 2001, S. 1059 (alle zu § 1044 Abs. 2 Nr. 1 ZPO a.F., dem zufolge die Anerkennung und Vollstreckung abzulehnen war, wenn der Schiedsspruch rechtsunwirksam war). Die Rechtsunwirksamkeit sollte – selbst bei Unwirksamkeit der Schiedsvereinbarung – ausgeschlossen sein, wenn eine Aufhebung im Ursprungsstaat nicht mehr möglich war.

518 BGH, Beschl. v. 16.12.2010 – Az. III ZB 100/09, NJW 2011, S. 1290 ff.

519 BGH, Beschl. v. 16.12.2010 – Az. III ZB 100/09, NJW 2011, S. 1290 (1292).

520 *Wolff*, LMK 2011, 318374; auch *van den Berg*, New York Convention, S. 81 ff., spricht stets von günstigeren nationalen Vorschriften für die Anerkennung und Vollstreckung *ausländischer* Schiedssprüche; hiergegen *Merkt*, in: Bruns et al., FS Stürner, Bd. 2, S. 1303 (1315).

und ausländische Fristenregelungen nicht zu beachten.[521] Denn damit wird die zunächst vorgeschlagene Interpretation der Meistbegünstigungsregel des Art. V UNÜ im Grunde überflüssig. Im Übrigen lässt sich die hinter § 1060 Abs. 3 S. 2 ZPO stehende Überlegung, schnell und endgültig Klarheit über die Bestandskraft des Schiedsspruchs zu schaffen,[522] durchaus auf ausländische Schiedssprüche übertragen. Während nach altem Recht die Rügepräklusion unbeschränkt galt, betonte der BGH in der vorerwähnten Entscheidung allerdings ausdrücklich, dass seine Entscheidung lediglich die Frage des unwirksamen Schiedsvertrags betreffe. Darüber, ob für die anderen Versagungsgründe des Art. V UNÜ ebenfalls keine Präklusion zu befürchten ist, ist demnach noch nicht entschieden.[523] Gerechtfertigt könnte eine Unterscheidung zwischen der Unwirksamkeit der Schiedsvereinbarung und den sonstigen Gründen des Art. V (1) UNÜ insoweit sein, als die Schiedsvereinbarung die Grundlage der Verbindlichkeit des Schiedsspruchs darstellt und den Willen der Parteien ausdrückt, die Streitigkeit nicht durch die staatliche Gerichtsbarkeit entscheiden zu lassen. Fehlt es schon an einer wirksamen Wahl der Schiedsgerichtsbarkeit, so ist nicht nur die Art und Weise der getroffenen Entscheidung in Frage gestellt, sondern es mangelt dem Schiedsspruch an seiner Legitimationsbasis.

b) Verfahren zur Anerkennung

Aussagen zum genauen Ablauf des Verfahrens der Anerkennung können dem New Yorker Übereinkommen nicht entnommen werden. Art. III S. 2 UNÜ verbietet lediglich eine Anerkennung auf Grundlage wesentlich strengerer Verfahrensvorschriften und zu wesentlich höheren Kosten, als sie bei inländischen Schiedssprüchen anfallen. In der Ausgestaltung des

---

521 *Wolff*, LMK 2011, 318374; *Merkt*, in: Bruns et al., FS Stürner, Bd. 2, S. 1303 (1315).

522 So BT-Drs. 13/5274, S. 61.

523 Für einen Verstoß gegen den *ordre public* hat das OLG Karlsruhe, Beschl. v. 4.1.2012 – Az. 9 Sch 02/09, SchiedsVZ 2012, S. 101 ff., an der Rügepräklusion festgehalten. Die gegen den Beschluss eingelegte Beschwerde hat der BGH als unzulässig zurückgewiesen und zur hier interessierenden Frage mithin keine Stellung bezogen, vgl. BGH, Beschl. v. 20.12.2012 – Az. III ZB 8/12 (Juris).

Anerkennungsverfahrens sind die Vertragsstaaten mithin innerhalb dieser Grenzen frei.[524]

aa) Formlose Anerkennung

Ein besonderes Verfahren zur Anerkennung ausländischer Schiedssprüche sieht die Zivilprozessordnung nicht vor, so dass es in den meisten Fällen zu einer inzidenten gerichtlichen Anerkennung kommt. Beruft sich eine Partei in einem Gerichtsverfahren darauf, dass der aufgeworfene Streit bereits durch einen Schiedsspruch verbindlich entschieden sei und deshalb eine abermalige Entscheidung zu unterbleiben habe, hat das angerufene Gericht diesem Einwand nachzugehen. Nichts anderes gilt, wenn eine Partei die Erteilung einer Vollstreckbarerklärung für einen Schiedsspruch begehrt. In beiden Fällen hat das Gericht zunächst zu prüfen, ob der Anerkennung des Schiedsspruchs Versagungsgründe entgegenstehen.

Nach Art. IV des New Yorker Übereinkommens muss derjenige, der um die Anerkennung eines Schiedsspruchs ersucht, eine Urschrift oder eine beglaubigte Abschrift des Schiedsspruchs sowie der Schiedsvereinbarung vorlegen. Diese Anforderungen werden durch das deutsche Schiedsrecht jedoch dahingehend abgeschwächt, als nur die Vorlage eines Originals des Schiedsspruchs bzw. einer Abschrift, nicht aber der Schiedsvereinbarung von Nöten ist. Auch die erforderliche Übersetzung eines nicht in deutscher Sprache abgefassten Schiedsspruchs wie sie im New Yorker Übereinkommen vorgesehen ist, ist nach deutschem Recht nicht erforderlich, § 1064 Abs. 3 ZPO.[525] Die deutschen Regelungen erweisen sich damit als schiedsfreundlicher, so dass ihnen gegenüber dem New Yorker Übereinkommen Vorrang zukommt, Art. VII UNÜ.[526]

---

524 *Börner*, in: Kronke et al., Commentary on the New York Convention, Art. III, S. 120.

525 BGH, Beschl. v. 25.9.2003 – Az. III ZB 68/02, NJW-RR 2004, S. 1504 ff.; *Voit*, in: Musielak, ZPO, § 1061 Rn. 11; *Schwab/Walter*, Schiedsgerichtsbarkeit, Kap. 30 Rn. 26. Eine Übersetzung kann das Gericht nach der allgemeinen Regelung des § 142 Abs. 3 ZPO fordern, vgl. OLG München, Beschl. v. 11.7.2011 – Az. 34 Sch 15/10, SchiedsVZ 2011, S. 337 (338).

526 Nach BGH, Beschl. v. 25.9.2003 – Az. III ZB 68/02, NJW-RR 2005, S. 1504 ff., sind die Gerichte, auch ohne dass sich die Parteien darauf berufen, dazu befugt, das anerkennungsfreundlichere Recht *in toto* anzuwenden. Vgl. auch BGH, Urt. v. 8.6.2010 – Az. I ZR 349/08, SchiedsVZ 2011, S. 46 ff., sowie BGH, Beschl.

bb) Ermessensentscheidung oder gebundene Entscheidung

Art. V UNÜ spricht davon, dass die Anerkennung eines Schiedsspruchs bei Vorliegen eines Versagungsgrunds unterbleiben darf („*may be refused*"). Nach dem Wortlaut der Vorschrift steht es dem mit der Sache befassten Richter mithin frei, ob er den Schiedsspruch trotz des Vorliegens eines Versagungsgrunds anerkennt.[527]

In der deutschen Rechtswissenschaft wird dagegen überwiegend vertreten, dass ein Gericht die Anerkennung zwingend zu versagen hat, wenn einer der in Art. V UNÜ genannten Versagungsgründe vorliegt; ein Ermessen soll ihm nicht zukommen.[528] Die auch ein anderes Verständnis erlaubende Formulierung des Art. V UNÜ sei vor dem völkerrechtlichen Hintergrund des New Yorker Übereinkommens zu sehen, das die Vertragsstaaten zur grundsätzlichen Anerkennung von Schiedssprüchen verpflichtet. Von dieser Pflicht befreit seien die Vertragsstaaten nur, wenn einer der Versagungsgründe vorliege.[529] Dieses Verständnis von Art. V UNÜ ist jedoch nicht zutreffend und entspricht auch nicht der gerichtlichen Praxis. Denn wie auch die Meistbegünstigungsregel verdeutlicht, zeigt sich das New Yorker Übereinkommen gegenüber anerkennungsfreundlicheren Vorschriften des nationalen Rechts aufgeschlossen und tritt einer Anerkennung des Schiedsspruchs auch bei Vorliegen von Gründen, die dazu berechtigen, den Schiedsspruch nicht anzuerkennen, nicht entgegen. Einem Gesetzgeber steht es mithin frei, seinen Gerichten ein Ermessen einzuräumen, den Schiedsspruch auch bei Vorliegen von Versagungsgründen anzuerkennen.[530] Der deutsche Gesetzgeber, der auf eine eigenständige Formu-

---

v. 30.9.2010 – Az. III ZB 69/09, SchiedsVZ 2010, S. 332 ff., dem zufolge „*grundsätzlich auch die Anwendung von im Vergleich zum UN-Übereinkommen anerkennungsfreundlicheren Vorschriften des nationalen Rechts, auch soweit diese an sich für innerstaatliche Schiedssprüche gelten, auf ausländische Schiedssprüche erlaubt*" ist; kritisch zu diesen Entscheidungen *Quinke*, SchiedsVZ 2011, S. 169 ff.

527 Hierzu ausführlich *Nienaber*, Anerkennung und Vollstreckung, S. 119 ff.

528 *Adolphsen*, in: Münchener Kommentar zur ZPO, Anh. § 1061 ZPO, Art. V UNÜ Rn. 3; BT-Drucks. 3/2160, S. 26; *Schwab/Walter*, Schiedsgerichtsbarkeit, Kap. 56 Rn. 3; *Gessner*, Anerkennung und Vollstreckung, S. 114; *Solomon*, Verbindlichkeit von Schiedssprüchen, S. 167; a.A. *Schlosser*, in: Stein/Jonas, ZPO, Anh. § 1061 Rn. 147; *Gruber*, SchiedsVZ 2006, S. 283 (284).

529 *Giardina*, in: Briner et al., FS Böckstiegel, S. 205 (210 mit FN 21).

530 *Schlosser*, in: Stein/Jonas, ZPO, Anh. § 1061 Rn. 147; auch *Nienaber*, Anerkennung und Vollstreckung, S. 174.

lierung der Versagungsgründe verzichtet und sich auf einen bloßen Verweis auf das New Yorker Übereinkommen beschränkt hat, hat nicht zu erkennen gegeben, ob deutschen Gerichten ein solches Ermessen zukommen soll. Dass es sich auch deutsche Gerichte in Einzelfällen vorbehalten wollen, trotz Vorliegens von Anerkennungsversagungsgründen den Schiedsspruch anzuerkennen, zeigt die schon besprochene Entscheidung des BGH zur Rügepräklusion. Darin ist ausgeführt, dass sich aus dem Grundsatz von Treu und Glauben in Form des Verbots des *venire contra factum proprium* ergeben könne, dass das Berufen auf einen Versagungsgrund im inländischen Verfahren zur Erteilung der Vollstreckbarkeit unbeachtlich ist.[531] Zwar lehnte der BGH es im konkreten Fall ab, in der Nicht-Erhebung einer Anfechtungsklage im Ursprungsland einen Verstoß gegen den Grundsatz von Treu und Glauben zu sehen. Die Entscheidung zeigt aber, dass deutsche Gerichte nicht von einer strikten Pflicht zur Versagung bei Vorliegen der Gründe des Art. V UNÜ ausgehen.[532]

cc) Möglichkeit einer Feststellung der Wirksamkeit

Ob ein ausländischer Schiedsspruch in Deutschland anzuerkennen ist, wird in aller Regel inzident in dem Verfahren entschieden, in dem sich eine der Parteien auf seine streitbeendende Wirkung beruft. Stellt ein Gericht im Rahmen des Verfahrens zum Erlass der Vollstreckbarerklärung fest, dass eine solche nicht erteilt werden kann, so hat es die Nichtanerkennung des Schiedsspruchs auszusprechen, § 1061 Abs. 2 ZPO. Um die durch die Unzulässigkeit einer Aufhebung des ausländischen Schiedsspruchs entstehenden Rechtsschutzlücken zu schließen, ist nach überwiegender Meinung ein Antrag auf Feststellung der Unwirksamkeit zulässig; dasselbe gilt für die Feststellung der Anerkennung des Schiedsspruchs.[533]

---

531 BGH, Beschl. v. 16.12.2010 – Az. III ZB 100/09, NJW 2011, S. 1290 (1292).

532 Hierzu auch *Kröll*, IPrax 2007, S. 430 (432).

533 Streitig ist, ob diese Entscheidung vorzugsweise im Beschlussverfahren nach § 1062 ZPO zu treffen (so *Geimer*, in: Zöller, ZPO, § 1061 Rn. 61; *Voit*, in: Musielak, ZPO, § 1061 Rn. 2, 9) oder eine Feststellungsklage nach § 256 ZPO zu erheben ist (so *Münch*, in: Münchener Kommentar zur ZPO, § 1061 Rn. 28; *Schwab/Walter*, Schiedsgerichtsbarkeit, Kap. 30 Rn. 39).

Zusammenfassung und Ergebnis

Der Schiedsspruch ist das Ergebnis eines privaten Entscheidungsprozesses. Die Schiedsrichter üben keine hoheitliche Tätigkeit aus, sondern leiten ihre Befugnis zur Entscheidung des an sie herangetragenen Rechtsstreits aus der zwischen den Parteien geschlossenen Schiedsvereinbarung ab. Der Schiedsspruch ist daher nicht als Akt hoheitlicher Rechtsprechung zu begreifen, der gleich einem Urteil in die staatliche Rechtsordnung integriert und von den Parteien deshalb zu befolgen ist. Die Verbindlichkeit des Schiedsspruchs für die Parteien beruht vielmehr auf dem in der Schiedsvereinbarung enthaltenen wechselseitigen Versprechen der Parteien, die streitbeendende Wirkung des Schiedsspruchs anzuerkennen und seine Richtigkeit nicht in Frage zu stellen. Angesichts dieser vertraglichen Grundlage bedarf der inländische wie der ausländische Schiedsspruch der Anerkennung durch eine Rechtsordnung, soll er Wirksamkeit gegenüber Gerichten und anderen staatlichen Stellen erlangen. Hierzu kann eine Rechtsordnung einen Schiedsspruch einem rechtskräftigen Urteil gleichstellen oder ihm bloß schuldrechtliche Wirkung beigeben. Jedenfalls aus Sicht des deutschen (Verfassungs-)Rechts ist ein Staat, der sich zum Zwecke der Streitbeendigung das privat gefundene Ergebnis zu Eigen macht, gehalten, die Einhaltung elementarer Wirksamkeitserfordernisse, wie etwa das Bestehen einer Schiedsvereinbarung, zu überprüfen.

Die Grundlage der Anerkennung inländischer Schiedssprüche findet sich in § 1055 ZPO; ausländische Schiedssprüche sind nach Maßgabe von § 1061 ZPO i.V.m. dem New Yorker Übereinkommen anzuerkennen. Die gesetzlich vorgesehene Gleichstellung des Schiedsspruchs mit einem Urteil bedeutet dabei nicht, dass ein inländischer Schiedsspruch keiner Anerkennung bedürfte. Vielmehr vollzieht sich die Anerkennung gerade in der von Gesetzes wegen angeordneten Wirkungsgleichstellung. Das bedeutet, dass eine Inzidentverwerfung des inländischen Schiedsspruchs auszuscheiden hat und zu seiner Aufhebung ein besonderes – fristgebundenes – Verfahren anzustrengen ist. Die Anerkennung des ausländischen Schiedsspruchs steht in Deutschland hingegen unter dem Vorbehalt des Nichtvorliegens von Versagungsgründen und erfolgt mithin in Ansehung des Einzelfalls. Ein gesondertes Verfahren sieht die Zivilprozessordnung aber nicht vor. Vielmehr entscheidet das mit der Sache befasste Gericht über die Anerkennungsfähigkeit des Schiedsspruchs inzident nach Maßgabe des § 1061 ZPO i.V.m. den Vorschriften des New Yorker Übereinkommens.

Viertes Kapitel: Rechtskraft des Schiedsspruchs in Gerichtsverfahren

Das vierte Kapitel widmet sich der Bedeutung eines Schiedsspruchs für ein nachfolgendes Verfahren vor staatlichen Gerichten. Zu klären ist anhand der deutschen Zivilprozessordnung, unter welchen Voraussetzungen und auf welche Weise ein Schiedsspruch in einem nachfolgenden Gerichtsverfahren zu berücksichtigen ist. Des Weiteren gilt es zu untersuchen, welche Wirkungen der Schiedsspruch im Einzelnen hat. Die Darstellung folgt der im Gesetz angelegten Unterscheidung zwischen inländischen und ausländischen Schiedssprüchen.

I. Inländischer Schiedsspruch

Für inländische Schiedssprüche bestimmt § 1055 ZPO, dass ein Schiedsspruch gleich einem rechtskräftigen Urteil eines staatlichen Gerichts zu behandeln ist. Bevor untersucht werden kann, welche konkreten Wirkungen ein Schiedsspruch aufgrund dieser Gleichstellung in einem nachfolgenden Gerichtsverfahren zeitigt, ist zunächst der Frage nachzugehen, ob ein Schiedsspruch für den Eintritt der Wirkungen nach § 1055 ZPO bestimmte Voraussetzungen erfüllen muss.

1. Voraussetzungen der Beachtlichkeit

Ausgehend vom Wortlaut der Vorschrift tritt die Gleichstellung unmittelbar von Gesetzes wegen ein und ist nicht an die Erfüllung weiterer Voraussetzungen geknüpft. Erforderlich ist allein, dass die schiedsrichterliche Entscheidung begrifflich überhaupt als *Schiedsspruch* qualifiziert werden kann, der die Anforderungen erfüllt, die das deutsche Recht an einen solchen stellt.

a) Der Schiedsspruch als Gegenstand der Bindungswirkung

aa) Abgrenzung zu anderen Äußerungen eines Schiedsgerichts

Eine ausdrückliche Definition, was unter einem Schiedsspruch im Sinne des § 1055 zu verstehen ist, enthält die Zivilprozessordnung nicht. In Abgrenzung zu bloßen Anordnungen und Verfügungen eines Schiedsgerichts versteht das deutsche Recht unter einem Schiedsspruch eine Entscheidung eines unter den Parteien ausgetragenen Rechtsstreits durch ein privates Schiedsgericht auf Grundlage der in der Schiedsgerichtsvereinbarung übertragenen Entscheidungsgewalt.[534] Merkmal eines Schiedsspruchs ist mithin, dass er über den streitigen Gegenstand des Verfahrens und nicht über bloß verfahrensrechtliche Fragen entscheidet.[535]

Ähnlich Urteilen können verschiedene Arten des Schiedsspruchs (End-, Teil-, Ergänzungsschiedsspruch) unterschieden werden.[536] Soweit diese Schiedssprüche ein Gegenstück zu den in staatlichen Verfahren zulässigen Rechtsschutzformen darstellen, sind auch sie als Schiedssprüche im Sinne des § 1055 ZPO anzusehen und grundsätzlich der Rechtskraft fähig.[537] Probleme kann dabei die Einordnung von Entscheidungen bereiten, die von Schiedsgerichten als Zwischenschiedssprüche bezeichnet werden („*interim award*"). Das gilt vor allem bei Entscheidungen über den Anspruchsgrund, die als rechtskraftfähiger Teilschiedsspruch, aber auch als Zwischenschiedsspruch mit bloß innerprozessualer Bindungswirkung ergehen können.[538] Die Abgrenzung hat danach zu erfolgen, ob eine über die Äußerung eines bloßen Selbstbindungswillens hinausgehende Entscheidung vorliegt, die auch außerhalb des anhängigen Schiedsverfahrens

---

534 *Schwab/Walter*, Schiedsgerichtsbarkeit, Kap. 18 Rn. 1; ähnlich *Schroeder*, SchiedsVZ 2005, S. 244 (246); *F. Schmidt*, SchiedsVZ 2013, S. 32 (37); vgl. auch BGH, Beschl. v. 27.5.2004 – Az. III ZB 53/03, NJW 2004, S. 2226 (2227 f.) (zum Begriff des Schiedsgerichts).

535 Zur Abgrenzung (nach schweizerischem Recht) *Zaugg*, Verfahrensgliederung, S. 34 ff.

536 Vgl. hierzu *F. Schmidt*, Typologie von Schiedssprüchen, S. 105 ff.; *Schwab/Walter*, Schiedsgerichtsbarkeit, Kap. 18 Rn. 6 ff.; aus dem internationalen Schrifttum *Zuleta Jaramillo*, in: van den Berg, ICCA Congress Series 15, S. 231 ff.; *Born*, International Commercial Arbitration, Bd. III, S. 3012 ff.

537 *Schlosser*, in: Stein /Jonas, ZPO, § 1055 Rn. 19.

538 Bedeutung hat diese Frage vor allem im Hinblick auf die Zulässigkeit einer Anfechtung des Schiedsspruchs; zur Abgrenzung vgl. *Kremer/Weimann*, SchiedsVZ 2007, S. 238 ff.

Bindungswirkung und damit Rechtskraft haben soll.[539] Bei der Beurteilung sollte nicht zuletzt der Wille der Parteien maßgeblich sein.[540]

bb) Formerfordernisse

Zwingende Minimalerfordernisse an Inhalt und Form einer schiedsgerichtlichen Entscheidung sind in der Vorschrift des § 1054 ZPO aufgestellt. Der Schiedsspruch ist danach schriftlich zu erlassen und durch das Schiedsgericht zu unterzeichnen, Abs. 1 S. 1. Erforderlich ist des Weiteren eine Begründung des Schiedsspruchs, Abs. 2 S. 1, sowie die Angabe des Tages des Erlasses und des Ortes, an dem das Schiedsverfahren stattgefunden hat, Abs. 3 S. 1 ZPO. Der Schiedsspruch ist den Parteien zu übersenden, § 1054 Abs. 4 ZPO. Bedeutung erlangen die Anforderungen des § 1054 ZPO dabei insbesondere mit Blick auf das Aufhebungsverfahren nach § 1059 ZPO, dem zufolge ein Schiedsspruch, der keine Begründung enthält, nach § 1059 Abs. 2 Nr. 1 lit. d) ZPO angefochten werden kann.[541]

b) Verbindlichkeit des Schiedsspruchs

Die Gleichstellung des Schiedsspruchs mit einem Urteil erfolgt nach dem Wortlaut der Vorschrift des § 1055 ZPO unmittelbar im Zeitpunkt seines Erlasses. Aus diesem Grund wird bisweilen die Auffassung vertreten, § 1055 sei zugleich eine Regelung der formellen Rechtskraft des Schiedsspruchs.[542] Zutreffend ist an dieser Feststellung, dass die gegen Urteile statthaften ordentlichen Rechtsbehelfe auf Schiedssprüche nicht anwendbar sind. Das ergibt sich allerdings aus § 1059 ZPO, gemäß dem zur Aufhebung von Schiedssprüchen der Rechtsbehelf des § 1059 ZPO anzustrengen ist.[543] Dieses Verfahren ist keine Fortführung des ursprünglichen Pro-

---

539 *Schlosser*, in: Stein/Jonas, ZPO, § 1054 Rn. 7 sowie § 1055 Rn. 25; vgl. auch *Münch*, in: Münchener Kommentar zur ZPO, § 1056 Rn. 7 f.

540 So wohl *Schlosser*, in: Stein/Jonas, ZPO, § 1055 Rn. 21, 26.

541 *Münch*, in: Münchener Kommentar zur ZPO, § 1054 Rn. 18 m.w.N.; auch BT-Drucks. 13/5274, S. 59 f.; kritisch *Voit*, in: Musielak, ZPO, § 1054 Rn. 5.

542 So *Spohnheimer*, Antezipiertes Legalanerkenntnis, S. 20; *Leipold*, in: Stein/Jonas, ZPO, § 322 Rn. 2.

543 So auch *Bosch*, Rechtskraft und Rechtshängigkeit, S. 38.

zesses, sondern ein selbstständiger Rechtsstreit[544] mit einem neuen Streitgegenstand, an dessen Ende entweder die Bestätigung oder die Aufhebung des Schiedsspruchs steht. Als eine Regelung der formellen Rechtskraft des Schiedsspruchs mag man die Vorschrift des § 1055 ZPO auch insoweit ansehen können, als die Zivilprozessordnung selbst kein Rechtsmittelsystem gegen einen Schiedsspruch vorhält. Entscheidend ist aber weniger, ob § 1055 ZPO eine Aussage über die Aufhebbarkeit des Schiedsspruchs trifft, als vielmehr die Frage, ob der Eintritt der Wirkung des § 1055 ZPO an das Erreichen einer gewissen Endgültigkeit des Schiedsspruchs geknüpft ist. Das wird von der Rechtsprechung und Literatur überwiegend bejaht: Die Gleichstellung des Schiedsspruchs mit einem Urteil soll nur unter der Maßgabe erfolgen, dass dieser eine mit der formellen Rechtskraft des Urteils vergleichbare Endgültigkeit erreicht hat.[545] Wie sich diese Unabänderlichkeit im Fall von Schiedssprüchen bestimmt, ist im Folgenden zu untersuchen.

aa) Parteivereinbarungen über den Eintritt der Endgültigkeit

In Anlehnung an die für Urteile geltenden Grundsätze wird die Endgültigkeit von Schiedssprüchen insbesondere vor dem Hintergrund seiner Aufhebbarkeit bzw. Abänderung innerhalb des schiedsgerichtlichen Verfahrens diskutiert. Diese Möglichkeit besteht, wenn die Parteien entsprechendes vereinbart haben bzw. in der zugrundeliegenden institutionellen Schiedsordnung ein Rechtsweg gegen Schiedssprüche zugelassen ist. Darüber, dass die für § 1055 ZPO erforderliche „formelle Rechtskraft" erst nach der Bestätigung des Schiedsspruchs durch ein Oberschiedsgericht bzw. nach Ablauf der Anfechtungsfrist eintritt, herrscht Einigkeit.[546] Die Möglichkeit der Vereinbarung eines schiedsrichterlichen Instanzenzugs

---

544 Bisweilen werden hier Parallelen zu dem außerordentlichen Rechtsbehelf einer Wiederaufnahme des Verfahrens, §§ 578 ff. ZPO, gezogen, vgl. *Schlosser*, in: Stein/Jonas, ZPO, § 1055 Rn. 4; *Spohnheimer*, Antezipiertes Legalanerkenntnis, S. 20; *Altenrath*, Wirkung des Schiedsspruchs, S. 39.

545 *Bosch*, Rechtskraft und Rechtshängigkeit, S. 39; am Erfordernis der formellen Rechtskraft ebenfalls festhaltend *Neef*, Rechtskraft von Schiedssprüchen, S. 12; *Loritz*, ZZP 105 (1992), S. 1 (1).

546 *Bosch*, Rechtskraft und Rechtshängigkeit, S. 43; *Schlosser*, in: Stein/Jonas, ZPO, § 1055 Rn. 2; *ders.*, Internationale private Schiedsgerichtsbarkeit, Rn. 718; *Spohnheimer*, Antezipiertes Legalanerkenntnis, S. 20.

beschreibt aber nur eine der denkbaren Bedingungen, welche die Parteien für den Eintritt des Zeitpunkts aufstellen können, ab dem sie den Schiedsspruch gegen sich gelten lassen wollen. Ein Grund lediglich der Vereinbarung eines Instanzenzugs Einfluss auf den Zeitpunkt des Eintritts einer „formellen Rechtskraft" des Schiedsspruchs zu geben, besteht nicht. Auch im Übrigen sollte der Wille der Parteien maßgeblich für den Eintritt der Wirkungsgleichstellung des § 1055 ZPO sein.[547] In diesem Sinne hat auch der BGH eine Vereinbarung als zulässig erachtet, der zufolge einem Schiedsspruch nur dann Wirkung zukommen soll, wenn nicht binnen einer bestimmten Frist Klage vor einem staatlichen Gericht erhoben wird.[548] Zur Begründung hat er ausgeführt, die bindende Kraft des § 1055 ZPO komme dem Schiedsspruch aufgrund des Konsenses der Parteien zu, woraus zu schließen sei, dass diese auch zur Vereinbarung bestimmter Modalitäten wie etwa des Zeitpunkt des Eintritts der Bindung befugt seien.[549]

Dem BGH ist insoweit zu widersprechen, als die Beachtlichkeit des Schiedsspruchs in einem nachfolgenden Verfahren nicht unmittelbar auf einer vertraglichen Vereinbarung der Parteien, sondern auf der staatlichen Anerkennung des Spruchs in § 1055 ZPO beruht, im Ergebnis ist die Kopplung des Eintritts der Wirkungen des § 1055 ZPO an den Willen der Parteien jedoch zutreffend.[550] Wie aufgezeigt bestehen innerhalb des auf vertraglichen Vereinbarungen beruhenden Schiedsverfahrens keine Bedenken, den Parteien die Freiheit zuzubilligen, bestimmte Anforderungen an

547 So auch *Manner*, in: Nedden/Herzberg, ICC-/DIS-SchO, § 38 DIS-SchO Rn. 11; *Schlosser*, in: Stein/Jonas, ZPO, § 1055 Rn. 1.

548 BGH, Beschl. v. 1.3.2007 – Az. III ZB 7/06, BGHZ 171, 245 ff.

549 BGH, Beschl. v. 1.3.2007 – Az. III ZB 7/06, BGHZ 171, 245 ff. Der BGH verweist zur Begründung zudem darauf, dass es den Parteien frei stehe, einem ergangenen Schiedsspruch die Bindungswirkung nachträglich zu nehmen. Das ist allerdings nicht unbestritten. Vgl. zum Meinungsstand unten c).

550 Die Entscheidung wird von einigen Stimmen kritisch gesehen, vgl. *Voit*, in: Musielak, ZPO, § 1029 Rn. 20; *Münch*, in: Münchener Kommentar zur ZPO, § 1029 Rn. 90. Soweit die Kritik darauf abstellt, dass die Parteien sich nicht vorbehalten dürfen, nach dem Schiedsverfahren ein staatliches Gericht zur inhaltlichen Bestätigung des Schiedsspruchs anzurufen, ist indes fraglich, ob die Schiedsvereinbarung, über die der BGH zu entscheiden hatte, überhaupt diesen Inhalt hatte. Es ging hier wohl eher um eine vollständige Neuprüfung des Anspruchs. Zu diesem Verständnis der streitgegenständlichen Vereinbarung *Kröll*, SchiedsVZ 2008, S. 62 (63). Zur Entscheidung des BGH auch unten 5. Kap., III. 2. b) aa).

den Eintritt der Verbindlichkeit des Schiedsspruchs aufzustellen.[551] Es spricht auch nichts dagegen, wenn der anerkennende Staat solche Parteiabreden berücksichtigt und den Eintritt der Wirkungen des § 1055 ZPO auf diesen Zeitpunkt hin ausrichtet. Das gilt allerdings nicht für Parteivereinbarungen, die von den Voraussetzungen abweichen, die das Gesetz an das Vorliegen eines Schiedsspruchs stellt, indem sie etwa eine mündliche Verkündung des Schiedsspruchs als ausreichend ansehen. In ihrem Innenverhältnis und auch gegenüber dem Schiedsgericht mögen die Parteien einen solchen mündlich verkündeten Schiedsspruch als verbindlich erachten und sich schuldrechtlich an ihn gebunden haben.[552] Die Rechtsfolge des § 1055 ZPO löst dieser Schiedsspruch jedoch nicht aus. Die Mindestanforderungen des § 1054 ZPO gehen Parteivereinbarungen über die Verbindlichkeit vor.

bb) Verhältnis des nicht verbindlichen Schiedsspruchs zu § 1055 ZPO

Liegt nach dem Gesagten die Bestimmung des Zeitpunkts des Eintritts der Wirkungen des § 1055 ZPO in den Händen der Parteien, so unterscheidet sich das Schiedsverfahren insofern von Verfahren vor staatlichen Gerichten, als es an einem gesetzlich klar bestimmten und auch bestimmbaren Zeitpunkt zur Festlegung des Eintritts der materiellen Rechtskraft fehlt. Während bei einem Urteil der Eintritt der Rechtskraft mit dem Erlass des letztinstanzlichen Urteils bzw. dem Ablauf der Rechtsmittelfrist eindeutig gekennzeichnet ist, entscheiden bei Schiedssprüchen die Parteien über den Zeitpunkt des Eintritts der Verbindlichkeit. Das kann zu Unstimmigkeiten zwischen der Anordnung des § 1055 ZPO und einem Schiedsverfahren führen, in dem zwar eine schiedsrichterliche Entscheidung schon ergangen, aber noch nicht verbindlich geworden ist. Dazu trägt auch die unscharfe Verwendung des Begriffs des Schiedsspruchs in § 1055 ZPO bei.[553] Versteht man – wie es das Gesetz nahelegt – unter einem Schieds-

---

551 *Schlosser*, in: Stein/Jonas, ZPO, § 1055 Rn. 1; *Münch*, in: Münchener Kommentar zur ZPO, § 1055 Rn. 4; *Spohnheimer*, Antezipiertes Legalanerkenntnis, S. 22.

552 *Schlosser*, Internationale private Schiedsgerichtsbarkeit, Rn. 719.

553 In anderem Zusammenhang führt *Neef*, Rechtskraft des Schiedsspruchs, S. 36, aus, dass die Zivilprozessordnung den Begriff des Schiedsspruchs sowohl für die Erkenntnis der Schiedsrichter als auch für den aufgrund der Anordnung in § 1055 ZPO Rechtswirkungen erzeugenden Spruch verwendet.

spruch jede schiedsrichterliche Entscheidung, welche die Voraussetzungen des § 1054 ZPO erfüllt,[554] bedeutet das nämlich, dass jeder Schiedsspruch, der den dort aufgezählten Anforderungen genügt,[555] in den Anwendungsbereich des § 1055 ZPO fällt, und zwar selbst dann, wenn er zwischen den Parteien noch nicht verbindlich geworden ist. Um zu verhindern, dass dieser Schiedsspruch dennoch Rechtskraft in einem Gerichtsverfahren entfaltet, bieten sich zwei Gestaltungsmöglichkeiten an. Zum einen könnte das Schiedsgericht einen in seiner Wirksamkeit bedingten Schiedsspruch erlassen. Eine andere Lösung könnte darin zu finden sein, die Unabänderlichkeit und mithin Verbindlichkeit des Schiedsspruchs innerhalb des schiedsrichterlichen Systems in den Begriff des Schiedsspruchs im Sinne des § 1055 ZPO zu integrieren.

(1) Bedingte Verbindlichkeit des Schiedsspruchs

Denkbar ist, dass die Parteien dem Schiedsgericht aufgeben, den für sie noch nicht verbindlichen Schiedsspruch unter einen entsprechenden Vorbehalt zu stellen. Für den Fall etwa, dass eine Schiedsordnung die Möglichkeit des Instanzenzugs bietet, könnte der erstinstanzliche Schiedsspruch unter der Bedingung erlassen werden, dass er nicht durch ein Obergericht kassiert wird.[556] In der vorerwähnten Entscheidung zur Zulässigkeit einer Vereinbarung, nach welcher der Schiedsspruch unter dem Vorbehalt der Nichtanrufung staatlicher Gerichte stand, hat der BGH die in Frage stehende Vereinbarung als eine Art auflösende Bedingung erfasst. Konstruktiv vorzugswürdig dürfte allerdings die Annahme sein, dass ein aufschiebend bedingter Schiedsspruch erlassen wurde.[557]

---

554 Auf diese Vorschrift verweisend *BMJ*, Bericht der Kommission zur Neuordnung des Schiedsverfahrens, S. 184.

555 Nach zutreffender Meinung gilt die Vorschrift des § 1054 ZPO auch für erstinstanzliche Schiedssprüche, da ansonsten in jedem Fall ein zweiter Schiedsspruch ergehen müsste, der den Anforderungen des § 1054 ZPO genügt, vgl. *Voit*, in: Musielak, ZPO, § 1054 Rn. 2 m.w.N. auch zur a.A. Angesichts der Abschaffung des Niederlegungserfordernisses des § 1039 Abs. 3 a.F. dürften die meisten erstinstanzlichen Schiedssprüche die Mindestanforderungen des § 1054 ZPO ohnehin erfüllen.

556 *Spohnheimer*, Antezipiertes Legalanerkenntnis, S. 20 f.

557 *Kröll*, SchiedsVZ 2008, S. 62 (63); *Spohnheimer*, Antezipiertes Legalanerkenntnis, S. 20; *Schwab/Walter*, Schiedsgerichtsbarkeit, Kap. 22 Rn. 11.

Ungeachtet der konkreten Ausgestaltung des Vorbehalts kann die Auffassung des BGH jedoch nicht zu einer befriedigenden Lösung des Problems führen. Denn bringt das Schiedsgericht die Bedingtheit des Spruchs im Tenor nicht zum Ausdruck, wird sich der Vorbehalt des Wirkungseintritts allenfalls aus der Schiedsvereinbarung ergeben. Nach deutschem Recht ist die Vorlage der Schiedsvereinbarung allerdings nicht erforderlich, um sich erfolgreich auf die Rechtskraftwirkung des Schiedsspruchs zu berufen.[558] Zudem ist fraglich, ob die staatlichen Organe, die über die Anerkennung und Erteilung der Vollstreckbarerklärung zu befinden haben, zu einer Heranziehung und Beachtung weiterer Dokumente, aus denen sich eine Wirkungseinschränkung ergibt, überhaupt befugt sind. Dass einem vorbehaltlos erlassenen Spruch keine unbeschränkte Wirkung zukommen soll, wird man daher im Aufhebungsverfahren nach § 1059 ZPO wegen Nichteinhaltung des von den Parteien vereinbarten Verfahrens geltend zu machen haben, § 1059 Abs. 2 Nr. 1 lit. d) ZPO.[559] Soweit dabei eine vollumfängliche Aufhebung dem Willen der Parteien nicht entspricht und für sie auch aus ökonomischen Gründen nicht sinnvoll ist, kommt eine Aufhebung des Schiedsspruchs insoweit in Betracht, als er ohne Vorbehalt ergangen ist.[560]

(2) Verbindlichkeit als Merkmal des Schiedsspruchs

Vorzugswürdig erscheint es daher, die Unangreifbarkeit und Beständigkeit in den Begriff des anerkennungsfähigen Schiedsspruchs zu integrieren. Nach dieser Lösung ist die Vorschrift des § 1055 ZPO erst dann zur An-

---

558 Auf die Vorlage des Schiedsspruchs beschränkt sich auch das UNCITRAL-Modell-Gesetz, vgl. Art. 35 Abs. 2 S. 1. Anders dagegen die Regelung des New Yorker Übereinkommens, das nach Art. IV (1) lit. b) die Anerkennung des Schiedsspruchs an die Vorlage der Schiedsvereinbarung knüpft.

559 *Spohnheimer*, Antezipiertes Legalanerkenntnis, S. 20 f. Skeptisch zu der Aufnahme eines entsprechenden Vorbehalts in den Schiedsspruchs *Neef*, Rechtskraft des Schiedsspruchs, S. 18. Die deutsche Zivilprozessordnung kennt Vorbehaltsurteile in § 302 ZPO für den Sonderfall, dass der Beklagte die Aufrechnung mit einer Gegenforderung erklärt hat, der Rechtsstreit allerdings nur hinsichtlich der Forderung entscheidungsreif ist. Die Vorstellung eines Urteils, das unter dem generellen Vorbehalt seiner Bestätigung durch ein Obergericht steht, passt dagegen nicht mit dem Ziel des Prozesses zusammen, hinsichtlich eines bestimmten Tatsachenstoffs eine endgültige Entscheidung treffen zu können.

560 Kritisch *Bosch*, Rechtskraft und Rechtshängigkeit, S. 43.

wendung zu bringen, wenn der Schiedsspruch das Schiedsverfahren (für diesen Teil) vollumfänglich abgeschlossen hat.[561] Ein Schiedsspruch müsste dann nicht nur die Voraussetzungen des § 1054 ZPO erfüllen, sondern auch nach Maßgabe des Rechts, nach dem das Schiedsverfahren geführt worden ist und etwaiger Parteivereinbarungen den Streit abschließend und für die Parteien verbindlich entschieden haben.[562] Erst dann, wenn die Parteien auf Grundlage ihrer Parteivereinbarungen vertraglich an den Schiedsspruch gebunden sind und ihn zu befolgen haben, erscheint es gerechtfertigt, ihn auch als eine Entscheidung anzusehen, die weitere Entscheidungen staatlicher Gerichte ausschließt bzw. nachfolgende Gerichte bindet. Diese Definition des Begriffs des Schiedsspruchs trägt zu einer klaren Trennung von Schieds- und Gerichtsverfahren bei und stellt sicher, dass staatliche Gerichte über Schiedssprüche erst dann urteilen, wenn diese die Sphäre der Schiedsgerichtsbarkeit endgültig verlassen haben.[563] Zudem entspricht dieses Begriffsverständnis dem internationalen Sprachgebrauch, in dem das Merkmal der Unangreifbarkeit („*finality*") in den Begriff des Schiedsspruchs integriert ist.[564] Insoweit lässt sich auch auf das New Yorker Übereinkommen verweisen, das in Art. V (1) lit. e) UNÜ eine Vorschrift enthält, nach der Schiedssprüche nicht anzuerkennen sind, die zwischen den Parteien noch nicht verbindlich („*binding on the parties*") geworden sind.[565] Im Ergebnis setzt die Gleichstellung eines Schieds-

---

561 *Voit*, in: Musielak, ZPO, § 1055 Rn. 3; *Schwab/Walter*, Schiedsgerichtsbarkeit, Kap. 22 Rn. 11; *F. Schmidt*, Typologie von Schiedssprüchen, S. 52, 84; *ders.*, SchiedsVZ 2013, S. 32 (36).

562 Vgl. etwa die Regelung des Art. 1059 Abs. 2 *Wetboek van Burgerlijke Rechtsvordering* (ZPO-NL), dem zufolge für den Fall, dass das Schiedsverfahren einen Instanzenzug vorsieht, der (erstinstanzliche) Schiedsspruch erst zu dem Zeitpunkt in Rechtskraft erwächst, wenn ein Rechtsbehelf gegen ihn verfristet ist oder er durch das angerufene Obergericht bestätigt wurde.

563 Vgl. *F. Schmidt*, Typologie von Schiedssprüchen, S. 63, unter Verweis auf BGH, Urt. v. 7.10.1953 – Az. II ZR 170/52, NJW 1953, S. 1913; ähnlich auch *Schlosser*, in: Stein/Jonas, ZPO, § 1054 Rn. 10 („*Erst die Entscheidung des Oberschiedsgerichts ist der eigentliche Schiedsspruch.*").

564 *Kirby*, J. Int. Arb. 29 (2012), S. 119 (121); *F. Schmidt*, Typologie von Schiedssprüchen, S. 50 ff.; auch *Zuleta Jaramillo*, in: van den Berg, ICCA Congress Series 15, S. 231 ff.; ablehnend *Schwartz*, in: Lèvy/Derains, Liber Amicorum Lazareff, S. 569 (571 f.).

565 Zum Verständnis der Verbindlichkeit im Sinne des Art. V (1) lit. e) UNÜ unten II. 1. b); vgl. auch *F. Schmidt*, Typologie von Schiedssprüchen, S. 61, der der Frage nicht nachgeht, ob das Fehlen entsprechender Regelungen in der deutschen Zivilprozessordnung von Bedeutung ist.

spruchs mit einem staatlichen Urteil in § 1055 ZPO voraus, dass der Schiedsspruch innerhalb des schiedsgerichtlichen Verfahrens endgültig geworden ist und mithin die Voraussetzungen erfüllt, die die Parteien für ihre gegenseitige Bindung an den Spruch aufgestellt haben.

cc) Erforderlichkeit einer Vollstreckbarerklärung des Schiedsspruchs

Eine weitere Einschränkung der in § 1055 ZPO angeordneten Gleichstellung könnte insoweit zu machen sein, als – in Umkehrung der für Urteile geltenden Beziehung, wonach die Rechtskraft eine Bedingung für die Vollstreckbarkeit ist, § 704 BGB – bei Schiedssprüchen eine vollständige Rechtskraftwirkung erst und nur dann eintritt, wenn der Schiedsspruch für vollstreckbar erklärt worden ist.[566] Der Großteil der in dieser Hinsicht vertretenen Ansichten kann als überholt angesehen werden.[567] Nach wie vor wird aber vertreten, die Rechtskraft des Schiedsspruchs wirke nur dann als ein Gebot des *ne bis in idem*[568] und sei von Amts wegen[569] beachtlich, wenn der Schiedsspruch für vollstreckbar erklärt worden ist. Auf diese Problematik ist im Einzelnen an späterer Stelle einzugehen;[570] hier soll zunächst das Verhältnis von Vollstreckbarkeit und Feststellungswirkung des Schiedsspruchs beleuchtet werden.

---

566 Für Schiedssprüche in gesellschaftsrechtlichen Angelegenheiten BayObLG, Beschl. v. 24.2.1984 – Az. BReg 3 Z 197/83, MDR 1984, S. 496 f.; zustimmend *K. Schmidt*, ZGR 1988, S. 523 (536); zu Register- oder Grundbucheintragung vgl. die Nachweise bei *Walter*, in: Gottwald/Prütting, FS Schwab, S. 539 (541 mit FN 7,8,9).

567 Vgl. etwa *Schwab/Walter*, Schiedsgerichtsbarkeit, Kap. 21 Rn. 12; a.A. *ebenda* allerdings für den Falle des § 894 ZPO; Baumbach et al., ZPO, § 1055 Rn. 7; auch OLG München, Beschl. v. 15.9.2016 – Az. 34 Sch 19/16, BeckRS 2016, 16586.

568 So *Bosch*, Rechtskraft und Rechtshängigkeit, S. 88; *Schlosser*, in: Stein/Jonas, ZPO, 22. Aufl. 2002, § 1055 Rn. 6; a.A. nunmehr *Schlosser*, in: Stein/Jonas, ZPO, § 1055 Rn. 10.

569 So wohl *Münch*, in: Münchener Kommentar zur ZPO, § 1055 Rn. 29.

570 Siehe hierzu unten 2. a).

(1) Keine originäre Vollstreckbarkeit

Die Gleichstellung des Schiedsspruchs mit einem Urteil in § 1055 ZPO erstreckt sich – anders als etwa in der Schweiz[571] – nicht auf die Vollstreckbarkeit; eine originäre Vollstreckbarkeit fehlt dem Schiedsspruch.[572] Wie sich aus § 1060 Abs. 1 ZPO ergibt, bedarf der Schiedsspruch zur zwangsweisen Durchsetzung der Erklärung der Vollstreckbarkeit,[573] die vom Vollstreckungsgläubiger beim zuständigen Oberlandesgericht gemäß § 1060 ZPO zu beantragen ist. In diesem Verfahren wird geprüft, ob einer Vollstreckung die in § 1059 Abs. 2 ZPO genannten Gründe entgegenstehen. Eine inhaltliche Sachprüfung des Schiedsspruchs findet dabei nicht statt;[574] etwaige Fehlentscheidungen des Schiedsgerichts sind hinzunehmen. Nach Ablauf der Frist des § 1059 Abs. 3 ZPO zur Stellung des Aufhebungsantrags ist der Prüfungsumfang des Oberlandesgerichts auf das Vorliegen einer schiedsfähigen Streitigkeit und das Nichtvorliegen eines Verstoßes gegen den *ordre public* begrenzt, § 1060 Abs. 2 S. 3 ZPO. Der Einsatz der staatlichen Zwangsgewalt steht mithin in jedem Fall unter dem Vorbehalt der Einhaltung rechtsstaatlicher Mindestanforderungen.[575]

---

571 Vgl. Art. 387 ZPO-CH, dem zufolge der Schiedsspruch die Wirkung eines rechtskräftigen und vollstreckbaren gerichtlichen Entscheids hat.

572 *Bosch*, Rechtskraft und Rechtshängigkeit, S. 71, sowie *Walter*, in: Gottwald/Prütting, FS Schwab, S. 539 (543), weisen darauf hin, dass auch bei Urteilen Rechtskraft und Vollstreckbarkeit nicht in derselben Norm geregelt sind und insofern auch nicht behauptet werden könne, die materielle Rechtskraft des Schiedsspruchs sei durch die fehlende Vollstreckbarkeit nur eingeschränkt verwirklicht.

573 Angesichts des eindeutigen Wortlauts des § 794 Abs. 1 Nr. 4 a ZPO entspricht es der ganz h.M., dass Grundlage der Zwangsvollstreckung nicht der Schiedsspruch selbst, sondern die rechtskräftige bzw. vorläufig vollstreckbare gerichtliche Entscheidung über seine Vollstreckbarkeit ist, vgl. statt aller *Wolfsteiner*, in: Münchener Kommentar zur ZPO, § 794 Rn. 126.

574 OLG Saarbrücken, Urt. v. 30.5.2011 – Az. 4 Sch 03/10, SchiedsVZ 2012, S. 47 (52); OLG Köln, Beschl. v. 23.4.2004 – Az. 9 Sch 01/03, SchiedsVZ 2005, S. 163 (165); *Münch*, in: Münchener Kommentar zur ZPO, § 1059 Rn. 7, mit zahlreichen weiteren Nachweisen zur Rechtsprechung.

575 *Voit*, in: Musielak, ZPO, § 1060 Rn. 1.

(2) Vollständige Gleichstellung erst nach Vollstreckbarerklärung?

Um zu verstehen, aus welchem Grund der Erklärung der Vollstreckbarkeit eine über die bloße Ermöglichung der Zwangsvollstreckung hinausweisende Wirkung zukommen soll, ist ein Blick auf die in der Literatur befürwortete[576] ständige Rechtsprechung des BGH[577] zu werfen. Nach dieser soll selbst ein nach seinem Inhalt nicht vollstreckbarer Schiedsspruch für vollstreckbar erklärt werden können und es einem entsprechenden Antrag nicht am Rechtsschutzbedürfnis fehlen.[578] Begründet wird das damit, dass die Vollstreckbarerklärung nicht allein der Ermöglichung der Zwangsvollstreckung diene, sondern den Schiedsspruch auch umfassend gegen die Geltendmachung von Aufhebungsgründen absichere.[579] Die Vollstreckbarerklärung bewirke mithin eine „Bestandskraft" des Schiedsspruchs,[580] da nach Erteilung der Vollstreckbarkeit ein Antrag auf Aufhebung nicht mehr gestellt werden kann, § 1059 Abs. 3 S. 4 ZPO.

Aufgrund der kurzen Frist zur Stellung eines Aufhebungsantrags von drei Monaten greifen diese Überlegungen jedoch allenfalls hinsichtlich der in § 1059 Abs. 2 Nr. 2 ZPO genannten Gründe durch, der fehlenden Schiedsfähigkeit und dem Verstoß gegen den *ordre public*. Überdies ist aber schon zu bezweifeln, ob sich die vom BGH befürchtete Rechtsunsicherheit nicht auf einem anderen Wege als durch die Erteilung der Vollstreckbarerklärung vermeiden lässt. Dem unter Umständen berechtigten[581] Anliegen der Parteien, Klarheit über die materielle Rechtskraft zu erhal-

576 *Schlosser*, in: Stein/Jonas, ZPO, § 1060 Rn. 8; nicht abgeneigt, i.E. jedoch verneinend *Spohnheimer*, Legalanerkenntnis des Schiedsspruchs, S. 14.

577 Vgl, nur BGH, Urt. v. 30.11.1961 – Az. VII ZR 12/61, JZ 1962, S. 287 ff. m.w.N.; BGH, Beschl. v. 30.3.2006 – Az. III ZB 78/05, SchiedsVZ 2006, S. 278 ff.

578 BGH, Beschl. v. 30.3.2006 – Az. III ZB 78/05, SchiedsVZ 2006, S. 278 ff.; a.A. die Vorinstanz, KG Berlin, Beschl. v. 27.5.2005 – Az. 20 Sch 7/05 (Juris); weitere Nachweise bei *Wolff/Falk*, SchiedsVZ 2006, S. 280 ff.

579 BGH, Beschl. v. 30.3.2006 – Az. III ZB 78/05 Rz. 10, SchiedsVZ 2006, S. 278 (279).

580 BGH, Beschl. v. 30.3.2006 – Az. III ZB 78/05 Rz. 13, SchiedsVZ 2006, S. 278 (280); in diese Richtung auch *Lindacher*, KTS 1966, S. 153 (154); *Bosch*, Rechtskraft und Rechtshängigkeit, S. 72 („*deutliche Annäherung der Unangreifbarkeit des Schiedsspruchs an diejenige des rechtskräftigen gerichtlichen Urteils*").

581 *Voit*, in: Musielak, ZPO, § 1059 Rn. 38, nennt den Fall, in dem die Parteien die Frist des § 1059 Abs. 3 ZPO abbedungen haben.

ten, könnte durch die Zulässigkeit einer Feststellungsklage[582] gerichtet auf Nichtvorliegen von bestimmten(!) Aufhebungsgründen Rechnung getragen werden. Das brächte die klare Trennung zwischen der Feststellungswirkung als Element des Erkenntnisverfahrens und der Vollstreckbarkeit als Bedingung für den Einsatz staatlicher Zwangsmittel besser zum Ausdruck.[583] Darüber hinaus ist der Entscheidung des BGH schon deshalb nicht zuzustimmen, weil durch die Verknüpfung der Vollstreckbarerklärung mit der Rechtsbeständigkeit der Eindruck erweckt wird, trotz der in § 1055 angeordneten Gleichstellung von Schiedsspruch und Urteil bleibe die Feststellungswirkung von Schiedssprüchen hinter der von Urteilen zurück. Richtigerweise erlangt der Schiedsspruch aber schon durch seine Anerkennung volle Wirksamkeit.[584] Die Vorstellung, § 1055 ZPO habe die Funktion einer bloß „internen Streitbeilegung“[585], die in der Entscheidung des BGH mitzuschwingen scheint, entspricht nicht der Bedeutung, die der Schiedsgerichtsbarkeit in der deutschen Rechtsordnung von Gesetzes wegen zukommt.[586]

c) Aufhebung der Verbindlichkeit

Zuletzt ist der Frage nachzugehen, ob und welche Bedeutung einer Aufhebung des Schiedsspruchs durch die Parteien in einem Verfahren vor staatlichen Gerichten zukommt. Es ist, anders ausgedrückt, zu untersuchen, ob eine einvernehmliche Aufhebung zur Folge hat, dass der Gegenstand der Anerkennung vernichtet wird. Das wird von der überwiegenden Ansicht in

582 Für eine analoge Anwendung des Beschlussverfahrens *Geimer*, in: Zöller, ZPO, § 1060 Rn. 7.

583 In diesem Sinne auch *Wolff/Falk*, SchiedsVZ 2006, S. 280 (281).

584 Kritisch zum Urteil daher *Wolff/Falk*, SchiedsVZ 2006, S. 280 ff.

585 So im Hinblick auf die Gestaltungswirkung *K. Schmidt*, ZGR 1988, S. 523 (536), unter Hinweis darauf, dass § 1040 a.F. (§ 1055) ZPO von der urteilsgleichen Wirkungen *unter den Parteien* spreche.

586 So *Wolff/Falk*, SchiedsVZ 2006, S. 280 ff.; weniger kritisch *Kröll*, SchiedsVZ 2007, S. 145 (152), welcher der Vollstreckbarerklärung die Bedeutung zumisst, die Akzeptanz des Schiedsspruchs zu steigern.

Rechtsprechung[587] und Schrifttum[588] bejaht. Soweit alsdann der Schluss formuliert wird, die Parteien könnten über die materielle Rechtskraft des Schiedsspruchs disponieren, ist diese Feststellung jedoch – unbesehen des Ergebnisses – nicht zutreffend.[589] Denn die gesetzliche Gleichstellung des Schiedsspruchs mit einem Urteil verleiht diesem eine Wirkung, die sich als ein an den Richter gerichtetes Verhaltensgebot darstellt. Diesen Verhaltensbefehl können die Parteien – ebenso wenig wie bei einem staatlichen Urteil[590] – nicht, auch nicht einvernehmlich aufheben.

Hingegen sind die Parteien befugt, mit Wirkung zwischen ihnen eine Vereinbarung über die Verbindlichkeit des Schiedsspruchs zu treffen. Denn bildet die zwischen den Parteien getroffene Schiedsvereinbarung, in der sich diese dazu verpflichtet haben, den Schiedsspruch zu befolgen, den Grund der Verbindlichkeit, so ist nicht ersichtlich, warum es den Parteien, die mit dem Ergebnis des Schiedsspruchs unzufrieden sind, nicht möglich sein soll, diese vertragliche Verpflichtung einvernehmlich auch wieder zu beseitigen. Dementsprechend können die Parteien in einem Aufhebungsvertrag vereinbaren, dass der ergangene Schiedsspruch keine Rechtswirkungen zwischen ihnen entfalten soll.[591]

aa) Beachtlichkeit der Aufhebung

Aus Sicht des staatlichen Richters stellt sich alsdann die Frage, ob er eine solche Vereinbarung der Parteien über die Aufhebung der Verbindlichkeit des Spruchs zu beachten hat. An anderer Stelle war schon bejaht worden, dass Vereinbarungen, in denen die Parteien den Eintritt der Verbindlichkeit

---

587 BGH, Beschl. v. 1.3.2007 – Az. III ZB 7/06, BGHZ 171, 245 ff.; OLG Bremen, Urt. v. 14.12.1956 – Az. 1 U 369/55, NJW 1957, S. 1035; BayObLG, Beschl. v. 24.2.1984 – BReg. 3 Z 197/83, BayObLGZ 1984, 45.

588 *v. Schlabrendorff/Sessler*, in: Böckstiegel/Kröll/Nacimiento, Commentary on the German Arbitration Law, § 1055 Rn. 24; a.A. *Loritz*, ZZP 105 (1992), S. 1 (13); *Lindacher*, KTS 1966, S. 153 (157); *Spohnheimer*, Antezipiertes Legalanerkenntnis, S. 24; *Rüßmann/Spohnheimer*, in: Dammann/Grunsky/Pfeiffer, GS Wolf, S. 517 (521); *Kohler*, Gesammelte Beiträge, S. 240 FN 3.

589 Ähnlich *Schlosser*, in: Stein/Jonas, ZPO, § 1055 Rn. 6, der nach der Zulässigkeit der Aufhebung der formellen Rechtskraft des Schiedsspruchs fragt.

590 BGH, Urt. v. 6.3.1985 – Az. IV b ZR 76/83, NJW 1985, S. 2535 (2536); *Gottwald*, in: Münchener Kommentar zur ZPO, § 322 Rn. 59; a.A. *Schlosser*, Einverständliches Parteihandeln, S. 14 f.; *Wagner*, Prozeßverträge, S. 717.

591 Siehe hierzu oben 3. Kap., I. 3. b).

des Schiedsspruchs unter einen Vorbehalt gestellt haben, von den staatlichen Gerichten beachtet werden sollen. Dasselbe gilt für den Fall der einvernehmlichen Aufhebung.

Gegen die Beachtlichkeit einer solchen Aufhebung lassen sich auch nicht die am Bestand des Schiedsspruchs bestehenden öffentlichen Interessen ins Feld führen. Denn diese können das Interesse der Parteien, die den Schiedsspruch nicht mehr gegen sich gelten lassen wollen, nicht überwiegen.[592] Zwar schafft ein Schiedsspruch ebenso wie ein Urteil Rechtsfrieden und dient damit der Rechtssicherheit, was sich auf Seiten des Staatsinteresses in die Waagschale legen lässt. Diesem Rechtsfrieden ist allerdings die individuelle Basis entzogen, wenn der Spruch nicht zu einer Befriedung zwischen den Parteien beitragen kann.[593] Dafür, aus staatlicher Sicht am Schiedsspruch festzuhalten, lässt sich auch nicht anführen, dass es bei einer Wiederholung des Rechtsstreits zu einer mehrfachen Kostenbelastung des öffentlichen Haushalts kommt. Das nicht zu leugnende Interesse des Staates, die Schiedsgerichtsbarkeit zur Kostenvermeidung[594] einzusetzen, wiegt weniger schwer als das Parteiinteresse, dem Schiedsspruch keine Rechtswirkungen zukommen zu lassen. In der Abwägung der gegenläufigen privaten und staatlichen Interessen sind Parteidispositionen über die Verbindlichkeit des Schiedsspruchs für den staatlichen Richter beachtlich und können für die Parteien ein Instrument zur Wiedereröffnung des Rechtsstreits vor staatlichen Gerichten sein.

Gegen dieses Ergebnis lässt sich nicht einwenden, mit § 1059 ZPO habe der Gesetzgeber eine Regelung zur Aufhebung von Schiedssprüchen geschaffen. Denn diese Vorschrift ist nur dann einschlägig, wenn die Verbindlichkeit des Schiedsspruchs zwischen den Parteien streitig ist. Um das Sicherungs- und Bestandsinteresse der Gegenseite zu schützen, erlaubt der Gesetzgeber eine Aufhebung nur unter den engen Voraussetzungen des § 1059 ZPO. Selbst wenn man aus dieser Beschränkung der Aufhebungsgründe ein öffentliches Interesse am Bestand des Schiedsspruchs lesen wollte, ginge es zu weit, aus der Vorschrift des § 1059 ZPO einen Schluss auf die Unbeachtlichkeit der einvernehmlichen Aufhebung des Schiedsspruchs zu ziehen.

---

592 *Wagner*, Prozeßverträge, S. 716; a.A. *Loritz*, ZZP 105 (1992), S. 1 (13).

593 So *Rehm*, Schiedsgerichtsbarkeit im Rechtssystem, S. 64; *Homfeldt*, Beachtung von Amts wegen, S. 72.

594 Siehe oben 1. Kap., II. 2. a); auch *Rehm*, Schiedsgerichtsbarkeit im Rechtssystem, S. 64.

Problematisch bleiben die Fälle, in denen die vertragliche Aufhebung der Verbindlichkeit des Schiedsspruchs zwischen den Parteien umstritten ist. Das angerufene Gericht steht dann vor der Situation, dass sich eine der Parteien auf die streitbeendende Wirkung des Schiedsspruchs beruft, während die andere behauptet, dieser Schiedsspruch sei von den Parteien doch einvernehmlich aufgehoben worden. Es würde zu weit führen, das staatliche Gericht hier für verpflichtet oder auch nur für berechtigt zu halten, Beweis darüber zu erheben, ob die Parteien tatsächlich eine Vereinbarung über die Aufhebung des Schiedsspruchs getroffen haben und ob diese Vereinbarung ihrerseits wirksam ist. Über die Wirksamkeit des Schiedsspruchs zu befinden, steht staatlichen Gerichten nur im Rahmen des Aufhebungsverfahrens nach § 1059 ZPO zu; liegt einer der dort genannten Gründe vor, so ist der Schiedsspruch aufzuheben. Ist die dreimonatige Anfechtungsfrist abgelaufen, kommt staatlichen Gerichten nicht die Aufgabe zu, im jeweiligen Einzelfall zu prüfen, ob überhaupt ein ursprünglich ergangener und nach § 1055 ZPO unmittelbar anerkannter Schiedsspruch nachträglich aufgehoben wurde. Beruft sich im staatlichen Verfahren eine der Parteien auf die Rechtskraft des Schiedsspruchs, so hat das staatliche Gericht diesen bei seiner Entscheidung zu beachten. Das gilt auch dann, wenn der Anspruchsgegner vorbringt, dieser Schiedsspruch entfalte keine Wirkung.[595]

bb) Aufhebung nach Erteilung der Vollstreckbarkeit

Offen ist allerdings, bis zu welchem Zeitpunkt staatliche Gerichte von einer Aufhebung der Verbindlichkeit des Schiedsspruchs Kenntnis nehmen müssen. Zu beantworten ist diese Frage insbesondere für den Fall, dass einem Schiedsspruch schon die Vollstreckbarkeit erteilt worden ist.

Nach hier vertretener Auffassung kommt der Aufhebung in diesem Fall keine vom staatlichen Richter zu beachtende Rechtswirkung zu. Die Wie-

595 Eine Ausnahme mag man in Fällen zulassen, in denen die Parteien den Aufhebungsvertrag zu einem Zeitpunkt geschlossen haben, in dem die dreimonatige Anfechtungsfrist noch nicht abgelaufen war und allein aus diesem Grund auf die Anstrengung eines Verfahrens nach § 1059 ZPO verzichtet wurde. Bestreitet eine Partei, die zuvor die andere Partei an der Anstrengung eines Aufhebungsverfahrens gehindert hat, die Bindung an die Vereinbarung, könnte sich dieses Verhalten als ein Verstoß gegen die guten Sitten darstellen und als prozessuale Arglist zu werten sein.

derholung des Rechtsstreits vor staatlichen Gerichten bleibt mithin trotz der Aufhebung des Schiedsspruchs ausgeschlossen. Ließe man dagegen die Anstrengung einer abermaligen Klage zu, bestünde nämlich die Gefahr entweder der doppelten Titulierung eines Anspruchs, so dass der Vollstreckungsgläubiger sich im Wege der Zwangsvollstreckung in ungerechtfertigter Weise mehrfach befriedigen könnte, oder des Erlasses von zwei widersprüchlichen Titeln, die dazu führten, dass sich die Zwangsvollstreckung je nach Betrachtungsweise als rechtmäßig bzw. unrechtmäßig darstellte. Wäre die Wiederholung des Streits vor staatlichen Gerichten nämlich zulässig, mündete das in ein unmittelbar vollstreckbares Urteil. Dieses hätte jedoch keinen unmittelbaren Einfluss auf die schon erteilte Vollstreckbarerklärung des Schiedsspruchs. Da auch eine einvernehmliche Aufhebung dieses staatlichen Akts ausscheidet, wären mehrere und sich gegebenenfalls sogar widersprechende Titel geschaffen. Um das zu verhindern, dürfen staatliche Gerichte Vereinbarungen über die Aufhebung des Schiedsspruchs nach Erteilung der Vollstreckbarkeit nicht beachten. Das private Interesse der Parteien an der Neuentscheidung ihrer Rechtsstreitigkeit überwiegt nicht das öffentliche Interesse an der Vermeidung von Doppeltitulierungen, die eine Gefahr für die Rechtssicherheit darstellen.

2. Wirkungen der Anerkennung

Die Frage, welche Wirkungen ein inländischer Schiedsspruch in einem nachfolgenden Gerichtsverfahren hat, ist durch § 1055 ZPO dahingehend beantwortet, als ihm die Wirkungen eines rechtskräftigen Urteils beigegeben sind. Wie im zweiten Kapitel ausgeführt, schließt ein Urteil zum einen die Wiederholung eines Rechtsstreits über denselben Streitgegenstand aus (*ne bis in idem*), zum anderen ist das zweite Gericht im Fall eines Präjudizialverhältnisses an das in der vorangegangenen Entscheidung Ausgesprochene gebunden. In beiden Konstellationen sind die Gerichte von Amts wegen zur Beachtung der Rechtskraft verpflichtet.

Es ist angesichts des eindeutigen Wortlauts des § 1055 ZPO unbestritten, dass diese beiden Wirkungen grundsätzlich einem Schiedsspruch zukommen. Auch er verhindert mithin bei Streitgegenstandsidentität und bei Präjudizialität den Erlass eines dem Schiedsspruch widersprechenden Urteils. In Frage wird allerdings gestellt, ob die Rechtskraft des Schiedsspruchs wie bei einem Urteil dazu führt, dass schon die bloße Wiederholung des Rechtsstreits ausgeschlossen und dem erkennenden Gericht nicht lediglich der Erlass einer dem Schiedsspruch widersprechenden Entscheidung versagt ist. Des Weiteren wird im Hinblick auf die prozessuale Geltendmachung der streitbeendenden Wirkungen die Auffassung vertreten, dass der Grundsatz der amtswegigen Beachtung nicht gelte, sondern die Parteien den Einwand der Rechtskraft erheben müssten. Aus dem Wortlaut der Vorschrift lässt sich eine solche Begrenzung der Gleichbehandlung von Schiedssprüchen und Urteilen nicht herleiten. Möglicherweise könnten jedoch bestimmte Eigenarten des Schiedsspruchs dazu anhalten, in diesen beiden Punkten von den für Urteile geltenden Grundsätzen abzuweichen.[596] Ob solche Gründe bestehen, ist im Folgenden zu prüfen.

a) Geltung des ne bis in idem-Grundsatzes

Die Auffassung, dass anders als bei Urteilen die Rechtskraft eines Schiedsspruchs die Wiederholung des Rechtsstreits nicht ausschließe, sondern zu einer bloßen inhaltlichen Bindung des Richters an den ergangenen Schiedsspruch führe,[597] wird mit der fehlenden originären Vollstreckbarkeit des Schiedsspruchs begründet. Aus diesem Grund berge die abermalige Entscheidung durch ein in der Sache an die Erstentscheidung gebundenes staatliches Gericht nicht die Gefahr einer Doppeltitulierung und damit der mehrfachen Vollstreckung in sich. Ganz im Gegenteil seien sogar Situationen denkbar, in denen die Erteilung der Vollstreckbarerklärung des Schiedsspruchs nicht (mehr) zu erreichen und daher bei einer Geltung des Verbots abermaliger Sachentscheidung die Vollstreckung des Anspruchs vollständig ausgeschlossen sei.[598] Im Regelfall könne einer unnötigen Inanspruchnahme der staatlichen Gerichte auch mithilfe des Kriteriums des Rechtsschutzbedürfnisses begegnet werden.[599] Dieses entfalle, wenn eine Vollstreckbarerklärung des Schiedsspruchs zu erreichen sei.

---

596 Vgl. *Gaul*, in: Berger et al., FS Sandrock, S. 285 (321).

597 *Bosch*, Rechtskraft und Rechtshängigkeit, S. 88; ihm zustimmend *Schlosser*, in: Stein/Jonas, ZPO, 22. Aufl. 2002, § 1055 Rn. 6; a.A. nunmehr *Schlosser*, in: Stein/Jonas, ZPO, § 1055 Rn. 10.

598 *Bosch*, Rechtskraft und Rechtshängigkeit, S. 88, im Hinblick auf das Niederlegungserfordernis nach § 1039 ZPO a.F.

599 *Bosch*, Rechtskraft und Rechtshängigkeit, S. 88.

Zutreffend an dieser Auffassung ist, dass die Gefahr der Doppeltitulierung im Fall von Schiedssprüchen erst dann droht, wenn der erste Schiedsspruch für vollstreckbar erklärt wurde. Das könnte es nahelegen, eine Wiederholung des Rechtsstreits erst nach Erteilung des Exequatur für ausgeschlossen zu halten.[600] Indes spricht das öffentliche Interesse schon dagegen, dass überhaupt erst die Situation entsteht, in denen zwei Entscheidungen nebeneinander bestehen, die – im Fall des zuvor ergangenen Schiedsspruchs bei Vorliegen der Voraussetzungen des § 1060 ZPO – vollstreckbar sind.[601] Festzuhalten ist nämlich, dass die verfahrensökonomischen Gründe, aus denen dem Wiederholungsverbot gegenüber dem Bindungsgebot der Vorzug einzuräumen ist, auch bei Schiedssprüchen ihre Berechtigung haben.[602] Denn der durch die Schiedsgerichtsbarkeit beabsichtigte Entlastungseffekt kann nicht eintreten, wenn die Wiederholung des Verfahrens vor staatlichen Gerichten nicht ausgeschlossen ist. Hinzu tritt die Funktion des Wiederholungsverbots bei der Sicherung des zwischen den Parteien eintretenden Rechtsfriedens. Der Überlegung, dass die Wiederholung von Streitigkeiten dem Vertrauen in die Durchsetzungskraft des schon mit der Sache befassten Spruchkörpers schadet, kommt bei Schiedssprüchen sogar ein im Vergleich zu Urteilen staatlicher Gerichte größeres Gewicht zu.[603] Denn es könnte der Eindruck entstehen, dass ein Schiedsspruch der gerichtlichen Bestätigung bedürfe, um volle Rechtskraftwirkung zu entfalten. Käme einem Schiedsspruch insoweit gegenüber Urteilen eine geringere Durchsetzungskraft in nachfolgenden Prozessen zu, widerspräche das dem Willen des Gesetzgebers zur Errichtung einer der staatlichen Gerichtsbarkeit gleichwertigen privaten Gerichtsbarkeit.[604]

Gegen die Annahme eines Bindungsgebots spricht ferner, dass sich der Erlass eines mit dem Schiedsspruch inhaltlich übereinstimmenden Urteils nicht in die von der Zivilprozessordnung vorgesehene Systematik der §§ 1055, 1059 ff. ZPO einfügt. Denn mit dem Erlass eines unmittelbar vollstreckbaren Urteils wäre für den Kläger ein „Mehr" gegenüber der

---

600 So noch *Schlosser*, in: Stein/Jonas, ZPO, 22. Aufl. 2002, § 1055 Rn. 6; a.A. nunmehr *Schlosser*, in: Stein/Jonas, ZPO, § 1055 Rn. 10.

601 So *Gaul*, in: Berger et al., FS Sandrock, S. 285 (326 f.).

602 A.A. *Bosch*, Rechtskraft und Rechtshängigkeit, S. 87.

603 A.A. *Neuner*, RabelsZ 3 (1929), S. 37 (48) („*Mag wirklich ein Staatsakt so erhaben sein, daß schon ein nochmaliges Eingehen auf die schon entschiedene Sache unzulässig ist, so trifft das für Schiedssprüche nicht zu.*").

604 Vgl. BT-Drs. 13/5274, S. 46.

Entscheidung aus dem Schiedsverfahren erreicht, die erst nach der Erteilung der Vollstreckbarerklärung durchgesetzt werden kann. Richtigerweise müsste die Bindung des nachfolgenden Gerichts daher um den Vorbehalt der Prüfung der Vollstreckbarkeit des Schiedsspruchs gestellt sein. Die Prüfung der Einhaltung der für die Erteilung der Vollstreckbarerklärung erforderlichen Voraussetzungen des § 1060 i.V.m. § 1059 ZPO ist allerdings nach § 1062 Abs. 2 Nr. 4 ZPO den Oberlandesgerichten zugewiesen; die Entscheidung durch das angerufene Amts- bzw. Landgericht liefe dem Interesse der Verfahrensbeschleunigung mithin ebenso zuwider wie die Pflicht zur Aussetzung des Verfahrens und Verweisung der Entscheidung über die Frage der Vollstreckbarkeit des Schiedsspruchs an das zuständige Oberlandesgericht. Unklar ist zudem, wie das angerufene erstinstanzliche Gericht zu entscheiden hat, wenn die abermalige Klage noch vor Ablauf der dreimonatigen Aufhebungsfrist des § 1059 Abs. 3 ZPO gestellt wurde und das Gericht (nach Ablauf der Frist) zur Entscheidung gelangt, es liege ein Aufhebungsgrund vor. Erlaubte man hier die Inzidentverwerfung des Schiedsspruchs durch das angerufene Gericht wäre nicht nur die gerichtliche Kompetenzordnung verletzt, sondern auch das Antragserfordernis des § 1059 ZPO missachtet. Diese Überlegungen zeigen, dass der Vorschlag einer bloßen Bindung des nachfolgenden Gerichts an den Schiedsspruch zu Unstimmigkeiten innerhalb des aufeinander abgestimmten Systems der §§ 1055, 1059 f., 1062 ZPO führen würde. Den Vorteilen, die sich bei einer flexibleren Handhabung durch die Ersetzung des *ne bis in idem*-Grundsatzes durch ein Bindungsgebot erreichen ließen, steht mithin der entscheidende Nachteil der Vermischung von Rechtskraft- und Vollstreckungsfragen und der unzulänglichen gerichtlichen Kompetenzabgrenzung gegenüber. Im Ergebnis ist den staatlichen Gerichten die Befassung mit einem durch einen rechtskräftigen Schiedsspruch entschiedenen Streitgegenstand verboten. Die Rechtskraft eines Schiedsspruchs beinhaltet ein Gebot des *ne bis in idem*.

b) Beachtung des Schiedsspruchs von Amts wegen

Eine Einschränkung könnte die Gleichbehandlung von Schiedsspruch und Urteil hinsichtlich des Modus der Beachtlichkeit der Rechtskraft erfahren. Während die Rechtskraft eines Urteils in einem nachfolgenden Gerichtsverfahren von Amts wegen Berücksichtigung findet, soll die Rechtskraft eines Schiedsspruchs nach überwiegender Ansicht nur auf Einrede einer Partei zu beachten sein.[605]

Zur Begründung wird unter anderem angeführt, dass ein öffentliches Interesse an der Rechtskraft nicht bestehe, da der Schiedsspruch auf einer Parteivereinbarung beruhe.[606] Wie im ersten Kapitel gezeigt, folgt aus der Rückführung der Verbindlichkeit des Schiedsspruchs auf die Schiedsvereinbarung jedoch nicht, dass ein öffentliches Interesse am Bestand des Schiedsspruchs ausgeschlossen wäre. Ganz im Gegenteil zeigt die Anerkennung des Schiedsspruchs durch die staatliche Rechtsordnung, dass dieser ebenso wie ein Urteil Rechtssicherheit und Rechtsfrieden schaffen kann und insoweit öffentlichen Interessen dient. Dass einem Schiedsspruch prozessuale Rechtskraftwirkungen zukommen, ergibt sich aus der gesetzgeberischen Entscheidung für eine Gleichstellung mit einem Urteil. Die Rechtsnatur des Schiedsspruchs spielt insoweit keine Rolle.[607]

Gegen die Beachtung des Schiedsspruchs von Amts wegen wird des Weiteren vorgebracht, die erstmalige – und damit nicht abermalige wie im Fall des Urteils – Befassung eines staatlichen Gerichts mit der Sache beeinträchtige nicht die Autorität der Staatsgewalt.[608] Überdies liege der Schutzzweck der Rechtskraft bei Schiedssprüchen nicht darin, staatliche Gerichte vor einer Doppelbelastung zu schützen und so die finanzielle Belastung der öffentlichen Kassen möglichst gering zu halten.[609] Im Vergleich zu Urteilen komme den öffentlichen Interessen an der Beachtung der Rechtskraft daher ein geringeres Gewicht zu, so dass die Erhebung

605 So auch ausdrücklich die Regierungsbegründung zum SchiedsverfG BT-Drs. 13/5274, S. 57 („*nur auf Einrede hin berücksichtigt wird.*“); *Schlosser*, in: Stein/Jonas, ZPO, § 1055 Rn. 8; zu § 1040 ZPO a.F. OLG Bremen, Urt. v. 14.12.1956 – Az. 1 U 369/55, NJW 1957, S. 1035; BayObLG, Beschl. v. 24.2.1984 – BReg. 3 Z 197/83, BayObLGZ 1984, 45; *Lorenz*, AcP 157 (1958/1959), S. 265 (275); Baumbach et al., ZPO, § 1055 Rn. 4; *Lühmann*, Rechtskraft des Schiedsspruchs, S. 187 ff.; a.A. *Beitzke*, ZZP 60 (1936/1937), S. 317 (320); *Loritz*, ZZP 105 (1992), S. 1 (13); *Lindacher*, KTS 1966, S. 153 (157); *Homfeldt*, Beachtung der Rechtskraft, S. 83; *Bosch*, Rechtskraft und Rechtshängigkeit, S. 82; *Spohnheimer*, Antezipiertes Legalanerkenntnis, S. 24; *Rüßmann/Spohnheimer*, in: Dammann/Grunsky/Pfeiffer, GS Wolf, S. 517 (521); zur Rechtslage in Österreich *Dorda*, in: Fitz, FS Torggler, S. 169 (178).

606 *Lorenz*, AcP 157 (1958/1959), S. 265 (275); *Münch*, in: Münchener Kommentar zur ZPO, § 1055 Rn. 12.

607 *Loritz*, ZZP 105 (1992), S. 1 (8); *Neef*, Rechtskraft des Schiedsspruchs, S. 71.

608 *Altenrath*, Wirkung des Schiedsspruchs, S. 43.

609 *Bosch*, Rechtskraft und Rechtshängigkeit, S. 79.

einer entsprechenden Einrede in die Hände der Parteien zu legen sei. Es ist allerdings nicht überzeugend, dem öffentlichen Interesse an der Vermeidung von Kosten nur deshalb ein geringeres Gewicht zuzumessen, weil es nicht um die Wiederholung eines schon einmal vor einem staatlichen Gericht geführten Rechtsstreits geht.

Für die Abweichung von dem für Urteile geltenden Grundsatz der amtswegigen Beachtung soll schließlich sprechen, dass die Parteien über die Verbindlichkeit des Schiedsspruchs disponieren können. In diesem Sinne wird vertreten, die Fragen nach der Aufhebbarkeit der materiellen Rechtskraft und der amtswegigen Beachtung seien einheitlich zu entscheiden.[610] Wenn den Parteien das Recht zugesprochen werde, die Wirkungen des Schiedsspruchs einvernehmlich aufzuheben, dann müsse es ihnen auch überlassen bleiben, auf die Geltendmachung der fortbestehenden Rechtskraftwirkungen im Prozess zu verzichten und damit faktisch über die Rechtskraft zu verfügen. Überzeugend ist diese Gleichsetzung nicht. Erklären die Parteien einvernehmlich, dass sie den Schiedsspruch nicht gegen sich gelten lassen wollen, so steht dieses private Interesse im Gegensatz zu den öffentlichen Interessen an der Rechtskraft des Schiedsspruchs. Ob eine Aufhebung der Rechtskraft durch Parteivereinbarung zugelassen wird, hängt von der Gewichtung der beiderseitigen Interessen ab. Demgegenüber kann aus der Nichterhebung der Einrede der Rechtskraft gerade nicht darauf geschlossen werden, dass die durch die Rechtskraft begünstigte Partei kein Interesse an der Beachtlichkeit des Schiedsspruchs hat. Vielmehr ist es gerade so, dass die Parteien in dieser Konstellation nicht von der nach hier vertretener Ansicht bestehenden Möglichkeit Gebrauch gemacht haben, die Verbindlichkeit des Schiedsspruchs einvernehmlich aufzuheben. Dementsprechend folgt aus der Möglichkeit der Aufhebung der Verbindlichkeit des Schiedsspruchs durch Parteivereinbarung nicht, dass auch der Einwand der entgegenstehenden Rechtskraft nur auf Parteieinrede beachtlich ist.

Wie oben gezeigt, bestehen an der Rechtskraft von Schiedssprüchen in Gerichtsverfahren gewichtige öffentliche Interessen im Hinblick auf die Herstellung von Rechtssicherheit und Rechtsfrieden und die Vermeidung von Kosten für die öffentlichen Haushalte. Da ein entgegenstehendes Individualinteresse nicht ersichtlich ist, sind Schiedssprüche entgegen der

---

610 So *Schlosser*, in: Stein/Jonas, ZPO, § 1055 Rn. 5; a.A. *ders.*, Einverständliches Parteihandeln, S. 12; *Rehm*, Schiedsgerichtsbarkeit im Rechtssystem, S. 65.

überwiegend vertretenen Ansicht ebenso wie Urteile von Amts wegen zu berücksichtigen.

II. Ausländischer Schiedsspruch

Nachdem vorausgehend die Wirkungen inländischer Schiedssprüche untersucht wurden, widmet sich das Folgende den Wirkungen, die ausländische Schiedssprüche in einem Verfahren vor deutschen Gerichten entfalten. Ausgangspunkt der Untersuchung ist die Vorschrift des § 1061 ZPO, in der hinsichtlich der Anerkennung und Vollstreckung ausländischer Schiedssprüche auf das New Yorker Übereinkommen verwiesen wird. Bevor die Untersuchung sich der Frage annimmt, ob dem New Yorker Übereinkommen überhaupt eine Aussage zur Wirkungsweise von ausländischen Schiedssprüchen entnommen werden kann oder ob die Antwort hierauf im nationalen Recht zu finden ist, ist jedoch zunächst zu klären, welche Voraussetzungen erfüllt sein müssen, dass ein ausländischer Schiedsspruch von deutschen Gerichten zu berücksichtigen ist.

1. Voraussetzungen der Beachtlichkeit

a) Der Schiedsspruch als Gegenstand der Bindungswirkung

Nach der Vorschrift des § 1061 ZPO gilt der Verweis auf das New Yorker Übereinkommen für alle ausländischen Schiedssprüche. Was hierunter zu verstehen ist, wird im Folgenden dargestellt. In diesem Zusammenhang ist zu prüfen, ob auch schuldrechtlich wirkende Schiedssprüche in Deutschland anzuerkennen sind und welche Folgen ihre gerichtliche Bestätigung zeitigt.

aa) Ausländischer Schiedsspruch

In Anlehnung an § 1025 Abs. 2 ZPO sind Schiedssprüche dann als ausländisch anzusehen, wenn sie in einem Verfahren außerhalb des deutschen Hoheitsgebiets ergangen sind. Geht man vom Wortlaut der Vorschrift des § 1061 Abs. 1 ZPO aus, wäre es zudem Aufgabe des deutschen Rechts als *lex fori* darüber zu befinden, welche Entscheidungen von ausländischen

Schiedsgerichten als *Schiedsspruch* zu werten sind.[611] In diesem Sinne heißt es, die anzuerkennende Entscheidung müsse ein Funktionsäquivalent zu einem deutschen Schiedsspruch darstellen,[612] d.h. eine endgültige Entscheidung (§ 1056 Abs. 1 ZPO) eines nicht-staatlichen Gerichts über einen bestimmten Streitgegenstand sein, wobei sich die Endgültigkeit der Entscheidung nach dem Recht des Heimatstaates beurteile.[613]

Die Definition allein am Maßstab des deutschen Rechts ist jedoch problematisch, weil in § 1061 ZPO ein umfassender Verweis auf das New Yorker Übereinkommen und damit auch auf den dort zugrunde gelegten Begriff des Schiedsspruchs enthalten ist. Einige Autoren wollen daher von einer strengen Anwendung des *lex fori*-Prinzips absehen und ergänzend die Bestimmungen des New Yorker Übereinkommens heranziehen.[614] Lehnt man eine solche Überformung des deutschen Rechts ab,[615] bedeutet das nicht, dass Entscheidungen, die zwar nach dem New Yorker Übereinkommen, nicht jedoch nach deutschem Recht als Schiedsspruch anzusehen sind, in Deutschland nicht anzuerkennen wären. Denn insoweit hat der Verweis der Vorschrift des § 1061 Abs. 1 S. 1 ZPO auf das New Yorker Übereinkommen keinen Einfluss auf die in diesem staatsvertraglich geregelte Pflicht zur Anerkennung von Schiedssprüchen.[616] Letztendlich ist mithin der Begriff des Schiedsspruchs im Sinne des New Yorker Übereinkommens für die Anerkennungspflicht entscheidend.

---

611 *Voit*, in: Musielak, ZPO, § 1061 Rn. 3; *Schwab/Walter*, Schiedsgerichtsbarkeit, Kap. 30 Rn. 11; OLG Düsseldorf, Beschl. v. 19.1.2005 – Az. I-26 Sch 5/03, SchiedsVZ 2005, S. 214 (215).

612 Vgl. zu § 1044 ZPO a.F. BGH, Urt. v. 8.10.1981 – Az. III ZR 42/80, NJW 1982, S. 1224 (1226); *Münch*, in: Münchener Kommentar zur ZPO, § 1061 Rn. 4; *Geimer*, in: Zöller, ZPO, § 1061 Rn. 5; auch *Ernemann*, Anerkennung und Vollstreckung, S. 7, der im Ergebnis jedoch für eine Doppelqualifikation nach in- und ausländischem Recht plädiert.

613 So schon BGH, Urt. v. 26.6.1969 – Az. VII ZR 32/67, NJW 1969, S. 2093 (2093); *Münch*, in: Münchener Kommentar zur ZPO, § 1061 Rn. 10.

614 *Schwab/Walter*, Schiedsgerichtsbarkeit, Kap. 30 Rn. 11; *Voit*, in: Musielak, ZPO, § 1061 Rn. 3.

615 So wohl *Münch*, in: Münchener Kommentar zur ZPO, § 1061 Rn. 9, der eine Doppelqualifikation nach deutschem Recht und nach dem Heimatrecht des Schiedsspruchs befürwortet.

616 *Voit*, in: Musielak, ZPO, § 1061 Rn. 3; zu den zwei Ebenen der Geltung des New Yorker Übereinkommens auch *Kröll*, IPrax 2007, S. 430 (431). Die unmittelbare Geltung des New Yorker Übereinkommens als völkerrechtlicher Vertrag wird auch nicht dadurch ausgeschlossen, dass gemäß § 1061 Abs. 1 S. 2 nur *andere* Staatsverträge unberührt bleiben sollen.

Nach Art. I (1) UNÜ ist das Übereinkommen anwendbar auf alle Schiedssprüche, die in Rechtsstreitigkeiten zwischen natürlichen oder juristischen Personen in einem anderen Staat als dem ergangen sind, in dem die Anerkennung und Vollstreckung nachgesucht wird. Des Weiteren sind solche Schiedssprüche erfasst, die in dem Staat, in dem ihre Anerkennung und Vollstreckung in Frage steht, nicht als inländisch angesehen sind. Damit enthält das Übereinkommen zwar eine Definition von „ausländisch",[617] schweigt sich allerdings über den Begriff des Schiedsspruchs als solchen aus. Es besteht jedoch Einigkeit, dass auch dieser Begriff vertragsautonom auszulegen ist.[618] Ein Rückgriff auf die nationalen Rechtsordnungen hat daher nur insoweit zu erfolgen, als sich aus diesen ein Grundverständnis des Begriffs ableiten lässt.[619] Gemeinsamer Nenner ist die Charakterisierung des Schiedsspruchs als eine Entscheidung einer Rechtsstreitigkeit zwischen zwei oder mehr Personen durch eine dritte Person (Schiedsrichter), die ihre Befugnis hierzu aus einer zwischen den Schiedsparteien geschlossenen Schiedsvereinbarung ableitet. Diese Entscheidung ist zwischen den Schiedsparteien bindend und ersetzt die staatliche Gerichtsbarkeit.[620]

617 Hierzu *van den Berg*, New York Convention, S. 19 ff. m.w.N.; zum Verhältnis von Art. I (1) S. 1 und S. 2 UNÜ *Solomon*, Verbindlichkeit von Schiedssprüchen, S. 62.

618 *Adolphsen*, in: Münchener Kommentar zur ZPO, Anh. § 1061 Art. I UNÜ, Rn. 3; als wünschenswert sieht eine vereinheitlichte Definition an *Zuleta Jaramillo*, in: van den Berg, ICCA Congress Series 15, S. 231 ff.; allg. zur vertragsautonomen Auslegung des New Yorker Übereinkommens *van den Berg*, New York Convention, S. 1 ff.

619 Vgl. allerdings OLG München, Beschl. v. 22.6.2009 – Az. 34 Sch 26/08, SchiedsVZ 2010, S. 169 (171), wo zur Beurteilung der Schiedsspruchqualität des in Frage stehenden Akts auf das spanische Recht als Recht des Ursprungsstaates des Schiedsspruchs abgestellt wurde. Nach einer Auswertung von nationalen Gerichtsentscheidungen kommt *Zuleta Jaramillo*, in: van den Berg, ICCA Congress Series 15, S. 231ff., zum Schluss, das Recht des Anerkennungsstaates werde in aller Regel als entscheidend angesehen.

620 *van den Berg*, New York Convention, S. 44; ähnlich *Adolphsen*, in: Münchener Kommentar zur ZPO, Anh. § 1061 Art. I UNÜ Rn. 4; weit gefasster Begriff bei *Schlosser*, Internationale private Schiedsgerichtsbarkeit, Rn. 766 („*formalisierte Entscheidung [...], die aufgrund eines Verfahrens zustandekommt, in dem beide Parteien ihre jeweils gegensätzlichen Interessen artikulieren können.*"); zum französischen Verständnis *Devolvé/Pointon/Rouche*, French Arbitration Law, Rn. 300 ff.; zum schwedischen Recht *Brocker/Löf*, in: Franke et al., International

bb) Inkurs: Schuldrechtlicher Schiedsspruch

(1) Anerkennungsfähigkeit

Diese Begriffsbestimmung wirft die Frage nach der Anerkennungsfähigkeit von Schiedssprüchen auf, an die nicht unmittelbar urteilsgleiche, sondern bloß schuldrechtliche Wirkungen geknüpft sind und zu deren Durchsetzung folglich eine Klage vor staatlichen Gerichten zu erheben ist. Diesen Schiedssprüchen ist unter anderem in Deutschland die Anerkennung mit der Argumentation versagt worden, dass einem Schiedsspruch im Anerkennungsstaat keine Wirkungen zukommen könnten, die in seinem Heimatstaat nicht eintreten würden.[621] Auch sei das New Yorker Übereinkommen nicht darauf gerichtet, über die nationalen Gesetze hinaus zusätzliche vollstreckungsfähige Schiedssprüche zu schaffen. Es wolle lediglich die Wirkung der nach dem Heimatrecht vollstreckungsfähigen[622] Schiedssprüche auf andere Vertragsstaaten erstrecken.[623]

Zutreffend an dieser Auslegung des New Yorker Übereinkommens ist, dass es Vertragsstaaten nicht dazu verpflichtet, einem Schiedsspruch Wirkungen zu verleihen, die ihm nach dem Verfahrensrecht, nach dem er ergangen ist, nicht zukommen können. Ein Vertragsstaat, in dem die Vollstreckung eines schuldrechtlichen Schiedsspruchs begehrt wird, ist demnach nicht zur Erteilung der Vollstreckbarerklärung angehalten. Es ist gleichwohl nicht einleuchtend, schuldrechtliche Schiedssprüche mit dieser Begründung vollständig aus dem Anwendungsbereich des New Yorker Übereinkommens auszuschließen. Denn die gegebene Begründung erklärt im Grunde nur, weshalb ein schuldrechtlich wirkender Schiedsspruch nicht für vollstreckbar erklärt werden sollte, nicht aber, warum ihm auch die Anerkennung versagt bleiben muss. Wie dargelegt, ist zwischen diesen

---

Arbitration in Sweden, Rn. 239 ff.; zum schweizerischen Recht, *Zaugg*, Verfahrensgliederung, S. 29 ff.

621 BGH, Urt. v. 8.10.1981 – Az. III ZR 42/80, NJW 1982, S. 1224 ff.; *van den Berg*, New York Convention, S. 49.

622 Die Vorinstanz des BGH, das OLG Hamburg, hatte noch zwischen Anerkennung und Vollstreckung unterschieden und nur die Erteilung der Vollstreckbarerklärung ausgeschlossen. In dieser Unterscheidung ist der BGH dem OLG allerdings nicht gefolgt. Kritisch auch *Wenger*, IPRax 1982, S. 135 (136), dem zufolge eine solche Unterscheidung in dem New Yorker Übereinkommen nicht angelegt ist. Neuerdings in diese Richtung *di Garbo*, Aust. Yb. Int. Arb. 2010, S. 129 (133).

623 BGH, Urt. v. 8.10.1981 – Az. III ZR 42/80, NJW 1982, S. 1224 (1225).

beiden Formen der Durchsetzung zu unterscheiden; das zeigt sich schon daran, dass es für die Anerkennung eines Schiedsspruchs nicht erforderlich ist, dass er in seinem Ursprungsstaat für vollstreckbar erklärt wurde. Es ist vielmehr ausreichend, dass er zwischen den Parteien verbindlich im Sinne des Art. V (1) lit. e) UNÜ geworden ist.[624] Für die Anerkennung eines Schiedsspruchs bedeutet das, dass nicht entscheidend ist, auf welchem Wege das im Schiedsspruch Festgestellte vollstreckt werden kann. Es kommt vielmehr darauf an, ob das Schiedsgericht den Rechtsstreit zwischen den Parteien in einer Weise entschieden hat, welche die Wiederholung des Verfahrens ausschließt.[625] In diesem Sinne kann auch die Anerkennung eines Schiedsspruchs unter dem New Yorker Übereinkommen nicht an die Unterscheidung zwischen prozessual wirkenden (urteilsgleichen) und vertraglichen Schiedssprüchen geknüpft werden,[626] denn damit wäre der Vollstreckbarkeit eines Schiedsspruchs eine zu große Bedeutung beigegeben.[627] Entscheidend ist allein, ob ein Schiedsspruch – auf welche Weise auch immer – die Beendigung des Rechtsstreits bezweckt und in seinem Herkunftsland eine abermalige Entscheidung in der Sache ausschließt.

(2) Gerichtliche Bestätigung des Schiedsspruchs

Wie bereits dargestellt, bedarf etwa nach US-amerikanischen Recht der schuldrechtlich wirkende Schiedsspruch einer gerichtlichen Bestätigung, infolge derer er mit dem Urteil verschmilzt (*merger*).[628] Aus Sicht eines Anerkennungsstaates stellt sich mithin die Frage, ob nach der gerichtlichen Bestätigung ein anerkennungsfähiger Schiedsspruch überhaupt noch vorhanden ist oder ob nicht vielmehr das bestätigende gerichtliche Urteil entsprechend den Regeln der Urteilsanerkennung Gegenstand der Anerkennung sein muss. Die deutsche Rechtsprechung hat diesen Schluss rich-

---

624 Siehe zur Auslegung des Begriffs der Verbindlichkeit sogleich b).

625 Siehe hierzu schon oben 3. Kap., II. 3. b) bb).

626 *Schlosser*, in: Stein/Jonas, ZPO, 22. Aufl. 2002, Anh. § 1061 Rn. 9; a.A. *Schlosser*, in: Stein/Jonas, ZPO, Anh. § 1061 Rn. 7 a; *van den Berg*, New York Convention, S. 48 f.; *Wenger*, Zum obligationenrechtlichen Schiedsverfahren, S. 184 f.

627 *Wenger*, IPRax 1982, S. 135 (136); *Kilgus*, Anerkennung und Vollstreckbarerklärung, S. 68.

628 Hierzu auch *Gessner*, Anerkennung und Vollstreckung, S. 54 ff.

tigerweise nicht gezogen[629] und überließ lange Zeit dem Vollstreckungsgläubiger die Entscheidung, ob der Schiedsspruch oder das bestätigende Gerichtsurteil vollstreckt werden soll.[630] Von der Zubilligung einer solchen Wahlmöglichkeit ist der BGH neuerdings wieder abgerückt und lehnt die Vollstreckung des bestätigenden Gerichtsurteils ab.[631] In seiner Begründung führt er zutreffend aus, dass eine *confirmation* und der sich anschließende *merger* eine Maßnahme (zur Vorbereitung) der Vollstreckung darstellen[632] und damit eine Eigentümlichkeit des jeweiligen nationalen Rechts bildeten.[633] Konsequenzen für die Anerkennung des Schiedsspruchs in einem anderen Staat habe diese Verschmelzung jedoch nicht.[634] Denn auf welche Weise nach der nationalen Dogmatik der Schiedsspruch zur Vollstreckung zugelassen wird, spielt im Anwendungsbereich des New Yorker Übereinkommens und für die Anerkennung des Schiedsspruchs in einem anderen Vertragsstaat keine Rolle.[635]

---

629 Zu ausländischen Entscheidungen vgl. die Nachweise bei *Schlosser*, Internationale private Schiedsgerichtsbarkeit, Rn. 909 mit FN 2. Eine Darstellung der Folgen des *merger* findet sich bei *Lühmann*, Rechtskraft des Schiedsspruchs, S. 55 f., der es aber im Ergebnis offen lässt, was dies für die Anerkennungsfähigkeit von Schiedssprüchen bedeutet.

630 BGH, Urt. v. 10.5.1984 – Az. III ZR 206/82, NJW 1984, S. 2763 ff.

631 BGH, Urt. v. 2.7.2009 – Az. IX ZR 152/06, NJW 2009, S. 2826 ff.

632 So auch die Einschätzung bei *Gessner*, Anerkennung und Vollstreckung, S. 54; *Borris*, Internationale Handelsschiedsgerichtsbarkeit, Rn. 322 ff., der die *confirmation* als eine Voraussetzung für den Erlass eines Exequaturteils beschreibt.

633 Die Rechtsfigur des *merger* ist im *common law* auch aus dem Zusammenhang der *res judicata* bekannt, siehe hierzu oben 2. Kap., II. 3. a). Diese beiden Ebenen sind jedoch zu unterscheiden, unklar *Solomon*, Verbindlichkeit von Schiedssprüchen, S. 388. Ein Schiedsspruch bewirkt – wie ein Urteil – zunächst einen *merger* des materiellen Anspruchs mit der Entscheidung. Die hiesige Frage befasst sich dagegen mit dem zweiten *merger*, der Verschmelzung des Schiedsspruchs mit dem Urteil. Erklärlich ist dieser zweite *merger* damit, dass aus Sicht des *common law* einem Schiedsspruch nur vertragliche Wirkung zukommt und mit der Bestätigung der schuldrechtliche Anspruch auf Erfüllung des Schiedsspruchs im Urteil aufgeht; vgl. auch *Lühmann*, Rechtskraft des Schiedsspruchs, S. 53.

634 BGH, Urt. v. 2.7.2009 – Az. IX ZR 152/06, NJW 2009, S. 2826 (2828).

635 Vgl. *Weller*, in: Kronke/Thorn, FS von Hoffmann, S. 1087 (1092); *Dolinar*, in: Geimer, FS Schütze, S. 187 (195).

b) Verbindlichkeit des Schiedsspruchs

Ist nach dem Vorstehenden das Vorliegen eines Schiedsspruchs zu bejahen, setzt seine Anerkennung des Weiteren voraus, dass er nach Art. V (1) lit. e) UNÜ für die Parteien verbindlich geworden ist („*binding on the parties*"). Zwar ist die Verbindlichkeit formal als ein Grund ausgestaltet, bei dessen Nichtvorliegen eine Anerkennung versagt werden kann. Definiert man jedoch mit der hier vertretenen Auffassung den Schiedsspruch als eine für die Parteien endgültige und unabänderliche Verpflichtung, so ist die formelle Verbindlichkeit ein notwendiges Wesensmerkmal des Schiedsspruchs.[636] Das rechtfertigt es, die Verbindlichkeit des Schiedsspruchs im Sinne des Art. V (1) lit. e) UNÜ hier als eine Voraussetzung der Anerkennungsfähigkeit zu betrachten und zu untersuchen, zu welchem Zeitpunkt sie eintritt.

aa) Historischer Hintergrund

Wie sich aus der Entstehungsgeschichte des New Yorker Übereinkommens ergibt, war eines der Hauptanliegen der Vertragsparteien die Abschaffung des Erfordernisses der zweifachen Erteilung einer Vollstreckbarerklärung. Dies wurde als das wesentliche Manko der Genfer Konvention von 1927, der Vorgängerin des New Yorker Übereinkommens, angesehen.[637] Aus diesem Grund verständigte man sich unter anderem[638] darauf, den Zeitpunkt, zu dem ein Schiedsspruch von einem anderen Vertragsstaat anzuerkennen ist, mit dem Begriff „*verbindlich*" („*binding*") zu kenn-

636 *F. Schmidt*, Typologie von Schiedssprüchen, S. 57.

637 Nach Art. 1 (2) lit. d) der Genfer Konvention setzte die Vollstreckung voraus, dass der Schiedsspruch in seinem Herkunftsland eine endgültige („*final*", „*définitive*") Entscheidung darstellt. In der Praxis ließ sich dies nur durch die Vorlage einer im Herkunftsland erteilten Vollstreckbarerklärung des Schiedsspruchs nachweisen. Da die Vollstreckbarerklärung allerdings auch in dem Staat, in dem die Vollstreckung ersucht wurde, erforderlich war, kam es in der Regel zu einer Doppelexequatur; zum Ganzen *van den Berg*, New York Convention, S. 333.

638 Auch die Ausgestaltung als Versagungsgrund, für dessen Vorliegen der Vollstreckungsschuldner die Beweislast trägt, sollte die Vorlage einer Vollstreckbarerklärung des Ursprungslandes entbehrlich machen, vgl. *Solomon*, Verbindlichkeit von Schiedssprüchen, S. 92 ff.; *van den Berg*, New York Convention, S. 9, 332–334; BT-Drs. 3/2160, S. 26.

zeichnen[639]. Wie sich aus den Verhandlungsdokumenten des Weiteren ergibt, sollte jedoch nicht nur auf die formale Vollstreckbarerklärung verzichtet werden, sondern auch auf die Erfüllung bestimmter Voraussetzungen, die für ihre Erteilung erforderlich waren.[640] Auf Kriterien für die Abgrenzung dieser bloß abstrakten Vollstreckungsfähigkeit zur tatsächlich gegebenen Vollstreckbarkeit konnte man sich allerdings nicht verständigen. Trotz Einigkeit in der Sache konnte daher keine Definition der Verbindlichkeit gefunden werden.[641] Dabei blieb nicht zuletzt ungeklärt, nach welchem Recht sich die Verbindlichkeit bestimmt und in welchem Verhältnis nationale Vorschriften zu der Regelung des Art. V (1) lit. e) UNÜ stehen.

bb) Autonomes Verständnis der Verbindlichkeit

In dieser Frage stehen sich traditionell zwei Auffassungen gegenüber. Eine Ansicht will den Begriff der Verbindlichkeit im Sinne des New Yorker Übereinkommens autonom auslegen und sieht einen Schiedsspruch erst dann als verbindlich an, wenn gegen ihn kein ordentliches Rechtsmittel mehr gegeben oder eine umfassende Prüfung in rechtlicher oder tatsächlicher Hinsicht nicht mehr möglich ist.[642] Einer anderen Auffassung zufolge bestimmt sich die Verbindlichkeit dagegen nach dem Recht, dem das Schiedsverfahren und der Schiedsspruch unterliegen.[643] Nach dieser Auffassung ist der Schiedsspruch dann verbindlich, wenn er alle Voraussetzungen erfüllt, um in seinen Heimatstaat für vollstreckbar erklärt zu wer-

---

639 UN-Doc E/CONF.26/SR.17, abgedr. bei *Gaja*, International Commercial Arbitration, III.C.137; *van den Berg*, New York Convention, S. 335; *Solomon*, Verbindlichkeit von Schiedssprüchen, S. 91 ff.

640 UN-Doc E/CONF.26/SR.17, abgedr. bei *Gaja*, International Commercial Arbitration, III.C.137; *van den Berg*, New York Convention, S. 335 f.; *Solomon*, Verbindlichkeit von Schiedssprüchen, S. 95.

641 *Solomon*, Verbindlichkeit von Schiedssprüchen, S. 99; *van den Berg*, New York Convention, S. 337.

642 *Dolinar*, in: Geimer, FS Schütze, S. 187 (191); *F. Schmidt*, Typologie von Schiedssprüchen, S. 49.

643 *Schwab/Walter*, Schiedsgerichtsbarkeit, Kap. 57 Rn. 20; *Münch*, in: Münchener Kommentar zur ZPO, § 1061 Rn. 10; *Weigand/Haas*, Practioner Guide, Part 3, Art. V Rn. 78; *Gaja*, International Commercial Arbitration, Introduction I. C. 4.; *Darwazeh*, in: Kronke et al., Commentary on the New York Convention, Art. V (1) (e), S. 312 f.

den.[644] Zur Begründung wird angeführt, es gehe nicht an, dass ein Schiedsspruch, der in seinem Heimatstaat noch nicht durchgesetzt werden könne, in einem anderen Land Rechtswirkungen erzeuge.[645]

Offen lässt diese zweite Auffassung allerdings, nach welchen Kriterien sich der Zeitpunkt bestimmt, zu dem ein Schiedsspruch grundsätzlich für vollstreckbar erklärt werden kann. Das lässt sich damit erklären, dass aus Sicht des Ursprungsstaates eine Unterscheidung zwischen einer abstrakten Vollstreckungsfähigkeit im Sinne der Verbindlichkeit nach Art. V (1) lit. e) UNÜ und der rechtlichen Wirksamkeit des Schiedsspruchs kaum zu treffen ist. Denn beide Zeitpunkte bestimmen sich nach demselben nationalen Recht, das im ersten Fall als das nationale Schiedsverfahrensrecht, nach dem das Schiedsverfahren durchgeführt worden ist, und im zweiten Fall als das der Rechtsordnung, die über die Wirksamkeit des Schiedsspruchs zu entscheiden hat, zur Anwendung kommt.[646] Dass die Ausrichtung am Recht des Schiedsverfahrens insoweit nur bedingt weiterführt, lässt sich exemplarisch am Niederlegungserfordernis des früheren deutschen Rechts (§ 1039 Abs. 3 S. 1 ZPO a.F.) zeigen.[647] So wurde die Niederlegung zwar als Voraussetzung der Wirksamkeit des Schiedsspruchs nach § 1040 ZPO a.F. und damit der Rechtskraft angesehen, für die Herbeiführung der Verbindlichkeit im Sinne des Art. V (1) lit. e) UNÜ sollte sie aber nicht erforderlich sein. Damit setzte man sich allerdings in Widerspruch zu der Meinung, dass die Verbindlichkeit im Sinne des Art. V (1) lit. e) UNÜ die abstrakte Vollstreckungsmöglichkeit voraussetzt.

Die Unklarheiten, die der Rückgriff auf das nationale Recht mit sich bringt, legen eine autonome Auslegung des Begriffs der Verbindlichkeit nahe. Ist nach dieser Auffassung – wie eingangs dargelegt – die Verbindlichkeit vom Bestehen einer Möglichkeit der Erhebung von ordentlichen Rechtsbehelfen gegen den Schiedsspruch abhängig, bedarf es jedoch ebenfalls des Rückgriffs auf das nationale Recht,[648] da sich nur anhand dessen

---

644 *Geimer*, in: Zöller, ZPO, § 1061 Rn. 24; BT-Drs. 3/2160, S. 27; *Gentinetta*, Lex fori, S. 296; *Gessner*, Anerkennung und Vollstreckung, S. 118.

645 BT-Drs. 3/2160, S. 27; *Sandrock*, in: Graf v. Westphalen/Sandrock, FS Trinkner, S. 669 (690); *Schwab/Walter*, Schiedsgerichtsbarkeit, Kap. 57 Rn. 20.

646 *Solomon*, Verbindlichkeit von Schiedssprüchen, S. 373.

647 *Solomon*, Verbindlichkeit von Schiedssprüchen, S. 108 ff.

648 *van den Berg*, New York Convention, S. 342 f.; *Solomon*, Verbindlichkeit von Schiedssprüchen, S. 98; a.A. *Dolinar*, in: Geimer, FS Schütze, S. 187 (191 f.), der meint, aufgrund der Seltenheit von nationalen ordentlichen Rechtsbehelfen müsse

ordentliche und außerordentliche[649] Rechtsbehelfe voneinander abgrenzen lassen.[650] Nimmt man mit der hier vertretenen Meinung an, dass es sich bei einem Schiedsspruch um einen der staatlichen Gewalt auch des Ursprungsstaates fremden Akt handelt und dieser frei entscheiden kann, in welchem Umfang er die schiedsgerichtliche Entscheidung überprüfen will, kommt gerichtlichen Rechtsbehelfen dagegen überhaupt kein Einfluss auf die Verbindlichkeit des Schiedsspruchs im Sinne des Art. V (1) lit. e) UNÜ zu. Denn mit einer vollen inhaltlichen Überprüfung des Schiedsspruchs nähme eine Rechtsordnung der Schiedsgerichtsbarkeit zwar einen Großteil ihrer Eigenständigkeit, ließe aber die Verbindlichkeit des Schiedsspruchs im Grundsatz gleichwohl unberührt.[651]

Im Folgenden ist daher ein dritter Ansatz zu betrachten, dem zufolge die Auslegung des Begriffs der Verbindlichkeit in Abgrenzung zum Begriff der Wirksamkeit zu erfolgen hat.

cc) Verbindlichkeit als Bindung der Parteien an den Schiedsspruch

Dass das New Yorker Übereinkommen mit diesen beiden Begriffe zwei voneinander zu unterscheidende Eigenschaften von Schiedssprüchen bezeichnet, zeigt im Grunde schon der Blick auf Art. III UNÜ, gemäß dem die Vertragsstaaten Schiedssprüche als *wirksam* anzuerkennen haben. Die englische Sprachfassung, die in Art. III und V denselben Begriff der Verbindlichkeit („*binding*“) verwendet, ist insoweit irreführend. Wäre mit

---

der Schiedsspruch nach autonomer Interpretation schon mit seinem Erlass verbindlich sein.

649 BGH, Urt. v. 14.4.1988 – Az. III ZR 12/87, BGHZ 104, 178 (180); BayObLG, Beschl. v. 22.11.2002 – Az. 4Z Sch 13/02, NJW-RR 2003, S. 502 ff.; *Solomon*, Verbindlichkeit von Schiedssprüchen, S. 116; *Adolphsen*, in: Münchener Kommentar zur ZPO, Anh. § 1061, Art. V UNÜ Rn. 56; *F. Schmidt*, Typologie von Schiedssprüchen, S. 54; *Darwazeh*, in: Kronke et al., Commentary on the New York Convention Art. V (1) (e), S. 304; a.A. wohl *Sandrock*, in: Graf v. Westphalen/Sandrock, FS Trinkner, S. 669 (692 f.).

650 Entscheidendes Kriterium zur Abgrenzung soll die inhaltliche Prüfung des Schiedsspruchs sein, vgl. *F. Schmidt*, Typologie von Schiedssprüchen, S. 49; *Sandrock*, in: Graf v. Westphalen/Sandrock, FS Trinkner, S. 669 (686). Ausführlich *Solomon*, Verbindlichkeit von Schiedssprüchen, S. 116 ff.

651 Gegen die Verknüpfung der Verbindlichkeit des Schiedsspruchs mit der Zulässigkeit von gerichtlichen Rechtsbehelfen auch *Solomon*, Verbindlichkeit von Schiedssprüchen, S. 370.

„*binding*“ in Art. III und V UNÜ dasselbe gemeint,[652] müsste dem Schiedsspruch vor seiner Anerkennung durch die Vertragsstaaten stets die Verbindlichkeit fehlen, denn diese würde ihm durch die Anerkennung erst verliehen.[653] Eine Anerkennung von ausländischen Schiedssprüchen wäre logisch unmöglich. Zutreffenderweise machen daher die ebenfalls authentischen französischen und spanischen Fassungen schon in sprachlicher Hinsicht einen Unterschied zwischen der Verbindlichkeit und der Wirksamkeit des Schiedsspruchs. So spricht die französische Fassung in Art. V von „*obligatoire pour les parties*“ und in Art. III von „*l'autorité d'une sentence arbitrale*“, die spanische Fassung von „*obligatoria para las partes*“ und „*la autoridad de la sentencia arbitral*“.

Wenn das New Yorker Übereinkommen mithin zwischen der Verbindlichkeit als Voraussetzung der Anerkennung und der Wirksamkeit des Schiedsspruchs in einem Vertragsstaat unterscheidet, so bedeutet das, dass die Wirksamkeit des Schiedsspruchs nicht Voraussetzung der Verbindlichkeit im Sinne des Art. V (1) lit. e) UNÜ sein kann. Bedarf auch der inländische Schiedsspruch der Anerkennung, um Wirkungen zu entfalten, folgt daraus des Weiteren, dass die nationalen Vorschriften, nach denen die Wirksamkeit eines Schiedsspruchs in seinem Heimatland bestimmt wird, nicht Bedingung der Wirksamkeit des Schiedsspruchs in einem anderen Land sind.[654] Die Verbindlichkeit des Schiedsspruchs kann mithin einen vor der Wirksamkeit des Schiedsspruchs liegenden Zeitpunkt bezeichnen.

Aufschlussreich ist die Auffassung von *Schlosser*, für die Verbindlichkeit des Schiedsspruchs genüge „*die aufgrund des Schiedsvertrags eintretende schuldrechtliche Bindung*“.[655] Dieser Begriffsdeutung ist zuzustimmen. Denn mit dem Eintritt einer schuldrechtlichen Bindung ist es den Parteien nicht mehr möglich, sich einseitig von der in der Schiedsvereinbarung enthaltenen Verpflichtung zu lösen, den Schiedsspruch zu befolgen

652 So aber *van den Berg*, New York Convention, S. 244.

653 *F. Schmidt*, Typologie von Schiedssprüchen, S. 57.

654 *Solomon*, Verbindlichkeit von Schiedssprüchen, S. 371; ähnlich auch *Radicati di Brozolo*, in: ICCA Congress Series 16, S. 74 (86.).

655 *Schlosser*, Internationale private Schiedsgerichtsbarkeit, Rn. 787; unklar *ders.*, in: Stein/Jonas, ZPO, Anh. § 1061 Rn. 305. Dort stellt *Schlosser* einerseits darauf ab, ob einem Schiedsspruch materielle Rechtskraft zukommt, was er etwa von der Zustellung und Niederlegung des Schiedsspruchs abhängig machen will. Gleichzeitig spricht er anderseits davon, dass etwas anderes gelte, wenn man die Parteien schuldrechtlich schon vorher für gebunden hält.

und ihn nicht in Frage zu stellen.[656] Die Verbindlichkeit des Schiedsspruchs im Sinne des New Yorker Übereinkommens bezeichnet damit nichts anderes als die Eignung des Schiedsspruchs zur Streitentscheidung zwischen den Parteien.[657]

Dem Abstellen auf den Eintritt der auf der Schiedsvereinbarung beruhenden Verbindlichkeit steht auch nicht entgegen, dass diese Pflicht schon mit Vertragsschluss entsteht.[658] Denn die Parteien haben in der Schiedsvereinbarung lediglich abstrakt vereinbart, dass sie einen ergehenden Schiedsspruch befolgen werden; erst der Erlass des Schiedsspruchs schafft aber die tatbestandliche Voraussetzung für die Entstehung der konkreten Beachtungspflicht. Gegen die Maßgeblichkeit des Zeitpunkts der schuldrechtlichen Bindung für die Beurteilung der Verbindlichkeit lässt sich auch nicht einwenden,[659] dass damit letztlich nur der Eintritt der materiellen Rechtskraft[660] gemeint sein kann und dieser je nach nationaler Rechtsordnung verschieden bestimmt wird. Denn die Parteien sind vertraglich an den Schiedsspruch unabhängig davon gebunden, ob dieser in der Folge von einer nationalen Rechtsordnung anerkannt wird.

Die Verbindlichkeit des Schiedsspruchs bezeichnet mithin die Erfüllung der Verfahrensschritte, die für das Zustandekommen des Schiedsspruchs erforderlich sind. Welchen Anforderungen der Schiedsspruch in dieser Hinsicht gerecht werden muss, ist nach den rechtlichen und parteilichen Vorgaben zu beurteilen, nach denen das Verfahren geführt worden ist.[661] Erforderlich ist insbesondere, dass ein Schiedsspruch durch das Schiedsgericht nicht mehr abänderbar ist; liegt dagegen ein Schiedsspruch vor, der noch der Prüfung durch eine andere Stelle bedarf, ist er noch nicht verbindlich geworden.[662] Das gilt auch für den Schiedsspruch, gegen den

---

656 Vgl. hierzu ausführlich unten 5. Kap., III. 1. a).

657 *Solomon*, Verbindlichkeit von Schiedssprüchen, S. 372.

658 So aber *Solomon*, Verbindlichkeit von Schiedssprüchen, S. 102.

659 So *Solomon*, Verbindlichkeit von Schiedssprüchen, S. 102. Ähnlich auch *v. Bernuth*, Doppelkontrolle, S. 29, die meint, eine solche Bindung könne unter Umständen erst mit der Erteilung der Vollstreckbarkeit eintreten.

660 In diesem Sinne *Arroyo*, in: ders., Arbitration in Switzerland, Art. 190 PILS, S. 204.

661 *Solomon*, Verbindlichkeit von Schiedssprüchen, S. 372.

662 Vgl. etwa Art. 33 ICC-SchO, dem zufolge das Schiedsgericht einen Entwurf des Schiedsspruchs dem Gerichtshof vorzulegen hat; erst nach Erteilung der Genehmigung kann der Schiedsspruch ergehen.

noch ein Rechtsbehelf an ein Oberschiedsgericht zulässig ist.[663] Diese Begriffsbestimmung der Verbindlichkeit gilt autonom vom nationalen Recht, nach dem das Schiedsverfahren durchgeführt worden ist. Welche Anforderungen der Schiedsspruch im Einzelnen zu erfüllen hat, ist dagegen in einem nächsten Schritt[664] dem Recht des Schiedsverfahrens, d.h. dem nationalen Recht und – soweit rechtlich zulässig – den von den Parteien geschlossenen Parteivereinbarungen zu entnehmen.[665] Ob ein Schiedsspruch nach einem bestimmten Verfahrensrecht verbindlich geworden ist, erfordert demnach eine kollisionsrechtliche Unterscheidung von Verbindlichkeit und Wirksamkeit, die sich daran ausrichtet, ob die Erfüllung einer bestimmten Voraussetzung noch für das ordnungsgemäße Zustandekommen des Schiedsspruchs erforderlich ist oder schon seine Durchsetzung betrifft.[666]

Zur Klarstellung ist darauf hinzuweisen, dass der in Art. V (1) lit. e) UNÜ verwendete Begriff der Verbindlichkeit nicht alle materiellen Voraussetzungen bezeichnet, deren Erfüllung für die Qualifizierung des Schiedsspruchs als eine die Schiedsparteien bindende Entscheidung erforderlich ist. Denn bei einem solchen Begriffsverständnis erfasste der Begriff der Verbindlichkeit neben der Wirksamkeit des Schiedsvertrags auch die Ordnungsgemäßheit der Durchführung des Schiedsverfahrens; er wäre – anders ausgedrückt – der Oberbegriff, dem alle anderen Voraussetzungen des Art. V UNÜ unterfielen.[667] Die Verbindlichkeit im Sinne des Art. V (1) lit. e) UNÜ bezeichnet jedoch nur den Eintritt des Zeitpunkts,[668] ab dem ein Schiedsspruch unter den Parteien Rechtswirkungen entfaltet. In diesem Sinne kann man auch von der „*Verbindlichkeit im formellen Sinne*“[669] sprechen. Zu einer materiellen Verbindlichkeit zählt dagegen auch

---

663 *Solomon*, Verbindlichkeit von Schiedssprüchen, S. 118; *F. Schmidt*, Typologie von Schiedssprüchen, S. 53; *Sandrock*, in: Graf v. Westphalen/Sandrock, FS Trinkner, S. 669 (685); *Geimer*, in: Zöller, ZPO, § 1061 Rn. 24.

664 In diesem Sinne kann man von einer Kombinationslösung sprechen, vgl. *Schlosser*, in: Stein/Jonas, ZPO, Anh. § 1061 Rn. 301; *Adolphsen*, in: Münchener Kommentar zur ZPO, Anh. § 1061, Art. V UNÜ Rn. 56; *Sandrock*, in: Graf von Westphalen/Sandrock, FS Trinkner, S. 669 (678).

665 *Solomon*, Verbindlichkeit von Schiedssprüchen, S. 98 ff.; 374; *Voit*, in: Musielak, ZPO, § 1061 Rn. 18.

666 Vgl. hierzu näher *Solomon*, Verbindlichkeit des Schiedsspruchs, S. 374 ff.

667 *Solomon*, Verbindlichkeit von Schiedssprüchen, S. 389.

668 *Sandrock*, in: Graf von Westphalen/Sandrock, FS Trinkner, S. 669 (669).

669 *Schwab/Walter*, Schiedsgerichtsbarkeit, Kap. 30 Rn. 16.

die Wirksamkeit der Schiedsvereinbarung, denn diese bildet die Grundlage der Geltung des Schiedsspruchs zwischen den Parteien. Diese materielle Verbindlichkeit tritt neben die Wirksamkeit des Schiedsvertrags als Voraussetzung für die verbindliche Geltung[670] und ist Anknüpfungspunkt für die Wirksamkeitsprüfung des Schiedsspruchs im Rahmen des nationalen Anerkennungsverfahrens.

2. Wirkungen der Anerkennung

Nach dem Gesagten ist ein ausländischer Schiedsspruch, der die Anforderungen des New Yorker Übereinkommens erfüllt, in Deutschland anzuerkennen und seine Wirkungen sind zu beachten. Offen ist jedoch, nach welchen Vorschriften sich diese Wirkungen beurteilen. Dieser Frage ist im Folgenden nachzugehen.

a) Anwendbares Regelungsregime

Angesichts dessen, dass dem New Yorker Übereinkommen die Voraussetzungen zu entnehmen sind, die ein ausländischer Schiedsspruch zu erfüllen hat, um in Deutschland anerkannt zu werden, liegt es nahe, hinsichtlich der Wirkungen ebenfalls dort anzusetzen. Soweit das New Yorker Übereinkommen in dieser Hinsicht allerdings keine Vorschriften enthält und dem nationalen Recht die Festlegung der Wirkung überlässt, ist in den Vorschriften der Zivilprozessordnung nach einer Lösung zu suchen.

aa) Regelung durch das New Yorker Übereinkommen

Eine Regelung der Wirkungen von Schiedssprüchen könnte in Art. III S. 1 UNÜ enthalten sein, der bestimmt, dass jeder Vertragsstaat Schiedssprüche als wirksam anzuerkennen hat. Mit dieser Pflicht der Vertragsstaaten

670 Vgl. *Solomon*, Verbindlichkeit des Schiedsspruchs, S. 398. Bedeutung hat diese Abgrenzungsfrage vor allem im Hinblick auf die eigenständige Anknüpfung von Schiedsvertrags- und Schiedsverfahrensstatut, vgl. im Einzelnen hierzu *Solomon*, Verbindlichkeit des Schiedsspruchs, S. 394 ff.

zur Beachtung der streitbeendenden Wirkung von Schiedssprüchen[671] wird zunächst der in der Schiedsvereinbarung getroffenen Vereinbarung der Parteien, einen Schiedsspruch zu befolgen, rechtliche Wirkung verliehen. Darüber hinaus soll der Vorschrift aber auch zu entnehmen sein, dass ausländische Schiedssprüche ausländischen Urteilen bzw. inländischen Schiedssprüchen gleichzustellen sind.

(1) Gleichstellung mit (ausländischen) Urteilen

Nach einer Auffassung lässt sich aus Art. III UNÜ die Pflicht des Anerkennungsstaates ableiten, ausländischen Schiedssprüchen dieselben Wirkungen wie Urteilen staatlicher Gerichte beizumessen[672] und insoweit ausländische Schiedssprüche und ausländische Urteile nach denselben Grundsätzen zu behandeln.[673]

Für die Anwendung der bei Urteilen entwickelten Dogmatik lässt sich anführen, dass das New Yorker Übereinkommen für die Durchsetzung der Wirkung von Schiedssprüchen auf die Regelungssystematik der Urteilsanerkennung zurückgreift. Schon der Wortlaut des New Yorker Übereinkommens und insbesondere die Ausgestaltung der Anerkennungsversagungsgründe des Art. V UNÜ weisen eine große Ähnlichkeit mit dem für das autonome deutsche Recht geltenden § 328 ZPO und dem für Entscheidung aus EU-Mitgliedsstaaten geltenden Art. 36 ff. EuGVO auf. Die Verwandtschaft zum Anerkennungsmodell von ausländischen Urteilen zeigt sich außerdem an der Regelung des Art. I (3) S. 1 UNÜ, der zufolge ein Vertragsstaat auf der Grundlage des Prinzips der Gegenseitigkeit erklären kann, dass er das Übereinkommen nur auf die Anerkennung und Vollstreckung solcher Schiedssprüche anwenden werde, die auf dem Hoheitsgebiet eines anderen Vertragsstaates ergangen sind. Allein der Gebrauch ähnlicher Begrifflichkeiten ist jedoch ein nur schwaches Argument für die Übertragung der für ausländische Urteile geltenden Grundsätze. Denn abgesehen hiervon hat sich im New Yorker Übereinkommen und insbesondere in Art. III

671 *Born*, International Commercial Arbitration, Bd. III, S. 3740; *Scherer*, in: Wolff, New York Convention, Art. III Rn. 9.

672 *F. Schmidt*, Typologie von Schiedssprüchen, S. 57; in diese Richtung auch *Born*, International Commercial Arbitration, Bd. III, S. 3742.

673 In diese Richtung wohl *Adolphsen*, in: Münchener Kommentar zur ZPO, Anh. § 1061 Art. III UNÜ Rn. 2.

UNÜ der Gedanke der zwingenden Gleichstellung von ausländischen Schiedssprüchen und Urteilen nicht niedergeschlagen.[674]

(2) Gleichstellung mit inländischen Schiedssprüchen

Einer weiteren Auffassung nach soll das New Yorker Übereinkommen in dem Sinne zu verstehen sein, dass es die Gleichbehandlung von ausländischen und inländischen Schiedssprüchen fordert. Für ein deutsches Gericht würde das bedeuten, dass es den ausländischen Schiedsspruch ebenso wie einen inländischen Schiedsspruch zu berücksichtigen hätte und auch dieser einem Urteil eines deutschen staatlichen Gerichts gleichgestellt wäre. Eine entsprechende Aussage könnte sich aus dem systematischen Kontext und dem Zweck der Vorschriften der Art. III S. 1 und Art. III S. 2 UNÜ ableiten lassen. Nach letzterem darf die Anerkennung oder Vollstreckung von Schiedssprüchen nämlich weder wesentlich strengeren Verfahrensvorschriften unterliegen noch wesentlich höhere Kosten als die Anerkennung oder Vollstreckung inländischer Schiedssprüche verursachen.

Es erscheint allerdings fraglich, ob die Vertragsstaaten mit Art. III S. 2 UNÜ bezweckten, dass ausländischen Schiedssprüchen dieselben Wirkungen wie inländischen Schiedssprüchen zukommen. Wie aus den Verhandlungsdokumenten ersichtlich ist, spielte in der Debatte um die Fassung des Art. III UNÜ die Anerkennung nämlich allenfalls eine untergeordnete Rolle.[675] Diskutiert wurde vielmehr die Frage, nach welchem Verfahren ausländische Schiedssprüche in den Vertragsstaaten vollstreckt werden sollen. Dabei stellte sich heraus, dass die Unterschiede der in den nationalen Rechtsordnungen geregelten Vollstreckungsverfahren zu groß sind, als dass eine Einigung auf ein bestimmtes Vollstreckungsverfahren möglich gewesen wäre.[676] So kann das nationale Recht zum einen spezifische Regeln für die Vollstreckung ausländischer Schiedssprüche vorsehen, wobei

674 Vgl. jedoch den Wortbeitrag von *Matteucci*, UN-DOC E/CONF.26/SR.2, abgedr. bei *Gaja*, International Commercial Arbitration, III.C.4.

675 Vgl. *van den Berg*, New York Convention, S. 234 ff., der das Anerkennungsprinzip in Art. III UNÜ als einen reinen *clause de style* bezeichnet, der aus Tradition in völkerrechtlichen Verträgen enthalten sei, insb. S. 244; sich anschließend *Bosch*, Rechtskraft und Rechtshängigkeit, S. 161.

676 Vgl. etwa die Vorschläge der belgischen Abgeordneten, die eine inländischen Schiedssprüchen gleiche Vollstreckung befürworteten, UN-DOC E/CONF.26/SR.10, abgedr. bei *Gaja*, III.C.79; dagegen den Vorschlag aus Südamerika, zwi-

wiederum zwischen solchen Schiedssprüchen, die unter das New Yorker Übereinkommen fallen und sonstigen ausländischen Schiedssprüchen unterschieden werden kann. Zum anderen ist denkbar, ausländische Schiedssprüche nach den für inländische Schiedssprüche geltenden Regelungen zu vollstrecken. Klar wurde bei den Verhandlungen jedenfalls, dass ein solcher Vorschlag keine Mehrheit finden konnte.[677] Aus diesem Grund vereinbarte man nur, dass das Verfahren der Vollstreckung ausländischer Schiedssprüche nicht unter wesentlich schwereren Bedingungen[678] erfolgen darf, als sie für die Vollstreckung inländischer Schiedssprüche vorgesehen sind. Die Ausgestaltung des Vollstreckungsverfahrens im Einzelnen wurde dagegen den Nationalstaaten überlassen. Angesichts dieser Meinungsverschiedenheiten und der gefundenen Minimallösung hinsichtlich der Vollstreckung von Schiedssprüchen ist es wenig überzeugend, in Bezug auf die Anerkennung von einer zwingenden Gleichbehandlung von inländischen und ausländischen Schiedssprüchen auszugehen.

Im Ergebnis ist daher festzuhalten, dass das New Yorker Übereinkommen lediglich sicherstellt, dass ein Schiedsspruch eine Streitigkeit auch im Hinblick auf staatliche Gerichtsverfahren endgültig beilegt.[679] Es lassen sich jedoch weder Art. III S. 1 und S. 2 UNÜ noch dem New Yorker Übereinkommen in Gänze Aussagen dazu entnehmen, auf welche Weise ausländischen Schiedssprüchen im Inland zu Wirkungen verholfen wird und nach welchem Recht sich die Rechtskraftwirkungen eines ausländischen Schiedsspruchs bestimmen.[680]

---

schen dem Verfahren zur Erteilung der Vollstreckbarkeit und der Vollstreckung zu trennen, UN-DOC E/CONF.26/SR.11, abgedr. bei *Gaja*, III.C.85.

677 *van den Berg*, New York Convention, S. 235.

678 Hierunter fallen etwa Fragen der Zuständigkeit zur Erteilung der Vollstreckbarerklärung und Vollstreckung und der Form des entsprechenden Antrags. Zur Auslegung der Begriffe „*rules of procedure*“ und „*conditions*“ siehe *van den Berg*, New York Convention, S. 239; *Bülow*, KTS 1959, S. 1 (8).

679 *Börner*, in: Kronke et al., Commentary on the New York Convention, Art. III, S. 116.

680 So auch die Einschätzung bei *Scherer*, in: Wolff, New York Convention, Art. III Rn. 9; *Bosch*, Rechtskraft und Rechtshängigkeit, S. 161; *ILA*, Interim Report, S. 23; *Born*, International Commercial Arbitration, Bd. III, S. 3743; *Hobér*, Recueil des Cours 366 (2014), S. 99 (263); *Radicati di Brozolo,* ASA Special Series 38, S. 127 (134); *Hahn*, Aust. Yb. Int. Arb. 2014, S. 329 (335); *Erk*, Parallel Proceedings, S. 166.

bb) Regelung durch die Zivilprozessordnung

Soweit das New Yorker Übereinkommen nach dem Gesagten den Vertragsstaaten die Festlegung der Wirkung von ausländischen Schiedssprüchen in Gerichtsverfahren überlässt, ist im Folgenden nach einer auf den Regelungen der Zivilprozessordnung basierenden Lösung zu suchen.

(1) Übertragung der für Urteile geltenden Grundsätze

(a) Stand in Rechtsprechung und Literatur

Ein Großteil der deutschen Lehre ist der Ansicht, auf ausländische Schiedssprüche finden die für ausländische Urteile geltenden Grundsätze Anwendung.[681][682]

Vorbehaltlich etwaig vorrangiger Rechtsvorschriften insbesondere des europäischen Rechts (Art. 36 ff. EuGVO) wären die Wirkungen von ausländischen Schiedssprüchen mithin in Anlehnung an § 328 ZPO zu beurteilen. Welche Folgen die Anerkennung von ausländischen Urteilen zeitigt, ist bekanntermaßen jedoch nicht unstreitig.[683] Zwei Lehrmeinungen stehen sich gegenüber.[684] Nach der sog. Gleichstellungstheorie soll die

---

681 Vgl. ausdrücklich *Geimer*, IZPR, Rn. 3879; *ders.*, in: Zöller, ZPO, § 1055 Rn. 19; *Schütze*, in: ders./Wieczorek, ZPO, § 1061 Rn. 29; *M. Stürner*, in: Geimer/Kaissis/Thümmel, FS Schütze, S. 579 (581).

682 Dieser Auffassung hat sich das Landgericht Essen in einer nicht rechtskräftigen erstinstanzlichen Entscheidung vom 24. März 2015 angeschlossen, LG Essen, Urt. v. 24.3.2015, Az. 12 O 37/12, BeckRS 2015, 07614; die gegen diese Entscheidung eingelegten Berufungen werden vor dem OLG Hamm unter dem Aktenzeichen I-8 U 86/15 geführt.

683 Inwiefern sich der Meinungsstreit zwischen Gleichstellungs- und Wirkungserstreckungslehre überhaupt auf die Frage bezieht, welche Rechtsordnung der ausländischen Entscheidung ihre Wirkung verleiht, oder ob nicht vielmehr allein eine Antwort auf die Frage gesucht wird, nach welchem Recht der Umfang der Wirkungen zu bestimmen ist, kann an dieser Stelle offen bleiben. Siehe hierzu auch unten 6. Kap., II. 2. a).

684 Im Rahmen der Anerkennung nach der EuGVO ist die Theorie der Wirkungserstreckung vorherrschend, vgl. EuGH, Urt. v. 4.2.1988 – Rs. 145/86, Slg. 1988, 645; *Jenard*, Bericht, S. 43; *Hess*, Europäisches Zivilprozessrecht, § 6 Rn. 182 ff.; *Stadler*, in: Musielak, ZPO, Art. 36 EuGVO Rn. 2; *Gottwald*, in: Münchener Kommentar zur ZPO, Art. 33 EuGVO a.F. Rn. 3; *Adolphsen*, Europäisches Zivilverfahrensrecht, S. 160; ausführlich auch *Peiffer*, Grenzüberschreitende Titelgel-

ausländische Entscheidung einer entsprechenden Entscheidung eines deutschen Gerichts gleichgestellt werden und dieselben Wirkungen wie ein deutsches Urteil haben.[685] Dagegen will die Theorie der Wirkungserstreckung die Wirkungen der Rechtskraft nach dem ausländischen Recht des Herkunftslands bestimmen.[686] Einem Großteil der Anhänger der Wirkungserstreckungslehre zufolge kann der Umfang der Rechtskraft nach ausländischem Recht aber nicht weiter reichen als bei einer vergleichbaren Entscheidung eines deutschen Gerichts.[687]

Diese Debatte wird auf ausländische Schiedssprüche übertragen, und es werden die für die Urteilsanerkennung gebräuchlichen Begrifflichkeiten übernommen. So wird beispielsweise – unter Hinweis auf die Gleichstellungs- und Wirkungserstreckungslehre – bemerkt, es sei streitig, welche Wirkungen ein ausländischer Schiedsspruch im Inland habe.[688] Von anderen Autoren wird betont, bei einem ausländischen Schiedsspruch erfolge keine Gleichstellung, sondern eine bloße Wirkungserstreckung.[689] Im selben Sinne wird der Schiedsspruch auch als Gegenstand der Wirkungserstreckung bezeichnet.[690] Des Weiteren finden sich Aussagen, dass die Wirkungen des ausländischen Schiedsspruchs automatisch ins Inland erstreckt werden, sobald die Voraussetzungen der Anerkennung erfüllt sind.[691] Hervorgehoben wird zudem, dass die bei der Bestimmung des Umfangs beste-

---

tung, Rn. 123 ff. m.w.N.; einschränkend allerdings *Schlosser*, Bericht, S. 127. Bekannt sind die Gleichstellungs- und Wirkungserstreckung nicht nur im deutschen Rechtsraum, sondern auch in der französischen und englischen Lehre, vgl. hierzu *Peiffer*, Grenzüberschreitende Titelgeltung, Rn. 68, 70 m.w.N.

685 Grundlegend BGH, Urt. v. 1.6.1983 – Az. IV b ZR 386/81, NJW 1983, S. 1976; BGH, Urt. v. 6.11.1985 – Az. IV b ZR 73/84, NJW 1986, S. 1440; OLG Köln, Urt. v. 20.7.2004 – Az. 25 UF 24/04, NJW-RR 2005, S. 876; *Spiecker genannt Döhmann*, Anerkennung von Rechtskraftwirkungen, S. 70 ff.; *Matscher*, in: Fasching/Kralik, FS Schima, S. 265 (279).

686 *Gottwald*, ZZP 103 (1990), S. 257 (261 ff.); *ders.*, in: Münchener Kommentar zur ZPO, § 328 Rn. 4; *Müller*, ZZP 79 (1966), S. 207 ff.; *Schack*, IZVR, Rn. 886; *Geimer*, IZPR, Rn. 2776.

687 Mit Unterschieden im Detail *Stadler*, in: Musielak, ZPO, § 328 Rn. 35; *Gottwald*, in: Münchener Kommentar zur ZPO, § 328 Rn. 5, 144; *Schack*, IZVR, Rn. 886.

688 Vgl. etwa LG Essen, Urt. v. 24.3.2015, Az. 12 O 37/12; BeckRS 2015, 07614. Das Gericht selbst spricht sich zwar vordergründung für die Gleichstellungslehre aus, wendet in der Folge allerdings die Grundsätze der Wirkungserstreckungslehre an. Siehe auch *Haas*, Anerkennung und Vollstreckung, S. 128 f.

689 *Münch*, in: Münchener Kommentar zur ZPO, § 1061 Rn. 3.

690 *Kilgus*, Anerkennung und Vollstreckbarerklärung, S. 64.

691 *Schütze*, in: Wiezcorek/Schütze, ZPO, § 1061 Rn. 91.

henden Probleme (schwächere oder stärkere Entscheidungswirkungen als im deutschen Recht) bei der Anerkennung von Schiedssprüchen nicht anders liegen als bei ausländischen Urteilen, so dass die dort geltenden Grundsätze in das Recht der Schiedsgerichtsbarkeit zu übertragen sind.[692]

(b) Kritik

Die verschiedenen in der Diskussion vertretenen Standpunkte beruhen auf einer gemeinsamen Grundannahme, und zwar der einer Gleichsetzung von ausländischen Schiedssprüchen mit ausländischen Urteilen. Daraus wird die Schlussfolgerung gezogen, dass das gesetzliche Anerkennungsmodell für Urteile auf Schiedssprüche (entsprechend) anzuwenden ist. Streit ist dann zwar noch darüber möglich, ob für ausländische Urteile die Wirkungserstreckungs- oder die Gleichstellungstheorie gilt. Ist dieser Meinungsstreit aber entschieden, ist für Schiedssprüche keine abweichende Beurteilung mehr denkbar.

Indes begegnet eine These der Akzessorietät schon im Ansatzpunkt Bedenken. Ausländische Urteile bedürfen in Deutschland der Anerkennung, weil sie Akte einer fremden Hoheitsgewalt sind. Ihre Geltung und Durchsetzbarkeit in Deutschland erfordern daher einen deutschen Rechtsanwendungsbefehl. Der im Ausland ergangene Schiedsspruch hingegen ist jedenfalls grundsätzlich kein Akt einer fremden Hoheitsgewalt, sondern, nicht anders als ein in Deutschland ergangener Schiedsspruch, in seiner Verbindlichkeit für die Parteien aus der Schiedsvereinbarung als eines privatrechtlichen Vertrags herzuleiten. Als vertraglich fundierter Akt hat der Schiedsspruch aber keine mit Urteilen vergleichbare „Nationalität" und ist nicht Ausdruck fremder öffentlicher Interessen. Die Erwägungen, aus denen heraus ein Staat der Anerkennung ausländischer Urteile Grenzen in der Form von Anerkennungsversagungsgründen gesetzt werden, lassen sich deshalb für ausländische Schiedssprüche nicht in gleicher Weise anstellen.

Dem entspricht es, wenn von der deutschen Rechtswissenschaft eine Anerkennung des ausländischen Schiedsspruchs entsprechend den für Urteile geltenden Grundsätzen vor dem Inkrafttreten des § 1044 a.F. ZPO (des heutigen § 1061 ZPO) bisweilen gänzlich abgelehnt wurde. Während

692 *Schlosser*, Internationale private Schiedsgerichtsbarkeit, Rn. 904.

heute nur über die Rechtsfolgen der Anerkennung gestritten wird, stellte sich damals die Frage, ob einem ausländischen Schiedsspruch in Deutschland überhaupt irgendwelche Wirkungen zukommen.[693] Eine Anwendung der für die Anerkennung ausländischer Urteile geltenden Vorschrift des § 328 ZPO wurde im Ergebnis mit dem Argument abgelehnt, dass das Erfordernis der Anerkennung ausländischer Urteile einschließlich der hierfür geltenden Grenzen den Bürger vor einer fremden Staatsgewalt schützen soll. Die Ausdehnung des Anwendungsbereichs der Vorschrift auf ausländische Schiedssprüche könnte hingegen nur den Schutz der Privaten gegen sich selbst bezwecken.[694] Mit anderen Worten: Der in den Vorschriften für ausländische Urteile verarbeitete Interessenkonflikt tritt bei Schiedssprüchen nicht in ähnlicher Weise auf. Der Blick auf die Anfang des vorigen Jahrhunderts verfasste Literatur zeigt mithin, dass schon damals die Gleichbehandlung von ausländischen Schiedssprüchen und Urteilen unter Verweis darauf abgelehnt wurde, es handele sich bei einem ausländischen Schiedsspruch nicht um einen Akt fremder Staatsgewalt.

(2) Anerkennung des Schiedsspruchs als Wirkungserstreckung

Eine Akzessorietät der für ausländische Schiedssprüche geltenden Rechtslage zu der Behandlung ausländischer Urteile ist mithin abzulehnen. Damit ist aber noch keine Entscheidung in der Sache selbst verbunden. Es ist weiterhin denkbar, § 1061 ZPO in der Weise auszulegen, dass ausländische Schiedssprüche in deutschen Gerichtsverfahren dieselbe Wirkung haben, wie nach dem Recht des Staates, in dem sie erlassen wurden.[695] Im Ergebnis käme das der überwiegenden Auffassung im Schrifttum gleich,

---

693 *Altenrath*, Wirkung des Schiedsspruchs, S. 3 f.; *Westheimer*, ZZP 39 (1909), S. 241 ff.

694 *K. Hellwig*, System II, S. 133; *Neuner*, RabelsZ 3 (1929), S. 37 (41); *Westheimer*, ZZP 39 (1909), S. 241 (262).

695 So *Geimer*, in: Zöller, ZPO, § 1055 Rn. 19, vgl. anders aber *ders.*, IZPR, 3879; wohl auch *Münch*, in: Münchener Kommentar zur ZPO, § 1061 Rn. 3 („*Ausländische Schiedssprüche bewirken ohne weiteres Rechtskraft, die jeweils inzident anerkannt wird – wenn überhaupt denn die lex fori für das Schiedsverfahren dem Schiedsspruch solche Wirkungen zumisst, wie sie national § 1055 normiert (bloße Wirkungserstreckung, nicht Gleichstellung [§ 328 Rn. 3–5. u. 160–162] – hier einmal unter umgekehrten Vorzeichen!).*“); *Schlosser*, in: Stein/Jonas, ZPO, Anh. § 1061 Rn. 123.

die sich dafür ausspricht, die Wirkungen von ausländischen Schiedssprüchen nach Maßgabe der Wirkungserstreckungslehre zu beurteilen. Wie im Folgenden zu zeigen ist, ist die Ausgestaltung der Anerkennung von ausländischen Schiedssprüchen in Form einer Wirkungserstreckung aber auch unabhängig der gegen die Akzessorietätsthese vorzubringenden Einwände abzulehnen.

(a) Erfordernis der Doppelanerkennung

Ein Argument gegen die Anwendung der Wirkungserstreckungslehre lautet, dass sie eine Doppelanerkennung des Schiedsspruchs erforderlich macht. Denn als ein in einem privatrechtlichen Vertrag fundierter Akt[696] erlangt der Schiedsspruch auch in seinem Herkunftsland nur kraft einer staatlichen Anerkennung Wirksamkeit, die dann in einem zweiten Schritt in den Anerkennungsstaat erstreckt werden könnte.[697] Das Erfordernis der Anerkennung des Schiedsspruchs in seinem Herkunftsland gilt in diesem Modell selbst dann, wenn die Parteien von vornherein kein Interesse an der Wirksamkeit des Schiedsspruchs am Ort seines Erlasses haben. Die erste Anerkennung hat mitunter also keinen anderen Zweck, als die Anerkennung der Wirkung des Schiedsspruchs im zweiten Staat zu ermöglichen.

Abgesehen von der grundsätzlichen Sinnhaftigkeit eines solchen Modells einer doppelten Anerkennung ist zudem die Frage aufgeworfen, wie sich im zweiten Anerkennungsstaat nachweisen lässt, dass der Schiedsspruch in seinem Heimatstaat tatsächlich anerkannt ist und dort dementsprechend Rechtskraftwirkungen hat. Hier ergeben sich die gleichen Schwierigkeiten wie in dem Verfahren des sog. Doppelexequatur, das früher nach der Genfer Konvention für die Vollstreckung eines Schiedsspruchs im Ausland Voraussetzung war.[698] Denn der Beweis der Anerken-

696 Etwas anderes könnte aber dann gelten, wenn nach einer Rechtsordnung Schiedgerichte unmittelbar – etwa aufgrund einer entsprechenden Beleihung – Hoheitsgewalt ausübten. Zu vertraglichen und jurisdiktionellen Lehren über die Rechtsnatur von Schiedssprüchen siehe oben 3. Kap., I.

697 So *Rüßmann/Spohnheimer*, in: Dammann/Grunsky/Pfeiffer, GS Wolf, S. 517 (531); *Haas*, Anerkennung und Vollstreckung, S. 129; *Schütze*, in: Wiezcorek/Schütze, ZPO, § 1061 Rn. 29; *Adolphsen*, in: Münchener Kommentar zur ZPO, Anh. § 1061, Art. III UNÜ Rn. 2.

698 Siehe hierzu schon oben 1. b) aa).

nungsfähigkeit eines Schiedsspruchs ließe sich in aller Regel nur durch Vorlage einer Vollstreckbarerklärung führen. Wenn im New Yorker Übereinkommen auf das Doppelexequatur aber gerade deshalb verzichtet wurde, weil dieses Verfahren als zu umständlich empfunden wurde, dann sollte es auch nicht für den Eintritt der Rechtskraftwirkungen verlangt werden.[699]

Dass die Lehre von der Wirkungserstreckung bei konsequenter Anwendung Folgen zeitigt, die selbst von ihren Anhängern nicht gewünscht werden, wird überdies in anderer Hinsicht deutlich. So ist die Frage zu stellen, wie mit solchen Schiedssprüchen zu verfahren ist, denen im Herkunftsland nur schuldrechtliche Wirkung beigemessen wird und zu deren Durchsetzung mithin dort eine *actio ex contractu*, eine Klage auf Erfüllung des Schiedsspruchs, erforderlich wäre.[700] In welcher Form und mit welchen Rechtsfolgen wäre ein solcher Schiedsspruch in Deutschland anzuerkennen, wo eine auf Erfüllung des inländischen Schiedsspruchs gerichtete Klage aufgrund der Gleichstellungsanordnung in § 1055 ZPO unzulässig ist?[701] Diese Fragen zu beantworten scheut die deutsche Rechtswissenschaft und erklärt schuldrechtlich wirkende Schiedssprüche – jedenfalls den italienischen *lodo irrituale* – schlechthin für nicht anerkennungsfähig. Das wiederum zeigt, dass die Entscheidung über die Wirkungen eines ausländischen Schiedsspruchs ungeachtet seiner Wirkungen in seinem Ursprungsstaat getroffen wird. Offensichtlich geht es also gerade nicht darum, einem Schiedsspruch in Deutschland die Wirkungen beizumessen, die ihm nach dem Recht seines Herkunftsstaats zukommen würden.[702] Damit ist der Ausgangspunkt der Wirkungserstreckungslehre verlassen.

---

699 A.A. *Schlosser*, Internationale private Schiedsgerichtsbarkeit, Rn. 902 („*Wenn jedoch alle Entscheidungswirkungen von der Verleihung des Exequaturs abhängen, so kann auch vor deutschen Gerichten die Rechtskraft eines nach einem solchen Recht zu bewertenden Schiedsspruchs nicht inzident und ohne Exequatur geltend gemacht werden.*“); a.A. allerdings nunmehr *Schlosser*, in: Stein/Jonas, ZPO, Anh. § 1061 Rn. 123.

700 Siehe hierzu schon oben 1. a) bb) (1).

701 Zu dieser Frage vgl. *Neuner*, RabelsZ 3 (1919), S. 37 (48 f.); auch *Schlosser*, Internationale private Schiedsgerichtsbarkeit, Rn. 907.

702 *Bosch*, Rechtskraft und Rechtshängigkeit, S. 155; auch *Solomon*, Verbindlichkeit von Schiedssprüchen, S. 326.

(b) Unvereinbarkeit mit dem New Yorker Übereinkommen

Fraglich ist zudem, ob die Bestimmung der Wirkung von ausländischen Schiedssprüchen nach Maßgabe der Wirkungserstreckungslehre überhaupt mit dem New Yorker Übereinkommen vereinbar ist. Ein Widerspruch könnte darin zu sehen sein, dass nach Art. V (1) lit. e) UNÜ einem Schiedsspruch nur dann die Anerkennung versagt werden kann, wenn er noch nicht verbindlich geworden ist.

Anders nämlich als bei ausländischen Urteilen,[703] die in Deutschland grundsätzlich nur dann anerkannt werden können, wenn sie in ihrem Heimatstaat wirksam sind und dort Entscheidungswirkungen entfalten,[704] ist für das Entstehen der Verpflichtung der Vertragsstaaten zur Anerkennung des ausländischen Schiedsspruchs nach Art. III i.V.m. Art. V (1) lit. e) UNÜ nicht entscheidend, ob der Schiedsspruch in seinem Heimatstaat noch aufgehoben werden kann und deshalb noch nicht formell rechtskräftig geworden ist. Maßgeblich für den Eintritt der Verbindlichkeit ist allein, ob alle Verfahrensakte vorgenommen wurden, um eine das Schiedsverfahren beendende, die Parteien schuldrechtlich bindende Entscheidung des Schiedsgerichts zu treffen.[705] Damit umfasst der Begriff der Verbindlichkeit nach Art. V (1) lit. e) UNÜ nicht notwendigerweise die Merkmale, die erfüllt sein müssen, damit ein Schiedsspruch in seinem Herkunftsland wirksam wird. Die Wirksamkeitsvoraussetzungen des Ursprungsstaates können über die Voraussetzungen hinausgehen, die an die Verbindlichkeit im Sinne des Art. V (1) lit. e) UNÜ gestellt sind. Mit anderen Worten kann

---

703 BGH, Urt. v. 4.6.1992 – Az. IX ZR 149/91, NJW 1992, S. 3096 (3098); *Martiny*, Handbuch IZVR, Bd. III/1, Rn. 483; *H. Roth,* in: Stein/Jonas, ZPO, § 328 Rn. 64; Geimer/Schütze, Internationale Urteilsanerkennung, Bd. I/1, § 139 I. 1.; *Geimer*, IZPR, Rn. 2889; *Gottwald*, in: Münchener Kommentar zur ZPO, § 328 Rn. 78.

704 Nach überwiegender Auffassung soll die Berücksichtigung des ausländischen Prozessrechts jedoch dort seine Grenze finden, wo ein ausländisches Urteil in seinem Heimatstaat schon vor Eintritt seiner formellen Rechtskraft Wirkungen entfaltet. Obwohl sich das aus dem Wortlaut der Vorschrift des § 328 ZPO nicht ergibt, fordert die überwiegende Auffassung in diesem Sinne, dass das Urteil nicht mehr mit ordentlichen Rechtsbehelfen aufgehoben werden kann, vgl. *Gottwald*, in: Münchener Kommentar zur ZPO, § 328 Rn. 66; Rosenberg/Schwab/Gottwald, Zivilprozessrecht, § 157 Rn. 27; *Spellenberg*, in: Staudinger, Neubearb. 2005, § 328 Rn. 198 ff.; *Schack*, IZVR, Rn. 910; *Stadler*, in: Musielak, ZPO, § 328 Rn. 5; a.A. *Geimer*, in: Zöller, ZPO, § 328 Rn. 69; *H. Roth*, in: Stein/Jonas, ZPO, § 328 Rn. 73 ff.; *Schütze*, in: Wieczorek/ders., ZPO, § 328 Rn. 20.

705 Siehe hierzu oben 1. b) cc).

die Pflicht zur Anerkennung eines Schiedsspruchs nach Art. III UNÜ entstehen, bevor dieser in dem Staat, in dem das Schiedsgericht seinen Sitz hatte, wirksam geworden ist. Die Aussage, dass die Wirkungen des ausländischen Schiedsspruchs im deutschen Recht zum gleichen Zeitpunkt eintreten, zu dem die Wirkungen nach dem Recht seines Heimatstaates eintreten,[706] kann daher in Einzelfällen unzutreffend sein.[707] Die Wirkungserstreckungslehre, deren Grundgedanke die Erstreckung von schon entstandenen Wirkungen von einer Rechtsordnung in eine andere Rechtsordnung ist, fügt sich mithin nicht in den Regelungsmechanismus des New Yorker Übereinkommens ein.

(3) Gleichbehandlung von ausländischem und inländischem Schiedsspruch

Wie gezeigt, ist die Unterscheidung von „inländischen“ und „ausländischen“ Schiedssprüchen schon im Ansatz verfehlt. Ein Schiedsspruch nimmt nicht die „Nationalität“ des Staates an, auf dessen Gebiet er erlassen wurde. So betrachtet spricht einiges dafür, ausländische Schiedssprüche in inländischen Gerichtsverfahren gleich inländischen Schiedssprüchen zu behandeln.[708] Auch der ausländische Schiedsspruch ist gemäß § 1055 ZPO einem rechtskräftigen Urteil gleichgestellt.

Nur auf den ersten Blick steht dieser Lösung die Vorschrift des § 1025 Abs. 2 ZPO entgegen, der zufolge die Vorschriften der §§ 1032, 1033 und 1050 ZPO auf Schiedsverfahren Anwendung finden, wenn der Ort des schiedsrichterlichen Verfahrens im Ausland liegt. Entgegen der überwiegenden Ansicht kann daraus nicht im Umkehrschluss abgeleitet werden, dass die nicht in dieser Aufzählung enthaltene Vorschrift des § 1055 ZPO

706 *Geimer*, in: Zöller, ZPO, § 1061 Rn. 16.

707 Freilich haben sich die nationalen Schiedsverfahrensgesetze – nicht zuletzt aufgrund des UNCITRAL-Modell-Gesetzes – einander angenähert. Der Verzicht auf nationale Eigenheiten führt wiederum dazu, dass sich der Zeitpunkt des Eintritts der Verbindlichkeit im Sinne des Art. V (1) lit. e) UNÜ und der Zeitpunkt der nach nationalen Vorschriften zu beurteilenden Wirksamkeit des Schiedsspruchs zunehmend nach den gleichen Maßstäben bestimmen.

708 OLG München, Urt. v. 10.10.2002 – Az. U (K) 1651/02, BeckRS 2002 30470727; wohl auch OLG München, Beschl. v. 11.4.2012 – Az. 34 Sch 21/11, SchiedsVZ 2012, S. 156 (158); eine Gleichstellung befürworten *Bosch*, Rechtskraft und Rechtshängigkeit, S. 155; wohl auch *Loritz*, ZZP 105 (1992), S. 1 (11).

nur auf inländische Schiedssprüche anzuwenden ist.[709] Denn schon nach ihrem Wortlaut her beschränkt sich § 1025 Abs. 2 ZPO auf Schiedsverfahren und regelt deren Verhältnis zur deutschen Gerichtsbarkeit. Eine Aussage zur Behandlung schon ergangener Schiedssprüche nach Abschluss des Schiedsverfahrens trifft das Gesetz an dieser Stelle nicht. Die Nichtanwendbarkeit des § 1055 ZPO folgt auch nicht aus § 1025 Abs. 4 ZPO, der bestimmt, dass sich die Anerkennung und Vollstreckung ausländischer Schiedssprüche nach § 1061 ZPO und damit nach dem New Yorker Übereinkommen richtet. Wie vorstehend gezeigt, lässt sich diesem gerade nicht entnehmen, welche Wirkungen einem ausländischen Schiedsspruch in den Vertragsstaaten zukommen sollen. Nach hiesigem Verständnis ist § 1061 ZPO damit lediglich eine Regelung der Voraussetzungen und dem Verfahren der Anerkennung, nicht aber der Rechtsfolgen, die eine Rechtsordnung an einen anerkannten Schiedsspruch knüpft. Mithin verbietet auch § 1025 Abs. 4 ZPO nicht, in der Vorschrift des § 1055 ZPO eine Bestimmung nicht über nur die Rechtsfolgen der Anerkennung von inländischen, sondern auch von ausländischen Schiedssprüchen zu sehen.

Eine solche einheitliche Behandlung ist deshalb überzeugend, weil sich ein Schiedsspruch unabhängig von dem Ort seines Erlasses als ein der deutschen Hoheitsgewalt fremder Akt darstellt. Die für inländische wie auch für ausländische Schiedssprüche gleichermaßen zu beantwortende Frage, ob einer aufgrund einer privatrechtlichen Einigung erzielten Streitentscheidung in nachfolgenden Gerichtsverfahren Beachtung zukommen soll,[710] ist von der deutschen Rechtsordnung dabei ganz grundsätzlich bejaht: für den inländischen Schiedsspruch im Sinne der Vorschrift des § 1055 ZPO und für den ausländischen Schiedsspruch nach Maßgabe des § 1061 ZPO. Im Hinblick auf das „ob" der streitbeendenden Wirkungen sind inländische und ausländische Schiedssprüche mithin gleichgestellt. Es ist dann aber nur konsequent, den ausländischen Schiedsspruch dem inländischen auch hinsichtlich der prozessualen Technik und Wirkungsweise gleichzustellen und ihm ebenfalls die Wirkungen eines inländischen rechtskräftigen Urteils zukommen zu lassen. Dagegen lässt sich dann auch nicht einwenden, dass durch diese Gleichstellung und die Anwendung des

---

709 So *Voit*, in: Musielak, ZPO, § 1055 Rn. 2; *Geimer*, in: Zöller, ZPO, § 1055 Rn. 1, 20; unklar *Saenger*, in: ders., ZPO, § 1055 Rn. 2 („*va inländische Schiedssprüche*").

710 *Bosch*, Rechtskraft und Rechtshängigkeit, S. 155, 157; *Solomon*, Verbindlichkeit von Schiedssprüchen, S. 327 f.; *Neuner*, RabelsZ 3 (1929), S. 37 (41.).

§ 1055 ZPO auf ausländische Schiedssprüche die in der deutschen Zivilprozessordnung angelegte Unterscheidung zwischen inländischen und ausländischen Schiedssprüchen aufgehoben wäre. Denn die erste Aussage des § 1055 ZPO, die von Gesetzes wegen erfolgende Anerkennung, bleibt für ausländische Schiedssprüche bedeutungslos. Das Vertrauen, das der deutsche Gesetzgeber Schiedssprüchen schenkt, die auf seinem Territorium ergangen sind, lässt sich nicht über diese Grenze hinaus erstrecken. Die auch von Verfassungs wegen vorgesehene Richtigkeitsgewähr der Entscheidung erfordert es, dass bei ausländischen Schiedssprüchen eine Prüfung im Einzelfall erfolgt. Für ausländische Schiedssprüche gewinnt daher lediglich die zweite Aussage des § 1055 ZPO Bedeutung, die die Rechtsfolge der Anerkennung behandelt.

Im Ergebnis ist daher zu konstatieren: Ein ausländischer Schiedsspruch hat die in § 1055 ZPO angeordnete Wirkung eines rechtskräftigen Urteils. Die Anerkennung eines ausländischen Schiedsspruchs stellt demnach nicht die Anerkennung von diesem nach einer ausländischen Rechtsordnung schon verliehenen Rechtsfolgen dar, sondern die originäre Anerkennung von Wirkungen, welche die Schiedsparteien bislang allein privatrechtlich miteinander vereinbart haben.[711]

b) Prozessuale Behandlung der Rechtskraft

Nach der hier entwickelten Lösung ist ein ausländischer Schiedsspruch, der nach Maßgabe von § 1061 ZPO in Deutschland anzuerkennen ist, mithin ebenso wie ein deutscher Schiedsspruch zu behandeln. Seine Wirkungen bestimmen sich nach § 1055 ZPO; er entfaltet gleich einem staatlichen Urteil Rechtskraft. Das bedeutet, dass ihm die Wirkung zukommt, bei Streitgegenstandsidentität die Wiederholung des Rechtsstreits auszuschließen (*ne bis in idem*) und in Fällen der Präjudizialwirkung die Richter des nachfolgenden Verfahrens an den Entscheidungsspruch zu binden. Wie an anderer Stelle schon herausgearbeitet wurde, ist bei inländischen Schiedssprüchen weder eine Abweichung vom *ne bis in idem*-Grundsatz noch

711 In einem anderen Zusammenhang *Solomon*, Verbindlichkeit von Schiedssprüchen, S. 327; *Neuner*, RabelsZ 3 (1919), S. 37 (47); *K. Hellwig*, System II, S. 133.

vom Grundsatz der amtswegigen Beachtung der Rechtskraft geboten.[712] Nichts anderes hat für den ausländischen Schiedsspruch zu gelten. Sieht man in ihm das Ergebnis eines privaten Entscheidungsfindungsprozesses, dem erst durch die Anerkennung der deutschen Rechtsordnung streitbeendende Wirkung auch im Hinblick auf Verfahren vor staatlichen Gerichten zugesprochen wird, ergeben sich im Grunde keine Unterschiede zu den für inländische Schiedssprüche angestellten Überlegungen.

Soweit allerdings die Geltung des *ne bis in idem*-Gebots auch für Schiedssprüche damit begründet wurde, dass bei einer bloßen Bindung des Richters der Eindruck entstehen könnte,[713] Schiedssprüche bedürften der gerichtlichen Bestätigung, so kann dieses Argument nicht auf ausländische Schiedssprüche übertragen werden. Denn anders als der inländische Schiedsspruch, dem Rechtskraftwirkung von Gesetzes wegen zukommt, bedarf der ausländische Schiedsspruch der Einzelanerkennung. Zwar ergeht auch hier keine ausdrückliche Entscheidung, sondern die Anerkennung erfolgt inzident durch die Abweisung der abermaligen Klage bzw. der Zugrundelegung der gefundenen Entscheidung. Allerdings zeigt das Erfordernis der gerichtlichen Prüfung des Nichtvorliegens von Anerkennungsversagungsgründen, dass das Vertrauen, das der Gesetzgeber einem ausländischen Schiedsspruch entgegenbringt, nicht mit dem vergleichbar ist, das er in die Richtigkeit des inländischen Schiedsspruchs hat. Trotz dieser Überlegungen ist es im Ergebnis nicht geboten, von der Geltung des *ne bis in idem*-Grundsatzes bei ausländischen Schiedssprüchen abzuweichen. Denn die durch den Verzicht auf das Verbot der Wiederholung erreichten Vorteile der größeren Flexibilität überwiegen nicht die Nachteile, die ein Absehen vom *ne bis in idem*-Grundsatz und damit eine Ungleichbehandlung von inländischen und ausländischen Schiedssprüchen haben kann.[714]

---

712 Siehe zu dieser Ansicht und den gegen sie streitenden Argumenten oben unter I. 2.

713 Vgl. hierzu oben I. 2. a).

714 Ein Unterschied der hier entwickelten Lösung zur prozessualen Behandlung ausländischer Urteile besteht nicht. Denn auch bei der Anerkennung ausländischer Urteile wird die prozessuale Technik der Berücksichtigung der streitbeendenden Wirkung vom Anerkennungsstaat vorgegeben, vgl. für das autonome Recht *Hausmann*, Kollisionsrechtliche Schranken, S. 175; für das europäische Recht ausführlich *Sepperer*, Rechtskrafteinwand in den Mitgliedsstaaten, S. 75 ff.; *Peifer*, Grenzüberschreitende Titelgeltung, Rn. 95, 142; vgl. auch *Geimer*, in: Geimer/Schütze, Urteilsanerkennung, Bd. I/1 § 133 I. 3. Allerdings soll nach

Zusammenfassung und Ergebnis

Gemäß § 1055 ZPO hat ein inländischer Schiedsspruch die Wirkungen eines rechtskräftigen Urteils. Voraussetzung dafür ist, dass die schiedsgerichtliche Entscheidung für die Parteien verbindlich geworden ist. Eine über die Rechtskraft hinausgehende „Bestandskraft" des Schiedsspruchs, die erst mit der Erteilung der Vollstreckbarkeit erreicht wird, ist nicht anzuerkennen. Die Erklärung der Vollstreckbarkeit markiert indes den Zeitpunkt, ab dem die Parteien den Weg zu einer Wiederholung des Rechtsstreits vor staatlichen Gerichten durch eine einvernehmliche Aufhebung des Schiedsspruchs nicht mehr freimachen können. Die Wirkungsgleichstellung in § 1055 ZPO bedeutet, dass das nachfolgende Gericht nicht bloß inhaltlich an den Schiedsspruch gebunden, sondern schon die Wiederholung des Rechtsstreits ausgeschlossen ist (*ne bis in idem*). Die Beachtlichkeit des Schiedsspruchs wird von Amts wegen geprüft, bedarf also nicht einer entsprechenden Einrede von Seiten der Parteien.

Auch dem ausländischen Schiedsspruch kommen nach § 1055 ZPO die Wirkungen eines rechtskräftigen Urteils zu, wenn er nach § 1061 Abs. 1 ZPO anerkannt worden ist. Die Anerkennung setzt nach dem New Yorker Übereinkommen, auf das die genannte Vorschrift verweist, unter anderem die Verbindlichkeit des Schiedsspruchs zwischen den Parteien voraus. Das New Yorker Übereinkommen enthält allerdings keine Aussage über die prozessualen Wirkungen eines ausländischen Schiedsspruchs. Es steht im Ermessen der nationalen Rechtsordnung, auf welche Weise dem Schiedsspruch Wirksamkeit verliehen wird. Nicht überzeugen kann die im deutschen Schrifttum verbreitet vorgeschlagene Anwendung der für ausländische Urteile geltenden Regelungen und insbesondere die Anwendung der Wirkungserstreckungslehre. Denn nach dieser müsste der Schiedsspruch zunächst in seinem Herkunftsstaat wirksam werden, bevor seine Wirkungen in einem zweiten Schritt in die Rechtsordnung des Anerkennungsstaates übertragen werden könnten. Ein solches Anerkennungsmodell begäbe sich in einen Konflikt mit dem New Yorker Übereinkommen, dem zufolge

Auffassung der Rechtsprechung die Existenz eines ausländischen Urteils die Wiederholung des Rechtsstreits und den Erlass eines Urteils durch die deutschen staatlichen Gerichte nicht ausschließen, sondern diese lediglich inhaltlich binden, vgl. BGH, Urt. v. 20.3.1964 – Az. V ZR 34/62, NJW 1964, S. 1626 ff.; BGH, Urt. v. 26.11.1986 – Az. IV b ZR 90/85, NJW-RR 1987, S. 1146 (1146); monographisch *Spiecker genannt Döhmann*, Anerkennung von Rechtskraftwirkungen.

ein Schiedsspruch von einem Vertragsstaat schon dann anzuerkennen ist, wenn er verbindlich im Sinne des Art. V (1) lit. e) UNÜ geworden ist. Richtigerweise wird dem Schiedsspruch rechtliche Wirksamkeit erstmalig durch die Anerkennung in Deutschland verliehen. Die Vorschrift des § 1055 ZPO gilt insoweit auch für einen ausländischen Schiedsspruch, der mithin ebenfalls einem rechtskräftigen Urteil gleichgestellt ist.

Fünftes Kapitel: Rechtskraft des Schiedsspruchs in Schiedsverfahren

Das fünfte Kapitel arbeitet die Wirkungen eines Schiedsspruchs in einem nachfolgenden Schiedsverfahren heraus. Es wird die Perspektive eines Schiedsgerichts eingenommen, dem eine Partei die Berechtigung zur Entscheidung des Streitstoffs unter Hinweis darauf abspricht, über den Rechtsstreit bzw. einen Teilaspekt sei schon in einem anderen Schiedsverfahren entschieden worden. Entsprechend den Ausführungen zu den Rechtskraftwirkungen in nachfolgenden Gerichtsverfahren wird auch hier zunächst das „Ob“ der Beachtlichkeit des Schiedsspruchs behandelt.

Ein Schiedsspruch erlangt wie gegenüber einem staatlichen Gericht so auch gegenüber einem zweiten Schiedsgericht nur dann Beachtlichkeit, wenn eine an das zweite Schiedsgericht adressierte Rechtsnorm dies anordnet, und nur unter den im Tatbestand dieser Norm festgelegten Bedingungen. In Erwägung zu ziehen ist zunächst, die Rechtskraftnorm aus einem überstaatlichen Schiedsrecht herzuleiten. In diesem Sinne könnten die Empfehlungen des *International Commercial Arbitration Committee* der *International Law Association* (ILA-Komitee) verstanden werden, die Schiedsrichtern ein Regelwerk zum Umgang mit den Wirkungen von internationalen Schiedssprüchen an die Hand geben. Im Ergebnis wird sich dieser transnationale Begründungsversuch aber nicht als überzeugend erweisen (*I.*). Im Anschluss ist auf eine zweite Möglichkeit einzugehen, nämlich die Ableitung der Rechtskraft aus der nationalen Rechtsordnung, die den gesetzlichen Rahmen des Schiedsverfahrens bildet (*II.*). Die deutsche Rechtsordnung regelt die Rechtskraft von Schiedssprüchen zwar nicht unmittelbar selbst. Sie ermächtigt die Parteien jedoch in § 1029 Abs. 1 ZPO dazu, durch Parteivereinbarung zu bestimmen, welche Streitigkeit sie der Entscheidung durch ein Schiedsgericht unterwerfen. Hier liegt der richtige Ansatzpunkt, um die Beachtlichkeit von Schiedssprüchen in nachfolgenden Schiedsverfahren zu begründen (*III.*).

I. Herleitung der Beachtlichkeit aus transnationalem Recht

1. Die ILA-Empfehlungen als Regelwerk der Schiedsgerichtsbarkeit

In der internationalen Schiedsgerichtsbarkeit existieren verschiedene Regelwerke,[715] die Handlungsempfehlungen für wiederkehrende Probleme in Schiedsverfahren geben. Herausgegeben werden diese Regelwerke von nichtstaatlichen Institutionen wie der *International Law Association* und der *International Bar Association*, in denen sich Juristen unterschiedlicher Profession und Nationalität zusammengeschlossen haben. Die von diesen Institutionen erlassenen oder vorgeschlagenen Normen, die auch als transnationales Recht bezeichnet werden,[716] treten gerade bei grenzüberschreitenden Sachverhalten in vielfältige funktionale Verbindungen mit dem staatlich gesetzten Recht. Im vorliegenden Zusammenhang sind die vom ILA-Komitee im Jahre 2006 erlassenen Empfehlungen zu Wirkungen von internationalen Schiedssprüchen in nachfolgenden Schiedsverfahren (ILA-Empfehlungen) thematisch einschlägig. Die ILA-Empfehlungen sind das Ergebnis von Beratungen in den Jahren von 2002 bis 2006 unter dem Vorsitz von *Filip De Ly*. Ein Zwischenbericht (*Interim Report: „Res judicata" and Arbitration*) wurde im Jahre 2004 auf einer Konferenz in Berlin und ein Abschlussbericht (*Final Report on Res judicata and Arbitration)* auf einer Konferenz in Toronto im Jahre 2006 veröffentlicht. Die Vorschläge des ILA-Komitees sind in sieben Empfehlungen (*recommendations*) zusammengefasst, die im *Final Report* kommentiert werden. Die genannten Dokumente verstehen sich selbst als Anleitung für den Umgang mit Schiedssprüchen der internationalen Handelsschiedsgerichtsbarkeit und deren Wirkungen in nachfolgenden Schiedsverfahren. Inwieweit es sich tatsächlich um eine umfassende, den Rückgriff auf nationales Recht ausschließende Anleitung handelt, ist nachfolgend zu untersuchen. Dabei

715 Etwa die *IBA Guidelines on Conflicts of Interests in International Arbitration* (2004); *IBA Rules on the Taking of Evidence in International Arbitration* (2010); *IBA Guidelines on Party Representation in International Arbitration* (2013); auch die Verfahrensordnungen der Schiedsinstitutionen sind hierzu zu zählen.

716 Zur Definition des Begriffs des transnationalen Rechts vgl. etwa *Maurer/Callies*, in: Callies, Transnationales Recht, S. 1 (3) („*Transnationales Recht ist ein institutioneller Rahmen für grenzüberscheitende Interaktion, Transaktion und Kommunikation jenseits des Nationalsstaats.*"); grundlegend *Jessup*, Transnational Law, S. 2 („*all laws which regulate actions or events that transcend national frontiers.*").

wird die Frage nach dem rechtsnormativen Geltungsanspruch und -grund der ILA-Empfehlungen eine zentrale Rolle spielen. Zunächst ist aber der Inhalt der Empfehlungen und der ihnen zugeordneten Kommentierungen darzustellen.

2. Entstehungsgeschichte und Regelungsabsicht der ILA-Empfehlungen

Um die ILA-Empfehlungen richtig einordnen zu können, ist ein Blick auf ihre Entstehungsgeschichte und die ihnen zugrunde liegende Regelungsabsicht zu werfen. Dazu werden der *Interim Report* und der *Final Report* samt den einzelnen Empfehlungen mitgegebenen Kommentierungen herangezogen.

a) Der Interim Report 2004

aa) Einleitung, Ziel und Gegenstand des Berichts

Im *Interim Report* stellt das ILA-Komitee eingangs fest, dass es sich bei der Rechtskraft von Entscheidungen um ein althergebrachtes Rechtsprinzip handelt, das vor allem zwei Wirkungen hat. Seine *positive* Wirkung bestehe darin, dass es die Parteien an die Entscheidung binde und diese daher von ihnen befolgt werden müsse, während die *negative* Wirkung der Rechtskraft sich darin zeige, dass der Rechtsstreit nicht abermals vor Gericht ausgetragen werden könne. Die Rechtskraft eines Schiedsspruchs liege zum einen im privaten Interesse der Schiedsparteien, zum anderen bestehe aber auch ein öffentliches Interesse an der Verhinderung der Wiederholung des Rechtsstreits. Dass Schiedssprüchen der internationalen Handelsschiedsgerichtsbarkeit in nachfolgenden Verfahren Rechtskraft zukomme, sei weltweit anerkannt.[717] Es ist aber festzustellen, dass der Umgang mit Schiedssprüchen in der Praxis der Schiedsgerichte sehr uneinheitlich sei, was aus Gründen der Rechtssicherheit und Vorhersehbarkeit der Schiedsgerichtsbarkeit bedauerlich ist. Angesichts dessen ist es das er-

717 *ILA*, Interim Report, S. 2 f.

klärte Ziel des ILA-Komitees, Schiedsgerichten[718] eine Anleitung für den Umgang mit der Rechtskraft von Schiedssprüchen[719] an die Hand zu geben.[720]

bb) Ergebnisse zu den nationalen Rechtsordnungen

Die Untersuchung des ILA-Komitees zu den in den nationalen Rechtsordnungen enthaltenen Vorschriften zur Rechtskraft von Schiedssprüchen hat zu dem Ergebnis geführt, dass sowohl das englische und anglo-amerikanische *common law* als auch die europäischen Rechtsordnungen des *civil law* traditionell die streitbeendende Wirkung von Schiedssprüchen anerkennen.[721] Dabei sei in den kontinentaleuropäischen Rechtsordnungen – anders als im *common law* – die Rechtskraft von Schiedssprüchen ausdrücklich gesetzlich geregelt.[722] Der Umfang der Rechtskraft von Entscheidungen werde im *common law* tendenziell weiter gezogen als in Rechtsordnungen des *civil law*, in denen ein strengerer *triple identiy test* (*same matter/relief; same issues; same parties*) zur Anwendung gelange.[723]

---

718 Zwar richten sich die Empfehlungen nur an Schiedsgerichte, das ILA-Komitee drückt aber seine Hoffnung aus, dass auch nationale Gerichte den Empfehlungen Beachtung schenken werden, *ILA*, Interim Report, S. 5.

719 Nicht behandelt wird die Wirkung von (prozessualen) Zwischenverfügungen, die keine endgültige Entscheidung über einen materiellen Streitpunkt enthalten. Jenseits des Erkenntnisinteresses des ILA-Komitees stehen auch *anti suit injunctions*, vgl. *ILA*, Interim Report, S. 5.

720 Das ILA-Komitee identifiziert vier Konstellationen, in denen sich die Frage nach der Rechtskraft in Schiedsverfahren stellen kann: erstens, im Verhältnis eines Teilschiedsspruchs zu einem Endschiedsspruch, zweitens, im Hinblick auf die Wirkungen eines Schiedsspruchs in einem nachfolgenden Schiedsverfahren, drittens, im Hinblick auf die Wirkungen eines Schiedsspruchs in nachfolgenden Gerichtsverfahren und viertens, im Hinblick auf die Wirkungen von Entscheidungen internationaler Gerichte und Schiedsgerichte in nachfolgenden Schiedsverfahren, vgl. *ILA*, Interim Report, S. 4.

721 So *ILA*, Interim Report, S. 10 f. und S. 12.

722 *ILA*, Interim Report, S. 16.

723 *ILA*, Interim Report, S. 14.

cc) Ergebnis zur internationalen (Schieds-)Gerichtsbarkeit

Der Rechtsprechung des Internationalen Gerichtshofs und des Europäischen Gerichtshofs entnimmt das ILA-Komitee die universelle Anerkennung der Rechtskraft als ein Prinzip des internationalen Rechts.[724] Im Kontext der internationalen Handelsschiedsgerichtsbarkeit ergibt sich das nach Auffassung des ILA-Komitees auch aus einzelnen institutionellen Schiedsordnungen, in denen die Bindungswirkung von Schiedssprüchen zwischen den Parteien angeordnet ist. Diese regelten nicht ausschließlich einen Befolgungszwang, sondern enthielten auch eine Vorschrift über die Rechtskraft des Schiedsspruchs.[725] In diesem Zusammenhang erwähnt das ILA-Komitee das UNCITRAL-Modell-Gesetz, das in Art. 35 (1) eine Regelung der Bindungswirkung des Schiedsspruchs enthält, abermals die nationalen Rechtsordnungen, das New Yorker Übereinkommen, in dessen Art. III das Komitee eine Regelung zur Rechtskraft sieht sowie die schiedsgerichtliche Praxis, in der die streitbeendende Wirkung von Schiedssprüchen ebenfalls anerkannt wurde.[726] Im Einzelnen nennt der *Interim Report* hier Schiedssprüche, denen in nachfolgenden Verfahren über den Urteilsausspruch hinaus Bindungswirkung zugesprochen wurde, sowie Entscheidungen über die Bindungswirkung von Teilschiedssprüchen. Als fraglich wird die Anerkennung des Prinzips des *abuse of process* in der internationalen Schiedsgerichtsbarkeit bezeichnet.[727]

dd) Key Issues

Im Schlussteil des *Interim Report* werden die *key issues* herausgearbeitet, welche die Erstellung des *Final Report* anleiten sollen.[728] Das ILA-Komitee stellt dabei unter anderem die Frage nach den Zwecken der Rechtskraft von internationalen Schiedssprüchen und weist in diesem Zusammenhang auf die private Natur der Schiedsgerichtsbarkeit hin, aufgrund derer die Privatautonomie der Parteien eine erhebliche Rolle spiele.[729] Angespro-

---

724 *ILA*, Interim Report, S. 18.
725 *ILA*, Interim Report, S. 23.
726 Hierzu *ILA*, Interim Report, S. 23.
727 *ILA*, Interim Report, S. 25.
728 *ILA*, Interim Report, S. 25.
729 *ILA*, Interim Report, S. 25 und S. 27.

chen wird des Weiteren die normative Grundlage der Rechtskraft von Schiedssprüchen, wobei das ILA-Komitee im Hinblick auf die Rechtskraft von Schiedssprüchen im nationalen Kontext auf die entsprechenden legislativen Bestimmungen verweist, in denen die prozessuale Beachtlichkeit angeordnet ist. In der Schiedsgerichtsbarkeit sei es hingegen aufgrund der privaten Rechtsnatur durchaus denkbar, die Rechtskraft von Schiedssprüchen als Teil des Gebots eines *pacta sunt servanda* zu verstehen und auf die dem *common law* entstammenden Rechtsgedanken des *waiver* (Verzicht) oder *estoppel* zurückzugreifen.[730] Fest stehe aber, dass es sich bei der Rechtskraft von Schiedssprüchen um einen Teil des prozessualen und nicht des materiellen Rechts handele.[731] Des Weiteren sei im *Final Report* eine Antwort auf die Frage zu geben, ob sich der Einwand der Rechtskraft gegen die Zuständigkeit des Schiedsgerichts oder gegen die Zulässigkeit der Klage richte.[732] Zu untersuchen sei auch, welches Recht für die Bestimmung des Umfangs der Rechtskraftwirkungen anwendbar sei. Grundsätzlich wünschenswert sei jedenfalls eine über das kontinentale Verständnis hinausgehende Anerkennung von Bindungswirkungen.[733] Als Untersuchungsgegenstand definiert werden zudem die Voraussetzungen der Beachtlichkeit von Schiedssprüchen (insbesondere die Erforderlichkeit einer Anerkennung des Schiedsspruchs in dem Staat, in welchem das Schiedsgericht seinen Sitz hat). Ein letzter Aspekt betrifft die Frage, ob es Umstände geben kann, in denen einem Schiedsspruch keine Bindungswirkung zukommt.[734]

b) Der Final Report 2006

aa) Einleitung und Gegenstand des Berichts

Der *Final Report* greift die *key issues* nicht im Einzelnen auf und vergibt sich damit die Chance der Herausarbeitung der Ziele der Rechtskraft von

730 *ILA*, Interim Report, S. 25.
731 *ILA*, Interim Report, S. 26.
732 *ILA*, Interim Report, S. 26.
733 *ILA*, Interim Report, S. 26.
734 *ILA*, Interim Report, S. 27.

Schiedssprüchen.[735] Auch im Hinblick auf die normative Grundlage der Rechtskraft bleibt der *Final Report* dunkel und bezeichnet seinen Ansatz – unter Rückverweis auf den *Interim Report* – schlicht als prozedural. Alles in allem versteht sich der *Final Report* mehr als eine Art Kommentar zu den in seinem Anhang enthaltenen sieben Empfehlungen.

Deutlich wird dagegen das Anliegen und der Anspruch des ILA-Komitees mit den sieben Empfehlungen einen Kompromiss zwischen transnationalen[736] Regeln und Rechtsvorschriften des nationalen Rechts zu finden.[737] Dabei haben die Vorschläge einen von den nationalen Vorschriften losgelösten transnationalen Charakter vor allem insoweit, als ein mit dem *common law* verwandtes Verständnis der Bindungswirkungen eines Schiedsspruchs empfohlen wird, das über die im *civil law* anerkannten Bindungswirkungen hinausgeht. Das gilt zum einen hinsichtlich der Bindungswirkung der den Schiedsspruch tragenden Entscheidungsgründe und zum anderen im Hinblick auf die Bindungswirkung von schiedsgerichtlichen Tatsachenfeststellungen. Transnational ist auch der Vorschlag, ein Konzept der prozeduralen Unfairness einzuführen und die Definition der Rechtskraft als einer Rechtsfigur des Prozessrechts. Soweit es um die Definition des Schiedsspruchs und um die Erstreckung der Rechtskraft auf Dritte geht, ist nach Ansicht des ILA-Komitees dagegen weiterhin nationales Recht maßgeblich. Für zwingend hält das Komitee die Anwendung des nationalen Rechts insoweit allerdings nicht. Für die Zukunft sei die Entwicklung transnationaler Vorschriften denkbar. Bisher sei ein internationaler Konsens in dieser Frage jedoch noch nicht erreicht.

---

735 *ILA*, Final Report, Rn. 14; bemerkt auch von *Martinez-Fraga*, in: Rovine, Contemporary Issues (2011), S. 142 (146 mit FN 11).

736 Eine ausdrückliche Definition des Begriffs „*transnational*" findet sich in den ILA-Empfehlungen nicht. Das ILA-Komitee scheint darunter ganz generell vereinheitlichte Regelungen zu verstehen, die nicht über die nationalen Rechtsordnungen vermittelt werden, vgl. *ILA*, Final Report, Rn. 23 ff.

737 Vgl. *Seraglini*, Rev. de l'Arb. 2006, S. 909 Rn. 10, der die Empfehlungen beschreibt als „*entre audace et timidité*".

bb) Die Empfehlungen im Einzelnen

Vor diesem Hintergrund gibt das ILA-Komitee sieben Empfehlungen zur Beachtlichkeit von Schiedssprüchen der internationalen Handelsschiedsgerichtsbarkeit:[738]

---

738 Im englischen Original lauten die Empfehlungen:

1. To promote efficiency and finality of international commercial arbitration, arbitral awards should have conclusive and preclusive effects in further arbitral proceedings.
2. The conclusive and preclusive effects of arbitral awards in further arbitral proceedings set forth below need not necessarily be governed by national law and may be governed by transnational rules applicable to international commercial arbitration.
3. An arbitral award has conclusive and preclusive effects in further arbitral proceedings if:
   - 3.1 it has become final and binding in the country of origin and there is no impediment to recognition in the country of the place of the subsequent arbitration;
   - 3.2 it has decided on or disposed of a claim for relief which is sought or is being reargued in the further arbitration proceedings;
   - 3.3 it is based upon a cause of action which is invoked in the further arbitration proceedings or which forms the basis for the subsequent arbitral proceedings; and
   - 3.4 it has been rendered between the same parties.
4. An arbitral award has conclusive and preclusive effects in the further arbitral proceedings as to:
   - 4.1 determinations and relief contained in its dispositive part as well as in all reasoning necessary thereto;
   - 4.2 issues of fact or law which have actually been arbitrated and determined by it, provided any such determination was essential or fundamental to the dispositive part of the arbitral award.
5. An arbitral award has preclusive effects in the further arbitral proceedings as to a claim, cause of action or issue of fact or law, which could have been raised, but was not, in the proceedings resulting in that award, provided that the raising of any such new claim, cause of action or new issue of fact or law amounts to procedural unfairness or abuse.
6. The conclusive effects of an arbitral award can be invoked in further arbitration proceedings at any time permitted under the applicable procedure.
7. The preclusive effects of an arbitral award need not be raised on its own motion by an arbitral tribunal. If not waived, such preclusive effects should be raised as soon as possible by a party.

Eine offizielle deutsche Übersetzung liegt nicht vor. Die im Text vorgenommene Wiedergabe beruht auf einer eigenen Übersetzung der Verfasserin.

1. Die Effizienz und Endgültigkeit der internationalen Handelsschiedsgerichtsbarkeit erfordern eine bindende und ausschließende Wirkung von Schiedssprüchen in nachfolgenden Schiedsverfahren.
2. Die bindenden und ausschließenden Wirkungen von Schiedssprüchen bestimmen sich nicht notwendigerweise nach Vorschriften des nationalen Rechts, sondern vielmehr nach transnationalen Regelungen der internationalen Schiedsgerichtsbarkeit.
3. Die bindende und ausschließende Wirkung eines Schiedsspruchs in weiteren Schiedsverfahren tritt ein, wenn der Schiedsspruch
   a) endgültig und bindend im Ursprungsstaat geworden ist und im Anerkennungsstaat keine Anerkennungshindernisse bestehen,
   b) über einen Anspruch entschieden hat, der im nachfolgenden Verfahren abermals gestellt wird,
   c) über einen Streitgrund entschieden hat, der im nachfolgenden Verfahren abermals vorgetragen wird oder die Grundlage des weiteren Verfahrens bildet,
   d) zwischen denselben Parteien ergangen ist.
4. Die bindenden und ausschließenden Wirkungen des Schiedsspruchs erstrecken sich auf
   a) die Festlegungen und das Begehren, die im Ausspruch des Schiedsspruchs (Tenor) und der hierzu erforderlichen Begründung enthalten sind,
   b) Rechts- oder Tatsachenfeststellungen, über die gestritten und entschieden wurde und die sich als notwendig für die Begründung des Tenors des Schiedsspruchs darstellen.
5. Ein Schiedsspruch hat auch Ausschlusswirkungen im Hinblick auf einen Anspruch, einen Streitgrund, eine Rechts- oder Tatsachenfindung, die im vorangegangenen Verfahren zwar nicht vorgebracht worden sind, aber hätten vorgebracht werden können, soweit sich dieses Absehen als verfahrensmissbräuchlich darstellt.
6. Eine Berufung auf die bindende Wirkung eines Schiedsspruchs kann, soweit das anwendbare Recht dies erlaubt, im nachfolgenden Verfahren zu jeder Zeit erfolgen.
7. Die ausschließende Wirkung eines Schiedsspruchs sollte ein Schiedsgericht nicht von Amts wegen, sondern nur auf Vorbringen der Parteien berücksichtigen. Soweit die Parteien nicht auf die Einrede verzichten, sollte sie so früh wie möglich erhoben werden.

cc) Die Kommentierung der einzelnen Empfehlungen

Der Hauptteil des *Final Report* ist eine Erläuterung der einzelnen Empfehlungen, die im Folgenden in aller Kürze wiedergegeben wird. Es soll dabei weniger um eine Bewertung der einzelnen Empfehlungen und ihrer Kommentierungen gehen. Die Darstellung verfolgt vielmehr den Zweck, weitere Erkenntnisse über das Verständnis des Rechtskraftbegriffs in den ILA-Empfehlungen zu gewinnen, die für die im Folgenden zu entwickelnde eigene Konzeption der streitbeendenden Wirkung von Schiedssprüchen nützlich sein könnten.

(1) Erste Empfehlung: Rechtskraft und Schiedsgerichtsbarkeit

Das ILA-Komitee hält fest, dass der Begriff der bindenden und ausschließenden Wirkung von Schiedssprüchen („*conclusive and preclusive effects of arbitral awards*") gegenüber der Verwendung des Begriffs der Rechtskraft vorzugswürdig ist. Letzterer sei zu eng mit dem nationalen Verständnis der Rechtskraft von staatlichen Urteilen verbunden und könne daher nicht ohne Weiteres in den Kontext der internationalen Schiedsgerichtsbarkeit übertragen werden.[739] Aufmerksamkeit schenkt das Komitee der Frage, ob auch Schiedssprüche, die sich mit der Kompetenz des Schiedsgerichts befassen, bindende Wirkungen entfalten können. Das will es bejahen, weist jedoch zugleich darauf hin, dass hier in der Anerkennungs- und Vollstreckungssituation Probleme entstehen können, weil die Befugnis des Schiedsgerichts zur letztverbindlichen Entscheidung über die eigene Zuständigkeit nicht generell anerkannt ist.[740]

(2) Zweite Empfehlung: Transnationaler Ansatz

Die Wahl des transnationalen Ansatzes erklärt der *Final Report* damit, dass der *Interim Report* eine erhebliche Divergenz der Rechtskraftkonzepte in den einzelnen Rechtsordnungen feststellen konnte. Schon aus diesem Grund erscheine es vorzugswürdig, die Rechtsregeln für internationale

739 *ILA*, Final Report, Rn. 16.
740 *ILA*, Final Report, Rn. 20.

Schiedssprüche nicht vom nationalen Verständnis her zu entwickeln.[741] Ein einheitlicher Ansatz sichere in besonderem Maße die prozessuale Effizienz und Endgültigkeit von Schiedsverfahren ab und gereiche der internationalen Schiedsgerichtsbarkeit daher zum Vorteil. Vorzugswürdig sei ein transnationaler Ansatz ferner deshalb, weil er die Frage nach dem prozessualen oder materiellen Charakter der Bindungswirkungen von internationalen Schiedssprüchen unabhängig von den Eigenheiten der nationalen Rechtsordnungen zugunsten ersterem entscheiden könne. Ein kollisionsrechtlicher Ansatz erfordere zudem die komplexe Entscheidung zwischen drei grundsätzlich in Betracht kommenden Rechtsordnungen. Nach Ansicht des ILA-Komitees stehen in dieser Hinsicht die nationalen Vorschriften des Staates zur Auswahl, in dem das Schiedsgericht, das den Schiedsspruch erlassen hat, seinen Sitz hatte, zum weiteren die des Staates, in dem das Schiedsverfahren, in dem die Frage nach der Bindungswirkung des Schiedsspruchs aufgeworfen ist, stattfindet und nicht zuletzt die des Staates, dessen Recht der materielle Hauptvertrag bzw. die Streitigkeit in der Sache untersteht.[742]

(3) Dritte und vierte Empfehlung: Voraussetzungen und Umfang der Rechtskraft

Die dritte und vierte Empfehlung geben Auskunft über die Voraussetzungen, die nach Ansicht des ILA-Komitees mindestens erfüllt sein müssen, damit ein Schiedsspruch Bindungswirkungen entfaltet. Es soll daneben möglich sein, dass die nationalen Rechtsordnungen weitere Voraussetzungen an das Entstehen der Bindungswirkung von internationalen Schiedssprüchen aufstellen.[743]

(a) Zeitpunkt des Eintritts von Rechtskraft

Bemerkenswert ist, dass der *Final Report* den Nationalstaaten eine Gestaltungsfreiheit hinsichtlich des Zeitpunkts zuspricht, zu dem die Bindungswirkungen eintreten sollen. Nach Auffassung des ILA-Komitees sollte die

---

741 *ILA*, Final Report, Rn. 25.
742 *ILA*, Final Report, Rn. 15.
743 *ILA*, Final Report, Rn. 31.

streitbeendende Wirkung von Schiedssprüchen in nachfolgenden Schiedsverfahren jedoch spätestens dann Beachtung finden, wenn der Schiedsspruch in seinem Ursprungsstaat endgültig und bindend („*final and binding*“) geworden ist.[744] Über das Wirksamwerden im Ursprungsstaat hinaus bedarf nach Ansicht des ILA-Komitees der Schiedsspruch zudem der Anerkennung in dem Staat, in dem das zweite Schiedsgericht seinen Sitz hat. In dieser Hinsicht sind die Empfehlungen auf das New Yorker Übereinkommen abgestimmt, das dem ILA-Komitee zufolge einen globalen Standard für die Anerkennung der Wirksamkeit von Schiedssprüchen bietet. Ausdrücklich Erwähnung findet allerdings nur Art. V (1) lit. e) Hs. 2 UNÜ, dem zufolge die Anerkennung eines im Ursprungsstaat aufgehobenen Schiedsspruchs versagt werden darf.[745] Dagegen nimmt der *Final Report* keinen Bezug auf die naheliegende Vorschrift des Art. V (1) lit. e) Hs. 1 UNÜ, der zufolge ein Schiedsspruch zwischen den Parteien verbindlich geworden sein muss.

(b) Umfang der Ausschluss- und Bindungswirkung

Dem *Final Report* zufolge soll ein Schiedsspruch nur dann beachtlich sein, wenn eine dreifache Identität des ersten und des zweiten Schiedsverfahrens besteht (derselbe Anspruch, derselbe Streitgrund, dieselben Parteien – „*identity of claims, identity of cause of action, identity of the parties*“).[746] Der *Final Report* spricht sich für eine weitere Bestimmung des Umfangs der Rechtskraft aus, als nach kontinentaleuropäischem Verständnis üblich ist. Im Einzelnen wird auf die dritte und die vierte Empfehlung noch im sechsten Kapitel eingegangen, das sich mit dem Umfang der Rechtskraft von Schiedssprüchen befasst.

744 *ILA*, Final Report, Rn. 31.
745 In der Streitfrage, ob ein aufgehobener Schiedsspruch weiterhin Rechtswirkungen entfalten kann, bezieht das ILA-Komitee Stellung und spricht sich gegen die Anerkennung von aufgehobenen Schiedssprüchen aus, *ILA*, Final Report, Rn. 33.
746 *ILA*, Final Report, Rn. 41.

(4) Fünfte Empfehlung: Prozedurale Unfairness

Mit der fünften Empfehlung befürwortet das ILA-Komitee zwar grundsätzlich die Einführung eines Konzepts der prozeduralen Unfairness, mahnt jedoch gleichzeitig Zurückhaltung an. Eine Klage dürfe nicht allzu schnell wegen verfahrensmissbräuchlichem Verhalten abgewiesen werden. Zu bedenken sei nämlich, dass sich die internationale Schiedsgerichtsbarkeit auf die Parteiautonomie gründe, so dass den Parteien große Freiheit bei der Entwicklung von Prozessstrategien zuzubilligen sei. Dabei könnten eine Reihe von Überlegungen wie etwa die Entstehung von Kosten, kulturelle Traditionen und politische Zwänge eine Rolle spielen. Ausdrücklich wird daher davor gewarnt, die Rechtskraft als ein Instrument zur Bewertung des Parteiverhaltens einzusetzen („*patronizing review of what parties and counsel ought to have done in managing their case*").[747] Dennoch müssten die überindividuellen Aspekte der Effizienz und Endgültigkeit von Schiedsverfahren beachtet werden können.[748] Aus diesem Grund komme dem in der Sache befassten Schiedsgericht ein Ermessen bei der Entscheidung zu, ob ein zweiter Streit über die Sache aus rein missbräuchlichen Zwecken geführt werde und daher unzulässig sei.[749] Ermessen stehe den Gerichten ferner in der Frage zu, ob einem Schiedsspruch im Einzelfall keine Bindungswirkung zukomme, weil er etwa auf betrügerische Weise entstanden ist.[750]

(5) Sechste und siebte Empfehlung: Prozessuales Verständnis

Die Erläuterungen der sechsten und siebten Empfehlung weisen darauf hin, dass zwischen der bindenden (*conclusive effect*) und der ausschließenden Wirkung (*preclusive effect*) von Schiedssprüchen im Hinblick auf ihre Zuordnung zum materiellen und prozessualen Recht zu unterscheiden ist. Während es sich bei der Bindungswirkung um einen materiellen Aspekt handele, auf den sich eine Partei unter dem anwendbaren Recht stets berufen könne, sei die ausschließende Wirkung der prozessualen Materie zuge-

747 *ILA*, Final Report, Rn. 60.
748 *ILA*, Final Report, Rn. 61.
749 *ILA*, Final Report, Rn. 62.
750 *ILA*, Final Report, Rn. 65.

ordnet.[751] Aus diesem Grund müsse der Einwand der schon entschiedenen Sache unmittelbar erhoben werden. In diesem Zusammenhang erklärt das ILA-Komitee, es bleibe offen, ob es sich bei der weiteren Streit ausschließenden Wirkung des Schiedsspruchs um eine Frage der Zuständigkeit des Schiedsgerichts oder der Zulässigkeit der Schiedsklage handele. Das sei vom anwendbaren Recht zu beantworten.[752]

Während zuvor noch die überindividuelle Komponente der Bindungswirkung von Schiedssprüchen betont wurde, stellt der *Final Report* an dieser Stelle nun erstaunlicherweise fest, dass die Rechtskraft von Schiedssprüchen nicht im öffentlichen Interesse bestehe, sondern allein den Interessen der Parteien diene.[753] Daraus folge, dass der Einwand der Rechtskraft von den Parteien erhoben werden müsse und die streitausschließende Wirkung des Schiedsspruchs nicht von Amts wegen beachtet werde.[754] Die private Natur des Einwands und die Möglichkeit der Parteien, auf die Bindungswirkung zu verzichten, müsse bei der Anerkennung des Schiedsspruchs und im Aufhebungsverfahren beachtet werden.[755]

3. Die ILA-Empfehlungen als transnationales Recht?

Die Zweckmäßigkeit seiner Empfehlungen zur streitbeendenden Wirkung von Schiedssprüchen in der internationalen Handelsschiedsgerichtsbarkeit stützt das ILA-Komitee zum einen auf die rechtliche und faktische Akzeptanz der Rechtskraft von Schiedssprüchen und zum anderen auf eine behauptete funktionale Notwendigkeit einheitlicher Regelungen. Damit bleibt aber der Geltungsgrund der streitbeendenden Wirkungen von Schiedssprüchen in nachfolgenden Schiedsverfahren unklar. Wie nachstehend gezeigt wird, können die Empfehlungen richtigerweise nicht selbst als transnationales Recht einen unmittelbaren Geltungsanspruch erheben, sondern sind als bloße Empfehlungen an die internationale Schiedspraxis und die nationale Rechtsetzung zu verstehen. Geltung erlangen sie, wenn und soweit das nationale Recht auf sie verweist oder den Parteien erlaubt, ihre Anwendung zu vereinbaren.

---

751 *ILA*, Final Report, Rn. 66 f.

752 *ILA*, Final Report, Rn. 68.

753 *ILA*, Final Report, Rn. 69.

754 *ILA*, Final Report, Rn. 70.

755 *ILA*, Final Report, Rn. 71.

a) Das Selbstverständnis der ILA-Empfehlungen

Nachdem im *Interim Report* die Frage nach der normativen Grundlage der Beachtlichkeit von Schiedssprüchen in Schiedsverfahren noch aufgeworfen worden war,[756] finden sich im *Final Report* hierzu keine Ausführungen. Möglicherweise wollen die ILA-Empfehlungen damit ausdrücken, dass die Grundlage für die streitbeendende Wirkung eines Schiedsspruchs weiterhin im nationalen Recht zu finden ist, das sich insoweit für die ILA-Empfehlungen öffnen könnte. Die Zurückhaltung bei der Herausarbeitung der normativen Geltung der Rechtskraft könnte in diesem Sinne ein Hinweis darauf sein, dass die ILA-Empfehlungen lediglich die – bisher offenbar weithin enttäuschte – Erwartung hegen, dass sich die Schiedsgerichte faktisch an den Empfehlungen orientieren werden und sich außerdem als rechtspolitische Empfehlungen an die Parteien und an die nationalen Gesetzgeber verstehen.

Schon die Tatsache, dass sich die ILA-Empfehlungen unmittelbar an Schiedsgerichte richten, dürfte aber ein anderes Verständnis nahelegen. Hinzu kommt, dass die ILA-Empfehlungen die Möglichkeit einer Rezeption durch das nationale Recht oder durch eine von den Parteien in Ausübung der ihnen vom nationalen Recht gewährten Parteiautonomie geschlossene Vereinbarung überhaupt nicht ansprechen. Ganz im Gegenteil lehnen es die ILA-Empfehlungen sogar ausdrücklich ab, das für die Beurteilung der Beachtlichkeit des Schiedsspruchs anwendbare Recht mit den Mitteln des Kollisionsrechts zu bestimmen, also nationales Recht anzuwenden.[757] Das wird zum einen damit begründet, dass die Entwicklung von Regelungen für die Bestimmung des anwendbaren Rechts die Zuordnung der Rechtskraft zum materiellen Recht oder Prozessrecht voraussetzen würde. Zum anderen erfordere ein kollisionsrechtlicher Ansatz die nicht einfach zu treffende Entscheidung zwischen drei[758] grundsätzlich in Betracht kommenden Rechtsordnungen. Eine transnationale Rechtskraft-

---

756 *ILA*, Interim Report, S. 25.

757 *ILA*, Final Report, Rn. 27.

758 Diese Rechtsordnungen sind: das Recht des Staates, in dem das erste Schiedsgericht seinen Sitz hatte, das Recht des Staates, in dem das zweite Schiedsgericht seinen Sitz hat und das Recht der materiellen Rechtsverhältnisse („*the law of the place of arbitration of the proceedings leading to the prior award; the law of the place of arbitration of the proceedings where res judicata is invoked; and the law governing the contract*“), vgl. *ILA*, Final Report, Rn. 27.

lehre sei daher besser geeignet, die prozessuale Effizienz und Endgültigkeit von Schiedssprüchen zu sichern, als die nationalen Konzepte. Auch die sowohl im *Interim* als auch im *Final Report* anzufindende Selbstbezeichnung als prozessualer Ansatz[759] lässt sich so verstehen, dass sich die ILA-Empfehlungen normative Verbindlichkeit für Schiedsgerichte zusprechen. Woraus sich diese Verbindlichkeit ergeben soll, sagen sie allerdings nicht. Eine Erklärung könnte daher sein, dass den ILA-Empfehlungen die Auffassung zugrunde liegt, ein für die Schiedsgerichte unabhängig vom nationalen Recht geltendes oder von ihnen jedenfalls frei wählbares Recht zu beinhalten.

b) Existenz einer arbitral legal order?

Dieser Anspruch führt auf das Feld der allgemeinen Diskussion über die Existenz einer *arbitral legal order*, einer transnationalen Ordnung, die jenseits des staatlichen Rechts die Rechtsbeziehungen der Beteiligten in der Schiedsgerichtsbarkeit regelt. Soll ein solches Verfahrensrecht aus sich heraus gelten, muss die Schiedsgerichtsbarkeit als ein autonomes, von staatlichem Einfluss freies System konzipiert werden, das neben den nationalen Rechtsordnungen steht. Der einzige Weg zu einer Anwendung der ILA-Empfehlungen als Teil der *arbitral legal order* führt mithin über die Vorstellung, dass sich die Entscheidungsgewalt der Schiedsrichter allein aus der Privatautonomie der Parteien ableitet und diese mit der Vereinbarung, den Rechtsstreit der Entscheidung durch die staatlichen Gerichte zu entziehen und ihn der Schiedsgerichtsbarkeit anzuvertrauen, notwendigerweise auch die Geltung der ILA-Empfehlungen vereinbaren. Bei dieser Sichtweise liegt die Wirksamkeit des Willens der Parteien, den Rechtsstreit der Entscheidung durch die staatlichen Gerichte zu entziehen, der staatlichen Entscheidung für eine Zulässigkeit privater Rechtsprechung voraus. Die Schiedsgerichtsbarkeit formt so verstanden eine Rechtsordnung, die jenseits staatlicher Verfasstheit und staatlichem Rechtsanwendungsbefehl eigenständig existiert.

Entsprechende Versuche zur Herausarbeitung einer „Rechtstheorie der internationalen Schiedsgerichtsbarkeit“ werden vor allem in der französi-

---

759 *ILA*, Final Report, Rn. 12.

schen Rechtswissenschaft unternommen.[760] Den Anfang machten die Vertreter der Lehre von der *lex mercatoria*, einem Gewohnheitsrecht der Handelsleute.[761] Dieses wurde als eine eigene, auf ihrer generellen Akzeptanz beruhende Rechtsquelle verstanden, die nicht Teil des nationalen Rechts ist. Diese Idee eines anationalen Rechts lässt sich von der Ebene des materiellen Rechts auf das Verfahrensrecht übertragen.[762] In diesen Kontext ist die Suche nach einer *arbitral legal order* einzuordnen.[763] So geht *Gaillard* in erkennbarer Nähe zu der Lehre von der *lex mercatoria* davon aus, dass sich die *arbitral legal order* aus dem übereinstimmenden Willen und den normativen Aktivitäten der Staaten ergebe.[764] Dieser Auffassung zufolge ist Voraussetzung der Geltung von Regeln lediglich ihre generelle Akzeptanz durch staatliches Recht, nicht aber ein konkreter Rechtsanwendungsbefehl. Es ist nicht Aufgabe der vorliegenden Untersuchung, die vielfältigen im Zusammenhang mit der Frage der Anerkennung einer *arbitral legal order* berührten Aspekte zu behandeln, die letztlich auf rechtsphilosophische Grundannahmen zu Begriff und Geltung des Rechts zurück führen. Das gilt sowohl hinsichtlich der Frage, was unter einer (Rechts-)Ordnung zu verstehen ist[765] und in welcher Beziehung sie zu staatlichem Recht und der Moral steht[766] als auch für die Brauchbarkeit der These

760 Vgl. insbesondere *Gaillard*, Legal Theory of International Arbitration m.w.N. zur Historie der *arbitral legal order*. Zur deutschsprachigen Literatur vgl. *Zumbansen*, RabelsZ 67 (2003), S. 637 ff. (insb. 652, 677 ff.); *ders.*, in: Calliess, Transnationales Recht, S. 557 ff. Kritisch zu dieser Idee *Paulsson*, Idea of Arbitration, S. 39 ff.; *Petrochilos*, Procedural Law, Kap. 5 Rn. 111 ff.

761 Die Literatur zur *lex mercatoria* ist kaum noch zu übersehen vgl. *Schmitthoff*, RabelsZ 28 (1964), S. 47 ff.; *Langen*, NJW 1969, S. 358 ff.; *Berger*, Kodifizierung, S. 29 ff.; Fouchard/Gaillard/Goldmann, International Commercial Arbitration, Rn. 1442 ff.; *Rittlewski*, SchiedsVZ 2007, S. 130 ff.; *Dasser*, Internationale Schiedsgerichte und lex mercatoria, jeweils m.w.N.; zur Anwendbarkeit der *lex mercatoria* in deutschen Schiedsverfahren vgl. *Schlosser*, in: Stein/Jonas, ZPO, § 1051 Rn. 2 m.w.N.

762 So der Ansatz bei *Schroeder*, Lex mercatoria arbitralis, insb. S. 401 ff.

763 Die Herausarbeitung der Strukturen einer *arbitral legal order* ist das Unterfangen von *Gaillard*, Legal Theory of International Arbitration, S. 15.

764 *Gaillard*, Legal Theory of International Arbitration, S. 37.

765 Hierzu *Gaillard*, Legal Theory of International Arbitration, S. 58 ff.; vgl. auch die Ausführungen zur Rechtsordnungsqualität der *lex mercatoria* bei *Schroeder*, Lex mercatoria arbitralis, S. 118 ff., 444 ff.; dazu auch *Zumbansen*, in: Calliess, Transnationales Recht, S. 557 (575 ff.).

766 Siehe hierzu *Gaillard*, Legal Theory of International Arbitration, S. 39 ff.

einer *arbitral legal order* für die Beantwortung konkreter Einzelfragen.[767] Zur Annahme einer transnationalen Geltung der ILA-Empfehlungen wie auch zur Existenz einer transnationalen Regel, dass die streitbeendende Wirkung von Schiedssprüchen in einem nachfolgenden Schiedsverfahren zu beachten ist, ist nur das Folgende anzumerken.

Die Schiedsgerichtsbarkeit hat im Laufe der Jahre eigene Verfahrens- und Verhaltensstandards sowie Rechtsprechungslinien entwickelt, die ihr eine gewisse inhaltliche Selbstständigkeit von den nationalen Regelungsmechanismen erlauben. Beispiel für solche Regelwerke geben die Verfahrensordnungen der Schiedsinstitutionen[768] und auch die von der *IBA* herausgegebenen *Guidelines on Conflicts of Interests in International Arbitration* (2004) und *Rules on the Taking of Evidence in International Arbitration* (2010), die bisweilen als transnationales Recht bezeichnet werden.[769] Die ILA-Empfehlungen konnten insoweit also in der Tat an eine verfestigte Regelungsidee anknüpfen. Selbst wenn das Schiedsverfahrensrecht jedoch transnational schon so weit konsolidiert wäre, dass man nach qualitativen Maßstäben von einer „trans-nationalen Ordnung" sprechen könnte, schlösse sich hieran die Frage an, aus welchem Grund ein solches Verfahrensrecht aus sich heraus verbindlich sein sollte. Allein die Beschreibung als transnationales Recht erklärt ebenso wenig den Grund der Geltung wie die in den ILA-Empfehlungen mehrfach betonte, im Vergleich zu staatlichen Gerichten größere prozessuale Freiheit von Schiedsgerichten im Umgang mit der Rechtskraft. Zumindest zum gegenwärtigen Zeitpunkt ist eine Emanzipation der internationalen Schiedsgerichtsbarkeit von den staatlichen Rechtsordnungen außerdem schon deshalb nicht erreicht, weil das letzte Wort im Streit um die Wirksamkeit einer Schiedsvereinbarung und damit die Zulässigkeit eines Schiedsverfahrens in der Regel nach wie vor den staatlichen Gerichten zukommt. Es sind die staatlichen Rechtsordnungen, die über die Zulässigkeit der Schiedsgerichtsbarkeit und die Auswirkungen des Schiedsspruchs auf die staatliche Rechts-

767 Vgl. etwa die Anwendung der Theorie auf Einzelfragen (Entscheidungsgewalt der Schiedsrichter; anwendbares Verfahrensrecht und anwendbares materielles Recht; Bedeutung der Aufhebung von Schiedssprüchen) bei *Gaillard*, Legal Theory of International Arbitration, S. 67 ff., 92 ff., 135 ff. Kritisch zur Debatte in Bezug auf letzteres *Solomon*, Verbindlichkeit von Schiedssprüchen, S. 284 ff.

768 Zur DIS-SchO *Raeschke-Kessler*, in: Bachmann et al., FS Schlosser, S. 713 (715).

769 So *Schroeder*, Lex mercatoria arbitralis, S. 433; von einem *„schon fast Rechtsnormcharakter"* spricht *Schütze*, ZVglRWiss 10 (2011), S. 89 (93).

ordnung befinden.[770] Die Anerkennung von Schiedssprüchen, die nach transnationalen (Verfahrens-)Regeln ergangen sind, ist damit weniger Beweis der Existenz einer *arbitral legal order* als Ausdruck der Bereitschaft einer Rechtsordnung, solche Schiedssprüche aus eigenen öffentlichen Interessen heraus für wirksam zu erklären.[771] Ganz davon abgesehen wäre es eine Minimalvoraussetzung für die Anerkennung einer *arbitral legal order,* dass auf „ihre" Regelungen in zumindest einer erheblichen Zahl von Schiedsverfahren Bezug genommen worden ist. Insbesondere müsste die streitbeendende Wirkung von Schiedssprüchen tatsächlich anhand der Maßgabe der ILA-Empfehlungen beurteilt werden. Das ist bislang allerdings nicht der Fall. Es finden sich zwar durchaus Schiedssprüche, in denen die Empfehlungen Erwähnung finden, allerdings gelangten sie in diesen Fällen gerade nicht zur Anwendung.[772] In einem Schiedsverfahren wurden sie etwa als *„forward-looking document aiming to introduce changes in international law and practice"*[773] bezeichnet, das in naher Zukunft, jedenfalls aber noch nicht im konkreten Schiedsverfahren maßgeblich sein könnte. Das zeigt, dass selbst die Schiedsgerichte hinsichtlich der Existenz einer autonomen rechtlichen Ordnung der Schiedsgerichtsbarkeit zurückhaltend sind.[774]

Wollen Schiedsparteien ihre Rechtsbeziehungen auf Grundlage transnationaler Regelwerke klären, so bedarf es mithin eines Geltungsbefehls des

---

770 So auch *Schroeder*, Lex mercatoria arbitralis, S. 405 ff., der eine vollständige Delokalisation *de lege lata* für ausgeschlossen hält. Vgl. aber zum Bestehen einer faktischen Delokalisation, aufgrund derer institutionellen Schiedsordnungen, schiedsgerichtlicher Rechtsprechung usw. Rechtsqualität zukomme ebenda, S. 444.

771 *Paulsson*, Idea of Arbitration, S. 42; in Bezug auf die *lex mercatoria v. Bar/ Mankowski*, IPR, Bd. I, § 2 Rn. 76; zutreffend *Raeschke-Kessler*, ASA Bulletin 26 (2008), S. 3 (9); vgl. auch *ILA*, Report on Public Policy, Recommendation 2 (b) zur Bedeutung des internationalen Konsens für die Bestimmung des *ordre public*.

772 Vgl. etwa ICC No. 13808/2008 nach *Radicati di Brozolo,* ASA Special Series 38, S. 127 (139), in dem die Bestimmung der Rechtskraft nach Maßgabe der ILA-Empfehlungen mit dem Argument abgelehnt wurde, dass sich die Parteien nicht auf ihre Anwendbarkeit verständigt haben.

773 So der Schiedsspruch eines schwedischen Schiedsgerichts, wiedergegeben bei *Hobér*, Recueil des Cours 366 (2014), S. 99 (262).

774 Anders wohl ICC No. 13509/2006, JDI 2008, S. 1204 ff.

nationalen Rechts.[775] Entweder verweist das nationale Recht unmittelbar auf das transnationale Regelwerk oder es ermächtigt die Parteien, Vereinbarungen über seine Geltung zu schließen. Wenn jedoch die Auffassung geäußert wird, diese Regelwerke seien eine autonome private Rechtsquelle, die unabhängig von einer nationalen Rechtsordnung im konkreten Fall Anwendung findet,[776] wird übersehen, dass diese Anwendung auf einem entsprechenden Gestaltungswillen der Parteien beruht, deren Privatautonomie über die nationalen Schiedsverfahrensrechte zur Geltung verholfen wird. Die Herausbildung von schiedsgerichtlicher Rechtsprechung und die Schaffung universell anerkannter Regelungen der internationalen Schiedsgerichtsbarkeit bedeutet mithin nicht, dass eine eigene Rechtsordnung geschaffen würde. Die ILA-Empfehlungen leben – wie alle anderen transnationalen Regelwerke – davon, dass sie aufgrund des Verweises der nationalen Gesetzgeber und der Anerkennung durch die staatlichen Gerichte Teil der nationalen Rechtsordnung werden.[777] Dem geäußerten Wunsch des ILA-Komitees, dass die Empfehlungen von Schiedsrichtern beachtet werden, tragen im Ergebnis allein die staatlichen Gerichte Rechnung, indem sie Schiedssprüche anerkennen, in denen die Empfehlungen zur Anwendung gelangt sind. So verstanden drückt sich in der Formulierung der Vorschläge als bloße *Empfehlungen* und dem Umstand, dass staatlichen Gerichten die Orientierung an den entwickelten Grundsätzen nahegelegt wird,[778] die Hoffnung des ILA-Komitees aus, über die Vermittlung der nationalen Rechtsordnungen die Empfehlungen zur Geltung zu bringen.

II. Herleitung der Beachtlichkeit aus nationalem Recht

Steht damit fest, dass sich die Beachtlichkeit von Schiedssprüchen in nachfolgenden Schiedsverfahren nur aus einer Vorschrift des nationalen

---

775 In diese Richtung *Alford*, Kluwer Arbitration Blog vom 25.7.2009; *Radicati di Brozolo,* ASA Special Series 38, S. 127 (148).

776 So im Hinblick auf die ICC-SchO *Raeschke-Kessler*, in: Bachmann et al., FS Schlosser, S. 713 (715); *ders.*, in: Aksen et al., Liber Amicorum Briner, S. 647 (650).

777 *Hobér*, Recueil des Cours 366 (2014), S. 99 (260 ff.), berichtet von einem schwedischen Schiedsspruch, in dem das Schiedsgericht ausgeführt hat, es gebe keine Hinweise, dass die ILA-Empfehlungen Teil des schwedischen Rechts geworden seien.

778 In diese Richtung *Alford*, Kluwer Arbitration Blog vom 25.7.2009.

Rechts ergeben kann, so bleiben zwei Fragen zu beantworten. Die erste Frage lautet, welche Rechtsordnung über die Kompetenz zur Entscheidung über die Rechtskraft von Schiedssprüchen in nachfolgenden Schiedsverfahren verfügt. Die zweite Frage geht dahin, welche Regelung zur Rechtskraft von Schiedssprüchen in nachfolgenden Schiedsverfahren diese Rechtsordnung trifft. Beide Aspekte sind von praktischer Relevanz, weil die nationalen Rechtsordnungen die Voraussetzungen für die Beachtlichkeit eines Schiedsspruchs und die Regeln für seine prozessuale Behandlung unterschiedlich ausgestalten.

1. Spektrum der Möglichkeiten

Die schiedsgerichtliche Praxis nimmt in blühender Kasuistik Stellung zur Frage, nach welchem Recht die Verbindlichkeit eines Schiedsspruchs *im Ergebnis* zu beurteilen ist. Sie kümmert sich allerdings wenig um die normative Herleitung und Begründung ihrer Aussagen.[779] In der Literatur werden eindeutige Festlegungen hierzu ebenfalls vermieden.[780] Es bestehen zudem offenbar nicht nur abstrakt verschiedene Ansichten über das anwendbare Recht,[781] sondern es wird die Auffassung vertreten, dass in Abhängigkeit von den Umständen des Einzelfalls unterschiedliche Rechtsordnungen in Betracht kommen oder sogar mehrere Rechtsordnungen nebeneinander Anwendung finden können.[782] Vorgeschlagen[783] wird zunächst das Recht des Staates, auf dessen Gebiet das Schiedsverfahren

779 Ähnlich die Einschätzung bei *Schaffstein*, Doctrine of Res Judicata, 4.126; *Debourg*, Contrariétés de Décisions, S. 418.

780 Siehe nur *Hascher*, Travaux Comitè Français (2004), S. 17 (18 f.); *Hobér*, Recueil des Cours 366 (2014), S. 99 (287); *Jarrosson*, Proceduré 2007, S. 27 (32).

781 *Hobér*, Recueil des Cours 366 (2014), S. 99 (259); *Radicati di Brozolo*, ASA Special Series 38, S. 127 (132).

782 *Hobér*, Recueil des Cours 366 (2014), S. 99 (287) („*In fact, it is possible that different laws may be applicable to different aspects of res judicata.*“).

783 *Brekoulakis*, Third Parties, Kap. 11 Rn. 26 ff., nennt das Recht des Staates, in dem das erste Schiedsgericht seinen Sitz hatte, sowie das Recht des Staates, in dem das zweite Schiedsgericht seinen Sitz hat. *ILA*, Final Report, Rn. 27; *Debourg*, Contrariétés de Décisions, S. 417, und *Radicati di Brozolo*, ASA Special Series 38, S. 127 (132), führen zusätzlich das Recht der materiellen Rechtsverhältnisse an. *Born*, International Commercial Arbitration, Bd. III, S. 3766, nennt darüber hinaus das „Recht der Schiedsvereinbarung“ und „internationale Verträge und Konvention“, er kommt also auf fünf Möglichkeiten. Zwischen vier und fünf

stattfindet.[784] Dabei wird näher unterschieden zwischen dem Recht des Staates, in dem das *erste* Schiedsgericht und dem Recht des Staates, in dem das *zweite* Schiedsgericht seinen Sitz hat. In Betracht gezogen werden außerdem das staatliche Verfahrensrecht der Rechtsordnung, nach der sich die materiellen Rechtsverhältnisse der Parteien bestimmen, sowie schließlich das von den Parteien vereinbarte Verfahrensrecht. Im Folgenden sind diese Möglichkeiten näher zu betrachten.

a) Recht des Staates, auf dessen Gebiet das Schiedsverfahren stattfindet

aa) Recht des Staates, in dem die Schiedsverfahren stattfinden

In vielen Fällen wurde zur Bestimmung der streitbeendenden Wirkungen das staatliche Schiedsrecht herangezogen, das am Ort des Schiedsverfahrens gilt.[785] Beispielhaft sei ein von *Hobér* in Auszügen wiedergegebener Schiedsspruch[786] erwähnt, in dem ein Schiedsgericht mit Sitz in Schweden die Anwendung transnationaler Regelungen und insbesondere der ILA-Empfehlungen mit der Begründung abgelehnt hat, diese seien nicht Teil

---

Möglichkeiten schwankend *Hobér*, Recueil des Cours 366 (2014), S. 99 (258, 287).

784 Der Klarheit halber ist an dieser Stelle anzumerken, dass mit dem Begriff des staatlichen Schiedsrechts das gesamte Zehnte Buch der Zivilprozessordnung gemeint ist. Das staatliche Schiedsrecht erfasst damit insbesondere auch die Vorschriften, die das Verhältnis von Schiedsgerichtsbarkeit und staatlicher Gerichtsbarkeit betreffen (vgl. etwa §§ 1032, 1040 Abs. 3, 1055, 1059 f. ZPO). Von diesem Schiedsrecht sind die schiedsverfahrensrechtlichen Vorschriften abzugrenzen, welche die Entscheidung vor dem Schiedsgericht regeln, mithin die in § 1042 ZPO angesprochenen allgemeinen Verfahrensregeln. Die einheitliche Bezeichnung als *lex arbitri* verdeckt diese Unterscheidung, vgl. auch *Solomon*, Verbindlichkeit von Schiedssprüchen, S. 403. Von „*staatlichem Schiedsrecht*" und dem „*eigentlichen Schiedsverfahrensrecht*" sprechen *Jauernig/Hess*, Zivilprozessrecht, § 92 Rn. 3. Zur Unterscheidung ausführlich *Born*, International Commercial Arbitration, Bd. II, S. 1530 ff.

785 Vgl. ICC No. 13509/2006, JDI 2008, S. 1204 ff.; den bei *Hascher*, Travaux Comitè Français (2004), S. 17 (19), wiedergegeben Fall ICC No. 7438/1994, in dem die Sitze beider Schiedsgerichte in der Schweiz lagen; den von *Hobér*, Recueil des Cours 366 (2014), S. 99 (260 ff.). erwähnten Fall sowie die bei *Radicati di Brozolo*, ASA Special Series 38, S. 127 (139) und (142) aufgezählten Fälle ICC No. 13254/2011 und Nr. 2308/2009 der Camera Abitrato Milano.

786 *Hobér*, Recueil des Cours 366 (2014), S. 99 (260 ff.).

des inländischen (schwedischen) Rechts. In der Folge hat das Schiedsgericht die Wirkung des vorausgegangenen Schiedsspruchs ohne weitere Begründung nach Maßgabe der schwedischen Prozessordnung bestimmt. Für die Frage, ob es auf das staatliche Recht des Ortes des *ersten* oder aber des *zweiten* Schiedsverfahrens ankommt, gibt diese Entscheidung wie viele andere nichts her, weil beide Schiedsgerichte ihren Sitz in demselben Staat hatten. Nur wenn die Sitze des ersten und des zweiten Schiedsgerichts in verschiedenen Staaten liegen, bedarf diese Frage einer Entscheidung. Die Praxis der Schiedsgerichte bietet insoweit ein uneinheitliches Bild, und auch in der Literatur werden unterschiedliche Positionen vertreten:

bb) Recht des Staates, in dem das erste Schiedsgericht seinen Sitz hatte

Eine erste Möglichkeit besteht darin, die Wirkung des Schiedsspruchs nach dem Recht des Staates zu bestimmen, in dem das erste Schiedsgericht seinen Sitz hatte. In diese Richtung könnte der von *Radicati di Brozolo* wiedergegebene unveröffentlichte Schiedsspruch eines Schiedsgerichts mit Sitz in Frankreich zu verstehen sein,[787] in dem das Schiedsgericht die Bindungswirkungen eines zuvor in Frankreich ergangenen Schiedsspruchs nach dem französischen Recht bestimmt hat. Für die Anwendung des Rechts des ersten Schiedsverfahrens war dabei offenbar die Überlegung maßgeblich, dass ein Schiedsspruch als Teil der Rechtsordnung des Staates verstanden wird, in dem er erlassen wurde. Ausdrücklich spricht das Schiedsgericht davon, dass der frühere Schiedsspruch in die französische Rechtsordnung integriert sei.[788]

Ähnlich liegen die Dinge bei einem ICC-Schiedsspruch[789] eines Einzelschiedsrichters mit Sitz in Barcelona. Eine Schiedspartei hatte beantragt, dass dem nach einer Klagerücknahme zu erlassenden klageabweisenden Schiedsspruch streitbeendende Wirkung zugesprochen werde, womit eine Wiederholung des Rechtsstreits vor einem anderen Schiedsgericht ausgeschlossen werden sollte. Der Schiedsrichter stellte zunächst fest, dass die ICC-SchO zu dieser Frage schweigt und erklärte – mangels Vorgaben im

787 ICC No. 13808/2008, wiedergegeben bei *Radicati di Brozolo,* ASA Special Series 38, S. 127 (139).

788 ICC No. 13808/2008, wiedergegeben bei *Radicati di Brozolo,* ASA Special Series 38, S. 127 (139).

789 ICC No. 13507, Yb. Comm. Arb. XXXV (2010), S. 158 ff.

spanischen Schiedsgesetz – die spanische Zivilprozessordnung für maßgeblich.[790] Dieser zufolge hat ein auf einer Klagerücknahme basierendes Urteil keine Rechtskraft. Der Schiedsrichter ging in dieser Entscheidung also wie selbstverständlich davon aus, dass sich die Bestimmung des Umfangs der Rechtskraft nach dem im ersten Schiedsverfahren maßgeblichen Recht bestimmt. Offen bleibt allerdings, ob das spanische Recht allein aufgrund des Sitzes des Schiedsgerichts zur Anwendung gelangt ist oder deshalb, weil das Schiedsverfahren nach spanischem Recht durchgeführt worden ist.[791]

cc) Recht des Staates, in dem das zweite Schiedsgericht seinen Sitz hat

Verbreitet wird die Auffassung vertreten, dass die Anordnung der streitbeendenden Wirkung der Rechtsordnung zu entnehmen ist, in deren Geltungsbereich das zweite Schiedsgericht seinen Sitz hat.[792] Ein Schiedsgericht mit Sitz in Deutschland hat sich nach dieser Ansicht an den Regelungen auszurichten, an die auch ein deutsches staatliches Gericht bei der Beurteilung der Verbindlichkeit eines Schiedsspruchs gebunden wäre (§§ 1055, 1061 ZPO). Ein Schiedsgericht hätte demnach zunächst die Anerkennungsfähigkeit des Schiedsspruchs in seinem Sitzstaat zu bestimmen und alsdann nach den im Sitzstaat geltenden Regelungen zur Behandlung inländischer sowie ausländischer Schiedssprüche weiter zu verfahren.

Als Beleg für ein entsprechendes Rechtskraftverständnis wird unter anderem[793] auf eine Entscheidung eines schweizerischen Schiedsgerichts verwiesen,[794] in welcher es heißt, dass ein Schiedsgericht mit Sitz in der Schweiz die Verfahrensregelungen anzuwenden habe, die von einem

790 ICC No. 13507, Yb. Comm. Arb. XXXV (2010), S. 158 ff. Rn. 14.

791 Vgl. zur Anwendung des Rechts des ersten Schiedsgerichts den bei *Hascher*, Travaux Comitè Français (2004), S. 17 (19), wiedergegeben Fall ICC No. 5901/1989.

792 Im Ergebnis befürwortet von *Sheppard*, in: Cremades/Lew, Parallel State and Arbitral Procedures, S. 219 (231); *Pinna*, Cahiers de l'Arb. 2010, S. 697 ff.; *Hobér*, Recueil des Cours 366 (2014), S. 99 (287); im Grunde auch *Hascher*, Travaux Comitè Français (2004), S. 17 (19).

793 Vgl. auch den bei *Hascher*, Travaux Comitè Français (2004), S. 17 (18), wiedergegeben Fall ICC No. 3540 (1988).

794 *ILA*, Interim Report, S. 24; ebenso *Brekoulakis*, Third Parties, Kap. 11 Rn. 26.

schweizerischen Gericht in der Sache zu befolgen wären.[795] Diese Ausführungen des Schiedsgerichts eignen sich im Grunde allerdings nur eingeschränkt als Nachweis der Richtigkeit der These, dass für Schiedsgerichte die Vorschriften zur Rechtskraft von Schiedssprüchen, die am Ort des zweiten Schiedsverfahrens gelten, maßgeblich sind. Gegenstand des genannten Verfahrens war nämlich nicht die Verbindlichkeit eines Schiedsspruchs, sondern die Rechtskraft eines Urteils, das von einem New Yorker staatlichen Gericht erlassen worden war. Derselbe Einwand gilt im Hinblick auf eine Entscheidung des Schweizerischen Bundesgericht,[796] in dem es um die Wirkung eines ukrainischen Urteils in einem nachfolgenden Schiedsverfahren ging.[797] Ein Rückschluss auf die Behandlung von ausländischen Schiedssprüchen durch schweizerische Schiedsgerichte ist angesichts der bestehenden sachlichen Unterschiede nicht unproblematisch. Einem ausländischen Urteil kommt nach dem Recht des Herkunftsstaates eine Rechtskraftwirkung zu, die von den Rechtsordnungen anderer Staaten anerkannt werden kann. Schiedssprüchen hingegen wird nach der hier vertretenen Lösung die Rechtskraft erstmals durch die Anerkennung in einer staatlichen Rechtsordnung verliehen; hierfür kommt es nach Art. V (1) lit. e) UNÜ lediglich auf die Verbindlichkeit des Schiedsspruchs zwischen den Parteien an.

Eine klare Aussage zur Anwendbarkeit des schweizerischen Verfahrensrechts für den Fall, dass das zweite Schiedsverfahren in der Schweiz stattfindet, lässt sich indes der Entscheidung des Schweizer Bundesgericht vom 29. Mai 2015 entnehmen.[798] Gegenstand der Entscheidung war eine Beschwerde gegen einen ICC-Schiedsspruch, der nach Ansicht der Beschwerdeführer die Rechtskraft eines ihm vorausgegangenen Schiedsspruchs missachtete. In beiden Schiedsverfahren ging es um einen vertraglichen Anspruch auf Zahlung eines Geldbetrags, der vom Schiedskläger für jeweils unterschiedliche Jahre geltend gemacht wurde. Während das erste Schiedsgericht die Klage abwies, sprach das zweite Schiedsgericht dem Kläger den Geldbetrag (teilweise) zu. Dabei legte es die streitgegen-

---

795 Für schweizerische Schiedsgerichte siehe ICC No. 5, Beschl. v. 2.4.2002, ASA Bulletin 21 (2003), S. 810 (815) („*It is settled law by now that an arbitral tribunal sitting in Switzerland must apply the same rules as would a Swiss court in matters of res judicata.*").

796 Bundesgericht (BG), Urt. v. 27.5.2014 – Az. 4A_508/2013, BGE 140 III, 278 ff.

797 Zu dieser Entscheidung *Voser/Raneda*, ASA Bulletin 33 (2015), S. 742 (744 ff.).

798 BG, Urt. v. 29.5.2015, Az. 4A_633/2014, BGE 141 III 229 ff.

ständliche Vertragsklausel in einer vom Verständnis des ersten Schiedsgerichts abweichenden Weise aus. Den Einwand der Präjudizialität des im ersten Verfahren gefundenen Auslegungsergebnisses ließ es nicht gelten.[799]

Das Schweizer Bundesgericht bestätigte die Rechtsauffassung des zweiten Schiedsgerichts und wies die Beschwerde der Schiedsbeklagten ab. Nach Ansicht des Gerichts haben (anerkannte ausländische) Schiedssprüche die gleiche Rechtskraft wie (inländische) Urteile.[800] Dies gelte, und das ist die eigentliche Botschaft der Entscheidung, kraft staatlichen Rechts nicht nur für Verfahren vor staatlichen Gerichten, sondern auch für Schiedsverfahren.[801] Die Rechtskraft eines ausländischen Schiedsspruchs sei dementsprechend nach den für die Anerkennung ausländischer Urteile entwickelten Regeln zu bestimmen.[802] Weder die Interessenlage der Parteien noch die Wünschbarkeit internationaler Standards seien von Rechts wegen beachtlich.[803] Auf der Grundlage des Schweizer Rechts gelangt das Bundesgericht dann zu dem Ergebnis, dass sich die streitbeendende Wirkung eines Schiedsspruchs auf den Tenor beschränke und nicht auch die Begründung erfasse. Dementsprechend durfte das zweite Schiedsgericht die zwischen den Parteien getroffene Vereinbarung anders auslegen als das erste Schiedsgericht.[804] Das Schweizer Bundesgericht hat sich mit dieser Entscheidung eindeutig für die Anwendbarkeit der Schweizer *lex fori* als Recht des Staates, an dem das zweite Schiedsverfahren stattfindet, ausgesprochen und darüberhinaus Versuchen einer Flexibilisierung der nationalen Rechtskraftregelungen eine Absage erteilt.

Für die Maßgeblichkeit des Rechts des Staates, in dem das zweite Schiedsverfahren stattfindet, sprechen sich implizit auch die ILA-Empfehlungen aus. Denn trotz der geäußerten Ablehnung der Verankerung der streitbeendenden Wirkung von Schiedssprüchen in den nationalen Vorschriften erachtet das ILA-Komitee die Anerkennung des Schiedsspruchs in dem Staat für erforderlich, in dem das zweite Schiedsverfahren stattfin-

---

799 Die ICC-Schiedssprüche sind unveröffentlicht; ihr Inhalt ist nur insoweit bekannt, als er in der Entscheidung des Schweizer Bundesgerichts wiedergegeben ist.

800 BG, Urt. v. 29.5.2015, Az. 4A_633/2014, BGE 141 III 229 (235).

801 BG, Urt. v. 29.5.2015, Az. 4A_633/2014, BGE 141 III 229 (235).

802 BG, Urt. v. 29.5.2015, Az. 4A_633/2014, BGE 141 III 229 (235).

803 BG, Urt. v. 29.5.2015, Az. 4A_633/2014, BGE 141 III 229 (237).

804 BG, Urt. v. 29.5.2015, Az. 4A_633/2014, BGE 141 III 229 (239); kritisch zu dieser Entscheidung *Voser/Raneda*, ASA Bulletin 33 (2015), S. 742 (778 ff.).

det.[805] Ob die Empfehlungen dabei davon ausgehen, dass eine tatsächliche Anerkennung zu erfolgen hat, oder es ausreichen lassen wollen, dass die Anerkennungsvoraussetzungen vorliegen, wird allerdings nicht deutlich.[806] Die Voraussetzung des Vorliegens der Anerkennung(-sfähigkeit) begründet das ILA-Komitee damit, dass so eine Verbindung zum New Yorker Übereinkommen hergestellt werde, das einen globalen Standard für die Wirksamkeit des Schiedsspruchs setze. Solange sich keine der Parteien auf das Vorliegen von Anerkennungsversagungsgründen berufe oder der Schiedsspruch gar in seinem Ursprungsstaat aufgehoben worden sei, sei die streitbeendende Wirkung anzuerkennen.

Im Ergebnis führt die Anknüpfung des Eintritts der streitbeendenden Wirkung an die Anerkennungsfähigkeit des Schiedsspruchs in dem Staat, in dem das zweite Schiedsverfahren stattfindet, dazu, dass dessen gesetzliche Vorschriften zur Beachtlichkeit von Schiedssprüchen zur Anwendung kommen. Wie an anderer Stelle gezeigt worden ist, werden dem Schiedsspruch mit der Anerkennung bestimmte Wirkungen verliehen, die – nach deutschem Recht – etwa dazu führen, dass ein Schiedsspruch einem rechtskräftigen gerichtlichen Urteil gleichgestellt ist. Indem man die Anerkennung des Schiedsspruchs im Sitzstaat des Schiedsgerichts als erforderlich für die Entfaltung von Rechtskraftwirkungen ansieht, nimmt man im Grunde Stellung dahingehend, die Wirkungen des Schiedsspruchs dem Recht des Anerkennungsstaates zu entnehmen. Das gilt auch für diejenigen Stimmen in der Literatur, die zwar nicht die formale Anerkennung des Schiedsspruchs im Sitzstaat des nachfolgenden Schiedsgerichts fordern, sondern die Prüfung der Anerkennungsfähigkeit durch die Schiedsrichter ausreichen lassen wollen.[807]

---

805 *ILA*, Final Report, Rn. 33. Dass das Vorliegen der Anerkennungsvoraussetzungen nur dann geprüft werden soll, wenn das zweite Schiedsgericht seinen Sitz in einem anderen Staat hat als das erste, ist ohnehin nicht überzeugend. Denn auch ein inländischer Schiedsspruch bedarf der Anerkennung, um Rechtskraftwirkung in staatlichen Verfahren entfalten zu können.

806 In ILA, Final Report, Rn. 33 S. 1 heißt es, dass der Schiedsspruch anerkannt sein muss („*the prior award will also need to be recognized at the place of arbitration of the further arbitration proceedings*"), während auf S. 2 die Rede davon ist, dass der Schiedsspruch bloß anerkennungsfähig sein muss („*on the basis that the prior award can be recognized abroad*").

807 *Hobér*, Recueil des Cours 366 (2014), S. 99 (287).

b) Recht des Staates, dessen Recht in der Sache anwendbar ist

Ins Spiel gebracht wird überdies die Bestimmung der Wirkungen eines Schiedsspruchs nach dem Verfahrensrecht des Staates, dessen Recht in der Sache anwendbar ist.[808] Im Zusammenhang mit der Rechtskraft von gerichtlichen Urteilen wird die Anwendung der *lex causae* zur Bestimmung der Wirkungen mit dem Argument erwogen, die Rechtskraft schaffe die weitere Grundlage für die Rechtsbeziehungen der Parteien.[809] Aufgrund dieses Zusammenhangs mit den überholten materiell-rechtlichen Lehren der Rechtskraft stößt sie überwiegend auf Ablehnung.[810] Soweit ersichtlich finden sich auch kaum Schiedssprüche, in denen das Schiedsgericht die streitbeendende Wirkung unmittelbar nach dem Recht des Staates bestimmt hat, dessen Recht in der Sache anwendbar ist.[811] Berichtet wird allerdings von Fällen, in welchen die Geltung dieses Rechts von den Parteien *vereinbart* worden und dies vom Schiedsgericht akzeptiert worden ist.[812] Die ergangenen Schiedssprüche erlauben jedoch keinen Rückschluss darauf, auf welcher Grundlage die Rechtswahl der Parteien für beachtlich angesehen wurde.

---

808 *ILA*, Final Report, Rn. 27; *Radicati di Brozolo*, ASA Special Series 38, S. 127 (132); *Hobér*, Recueil des Cours 366 (2014), S. 99 (258), sowie *Born*, International Commercial Arbitration, Bd. III, S. 3766.

809 In diese Richtung wohl *Spellenberg*, IPrax 1984, S. 304 (307).

810 Vgl. die Auseinandersetzung bei *Spiecker genannt Döhmann*, Anerkennung von Rechtskraftwirkungen, S. 59 ff.; *Fischer*, in: Gerhardt et al., FS Henckel, S. 199 (202).

811 In dem von *Sheppard*, in: Cremades/Lew, Parallel State and Arbitral Procedures, S. 219 (230), aufgeführten Fall wurde das in der Sache anwendbare New Yorker Recht nicht unmittelbar, sondern aufgrund einer Einigung der Parteien zur Bestimmung der streitbeendenden Wirkung des Schiedsspruchs herangezogen.

812 *Sheppard*, in: Parallel State and Arbitral Procedures, S. 219 (230); auch in dem bei *Hascher*, Travaux Comitè Français (2004), S. 17 (20), wiedergegebenen Fall ICC No. 10027/2000 ist wohl aufgrund einer Parteivereinbarung die Rechtskraft nach der *lex causae* bestimmt worden. Vgl. ferner den von *Radicati di Brozolo*, ASA Special Series 38, S. 127 (136), erwähnten Fall ICC No. 13254/2011, in dem die Parteien eine Vereinbarung über das anwendbare Recht getroffen haben.

c) Recht des Staates, dessen Geltung von den Parteien vereinbart wurde

Führt man den Ansatz beim Parteiwillen konsequent weiter, dann können die Parteien das anzuwendende nationale Verfahrensrecht frei wählen, das heißt, sie sind nicht auf die Wahl des Verfahrensrechts des Staates festgelegt, nach dessen Recht in der Sache zu entscheiden ist.[813] Beispielsweise könnten die Parteien eines in Deutschland stattfindenden Schiedsverfahrens vereinbaren, dass sich die streitbeendende Wirkung des Schiedsspruchs nach englischem Recht bemisst. Abermals stellte sich allerdings die Frage, ob es für die Beurteilung der Wirksamkeit der Parteivereinbarung auf das Recht des ersten oder des zweiten Schiedsverfahrens ankommen soll. Unter dem früheren deutschen Zivilprozessrecht, das die Nationalität eines Schiedsspruchs nicht nach dem Sitzort des Schiedsgerichts, sondern nach dem angewendeten Verfahrensrecht bestimmte, wurde in der Literatur eine Bindung an das Verfahrensrecht des ersten Schiedsverfahrens vertreten.[814] Teilweise wird wohl auch unter der Geltung des Territorialprinzips an dieser Ansicht festgehalten.[815]

2. Regelungskompetenz

Die Vielfalt der in der Praxis und in der Literatur vertretenen Ansichten zu der für die Beachtlichkeit von Schiedssprüchen anzuwendenden Rechtsordnung darf nicht ohne Weiteres als Ausdruck eines Dissenses über die für die Bestimmung der Rechtsordnung geltenden Regeln verstanden werden. Es ist daran zu erinnern, dass gemeinhin nur Aussagen über das im Ergebnis anzuwendende nationale Recht getroffen werden. Soweit die Regeln für die Bestimmung dieses Rechts auf den Einzelfall und insbesondere auf den Parteiwillen bezogene Elemente enthalten, ist es nur natürlich, dass die Schiedsgerichte in verschiedenen Fällen zu unterschiedlichen Ergebnissen gelangen und die Literatur Festlegungen auf *ein* bestimmtes anzuwendendes Recht vermeidet. Im Ausgangspunkt sollte aber wohl Einigkeit darüber bestehen, dass die Bestimmung des anzuwendenden Rechts zunächst eine Klärung der Kompetenz für diese Entscheidung voraussetzt.

---

813 Diese Möglichkeit bespricht *Hascher*, Travaux Comitè Français (2004), S. 17 (19), anhand des Falles ICC No. 5835; *Jarrosson*, Proceduré 2007, S. 27 (32).

814 *Schlosser*, Internationale private Schiedsgerichtsbarkeit, Rn. 710.

815 *Geimer*, in: Zöller, ZPO, § 1055 Rn. 17.

Bei *staatlichen* Gerichten stellt sich diese Frage regelmäßig nicht beziehungsweise die Antwort bereitet keine Schwierigkeiten. Ob ein Gericht an einer Sachentscheidung aufgrund einer bereits ergangenen Entscheidung gehindert ist und ob eine inhaltliche Bindung besteht, richtet sich ausschließlich nach der *lex fori,* also nach dem staatlichen Recht, das am Ort des Gerichts gilt.[816] Die Anwendung des inländischen Verfahrensrechts[817] trägt zugleich der Souveränität und Hoheitsgewalt des Forumstaates[818] und dem Gebot der effizienten Prozessführung Rechnung.[819] Im deutschen Grundgesetz wird sie durch Art. 97 Abs. 1 angeordnet, der die deutschen Gerichte an deutsches Recht und Gesetz bindet. Dementsprechend enthält die Zivilprozessordnung Vorschriften auch für die Beachtlichkeit von im Ausland erlassenen Entscheidungen. Für Urteile gelten die Vorschriften der §§ 322, 328 ZPO; für Schiedssprüche – wie oben ausführlich dargestellt – die Normen der §§ 1055, 1061 ZPO.

Nichts anderes gilt im Grundsatz für *Schiedsgerichte*. Auch sie sind an das staatliche Recht des Ortes gebunden, an dem das Verfahren stattfindet. Nach dem völkerrechtlichen Territorialitätsprinzip ist die staatliche Hoheitsgewalt über Sachverhalte, die sich auf dem eigenen Staatsgebiet ereignen, grundsätzlich exklusiv. Ebenso wie andere Rechtssubjekte verfügen auch die Parteien einer Schiedsverfahrensvereinbarung über keine *originäre*, das heißt eine ihnen nicht vom staatlichen Recht verliehene Kompetenz zur vertraglichen Vereinbarung des für sie geltenden Rechts. Wie schon gezeigt wurde, können die in jüngerer Zeit vor allem in Frankreich in unterschiedlichen Ausprägungen vertretenen Lehren von einer „Transnationalität" der Schiedsgerichtsbarkeit nicht überzeugen.[820] Die Rechtskraft folgt auch innerhalb des schiedsgerichtlichen Systems nicht unmittelbar aus der Verbindlichkeit des Schiedsspruchs zwischen den Parteien, sondern wird dem Schiedsspruch von der staatlichen Rechtsordnung ver-

---

816 BGH, Urt. v. 30.10.1974 – Az. IV ZR 18/73, NJW 1975, S. 114 (115); BGH, Urt. v. 27.6.1984 – Az. IVb ZR 2/83, NJW 1985, S. 552 (553); *v. Bar/Mankowski*, IPR, Bd. I, § 5 Rn. 75.

817 Vgl. m.w.N. zur Diskussion um den Grundsatz der *lex fori v. Bar/Mankowski*, IPR, Bd. I, § 5 Rn. 75; *Schack*, IZVR, Rn. 4 ff.; kritisch *Grunsky*, ZZP 89 (1976), S. 241 ff.

818 *v. Bar/Mankowski*, IPR, Bd. I, § 5 Rn. 77; a.A. *Schack*, IZVR, Rn. 48.

819 *v. Bar/Mankowski*, IPR, Bd. I, § 5 Rn. 78; *Geimer*, IZPR, Rn. 323.

820 *Solomon*, Verbindlichkeit von Schiedssprüchen, S. 468 ff.

liehen.[821] Die Rechtsetzungskompetenz hierfür liegt bei der Rechtsordnung, auf deren Gebiet das zweite Schiedsverfahren stattfindet. Die verbreitete Annahme, es gebe bei Schiedsgerichten keine *lex fori*, bedarf insoweit der Korrektur. Die *lex arbitri* ist das staatliche Recht, das am Ort des Schiedsverfahrens gilt.

Eine andere, nachfolgend zu erörternde Frage ist allerdings, ob und in welchem Umfang eine nationale Rechtsordnung die Anwendung eines von den eigenen Vorschriften inhaltlich abweichenden Verfahrensrechts gebietet oder erlaubt. Das ist eine Frage der Interpretation des nationalen Rechts. Für die Regeln zur Bestimmung der Beachtlichkeit eines Schiedsspruchs gilt insoweit nichts anderes als für die Bestimmung des Schiedsverfahrensrechts allgemein. Das nationale Recht kann für die Beurteilung der Rechtskraft die Anwendung eines *fremden* nationalen Rechts unmittelbar anordnen oder es den Schiedsparteien gestatten, das für die Beurteilung der Rechtskraft eines vorangegangenen Schiedsspruchs maßgebliche Recht durch Parteivereinbarung zu wählen.[822] In beiden Fällen kommt das nationale Verfahrensrecht ganz oder teilweise nicht zur Anwendung. Soweit das nationale Recht solche Verweisungen enthält und mithin auf eine eigene inhaltliche Regelung verzichtet, hat die These vom Fehlen einer *lex fori* im Ergebnis eine Berechtigung.[823]

---

821 In diesem Sinne *Hobér*, Recueil des Cours 366 (2014), S. 99 (287) ("*The theoretical starting point with respect to res judicata is that there is not automatic and immediate res judicata effect, even if the first arbitral award is final and binding [...].*").

822 Inwiefern das deutsche Recht es erlaubt, die Anwendbarkeit eines ausländischen Schiedsverfahrensrechts *in toto* zu wählen, ist streitig; für die Zulässigkeit einer Rechtswahl *Solomon*, Verbindlichkeit von Schiedssprüchen, S. 432 (einschränkend für Fälle ohne Auslandsbeziehung); *Schlosser*, Internationale private Schiedsgerichtsbarkeit, Rn. 230, 459; *ders.*, in: Stein/Jonas, ZPO, § 1025 Rn. 3; unklar *Voit*, in: Musielak, ZPO, § 1042 Rn. 32; zurückhaltend BT-Drs. 13/5274, S. 31, 47; *Berger*, Int. Wirtschaftsschiedsgerichtsbarkeit, S. 68 f.; *Geimer*, in: Zöller, ZPO, § 1025 Rn. 4. Im Anerkennungsverfahren ausländischer Schiedssprüche ist aufgrund von Art. V (1) lit. d) UNÜ eine Rechtswahl als zulässig anzusehen, vgl. *Schlosser*, Internationale private Schiedsgerichtsbarkeit, Rn. 455; *Haas*, Anerkennung und Vollstreckung, S. 78; *Ernemann*, Anerkennung und Vollstreckung, S. 69; *Adolphsen*, in: Münchener Kommentar zur ZPO, Anh. § 1061 Art. V UNÜ Rn. 47; *van den Berg*, New York Convention, S. 232 ff.

823 Vgl. *Handorn*, Sonderkollisionsrecht, S. 19 f.; *Spohnheimer*, Antezipiertes Legalanerkenntnis, S. 76; *Schlosser*, in: Stein/Jonas, § 1025 Rn. 2, § 1051 Rn. 1.

3. Herleitung der Beachtlichkeit aus §§ 1055, 1061 ZPO

Nach dem Gesagten richtet sich die prozessuale Behandlung eines Schiedsspruchs unabhängig von seiner Herkunft und der Schiedsverfahrensvereinbarung zunächst nach dem nationalen Recht des Staates, in welchem das zweite Schiedsverfahren stattfindet. Liegt der Ort des zweiten Schiedsverfahrens in Deutschland, so ist anhand einer Auslegung der Zivilprozessordnung zu klären, ob sie die Beachtlichkeit des Schiedsspruchs selbst inhaltlich regelt oder auf eine andere Rechtsordnung oder auf die Parteivereinbarung verweist.

a) Unmittelbare Anwendung

Auf den ersten Blick wird die Antwort von den Vorschriften der §§ 1055, 1061 ZPO zugunsten einer eigenen Regelung der Zivilprozessordnung gegeben. Nach § 1055 ZPO ist ein Schiedsspruch von Gesetzes wegen anerkannt; nach § 1061 Abs. 1 S. 1 ZPO richtet sich die Anerkennung und Vollstreckung ausländischer Schiedssprüche nach dem New Yorker Übereinkommen. Ein anerkannter ausländischer Schiedsspruch hat gemäß § 1055 ZPO unter den Parteien die Wirkungen eines rechtskräftigen gerichtlichen Urteils. Der Anwendungsbereich der beiden Vorschriften ist dem Wortlaut nach nicht auf staatliche Gerichtsverfahren beschränkt. Es erscheint daher vertretbar, sie auch in Schiedsverfahren anzuwenden.

Rechtssystematische Überlegungen sprechen allerdings gegen diese Lösung. Die Vorschrift des § 1055 ZPO befindet sich im sechsten Abschnitt des Zehnten Buches der Zivilprozessordnung, der mit der amtlichen Überschrift „*Schiedsspruch und Beendigung des Verfahrens*" versehen ist. Der ebenfalls in diesem Abschnitt stehende § 1054 ZPO regelt Form und Inhalt des Schiedsspruchs, § 1055 ZPO seine Wirkungen, die Vorschrift des § 1056 ZPO die mit dem endgültigen Schiedsspruch eintretende Beendigung des schiedsrichterlichen Verfahrens. Schon Stellung und Abfolge verdeutlichen damit, dass § 1055 ZPO nicht *im* schiedsrichterlichen Verfahren gilt. Er ist vielmehr gleichsam die Brücke, über die der Schiedsspruch Eingang in die staatliche Rechtsordnung findet.[824] Die Vorschrift ist Ausdruck der Erwartung, dass die Schiedsgerichtsbarkeit eine gleich-

824 Ähnlich ist der Gesetzesaufbau in der Schweiz, Österreich und England, vgl. die Stellung der § 387 ZPO-CH, § 607 ZPO-Ö sowie der *Section* 58 AA; dagegen

wertige Alternative zur staatlichen Gerichtsbarkeit sein kann. Zugleich normiert sie selbst eine wesentliche Voraussetzung dafür, dass diese Erwartung erfüllt wird. Erst kraft der Gleichstellung mit Urteilen und der daraus folgenden Beachtlichkeit für die staatliche Gerichtsbarkeit schaffen Schiedssprüche Rechtsfrieden und Rechtssicherheit und entlasten die staatlichen Gerichte. Ihre gedankliche Fortsetzung findet die Regelung des § 1055 ZPO in den Vorschriften der §§ 1059–1060 ZPO, welche die gerichtliche Aufhebung des Schiedsspruchs und seine Vollstreckung regeln; als Ergänzung zu § 1055 ZPO ist die Vorschrift des § 1061 ZPO zu lesen, der für ausländische Schiedssprüche eine gerichtliche Anerkennung als Voraussetzung der Gleichstellung mit Urteilen und der Vollstreckung verlangt. Hätte der Gesetzgeber eine im Schiedsverfahren zu beachtende Regelung schaffen wollen, so hätte er die Vorschrift des § 1055 ZPO in den Abschnitt 5 über die „*Durchführung des schiedsrichterlichen Verfahrens*“ aufnehmen müssen.

b) Analoge Anwendung

Auch eine analoge Anwendung des § 1055 ZPO auf das schiedsrichterliche Verfahren scheidet aus. Die Anwendung einer Rechtsnorm auf einen von ihr nicht unmittelbar erfassten Sachverhalt setzt voraus, dass dieser dem geregelten Sachverhalt in den der Rechtsnorm zugrunde liegenden Wertungen entspricht. Angesichts der Unterschiede zwischen der staatlichen Gerichtsbarkeit und der Schiedsgerichtsbarkeit verbietet sich aber eine pauschale Erweiterung der wenigen in der Zivilprozessordnung für das Schiedsverfahren getroffenen Regelungen durch die Vorschriften für die staatliche Gerichtsbarkeit.[825] Das zeigt die Regelungssystematik der Vorschrift des § 1042 ZPO, die den Abschnitt über das schiedsrichterliche Verfahren einleitet. Soweit die Zivilprozessordnung für das schiedsrichterliche Verfahren keine zwingenden Vorschriften enthält (siehe insbesondere § 1042 Abs. 1 und Abs. 2 ZPO), können die Parteien gemäß § 1042 Abs. 3 ZPO „*das Verfahren selbst oder durch Bezugnahme auf eine schiedsrichterliche Verfahrensordnung*“ privatautonom regeln. Die auch unter Be-

---

schließt in Frankreich Art. 1484 CPC den Abschnitt über die das Schiedsverfahren als solches betreffenden Vorschriften ab.

825 *Spohnheimer*, Antezipiertes Legalanerkenntnis, S. 77; *Voit*, in: Musielak, ZPO, § 1042 Rn. 8.

rücksichtigung der Parteivereinbarung verbleibenden Regelungslücken sind vom Schiedsgericht gemäß § 1042 Abs. 4 ZPO nach freiem Ermessen auszufüllen. Angesichts dieses Kaskadenmodells und des bewusst fragmentarischen Charakters des fünften und sechsten Abschnitts des Zehnten Buches der Zivilprozessordnung bleibt für eine Analogie kein Raum.

Auch speziell mit Blick auf § 1055 ZPO ist eine Vergleichbarkeit der Sachverhalte nicht gegeben. Wie im ersten Kapitel der Untersuchung[826] gezeigt werden konnte, bestehen an der Rechtskraft von Schiedssprüchen nur eingeschränkte staatliche Interessen. In erster Linie muss dem Staat daran gelegen sein, eine Wiederholung des Rechtsstreits vor einem staatlichen Gericht zu verhindern. Bezüglich der Wiederholung des Rechtsstreits vor einem Schiedsgericht ist das Interesse der staatlichen Rechtsordnung hingegen zumindest weniger stark ausgeprägt. Zum einen werden die Kosten eines Schiedsverfahrens nicht, auch nicht anteilig vom Steuerzahler getragen und zum anderen dient ein Schiedsverfahren nur eingeschränkt dem öffentlichen Interesse an der Wahrung und Fortbildung des objektiven Rechts.

Dass eine Analogie zu den für die Beachtlichkeit von Schiedssprüchen bei staatlichen Gerichten geltenden Regelungen nicht tragfähig ist, zeigt mit besonderer Deutlichkeit auch die Vorschrift des § 1061 ZPO. Ein ausländischer Schiedsspruch erlangt vor staatlichen Gerichten nur Beachtlichkeit, wenn er gemäß den Regeln des New Yorker Übereinkommens, auf welche § 1061 ZPO verweist, anerkannt ist. Wenn diese Vorschrift auch auf Schiedsverfahren Anwendung findet, könnte sich eine Partei in einem zweiten Schiedsverfahren nur dann auf den im ersten Verfahren ergangenen Schiedsspruch berufen, wenn sie zuvor tatsächlich eine staatliche Anerkennungsentscheidung herbeigeführt hat. Eine inzidente Prüfung der auf staatliche Interessen bezogenen Voraussetzungen des New Yorker Übereinkommens und vor allem des Vorbehalt des *ordre public* durch das zweite Schiedsgericht als einer durch privatautonome Vereinbarung konstituierten Stelle kommt nicht in Betracht.[827] Das gilt auch für die teilweise vorgeschlagene, gleichsam hypothetische Prüfung der „Anerkennungsfä-

---

826 Vgl. oben 1. Kap., II.

827 Vgl. ICC No. 3383, JDI 1980, S. 978 ff.; *Söderlund*, J. Int. Arb. 22 (2005), S. 301 (310); *Zuleta Jaramillo*, in: van den Berg, ICCA Congress Series 15, S. 231 (237).

higkeit" eines Schiedsspruchs durch ein Schiedsgericht.[828] Ein Schiedsgericht kann die Entscheidung eines staatlichen Gerichts nicht simulieren. Ein gesondertes staatliches Verfahren[829] indes ist wenig praktikabel und drängt die staatlichen Gerichte in die Rolle einer „Vorprüfungsinstanz" der Schiedsgerichte. Damit wäre einer der Grundgedanken der staatlichen Anerkennung der Schiedsgerichtsbarkeit – nämlich die Entlastung der eigenen Gerichte – in sein Gegenteil verkehrt. Ein eigenes staatliches Interesse an der Verhinderung der Wiederholung eines Rechtsstreits vor einem Schiedsgericht besteht, wie schon ausgeführt, nicht oder nur in stark eingeschränktem Maße. Die Mindestbedingungen des New Yorker Übereinkommens und des *ordre public* können ohne Weiteres auch noch nach Abschluss des zweiten Schiedsverfahrens bei einer staatlichen Entscheidung über die Vollstreckbarerklärung nach § 1060 ZPO geprüft werden.

III. Herleitung der Beachtlichkeit aus Parteivereinbarungen

Die Zivilprozessordnung enthält nach dem Gesagten keine Vorschrift, welche die Beachtlichkeit eines Schiedsspruchs in einem nachfolgenden Schiedsverfahren ausdrücklich anordnet. Nach der nun zu entwickelnden Lösung ergibt sich die Beachtlichkeit von Schiedssprüchen aber zum einen aus der Schiedsvereinbarung gemäß § 1029 Abs. 1 ZPO und zum anderen aus der Schiedsverfahrensvereinbarung gemäß § 1042 Abs. 3 ZPO. Während die Schiedsverfahrensvereinbarung die Gestaltung des Schiedsverfahrens regelt, wird durch die Schiedsvereinbarung definiert, welche Streitigkeiten der Entscheidung durch ein Schiedsgericht unterworfen sind.[830] Beide Vereinbarungen können jeweils für nur eine be-

---

828 *ILA*, Final Report, Rn. 33; *Hobér*, Recueil des Cours 366 (2014), S. 99 (287) ("*Rather, tribunals seem either to determine themselves whether an award is capable of being recognized, or presume that the award is to be treated as having been recognized, i.e. as having res judicata, until recognition has in fact been refused.*"); *Kremslehner*, Aust. Yb. Int. Arb. 2007, S. 127 (152); siehe auch *Pinna*, Cahiers de l'Arb. 2010, S. 697 (711), (716), der die Anrufung der staatlichen Gerichtsbarkeit aus Gründen der Rechtssicherheit zwar empfiehlt, aber auch eine inzidente eigene Entscheidung des Schiedsgerichts für möglich hält.

829 Grundsätzlich denkbar wäre insoweit eine Klage auf Feststellung der Wirksamkeit des Schiedsspruchs oder die Erteilung einer Vollstreckbarerklärung.

830 Zur Abgrenzung *Schlosser*, Internationale private Schiedsgerichtsbarkeit, Rn. 261.

stimmte Streitigkeit oder aber für eine Mehrzahl von Streitigkeiten geschlossen werden, die in der Zukunft zwischen den Parteien zu erwarten bzw. möglich sind. Die Schiedsverfahrensvereinbarung kann mit der Schiedsvereinbarung zusammen oder aber nachträglich getroffen werden. Sie kann den gleichen Anwendungsbereich wie diese haben oder aber auf einzelne der Streitigkeiten beschränkt sein, die von der Schiedsvereinbarung erfasst werden. Gedanklich liegt die Schiedsvereinbarung der Schiedsverfahrensvereinbarung voraus und schafft die Grundlage, auf der ein Schiedsverfahren überhaupt erst angestrengt werden kann. Vor diesem Hintergrund ist zunächst zu untersuchen, aus welchem Grund die Parteien gehalten sind, die streitbeendende Wirkung des Schiedsspruchs anzuerkennen. Daran anschließend ist zu prüfen, ob sich schon aus der Bindung der Parteien die Beachtlichkeit des Schiedsspruchs in einem nachfolgenden Schiedsverfahren ergibt oder ob die Rechtskraft insoweit einer anderen Begründung bedarf.

1. Beachtlichkeit des Schiedsspruchs für die Parteien

a) Herleitung der Beachtlichkeit aus der Schiedsvereinbarung

aa) Verbindlichkeit des Schiedsspruchs

Wie an anderer Stelle herausgearbeitet worden ist, verpflichten sich die Schiedsparteien in der Schiedsvereinbarung ausdrücklich oder konkludent dazu, den Schiedsspruch zu befolgen. Diese als Verbindlichkeit des Schiedsspruchs bezeichnete Verpflichtung sichert den Schiedsspruch jedoch nicht davor, dass seine Richtigkeit und Einmaligkeit von einer Partei in Frage gestellt wird. Einer Partei, die den Spruch nicht gegen sich gelten lassen will, bleibt die Möglichkeit, denselben Streitgegenstand abermals anhängig zu machen und darauf hinzuwirken, dass ein zweites Schiedsgericht eine andere, für sie günstigere Entscheidung trifft. Eine Verletzung der Erfüllungspflicht ist allein darin noch nicht zu sehen. Sogar eine vollständig obsiegende Partei kann ein Interesse daran haben, das Schiedsverfahren zu wiederholen und auf diese Weise einen zweiten vollstreckungsfähigen Schiedsspruch zu erlangen. Nicht ausgeschlossen wird durch die bloße Erfüllungspflicht ferner die Möglichkeit, dass die Richtigkeit der von einem Schiedsspruch festgesetzten Rechtsfolge in einem nachfolgenden Verfahren, für das diese Rechtsfolge vorgreiflich ist, in Zweifel gezogen wird.

bb) Beachtlichkeit des Schiedsspruchs

Richtigerweise werden die Parteien durch die Schiedsvereinbarung aber nicht nur zur Erfüllung, sondern auch zur Anerkennung der Einmaligkeit und der Bindungswirkung des Schiedsspruchs angehalten. Selbst wenn sie eine entsprechende Vereinbarung zur Beachtlichkeit des Schiedsspruchs nicht (ausdrücklich) getroffen haben, lässt sich der Schiedsvereinbarung dieser Inhalt im Wege der (ergänzenden) Vertragsauslegung entnehmen.[831] Es ist nämlich davon auszugehen, dass die Parteien, hätten sie das von ihnen nicht bedachte Erfordernis der Absicherung der Verbindlichkeit des Schiedsspruchs berücksichtigt,[832] die Einmaligkeit und Bindungskraft des Schiedsspruchs vereinbart hätten.[833]

Für die Rechtskraft der Urteile staatlicher Gerichte wird, wie im ersten Kapitel dargestellt, auch mit dem überindividuellen Interesse an einer funktionsfähigen Rechtspflege argumentiert. Ein Ansatz, der die Rechtskraft von Schiedssprüchen auf die Parteivereinbarung und damit auf Parteiinteressen zurückführt, wird solche Erklärungsmuster nicht ohne Weiteres auf die Schiedsgerichtsbarkeit übertragen können. Jedoch spiegeln sich die überindividuellen Interessen teilweise in den Interessen der Schiedsparteien. Wenn sich die Parteien auf eine Beilegung von Rechtsstreitigkeiten vor einem Schiedsgericht einigen, so steht der Gedanke der inhaltli-

831 Zur Anwendbarkeit der bürgerlich-rechtlichen Auslegungskriterien auf die Schiedsvereinbarung vgl. OLG Köln, Beschl. v. 23.9.2010 – Az. 19 SchH 15/10, Rn. 45, BeckRS 2011, 05672; OLG Karlsruhe, Urt. v. 4.4.2007 – Az. 1 U 232/06, BeckRS 2007, 15180, Rn. 37; *Münch*, in: Münchener Kommentar zur ZPO, § 1029 Rn. 105; ICC No. 2321, Yb. Comm. Arb. I (1976), S. 136 ff.; ICC No. 7920, Yb. Comm. Arb. XXIII (1998), S. 80 (80); *Born*, International Commercial Arbitration, Bd. I, S. 1319 ff. m.w.N.

832 Zu den Kriterien der ergänzenden Vertragsauslegung vgl. BGH, Urt. v. 22.4.1953 – Az. II ZR 143/52, BGHZ 9, 273 (278); BGH, Urt. v. 1.2.1984 – Az. VIII ZR 54/83, BGHZ 90, 69 (75); *Busche*, in: Münchener Kommentar zum BGB, § 157 Rn. 26; *Brox/Walker*, Allg. Teil des BGB, Rn. 140; zum internationalen Schrifttum vgl. *Born*, International Commercial Arbitration, Bd. I, S. 1320 f. m.w.N.

833 So *Mayer*, J. Int. Disp. Settl. 4 (2013), S. 407 (417); *ders.*, Cahiers de l'Arb. 2011, S. 413 (415); wohl auch *Lühmann*, Rechtskraft des Schiedsspruchs, S. 203 ff.

chen Verbindlichkeit des Schiedsspruchs im Vordergrund. Der Schiedsspruch soll nach dem Willen der Parteien an die Stelle eines Urteils treten und damit eine endgültige Entscheidung über die zwischen ihnen bestehenden Rechtsverhältnisse bringen.[834] Dass ein Schiedsspruch ebenso wie ein Urteil unwiderruflich[835] und es den Parteien in zukünftigen Verfahren verwehrt ist, eine andere als die im Schiedsspruch ausgesprochene Rechtsfolge geltend zu machen,[836] ist mithin schon im Zweck und Wesen der schiedsgerichtlichen Entscheidungsfindung angelegt. Mit dem Abschluss der Schiedsvereinbarung nehmen die Parteien eine über den konkreten Rechtsstreit hinausführende Bindung an den Entscheidungsinhalt in Kauf und bezwecken sie sogar, weil es sich dabei um eine zwingende Bedingung der Erfüllung der von ihnen durch die Option für die Schiedsgerichtsbarkeit ausgedrückten Erwartung der Gleichwertigkeit dieser Institution mit der staatlichen Gerichtsbarkeit handelt. Eben weil eine abweichende Vereinbarung den Grundsatz der Gleichwertigkeit von Schiedsgerichtsbarkeit und staatlicher Gerichtsbarkeit missachtete, wäre sie nicht einmal eine Schiedsvereinbarung im Sinne von § 1029 Abs. 1 ZPO.[837] Ohne die Vereinbarung von Rechtskraft können die staatlichen Gerichte nicht

---

834 Zu diesem Wesenmerkmal der Schiedsgerichtsbarkeit vgl. *Lew/Mistelis/Kröll*, Comparative Arbitration, Kap. 1 Rn. 12; *Gaillard/Savage*, International Arbitration, Rn. 15; *Rehm*, Schiedsgerichtsbarkeit im Rechtssystem, S. 34; *G. Roth*, Vorbehalt, S. 125; *Münch*, in: Münchener Kommentar zur ZPO, vor § 1025 ff. Rn. 1; Fouchard/Gaillard/Goldman, International Commercial Arbitration, Rn. 15.

835 *F.-E. Klein*, Considérations, S. 189 f.; in diesem Zusammenhang betonen die vertragliche Grundlage der Rechtskraftwirkung auch *Shell*, UCLA Law Rev. 35 (1988), S. 623 (661); *Gordon*, Flor. J. Int. Law 18 (2006), S. 549 (577); ähnlich *Mourre*, ASA Special Series 38, S. 1 (3).

836 *F.-E. Klein*, Considérations, S. 189 f.; vgl. die Auslegung der Schiedsvereinbarung in *Shell Egypt v Dana Gas Egypt* [2009], EWHC 2097 Rn. 45 sowie 47.

837 Ebenso kann man die Frage aufwerfen, ob überhaupt ein Schiedsspruch erlassen wird, wenn sich die Parteien ausdrücklich darauf einigen, dass der schiedsgerichtlichen Feststellung keine streitbeendende Wirkung zukommen soll. Nach hiesiger Ansicht ist das zweifelhaft. Denn es ist ein wesensimmanentes Merkmal einer Entscheidung, dass sie auch in Zukunft Bestand hat und nicht durch den Erlass einer zweiten Entscheidung in Frage gestellt wird. Siehe unter Hinweis auf entsprechende Regelungen der institutionellen Schiedsordnungen *Hulbert*, Int. Tax & Bus. Law 7 (1989), S. 156 (198). A.A. *Born*, International Commercial Arbitration, Bd. III, S. 3769, der die Ansicht vertritt, die Parteien könnten vereinbaren, dass einem Schiedsspruch keine bindende Wirkung zukommt; ähnlich *Gordon*, Flor. J. Int. Law 18 (2006), S. 549 (572), der den Parteien sogar empfiehlt, klarzustellen, dass sie eine Bindung wünschen.

ihrer Zuständigkeit für die Gewährung von Rechtsschutz enthoben werden.

Dazu kommt, dass vor Beginn eines Schiedsverfahrens typischerweise beide Seiten davon überzeugt sein werden, den schiedsgerichtlichen Rechtsstreit entweder zu gewinnen oder jedenfalls zu einem Ergebnis zu führen, das für sie günstiger ist als die sofortige Erfüllung der von der Gegenseite geltend gemachten Ansprüche. Es entspricht daher *ex ante* typischerweise dem Willen der Parteien, das im Schiedsverfahren gefundene Ergebnis nicht in einem weiteren Prozess verteidigen zu müssen und dabei Gefahr zu laufen, um den Erfolg ihres Prozessierens gebracht zu werden. Die Rechtskraft des Schiedsspruchs schafft ferner für beide Seiten Rechtssicherheit bei der Gestaltung zukünftiger Rechtsbeziehungen und ermöglicht es ihnen, den Blick wieder nach vorne statt in die Vergangenheit zu richten.

Bestätigt wird dieses Auslegungsergebnis auch durch die in den von den Schiedsinstitutionen herausgegebenen Verfahrensordnungen enthaltenen Regelungen zur endgültigen und bindenden Wirkung von Schiedssprüchen. Bei diesen Schiedsordnungen handelt es sich um ein Set aus vorformulierten, typisierten Regeln,[838] die dann zum Einsatz kommen, wenn die Parteien die Dienste einer Schiedsinstitution in Anspruch nehmen. Kraft einer zumindest konkludenten[839] Parteivereinbarung gelangt in diesem Fall auch die jeweilige Schiedsordnung für das Schiedsverfahren zur Anwendung. Mit der Inbezugnahme einer Schiedsordnung[840] haben die Parteien mithin eine Bestimmung zur Durchführung des schiedsrichterlichen Verfahrens in Ausübung der ihnen in § 1042 Abs. 3 ZPO gewähr-

---

838 *Spohnheimer*, Antezipiertes Legalanerkenntnis, S. 108; *Schroeder*, Lex mercatoria arbitralis, S. 38. Inwiefern es sich bei den institutionellen Schiedsordnungen um Allgemeine Geschäftsbedingungen handelt, ist umstritten. Offengelassen von BGH, Urt. v. 14.4.1988 – Az. III ZR 12/87, BHGZ 104, 178 (181), bejahend wohl *Münch*, in: Münchener Kommentar zur ZPO, § 1042 Rn. 89; *Schlosser*, in: Staudinger, BGB, Neubearb. 2013, § 305 Rn. 28; offengelassen bei *Altenkirch*, SchiedsVZ 2014, 113 (118); ablehnend *Spohnheimer*, Antezipiertes Legalanerkenntnis, S. 107.

839 *Schwab/Walter*, Schiedsgerichtsbarkeit, Kap. 1 Rn. 10, Kap. 15 Rn. 32; *Schlosser*, Internationale private Schiedsgerichtsbarkeit, Rn. 631; *Münch*, in: Münchener Kommentar zur ZPO, § 1042 Rn. 89.

840 Im Fall der Klassifizierung von Schiedsordnungen als Allgemeine Geschäftsbedingungen wären die Wirksamkeitserfordernisse der §§ 305 ff. BGB einzuhalten, so *Münch*, in: Münchner Kommentar zur ZPO, § 1042 Rn. 89; *Wolf/Hasenstab*, RIW 2011, S. 612 (614).

ten Freiheit getroffen. Die Bedeutung der Schiedsordnungen zeigt sich aber nicht nur in ihrer Regelung des zwischen den Parteien durchzuführenden Schiedsverfahrens,[841] sondern auch im Hinblick auf die Wirkungen, die ein Schiedsspruch zwischen den Parteien hat. In diesem Sinne werden in den meisten institutionellen Schiedsordnungen Schiedssprüche, die nach Maßgabe der jeweiligen Schiedsordnung ergangen sind, für endgültig erklärt und ihre Bindungswirkung angeordnet. So heißt es etwa in Art. 34 Abs. 6 S. 1 ICC-SchO,[842] dass jeder Schiedsspruch für die Parteien verbindlich ist. Ebenso sind nach Art. 26.8 S. 1 LCIA-SchO[843] Schiedssprüche für die Parteien endgültig und bindend. Dasselbe gilt nach *Section* 40 der Schiedsordnung der Stockholmer Handelskammer.[844] Schließlich ordnet auch § 38 DIS-SchO in Anlehnung an die Regelung des § 1055 ZPO an, dass der Schiedsspruch endgültig ist und unter den Parteien die Wirkung eines rechtskräftigen gerichtlichen Urteils hat.[845] Diese Vorschriften regeln nicht allein die Verbindlichkeit des Schiedsspruchs zwischen den Parteien,[846] sondern auch den Ausschluss der Wiederholung des Rechtsstreits. Das zeigt etwa der Blick auf die den jeweiligen Vorschriften nachfolgenden Bestimmungen der Art. 34 Abs. 6 S. 2 Hs. 1 ICC-SchO sowie Art. 26.9 S. 2 Hs. 1 LCIA-SchO.[847] Die dort statuierte Pflicht der Parteien, dem Ausspruch des Schiedsgerichts Folge zu leisten, wäre überflüssig, wenn sich die gleiche Rechtsfolge schon aus Art. 34 Abs. 6 S. 1 ICC-SchO sowie Art. 26.9 S. 1 LCIA-SchO ergäbe. Spricht eine institutionelle Schiedsordnung einem Schiedsspruch endgültige und bindende Wirkung zu, so ist dies jedenfalls in dem geschilderten Regelungskontext so zu ver-

---

841 Zur Frage, ob sich aus den Schiedsordnungen ein unmittelbar an Schiedsgerichte adressiertes Gebot zur Beachtung von Schiedssprüchen ergibt siehe unten 2. c).

842 Abzurufen unter: http://www.iccwbo.org/products-and-services/arbitration-and-adr/arbitration/icc-rules-of-arbitration/.

843 Abzurufen unter: http://www.lcia.org//Dispute_Resolution_Services/lcia-arbitration-rules-2014.aspx.

844 Abzurufen unter: http://www.sccinstitute.com/dispute-resolution/rules/.

845 Abzurufen unter: http://www.dis-arb.de/de/16/regeln/dis-schiedsgerichtsordnung-98-id2.

846 In diese Richtung aber *Schwartz*, in: Lèvy/Derains, Liber Amicorum Lazareff, S. 569 (571, 573), der in der Verwendung des Begriffs „*binding*" keine Regelung der Finalität des Schiedsspruchs im Sinne einer Nicht-Angreifbarkeit sieht.

847 So auch *ILA*, Interim Report, S. 23; *Cremades/Madalena*, J. Int. Arb. 24 (2008), S. 507 (520); *Sheppard*, in: Cremades/Lew, Parallel State and Arbitral Procedures, S. 219 (230); *Hanotiou*, Complex Arbitration, S. 246; zu Art. 27.5 SchO der Österreichischen Handelskammer *Schwarz/Konrad*, Vienna Rules, Art. 27 Rn. 20.

stehen, dass eine Wiederholung des Rechtsstreits und eine Infragestellung des Schiedsspruchs vor einem weiteren Schiedsgericht ausgeschlossen sein sollen. Damit wiederholen die Schiedsordnungen die schon in der Schiedsvereinbarung enthaltene Abmachung der Parteien, die Einmaligkeit und Bindungswirkung des Schiedsspruchs anzuerkennen.

Festzuhalten ist demnach: Unabhängig davon, ob und auf welche Weise die parteiliche Vereinbarung zur Einmaligkeit des Schiedsspruchs von einer Rechtsordnung anerkannt wird,[848] ist seine inhaltliche Beachtlichkeit schon in der Schiedsvereinbarung angelegt, in der sich die Parteien der Entscheidungsmacht eines privaten Schiedsgerichts unterworfen haben.[849]

b) Verwirklichung der Bindungswirkung

Fraglich ist, wie sich die Bindungswirkung des Schiedsspruchs im Verhältnis der Parteien zueinander äußert. In Betracht zu ziehen ist zunächst, dass die materiellen Ansprüche, die Gegenstand des ersten Schiedsverfahrens waren, durch den Schiedsspruch verändert worden sind. Eine solche Rechtskraftlehre für Schiedssprüche entspräche der „klassischen" materiellen Rechtskrafttheorie, wie sie im Hinblick auf Urteile vertreten worden ist.[850] Es gäbe dann keine unrichtigen Schiedssprüche. Der Schiedsspruch würde genau die Rechtslage herstellen, die seinem Entscheidungsausspruch entspricht. Zur dogmatischen Begründung dieser Sichtweise kommt eine Qualifizierung des Schiedsspruchs als Prozessvergleich in Betracht. Als solcher enthielte der Schiedsspruch zugleich einen materiell-

848 *Blackaby/Partasides*, Redfern and Hunter, Kap. 1 Rn. 2 („*That decision is final and binding on the parties; and it is binding because the parties have agreed that it should be, rather than because of the coercive power of any state. Arbitration in short, is an effective way of obtaining a final and binding decision on a dispute or series of disputes, without reference to court of law.*").

849 *Voit*, in: Musielak, ZPO, § 1029 Rn. 3 („*Die Schiedsvereinbarung ist die Abrede der Parteien, im Streitfall die Entscheidung eines privaten Gerichts herbeizuführen und die nach § 1055 verbindliche Entscheidung zu akzeptieren.*"); *Shell*, UCLA Law Rev. 35 (1988), 623 (662) („*The parties' expectation regarding preclusion are thus an integral part of the arbitration agreement and should be the primary focus of any preclusion analysis*"); *Blackaby/Partasides*, Redfern and Hunter, Kap. 1 Rn. 79; *Mayer*, in: Boisseron et al., FS Reymond, S. 185 (189 f.).

850 Siehe oben 2. Kap., II. 3. a.).

rechtlichen Vergleich im Sinne von § 779 Abs. 1 BGB.[851] Ähnlich wie bei einer Entscheidung liegt der Zweck eines Vergleichs in der Herstellung von Rechtsfrieden und Rechtssicherheit, indem ein Streit oder eine Ungewissheit über ein Rechtsverhältnis beseitigt wird.[852] Hierzu bewirkt der Vergleich keine Novation oder Umschaffung des bestehenden Schuldverhältnisses, sondern ändert das ursprüngliche Schuldverhältnis nur insoweit, als in ihm streitige oder ungewisse Punkte geregelt werden.[853] Eine Reihe von Argumentation spricht indes dagegen, in einem Schiedsspruch einen Vergleich zu sehen. Schon konstruktiv fällt ein Verständnis des Schiedsspruchs als Prozessvergleich nicht leicht. Die Schiedsrichter müssten von den Parteien als Vertreter zum Abschluss des Vergleichs bevollmächtigt worden sein. Der entscheidende Unterschied zwischen Schiedsspruch und Vergleich dürfte aber darin zu sehen sein, dass der Vergleich auf eine Neugestaltung der materiellen Rechtsverhältnisse zwischen den Parteien gerichtet ist, während der Schiedsspruch gerade umgekehrt mit dem Anspruch verbunden ist, das bestehende materielle Rechtsverhältnis ans Licht zu bringen und festzustellen. Die Abweichung des Inhalts des Schiedsspruchs vom materiellen Recht ist nicht der Normalfall, sondern aufgrund der bestehenden institutionellen Absicherungen der Richtigkeitsgewähr die Ausnahme. Wäre der Schiedsspruch ein Vergleich, könnte er zudem nach den Vorschriften der §§ 119 ff. BGB angefochten werden. Dass auch der Gesetzgeber Schiedssprüche nicht in diese dogmatische Ka-

851 Nach der in Rechtsprechung und Lehre vertretenen Theorie der „Doppelnatur“ ist ein Prozessvergleich ein einheitlicher, doppelfunktioneller Prozessvertrag, dessen prozessuale Wirkungen (Beendigung des Rechtsstreits, Vollstreckbarkeit) sich nach Prozessrecht richten, der aber gleichzeitig als materiell-rechtlicher Vertrag das streitige Rechtsverhältnis neu regelt und insoweit dem Privatrecht untersteht, vgl. BGH, Urt. v. 10.3.1955 – Az. II ZR 201/53, BGHZ 16, 388 (390); BGH, Urt. v. 3.12.1980 – Az. VIII ZR 274/79, BGHZ 79, 71 (74); BAG, Urt. v. 5.8.1982 – Az. 2 AZR 199/80, NJW 1983, S. 2212 (2213); *Marburger*, in: Staudinger, BGB, Neubearb. 2015, § 779 Rn. 91; *Stöber*, in: Zöller, ZPO, § 794 Rn. 3; *Lackmann*, in: Musielak, ZPO, § 794 Rn. 3.

852 *Marburger*, in: Staudinger, BGB, Neubearb. 2015, § 779 Rn. 37; *Habersack*, in: Münchener Kommentar zum BGB, § 779 Rn. 35.

853 BGH, Urt. v. 27.3.1969 – Az. VII ZR 165/66, BGHZ 52, 39 (46); BGH, Urt. v. 23.6.2010 – Az. XII ZR 52/08, NJW 2010, S. 2652 (2653); BGH, Urt. v. 7.3.2002 – Az. III ZR 73/01, NJW 2002, S. 1503 (1503); *Marburger*, in: Staudinger, BGB, Neubearb. 2015, § 779 Rn. 38; *Habersack*, in: Münchener Kommentar zum BGB, § 779 Rn. 33.

tegorie eingeordnet wissen möchte, gibt er durch die Regelungen der prozessualen Aufhebungsvorschrift des § 1059 ZPO zu erkennen.

Vorzugswürdig ist deshalb ein anderes Verständnis der Wirkungen des Schiedsspruchs. Wie dargelegt, verpflichten sich die Parteien durch die Schiedsvereinbarung wechselseitig dazu, die durch den Schiedsspruch getroffene Entscheidung in einem zukünftigen Verfahren nicht in Frage zu stellen.[854] Diese sich aus der Schiedsvereinbarung ergebende materielle Pflicht ersetzt nicht die zuvor zwischen den Parteien bestehenden Pflichten, die Gegenstand der schiedsgerichtlichen Entscheidungsfindung waren. Sie ändert diese Pflichten auch nicht ab, sondern *ergänzt* sie lediglich. Soweit Ansprüche bestehen, die mit dem rechtskräftigen Schiedsspruch inhaltlich nicht vereinbar sind, verlieren die Parteien das Recht, sie einzuklagen. Das materielle Recht bleibt verbindlich, ist aber praktisch nicht maßgeblich. Die Pflicht zur Befolgung der im Schiedsspruch ausgesprochenen Rechtsfolge gilt unabhängig davon, ob diese sich mit den zuvor bestehenden materiellen Rechtspflichten deckt oder nicht. Die Schiedsvereinbarung lässt sich damit als eine Art Feststellungsgeschäft begreifen, dessen Zweck in der Sicherung des im Schiedsspruch gefundenen Ergebnisses liegt. Wollen die Parteien dennoch in einem zweiten Schiedsverfahren abermals über diese Rechtsfolge streiten, haben sie die Möglichkeit, den Schiedsspruch durch eine entsprechende vertragliche Vereinbarung aufzuheben oder auf anderem Wege seine Aufhebung zu erreichen, § 1059 ZPO.

2. Beachtlichkeit des Schiedsspruchs für nachfolgende Schiedsgerichte

Aus der Verpflichtung der Parteien, den Schiedsspruch nicht in einem zweiten Verfahren in Frage zu stellen, ergibt sich noch nicht eine Bindung der nachfolgenden Schiedsgerichte an den ergangenen Schiedsspruch.[855]

---

854 *F.-E. Klein*, Considérations, S. 189 f.; vgl. auch die Auslegung der Schiedsvereinbarung in *Shell Egypt v Dana Gas Egypt* [2009], EWHC 2097 Rn. 45 sowie 47.

855 Vgl. die Unterscheidung von Verhaltensnorm und Entscheidungsnorm bei *A. Blomeyer*, Zivilprozeßrecht, S. 470 („*Wenn die Urteilsrechtslage objektiv feststeht, so sind die Parteien gehalten, sich nach ihr zu richten, es besteht für sich eine Verhaltensnorm. Ferner hat der Zweitrichter die festgestellte materielle Rechtslage bei seiner Entscheidung zu beachten; für ihn besteht eine Entscheidungsnorm.*“); hierzu die Kritik bei *Gaul*, in: Jakobs et al., FS Flume, Bd. I, S. 443 (522).

Die Bindung des zweiten Schiedsgerichts wird nicht durch eine durch den ersten Schiedsspruch bewirkte Bindung der Parteien herbeigeführt. Die Beachtlichkeit vorangegangener Schiedssprüche ist aber in der Schiedsvereinbarung verankert, die den Umfang der schiedsgerichtlichen Entscheidungskompetenz definiert und dabei nach der gesetzlichen Erwartung des § 1029 ZPO dem Gedanken der Einmaligkeit einer Entscheidung Rechnung zu tragen hat. Darüber hinaus kann sich eine Bindung der nachfolgenden Schiedsgerichte aus einer zwischen den Parteien für das zweite Verfahren geschlossenen Schiedsverfahrensvereinbarung in Verbindung mit einer Schiedsordnung ergeben.

a) Bindung aufgrund Verpflichtung der Parteien

Die Beachtlichkeit des Schiedsspruchs für nachfolgende Gerichte vermittelt sich nicht über die zwischen den Parteien bestehende Verbindlichkeit des Schiedsspruchs. Zunächst wird die Verbindlichkeit nicht auf dem Umweg über das materielle Recht hergestellt, das *Gegenstand* der schiedsgerichtlichen Entscheidung ist. Als Äquivalent eines staatlichen Urteils ist der Schiedsspruch eine Entscheidung über das materielle Recht, nicht aber selbst eine Rechtsquelle. Aus diesem Grund wurde es oben abgelehnt, den Schiedsspruch als materiellen Vergleich im Sinne von § 779 BGB zu deuten, der die vom Gericht als richtig erkannte Rechtslage erst hervorbringt. Es ist deshalb nicht ausgeschlossen, dass das zweite Schiedsgericht zu einer anderen Beurteilung der Rechtslage gelangt. Es hat vielmehr gerade die Aufgabe, über den geltend gemachten Anspruch auf der Grundlage der zwischen den Parteien bestehenden Rechtsverhältnisse zu entscheiden.[856]

Dessen unbeschadet ist denkbar, dass sich die Beachtlichkeit des Schiedsspruchs aus der zwischen den Parteien bestehenden wechselseitigen Verpflichtung ergibt, die Richtigkeit des Schiedsspruchs nicht in einem zweiten Verfahren in Frage zu stellen. Eine solche Überleitung der zwischen den Parteien bestehenden Verbindlichkeit auf das Schiedsgericht könnte sich an der für Prozessverträge in Gerichtsverfahren entwickelten

856 In diesem Sinne ist in § 1051 Abs. 1 S. 1 ZPO die Pflicht geregelt, dass ein Schiedsgericht die Streitigkeit in Übereinstimmung mit den Rechtsvorschriften zu entscheiden hat, die von den Parteien als auf den Inhalt des Rechtsstreits anwendbar bezeichnet worden sind.

Dogmatik orientieren. Gegenstand eines Prozessvertrags[857] ist die Modifikation der für die Geltendmachung eines prozessualen Anspruchs vom Gesetz vorgesehenen Befugnisse der Parteien bis hin zum vollständigen Ausschluss der Klagbarkeit.[858] Nach herrschender Auffassung kommt solchen Verträgen im Prozess unmittelbare[859] Wirkung zu. Das Gericht hat die vertraglich übernommenen Pflichten der Parteien von Amts wegen[860] oder jedenfalls auf die Einrede einer Partei hin zu beachten und durchzusetzen, wobei unter den Anhängern des Einredemodells im Näheren umstritten ist, ob es sich um eine materiell-rechtliche, auf § 242 BGB gestützte Einrede[861] oder um eine Prozesseinrede handelt.[862] Ein anderer Weg zur Begründung der Verpflichtung des Schiedsgerichts zur Beachtung der Einmaligkeit des Schiedsspruchs könnte bei der im *common law* gewachsenen *estoppel*-Lehre[863] ansetzen, der ebenfalls der Gedanke zugrunde liegt, eine Partei dürfe sich nicht in Widerspruch zu dem setzen, was in einem vorherigen Prozess verhandelt und entschieden wurde. Auf den Fall gewendet dürfte ein Schiedsgericht einer Schiedsklage, die entweder den gleichen Streitgegenstand hat wie das erste Verfahren oder aber auf einen mit der

---

857 Vgl. *Wagner*, Prozeßverträge, S. 46, zu weiteren Abgrenzungen ebenda, S. 17 ff. mit zahlreichen Nachweisen.

858 Die Möglichkeit eines Ausschlusses der Klagbarkeit ist allerdings umstritten, vgl. *Schlosser*, Einverständliches Parteihandeln, S. 65 ff.; *Wagner*, Prozeßverträge, S. 413 ff., jeweils mit weiteren Nachweisen auch zu abweichenden Auffassungen.

859 Zu Auffassungen, die für eine bloße Durchsetzung in einem nachfolgenden Prozess plädieren vgl. *Wagner*, Prozeßverträge, S. 254 ff. m.w.N.

860 Vgl. vor allem *Schlosser*, Einverständliches Parteihandeln, S. 49 ff.; auch *Wagner*, Prozessverträge, S. 254; oftmals wird differenziert zwischen Prozessverträgen mit Verfügungscharakter, die unmittelbar wirken (vgl. *Rauscher*, in: Münchener Kommentar zur ZPO, Einl. Rn. 417), und bloßen Verpflichtungsverträgen, die nur auf Einrede hin beachtlich sein sollen (vgl. *Rauscher*, in: Münchener Kommentar zur ZPO, Einl. Rn. 418); zu den Einwänden gegen diese Unterscheidung *Wagner*, Prozeßverträge, S. 219 ff.

861 Rekurriert wird dabei auf die *exceptio doli*, den Gedanken des *venire contra factum proprium* (BGH, Urt. v. 14.11.1983 – Az. IVb ZR 1/82, NJW 1984, S. 805 [805]; BGH, Urt. v. 13.2.1989 – Az. II ZR 110/88, NJW-RR 1989, S. 802 [802]) oder auf die *exceptio pacti* (*H. Roth*, in: Stein/Jonas, ZPO, § 269 Rn. 10).

862 Vgl. BGH, Urt. v. 25.6.1958 – Az. IV ZR 75/58, BGHZ 28, 45 (48); BGH, Urt. v. 14.11.1983 – Az. IVb ZR 1/82, NJW 1984, S. 805 (805); BGH, Urt. v. 13.2.1989 – Az. II ZR 110/88, NJW-RR 1989, S. 802 (802); *Becker-Eberhard*, in: Münchener Kommentar zur ZPO, § 269 Rn. 12; *Musielak/Voit*, Grundkurs ZPO, Rn. 259.

863 Oben 1. Kap., I. 2. c).

ersten Entscheidung nicht vereinbaren Entscheidungsinhalt gerichtet ist, nicht zum Erfolg verhelfen. Es hätte das dem Schiedsspruch widersprechende Prozessverhalten unbeachtet zu lassen, also beispielsweise über eine identische zweite Klage nicht in der Sache zu entscheiden.

Bei näherem Hinsehen ist auf die Möglichkeit, über eine prozessuale Befugnis vertraglich zu disponieren, sowie die Anwendung des *estoppel*-Gedankens allerdings nur dann zurückzukommen, wenn dem Schiedsgericht überhaupt eine Entscheidung hinsichtlich des Gegenstands, für den eine Bindungswirkung des Schiedsspruchs in Erwägung gezogen wird, zusteht. Nur in diesem Fall verfügen die Parteien nämlich über prozessuale Befugnisse, über die sie mit Bindungswirkung für das Schiedsgericht disponieren können, und nur dann hat das Schiedsgericht die Kompetenz beziehungsweise den Anlass zu der Prüfung, ob sich die Parteien mit einem bestimmten Verhalten zu ihrem Verhalten in einem vorangegangenen Prozess in Widerspruch setzen. Voraussetzung für die Entscheidungskompetenz des Schiedsgerichts ist gemäß § 1029 Abs. 1 ZPO eine wirksame Schiedsvereinbarung. Ob eine solche angesichts der zwischen den Parteien getroffenen Abmachung den Schiedsspruch nicht in Frage zu stellen, überhaupt noch besteht, ist allerdings zweifelhaft.

b) Beschränkung der schiedsrichterlichen Entscheidungsbefugnis

Die zu entwickelnde prozessuale Deutung der Beachtlichkeit des Schiedsspruchs setzt daher nicht bei den Verpflichtungen der Parteien untereinander an, sondern bei dem Verhältnis der Schiedsrichter zu den Parteien. Dem Schiedsrichter wird durch den Schiedsrichtervertrag die Aufgabe übertragen, über die von der Schiedsvereinbarung (§ 1029 ZPO) erfassten Rechtsstreitigkeiten eine Entscheidung zu treffen.[864] Zur Entscheidung über Streitigkeiten, die von einer Schiedsvereinbarung nicht erfasst werden, sind die Schiedsrichter dagegen nicht befugt. Diese Einschränkung der schiedsrichterlichen Entscheidungsbefugnis ist die Grundlage der *res*

---

864 Der Schiedsrichtervertrag wird von der überwiegenden Auffassung in Rechtsprechung und Literatur als Vertrag *sui generis* angesehen, so BGH, Urt. v. 29.11.1952 – Az. II ZR 23/52, BeckRS 1952, 31195176; Schwab/Walter, Schiedsgerichtsbarkeit, Kap. 11 Rn. 8 ff.; *Münch*, in: Münchener Kommentar zur ZPO, Vorb. §§ 1034 ff. Rn. 5; offen *Voit*, in: Musielak, ZPO, § 1035 Rn. 20; ausführlich *Gal*, Haftung des Schiedsrichters, S. 5 ff.

arbitrata, der Lehre von der Beachtlichkeit der streitbeendenden Wirkung von Schiedssprüchen in Schiedsverfahren.

aa) Auslegung der Schiedsvereinbarung vor dem Hintergrund von § 1029 Abs. 1 ZPO

Ausgenommen der Fälle, in denen die Parteien den Schiedsspruch einvernehmlich aufgehoben haben, liegt es bei einer Schiedsvereinbarung, die erst nach dem Erlass des Schiedsspruchs getroffen wird, von vornherein nahe, dass die Parteien damit nicht einvernehmlich eine zwischen ihnen schon entschiedene Streitigkeit der abermaligen Entscheidung durch ein Schiedsgericht unterwerfen wollen. Eine solche Vereinbarung entspricht nämlich grundsätzlich nicht dem Interesse der durch den ersten Schiedsspruch begünstigten Partei. Für den Fall, in dem das erste und das zweite Schiedsverfahren auf der Grundlage einer *einheitlichen*, vor dem Erlass des Schiedsspruchs getroffenen Schiedsvereinbarung geführt werden, sowie in dem Fall von zwei ebenfalls *vor* dem Erlass des Schiedsspruchs getroffenen *getrennten* Schiedsvereinbarungen, gilt aber nichts anderes. Wenn die Parteien in der ersten Konstellation beispielsweise vereinbaren, dass alle Streitigkeiten aus einem bestimmten Vertrag durch ein Schiedsgericht entschieden werden, dann vereinbaren sie damit grundsätzlich zugleich die *Einmaligkeit* jeder schiedsgerichtlichen Entscheidung. Entsprechend dem kommen sie in der zweiten Konstellation darin überein, dass nur diejenigen Streitigkeiten der Entscheidung eines Schiedsgerichts unterworfen sein sollen, die nicht schon auf der Grundlage einer anderen Schiedsvereinbarung zwischen den Parteien entschieden worden sind. Der Grund für diese Auslegung der Schiedsvereinbarungen liegt nicht allein in der oben herausgearbeiteten Interessenlage der Parteien, der zufolge es *ex ante* betrachtet typischerweise dem Willen der Parteien entspricht, dass die durch den ersten Schiedsspruch (in einer bestimmten Hinsicht) begünstigte Partei das Ergebnis nicht in einem weiteren Prozess verteidigen muss. Über diese Interessenlage hinaus ergibt sich schon aus § 1029 Abs. 1 ZPO, dass die staatliche Rechtsordnung nur gegenüber solchen alternativen Formen der Streitbeilegung zurücktritt, die zu einer *Entscheidung* der zwischen den Parteien bestehenden Streitigkeit führen und damit in dieser Hinsicht den Wesensmerkmalen eines staatlichen Gerichtsverfahrens entsprechen. Bereits der Begriff der Entscheidung beinhaltet die Eigenschaft der Endgültigkeit und der Einmaligkeit. Was noch einmal in Frage gezogen werden kann, ist nicht „entschieden". Diese Auslegung des § 1029 Abs. 1 ZPO ist kein Ausdruck von Begriffsjurisprudenz, sondern wurzelt tief in der staatlichen Gewährleistungsverantwortung für einen effektiven Rechtsschutz. Nur wenn die Schiedsgerichtsbarkeit zu einer endgültigen Entscheidung führt, ist das Zurücktreten der staatlichen Gerichtsbarkeit vor dem Hintergrund des allgemeinen Justizgewährungsanspruchs zulässig. Und nur dann, wenn sichergestellt wird, dass ein Schiedsspruch endgültig und einmalig ist, ist der Einsatz staatlicher Instrumente zur Zwangsvollstreckung zu rechtfertigen (§§ 1060 f. ZPO). Wollen die Parteien durch eine Vereinbarung das Zurücktreten der staatlichen Gerichtsbarkeit erreichen und an ihrer Stelle einen privatrechtlichen Streitbeilegungsmechanismus etablieren, dann werden sie deshalb die Einmaligkeit eines jeden auf dieser Grundlage ergehenden Schiedsspruchs vereinbaren. Weichen sie davon ab und erklären sie einen zu erlassenden Schiedsspruch gar ausdrücklich für „unbeachtlich" für weitere Verfahren, treffen sie keine Schiedsvereinbarung im Sinne von § 1029 Abs. 1 ZPO.[865] Ein gleichwohl ergehender „Schiedsspruch" kann nicht Grundlage einer staatlichen Vollstreckungshandlung sein.

Diesen Grundsätzen tragen auch die institutionellen Schiedsordnungen Rechnung. So schlägt beispielsweise die Deutsche Institution für Schiedsgerichtsbarkeit vor, die Schiedsvereinbarung wie folgt zu formulieren: *„Alle Streitigkeiten [...] werden nach der Schiedsordnung der Deutschen Institution für Schiedsgerichtsbarkeit e.V. (DIS) unter Ausschluss des ordentlichen Rechtswegs endgültig entschieden.*"[866] Ähnliche Formulierungen finden sich in den Klauselvorschlägen anderer Schiedsinstitutionen. Mit der Maßgabe, dass über den Rechtsstreit endgültig zu entscheiden ist, wird nicht nur negativ der Ausschluss einer abermaligen Entscheidung vereinbart, sondern auch die positive Bindungswirkung an das schon Entschiedene.

---

865 *Münch*, in: Münchener Kommentar zur ZPO, § 1029 Rn. 90; *Voit*, in: Musielak, ZPO, § 1029 Rn. 20; *Wolff*, ASA Bulletin 26 (2008), S. 626 (639); allenfalls kann nach BGH, Beschl. v. 1.3.2007 – Az. III ZB 7/06, BGHZ 171, 245 (249 f.), vereinbart werden, dass es den Parteien innerhalb einer bestimmten Frist (!) freigestellt ist, den Schiedsspruch nicht anzuerkennen und den Weg zu den staatlichen Gerichten zu gehen.

866 Musterschiedsklausel der DIS (abzurufen unter: http://www.dis-arb.de/de/17/klauseln/dis-schiedsgerichtsvereinbarung-98-id21).

Die Begrenzung der Schiedsvereinbarung auf eine einmalige Entscheidung über eine Streitigkeit gilt nicht nur für nachfolgend angerufene *andere* Schiedsgerichte, sondern gilt auch für das Schiedsgericht, das den Schiedsspruch erlassen hat. Bei einem entsprechenden Antrag einer Partei kann es den Schiedsspruch nicht mehr jenseits der ihm durch Vereinbarung eingeräumten Kompetenzen zur Berichtigung, Auslegung und Ergänzung des Schiedsspruchs[867] aufheben.[868] Durch den Erlass des Schiedsspruchs wird das Schiedsgericht – anders ausgedrückt – *functus officio*.[869]

Mit dem Erlass einer vollständigen Entscheidung über den in der Schiedsvereinbarung definierten Gegenstand erfüllt sich mithin der Zweck der Schiedsvereinbarung[870] und sie erlischt. Damit fehlt es in nachfolgenden Verfahren an der Grundlage der schiedsrichterlichen Entscheidungsbefugnis.

bb) „Entscheidung" im Sinne von § 1029 ZPO

Zu klären ist, unter welchen Voraussetzungen ein Schiedsspruch eine „Entscheidung" im Sinne von § 1029 Abs. 1 ZPO ist, die zu einer vollständigen oder teilweisen Erfüllung der Schiedsvereinbarung führt.

(1) Verbindlichkeit des Schiedsspruchs zwischen den Parteien

Der Begriff der Entscheidung impliziert die Endgültigkeit und Unabänderlichkeit eines Ausspruchs des Schiedsgerichts über das Klagebegehren beziehungsweise einen Teil desselben (formelle Beständigkeit). Abgesehen der in § 1054 ZPO aufgestellten Minimalanforderungen an einen inländi-

---

867 Vgl. § 1058 ZPO, § 37 DIS-SchO, Art. 35 ICC-SchO, Art. 27 LCIA-SchO.

868 *Voit*, in: Musielak, ZPO, § 1054 Rn. 10; *Münch*, in: Münchener Kommentar zur ZPO, § 1055 Rn. 36.

869 *Born*, International Commercial Arbitration, Bd. III, S. 3114 ff.; zum Verhältnis der *res judicata* und des Prinzips *functus officio Mourre*, ASA Special Series 38, S. 1 ff.; *Giovannini*, in: Lévy/Derains, Liber Amicorum Lazareff, S. 305 ff.

870 OLG Bremen, Urt. v. 14.12.1956 – Az. 1 U 369/55, NJW 1957, S. 1035 (1035); *Schlosser*, in: Stein/Jonas, ZPO, § 1029 Rn. 103; *Schwab/Walter*, Schiedsgerichtsbarkeit, Kap. 18 Rn. 2; *Lachmann*, Handbuch Schiedsgerichtspraxis, Rn. 430; aus dem internationalen Schrifttum *van den Berg*, New York Convention, S. 158.

schen Schiedsspruch enthält die Zivilprozessordnung zur Bestimmung des maßgeblichen Zeitpunkts keine eigenen Regelungen. Nach § 1042 Abs. 3 ZPO obliegt es deshalb den Parteien, einen diesbezüglichen Zeitpunkt zu vereinbaren. Richtigerweise kommt es nicht darauf an, ob der Schiedsspruch nach Maßgabe des Rechts seines Herkunftsstaates anerkennungsfähig ist und mithin dort vollstreckt werden könnte.[871] Entscheidend ist vielmehr, zu welchem Zeitpunkt weder das Schiedsgericht noch eine einzelne Schiedspartei über die Möglichkeit verfügt, einen bestimmten Ausspruch einseitig abzuändern. Denn in diesem Moment ist dieser Ausspruch für die Parteien im Innenverhältnis schuldrechtlich verbindlich geworden und die staatlich anerkannte und durch die Rechtskraft zu sichernde Funktion der Schiedsgerichte ist erfüllt.[872] Die Verbindlichkeit des Schiedsspruchs für die Parteien ist damit ein Begriffsmerkmal der „Entscheidung" im Sinne von § 1029 Abs. 1 ZPO. Insoweit wird die Rechtskraft von Schiedssprüchen über die Bindung der Parteien vermittelt; die Rechtskraft des Schiedsspruchs setzt seine Verbindlichkeit zwischen den Parteien voraus. Das unterscheidet Schiedssprüche von Urteilen, deren Rechtskraft sich unmittelbar aus einem hoheitlichen an den Richter gerichteten Beachtlichkeitsbefehl ergibt.[873]

Für die Bestimmung des Zeitpunkts, in dem der Schiedsspruch für die Parteien verbindlich ist, können die Parteivereinbarungen oder die von ihnen in Bezug genommenen Schiedsordnungen unterschiedliche Regelungen vorsehen. In Betracht kommt etwa die Überlassung des Schiedsspruchs an die Parteien, das Verstreichen der Frist zur Einlegung von Rechtsbehelfen gegen den Schiedsspruch bei einem Oberschiedsgericht sowie der Zeitpunkt der Erfüllung von Registrierungs- oder Niederlegungserfordernissen, wie sie sich in nationalen Rechtsordnungen finden.[874] Angesichts dieser Vielfalt würde eine einheitliche Bestimmung des Eintritts der formellen Beständigkeit den praktischen Erfordernissen nicht gerecht und trüge dem Flexibilitätsinteresse der Parteien eines Schiedsverfahrens nicht Rechnung.

---

871 So aber *Hobér*, Recueil des Cours 366 (2014), S. 99 (264 f.), der allerdings nicht den Ablauf der Anfechtungsfrist abwarten will.

872 Der Zeitpunkt der formellen Beständigkeit des Schiedsspruchs in Schiedsverfahren deckt sich insoweit mit dem Eintritt der Verbindlichkeit im Sinne von Art. V (1) lit. e) UNÜ.

873 Hierzu oben 2. Kap., II. 3.

874 Vgl. *ILA*, Final Report, Rn. 31.

(2) Nicht: Anerkennungsvoraussetzungen nach §§ 1061, 1055 ZPO

Eine Entscheidung ist ein Schiedsspruch unabhängig davon, ob er in Deutschland nach §§ 1061, 1055 ZPO anerkennungsfähig ist.[875] Insbesondere sind bei ausländischen Schiedssprüchen nicht die Anerkennungsvoraussetzungen nach § 1061 ZPO i.V.m. Art. III UNÜ und die Gründe für eine Versagung der Anerkennung nach Art. V UNÜ zu prüfen.[876] Allerdings haben die Parteien die Möglichkeit, auf der Grundlage des § 1042 Abs. 3 ZPO zu vereinbaren, dass ein Schiedsspruch nur bei Nichtvorliegen der Anerkennnungsversagungsgründe schuldrechtliche Wirksamkeit erlangen soll. Damit wäre der Eintritt der Rechtskraft im praktischen Ergebnis mit den Anerkennungsvoraussetzungen gleichgeschaltet.[877]

---

875 Demgegenüber sprechen sich die ILA-Empfehlungen (Final Report, Rn. 33) sowie *Hobér*, Recueil des Cours 366 (2014), S. 99 (287), und *Kremslehner*, Aust. Yb. Int. Arb. 2007, S. 127 (152), für eine Anerkennungsfähigkeit im Sitzstaat des zweiten Schiedsgerichts als Voraussetzung für den Eintritt der Rechtskraftwirkungen aus. Die beiden zuletzt genannten Autoren gehen dabei aber wohl davon aus, dass sich die Rechtskraft von Schiedssprüchen in nachfolgenden Schiedsverfahren unmittelbar aus Vorschriften des nationalen Rechts (in Deutschland: §§ 1055, 1061 ZPO) ergebe, was im Ausgangspunkt nicht der hier vertretenen Ansicht entspricht (oben II. 3.). – Dass das Nichtvorliegen der Anerkennungsversagungsgründe nicht Voraussetzung für die Beachtlichkeit des Schiedsspruchs ist, gilt nach hier vertretener Ansicht auch für den Anerkennungsversagungsgrund der Unwirksamkeit der Schiedsvereinbarung (Art. V Abs. 1 lit. a) UNÜ). Denn zwar gründet das Gebot der Beachtlichkeit des Schiedsspruchs nach hier vertretener Auffassung gerade auf der Schiedsvereinbarung. Das zweite Schiedsgericht ist aber an die Bejahung der Zuständigkeit und damit des Bestehens einer Schiedsvereinbarung durch das erste Schiedsgericht gebunden. Auch im Hinblick auf das Fehlen einer Schiedsvereinbarung haben die Parteien eine Entscheidung der staatlichen Gerichte nach §§ 1040, 1032 ZPO herbeizuführen. Ist auf dieser Grundlage eine Aufhebung des Schiedsspruchs vor staatlichen Gerichten aber nicht mehr möglich, droht daher auch hinsichtlich der Überprüfung der Wirksamkeit der Schiedsvereinbarung durch das zweite Schiedsgericht die im Text beschriebene Gefahr von sich wiederholenden bzw. widersprechenden Schiedssprüchen.

876 Zutreffend weist *Radicati di Brozolo,* ASA Special Series 38, S. 127 (136), darauf hin, dass eine unmittelbare Bindung von Schiedsgerichten an das New Yorker Übereinkommen ausscheidet.

877 Vgl. ICC No. 5, Beschl. v. 2.4.2002, ASA Bulletin 21 (2003), S. 810 (815) („*It is settled law by now that an arbitral tribunal sitting in Switzerland must apply the same rules as would a Swiss court in matters of res judicata.*“).

Zu empfehlen ist den Parteien der Transfer der staatlichen Anerkennungsvoraussetzungen in das Schiedsverfahren allerdings nicht. Das hängt damit zusammen, dass zur Subsumierbarkeit eines Sachverhalts unter materielle Rechtskraftvoraussetzungen wie insbesondere diejenigen von § 1061 ZPO i.V.m. Art. V UNÜ unterschiedliche Auffassungen möglich sind. Es besteht die Gefahr, dass das Schiedsgericht die Anerkennung versagt und einen zweiten Schiedsspruch erlässt, wohingegen ein mit der Vollstreckung des ersten Schiedsspruchs befasstes staatliches Gericht die Anerkennung bejaht. In derselben Sache könnten also zwei vollstreckbare, einander womöglich widersprechende Titel entstehen. Dieses Risiko besteht naturgemäß nicht nur bei einer Vereinbarung der Geltung der §§ 1061, 1055 ZPO, sondern immer dann, wenn die Schiedsparteien den Eintritt der Rechtskraftwirkung an materielle Voraussetzungen knüpfen, die von den über die Vollstreckung des Schiedsspruchs entscheidenden staatlichen Stellen entweder überhaupt nicht zu prüfen sind oder bei deren Prüfung sie zu abweichendem Ergebnissen gelangen können. Die Vereinbarung solcher Einschränkungen der Rechtskraft – und insbesondere die Vereinbarung der Einschränkungen gemäß § 1061 ZPO i.V.m. Art. V UNÜ – durch die Parteien ist deshalb grundsätzlich nicht zweckmäßig.

Die beschriebene Gefahr könnte allenfalls durch ein zwischengeschaltetes Prüfungsverfahren bei einem staatlichen Gericht gebändigt werden. Die Parteien müssten vereinbaren, dass für den Fall, dass sich in einem zweiten Verfahren die Frage nach der Rechtskraft des Schiedsspruchs stellt, zunächst die staatliche Gerichtsbarkeit anzurufen und bei dieser eine verbindliche Bestätigung der Anerkennung des Schiedsspruchs zu beantragen ist. Ob entsprechende Rechtsbehelfe überhaupt statthaft sind, ist allerdings fraglich. Die Zulässigkeit von Rechtsbehelfen bei staatlichen Gerichten richtet sich nicht nach Parteivereinbarungen, sondern nach den Vorschriften des staatlichen Prozessrechts. In Deutschland ist bei einem Schiedsspruch mit vollstreckbarem Inhalt vor allem an eine *inzidente* Entscheidung in einem Verfahren über einen Antrag auf die Erteilung der Erklärung der Vollstreckbarkeit des Schiedsspruchs zu denken. Bei Schiedssprüchen mit nicht vollstreckbarem Inhalt hingegen kommt – nach hiesiger Auffassung – nur eine Klage auf die Feststellung in Betracht, dass bestimmte Aufhebungsgründe nicht vorliegen.[878] Gegen eine solche Vorabbefassung der staatlichen Gerichte lässt sich – wie an anderer Stelle schon erwähnt – einwenden, dass die Gerichtsbarkeit nicht in die Rolle einer Vorprüfungsinstanz für die Schiedsgerichtsbarkeit gedrängt werden sollte. Davon abgesehen kommt eine solche Vorprüfung ohnehin nur in Betracht, wenn die von den Parteien vereinbarten materiellen Bedingungen für den Eintritt der Rechtskraft mit den Voraussetzungen für die Anerkennung des Schiedsspruchs im Vollstreckungsstaat identisch sind. Umgekehrt scheidet eine Bindung der staatlichen Gerichte an die Entscheidung eines Schiedsgerichts über die Anerkennungsfähigkeit mangels Rechtsgrundlage aus; die Entscheidung über das Vorliegen der tatbestandlichen Voraussetzungen insbesondere einer für das Handeln von staatlichen Vollstreckungsorganen maßgeblichen Norm kann schon aus verfassungsrechtlichen Gründen (vgl. Art. 33 Abs. 4 GG) nur vom Staat selbst getroffen werden.

Ohne eine Prüfungskompetenz der Schiedsgerichte für die Anerkennungsversagungsgründe nach Art. V UNÜ besteht allerdings die Gefahr, dass das nachfolgende Schiedsgericht unter Berufung auf die Rechtskraft eines bestehenden Schiedsspruchs eine Sachentscheidung ablehnt, der Schiedsspruch aber später durch ein staatliches Gericht aufgehoben bzw. für nicht vollstreckbar erklärt wird. Diese Gefahr ist jedoch als weniger schwerwiegend zu werten als die bei der Bejahung einer Prüfungskompetenz bestehende, vorstehend beschriebene Gefahr des Entstehens mehrerer Vollstreckungstitel. Denn nachdem der Schiedsspruch aufgehoben bzw. ihm die Anerkennung versagt wurde, steht dem Rechtsschutzsuchenden der Weg zu den (Schieds-)Gerichten abermals offen. Man kann also sagen, dass die Beachtlichkeit eines Schiedsspruchs in einem nachfolgenden Schiedsverfahren zwar nicht vom Vorliegen der Anerkennungsvoraussetzungen für den Schiedsspruch abhängt, dass aber eine zwischenzeitliche Versagung der Anerkennung bzw. Aufhebung durch ein staatliches Gericht dem Ausspruch des Schiedsgerichts seinen Charakter als Entscheidung im Sinne von § 1029 Abs. 1 ZPO nimmt.

Zusammenfassend ist festzustellen, dass die Schiedsgerichte einen Schiedsspruch ungeachtet seiner Anerkennungsfähigkeit stets zu berück-

---

878 A.A. BGH, Urt. v. 30.11.1961 – Az. VII ZR 12/61, JZ 1962, S. 287 ff. m.w.N.; BGH, Beschl. v. 30.3.2006 – Az. III ZB 78/05, SchiedsVZ 2006, S. 278 ff.; *Schlosser*, in: Stein/Jonas, ZPO, § 1060 Rn. 8, die es für zulässig halten, einen Schiedsspruch mit nicht vollstreckungsfähigem Inhalt für vollstreckbar zu erklären. Siehe hierzu schon oben 4. Kap., I. 1. b) cc) (2).

sichtigen haben.[879] Anders ist es nur, soweit der Schiedsspruch in seinem Ursprungsstaat aufgehoben wurde[880] oder ihm in dem Staat, in dem das Schiedsgericht seinen Sitz hat, von staatlicher Seite die Anerkennung versagt worden ist. Eine eigene Kompetenz zur Prüfung der Anerkennungsvoraussetzungen kommt den Schiedsgerichten hingegen nicht zu. Eine Partei, die sich im Schiedsverfahren auf die Unwirksamkeit des Schiedsspruchs auf Grundlage der in Art. V UNÜ normierten Anerkennungsversagungsgründe beruft, ist auf ein Verfahren vor den zuständigen staatlichen Gerichten zu verweisen. Nur das staatliche Gericht kann über die Anerkennung und damit Wirksamkeit des ergangenen Schiedsspruchs entscheiden und dadurch den Weg für eine Wiederholung des Rechtsstreits (vor einem weiteren Schiedsgericht) öffnen. Die Wirksamkeit eines Schiedsspruchs in einer nationalen Rechtsordnung ist keine von Schiedsgerichten zu prüfende Voraussetzung dafür, dass dessen streitbeendende Wirkung in nachfolgenden Schiedsverfahren zu beachten ist.

cc) Folgen der Beachtlichkeit des Schiedsspruchs

Ist ein Schiedsspruch eine Entscheidung im Sinne von § 1029 Abs. 1 ZPO, bewirkt er nach dem Gesagten eine (teilweise) Erfüllung der zwischen den Parteien bestehenden Schiedsvereinbarung. Die Vereinbarung der Parteien, dass über den Rechtsstreit in einem Schiedsspruch zu entscheiden ist, beinhaltet zugleich die Endgültigkeit der Entscheidung und damit eine positive Bindungswirkung an das schon Entschiedene. Ein zweites Schiedsgericht, das zwischen denselben Parteien über eine Rechtsfrage zu entscheiden hat, für die das im ersten Verfahren gefundene Ergebnis präjudiziell ist, ist an die erste Entscheidung inhaltlich gebunden. Wenn mit der zweiten Klage ausschließlich solche Streitigkeiten der Entscheidung durch

---

879 Vgl. ICC No. 3383, JDI 1980, S. 978 (982); *Söderlund*, J. Int. Arb. 22 (2005), S. 301 (310); *Zuleta Jaramillo*, in: van den Berg, ICCA Congress Series 15, S. 231 (237); wohl auch *Geimer*, in: Zöller, ZPO, § 1059 Rn. 15, der meint, dass Schiedsgerichte den Spruch beachten müssen, solange er noch nicht aufgehoben sei. Das gelte selbst dann, wenn seine Aufhebbarkeit feststehe.

880 Der h.M. zufolge steht die Aufhebungskompetenz nur den Gerichten des Ursprungsstaates zu, vgl. hierzu die Analyse bei *Solomon*, Verbindlichkeit von Schiedssprüchen, S. 657 ff., der sich dafür ausspricht, auch die Gerichte des allgemeinen und des von den Parteien gewählten Gerichtsstands über die Wirksamkeit des Schiedsspruchs entscheiden zu lassen.

das Schiedsgericht unterworfen werden sollen, die bereits durch ein anderes Schiedsgericht entschieden worden sind, besteht insoweit überhaupt keine Schiedsvereinbarung mehr. Das Schiedsgericht hat jetzt seine Unzuständigkeit für die begehrte Entscheidung nach allgemeinen Grundsätzen in einem Schiedsspruch[881] festzustellen. Damit ist die klassische Konstellation des *ne bis in idem* abgedeckt und im Ergebnis der gleichen Behandlung wie bei staatlichen Gerichten zugeführt. Der Verzicht auf eine Sachentscheidung entspricht auch dem Interesse der Parteien. Die Wiederholung eines Rechtsstreits kann von vornherein keinen schutzwürdigen Interessen dienen, wenn er wegen der Bindungswirkung ohnehin nur wieder zum inhaltlich identischen Ergebnis führen könnte. Die Parteien werden typischerweise nur dann bereit sein, die mit einer Wiederholung des Rechtsstreits für sie verbundenen Kosten zu tragen, wenn damit ein inhaltlicher Nutzen verbunden ist.

dd) Berücksichtigung der Beachtlichkeit auf Einrede oder von Amts wegen

Zu untersuchen ist, ob das Schiedsgericht die streitbeendende Wirkung eines vorausgegangenen Schiedsspruchs nur auf Einrede einer Partei oder von Amts wegen zu beachten hat.

(1) Fehlende öffentliche Interessen

Im Schrifttum wird überwiegend die Auffassung vertreten, ein Schiedsgericht habe einen Schiedsspruch nur dann zu beachten, wenn sich eine der Parteien auf die Rechtskraft berufe.[882] Die Begründung folgt der für die Zivilprozessordnung entwickelten Dogmatik, die den Modus der Beachtlichkeit von Zulässigkeitshindernissen davon abhängig macht, welchem

---

881 BGH, Beschl. v. 6.6.2002 – Az. 3 ZB 44/01, NJW 2002, S. 3031 (3031); *F. Schmidt*, SchiedsVZ 2013, S. 32 (37); *Spohnheimer*, Antezipiertes Legalanerkenntnis, S. 63 f.; für einen bloßen Beschluss nach § 1056 Abs. 2 Nr. 3 ZPO hingegen *Voit*, in: Musielak, ZPO, § 1040 Rn. 8.

882 *Söderlund*, J. Int. Arb. 22 (2005), S. 301 (304); *Hobér*, Recueil des Cours 366 (2014), S. 99 (257); *Erk*, Parallel Proceedings, S. 243; Schlosser, Internationale private Schiedsgerichtsbarkeit, Rn. 880; *ILA*, Empfehlung Nr. 7.

Interesse die jeweils in Rede stehende Vorschrift zu dienen bestimmt ist. Nur dann, wenn gewichtige öffentliche Interessen dafür streiten und sie das Individualinteresse der Parteien überwiegen, sind Einwände von Amts wegen zu beachten. Andernfalls bleibt es im Interesse einer Stabilisierung von gerichtlichen Entscheidungen den Parteien überlassen, ein Zulässigkeitshindernis durch Einrede in den Prozess einzuführen. Dies zugrunde gelegt, wird die Ansicht vertreten, das öffentliche Interesse an der Rechtskraft eines Schiedsspruchs in Schiedsverfahren sei im Gegensatz zu dem Interesse an der Beachtlichkeit einer Entscheidung in einem Gerichtsverfahren nicht stark zu gewichten und eine amtswegige Beachtung deshalb nicht geboten.[883] Bei der Schiedsgerichtsbarkeit handele es sich um private Rechtsprechung, in der den Schiedsparteien die Entscheidung über die Geltendmachung der Rechtskraft des Schiedsspruchs zu überlassen sei.[884]

Zutreffend ist an diesen Überlegungen, dass die zur Begründung der amtswegigen Beachtung der Rechtskraft von Urteilen angeführten ökonomischen Interessen des Staates an einer kostengünstigen und effizienten Rechtspflege in der Schiedsgerichtsbarkeit kaum eine Rolle spielen, da die Kosten eines Schiedsverfahrens von den Schiedsparteien und nicht von der Allgemeinheit zu tragen sind. Bei einer Abwägung der an der Beachtlichkeit des Schiedsspruchs bestehenden öffentlichen und privaten Interessen spricht daher einiges dafür, den Einwand der Rechtskraft den Parteien zu überantworten. Zu beachten ist allerdings, dass die Ansicht, die Rechtskraft von Schiedssprüchen sei nur auf Parteieinrede zu beachten, zumeist auf der Grundlage der Annahme vertreten wird, die streitbeendende Wirkung eines Schiedsspruchs sei unmittelbar aus Vorschriften des nationalen Rechts abzuleiten. Wird die Rechtskraft durch hoheitliches Recht ohne den Willen der Parteien hergestellt, sollte es zum Ausgleich wenigstens der hierdurch begünstigten Partei überlassen bleiben, ob sie das „Geschenk" der Rechtskraft annimmt oder ausschlägt. Überwiegende staatliche Interessen, die für eine amtswegige Beachtung des Schiedsspruchs auch gegen die Interessen *beider* Parteien sprechen könnten, sind, wie gesagt, nicht ersichtlich. Nach der hier vertretenen Lösung beruht die Beachtlichkeit des Schiedsspruchs für nachfolgende Schiedsgerichte hinge-

883 *Schlosser*, Internationale private Schiedsgerichtsbarkeit, Rn. 880.

884 *Söderlund*, J. Int. Arb. 22 (2005), S. 301 (304); *Hobér*, Recueil des Cours 366 (2014), S. 99 (257); *Schlosser*, Internationale private Schiedsgerichtsbarkeit, Rn. 880; *ILA*, Final Report, Rn. 70; a.A. wohl *Martinez-Fraga*, in: Rovine, Contemporary Issues (2011), S. 142 (163).

gen auf einer Parteivereinbarung, nämlich auf der Schiedsvereinbarung. Soweit über eine Streitigkeit durch Schiedsspruch entschieden worden ist, fehlt es für eine abermalige schiedsgerichtliche Entscheidung an einer kompetenzbegründenden Schiedsvereinbarung. Dass auch dies nur auf Parteieinrede zu berücksichtigen ist, lässt sich mit dem bloßen Fehlen öffentlicher Interessen nicht erklären. Aus den mit den Schiedsrichtern geschlossenen Vereinbarungen ergibt sich gerade die grundsätzlich unbedingte Verpflichtung des Schiedsgerichts, die ihm durch die Schiedsvereinbarung übertragene Streitigkeit zu entscheiden – und nur diese.

(2) Keine Anwendung des § 1040 ZPO

Möglicherweise ergibt sich das Erfordernis einer Einrede gleichwohl aus staatlichem Recht, nämlich aus der Vorschrift des § 1040 Abs. 2 S. 1 ZPO. Nach dieser Vorschrift ist die Rüge der Unzuständigkeit des Schiedsgerichts, also des Fehlens einer Schiedsvereinbarung, spätestens mit der Klagebeantwortung vorzubringen. Der Gesetzgeber verfolgt damit den Zweck einer Entlastung der staatlichen Gerichtsbarkeit von nachträglich im staatlichen Aufhebungsverfahren vorgebrachten Einwänden gegen die Zuständigkeit des Schiedsgerichts. Die Regelungen des § 1040 Abs. 2, 3 ZPO statuieren deshalb in ihrem Zusammenspiel eine Obliegenheit der Parteien zur Erhebung der Rüge der Unzuständigkeit noch im Schiedsverfahren selbst. Hält sich das Schiedsgericht für zuständig, so entscheidet es über die Rüge in der Regel durch einen seine Zuständigkeit feststellenden Zwischenentscheid (§ 1040 Abs. 3 S. 1 ZPO). Über diesen Entscheid kann nach Maßgabe von § 1040 Abs. 3 S. 2 ZPO eine gerichtliche Entscheidung beantragt werden. Im Unterschied zur nachträglichen Anfechtung eines schon ergangenen Schiedsspruchs nach § 1059 Abs. 2 ZPO haben die Parteien hier also die Möglichkeit, ihr Interesse an einem Ausschluss der Zuständigkeit des Schiedsgerichts noch vor Abschluss des schiedsgerichtlichen Verfahrens mit Hilfe einer staatlichen Entscheidung durchzusetzen. Dieses Verfahren ist zugleich die einzige Möglichkeit, die Unzuständigkeit des Schiedsgerichts nach seiner Bildung geltend zu machen, da die Zulassung einer Aufhebung eines Schiedsspruchs nach § 1059 Abs. 2 Nr. 1 ZPO der Ratio des Rügeverfahrens widerspräche.[885] Die Zivilprozessordnung will verhindern, dass die Hilfe der staatlichen Gerichte in Anspruch genommen wird, ohne dass zuvor versucht wurde, den Fehler im System der Schiedsgerichtsbarkeit selbst zu bewältigen. Eine Partei kann nicht in der Hoffnung auf einen günstigen Schiedsspruch ein von einem unzuständigen Schiedsgericht geführtes Verfahren tolerieren und im Fall einer für sie ungünstigen Sachentscheidung die Aufhebungsklage als zweite Chance nutzen. In diesem Sinne drückt sich in § 1040 ZPO der Grundsatz der Beschleunigung und Konzentration des Verfahrens aus.[886]

Fraglich ist, ob das Rügeerfordernis des § 1040 ZPO auch auf den Fall einer durch den Erlass eines Schiedsspruchs ganz oder teilweise erloschenen Schiedsvereinbarung anzuwenden ist. Richtigerweise ist das zu verneinen. Die Funktion der genannten Vorschriften ist nämlich die frühzeitige Befriedung eines zwischen der Schiedsgerichtsbarkeit und der staatlichen Gerichtsbarkeit entstandenen Kompetenzkonflikts. Demgegenüber geht es im Fall einer zunächst vorhandenen, dann aber durch eine schiedsrichterliche Entscheidung ganz oder teilweise erloschenen Schiedsvereinbarung nicht darum, eine Usurpation der staatlichen Rechtsprechungsgewalt durch ein hierzu nicht legitimiertes Schiedsgericht zu verhindern. Die Delegation der Streitigkeit an die Schiedsgerichtsbarkeit steht vielmehr außer Frage; umstritten ist nur die Zuständigkeit eines zweiten Schiedsgerichts im Hinblick auf die vom ersten Schiedsgericht getroffene Entscheidung.[887] Der Einwand der streitbeendenden Wirkung eines Schiedsspruchs geht nicht dahin, dass ein *anderes* Gericht entscheiden möge, wie dies für Zuständigkeitskonflikte typisch ist (vgl. § 281 ZPO), sondern dass überhaupt keine Streitigkeit mehr vorliegt und weitere Rechtsbehelfe daher unzulässig[888] sind. In dieser Konstellation ist es nicht gerechtfertigt, ein staatliches Gericht in die von den Parteien gewählte Rechtsschutzform der

---

885 BGH, Beschl. v. 27.3.2003 – Az. III ZB 83/02, SchiedsVZ 2003, S. 133 (134); *Voit*, in: Musielak, ZPO, § 1059 Rn. 11.

886 Derselbe Gedanke liegt § 1027 ZPO zugrunde. Die Vorschrift regelt, dass im Fall einer Abweichung von einem vereinbarten Erfordernis des schiedsrichterlichen Verfahrens eine Partei, die den Mangel nicht unverzüglich oder innerhalb einer dafür vorgesehenen Frist rügt, diesen später nicht mehr geltend machen.

887 Ähnlich *Walters*, J. Int. Arb. 29 (2012), S. 651 (671).

888 Grundlegend hierzu und zur Unterscheidung von Einwänden gegen die Zuständigkeit und die Zulässigkeit des Verfahrens *Paulsson*, in: Aksen et al., Liber Amicorum Briner, S. 601 ff.; *Schlosser*, Internationale private Schiedsgerichtsbarkeit, Rn. 549.

Schiedsgerichtsbarkeit einzuschalten und eine Zwischenentscheidung herbeizuführen, bevor das Schiedsgericht selbst zu einer abschließenden Entscheidung gelangt ist. Besonders deutlich ist das in dem Fall einer auf eine bestimmte rechtliche Vorfrage beschränkten Unzuständigkeit des Schiedsgerichts. Von einer Unzuständigkeit des Schiedsgerichts im Sinne von § 1040 ZPO sollte daher nur dann gesprochen werden, wenn es von vornherein an einer die staatliche Gerichtsbarkeit ausschließenden Schiedsvereinbarung fehlt.[889] Der Begriff der Zuständigkeit des Schiedsgerichts im Sinne dieser Vorschrift ist damit gleichzusetzen mit der Zulässigkeit eines schiedsgerichtlichen Verfahrens in § 1032 Abs. 2 ZPO. Für diese Vorschrift hat der BGH ausdrücklich entschieden, dass die entgegenstehende Rechtskraft eines vorangegangenen Schiedsspruchs der Zulässigkeit eines schiedsrichterlichen Verfahrens nicht entgegensteht.[890] Aus § 1040 ZPO lässt sich mithin nicht herleiten, dass es zur Geltendmachung der entgegenstehenden Rechtskraft eines Schiedsspruchs der Erhebung einer entsprechenden Einrede bedarf.

(3) Maßgeblichkeit der Parteivereinbarung

Ob das Erlöschen der Schiedsvereinbarung durch einen Schiedsspruch von einem nachfolgenden Schiedsgericht von Amts wegen oder nur auf Einrede zu berücksichtigen ist, muss mithin im Wege der Auslegung der für das zweite Verfahren geltenden Schiedsvereinbarung ermittelt werden. Fehlt

---

889 Diese Lösung wird *mutatis mutandis* im französischen und englischen Recht praktiziert. Der Cour d'appel de Paris, 9.9.2010, RG: 09/13550, Marriott c/ JNAH Development, Cahiers de l'Arb. 2011, S. 422 (423 f.), sah die Zuständigkeit des Schiedsgerichts durch die Rechtskraft eines vorangegangenen Schiedsspruchs nicht als berührt und mithin eine diesbezügliche Prüfungskompetenz des staatlichen Gerichts nach Art. 1504 Abs. 1 CPC als nicht gegeben an. Für das englische Recht *Sheppard*, in: Cremades/Lew, Parallel State and Arbitral Procedures, S. 219 (232). Aus einer allgemeinen, nicht an eine bestimmte Rechtsordnung gebundenen Perspektive *Walters*, J. Int. Arb. 29 (2012), S. 651 ff., mit zahlreichen Nachweisen aus der – uneinheitlichen – Rechtsprechung verschiedener Staaten.

890 BGH, Beschl. v. 19.7.2012 – Az. III ZB 66/11, SchiedsVZ 2012, S. 281 ff.; zuvor OLG Köln, Beschl. v. 1.10.2011 – Az. 19 SchH 7/11, SchiedsVZ 2011, S. 222 (224); aus dem internationalen Schrifttum *Erk*, Parallel Proceedings, S. 231; *Walters*, J. Int. Arb. 29 (2012), S. 651 (671); a.A. *Lühmann*, Rechtskraft des Schiedsspruchs, S. 204; auch *Mayer*, J. Int. Disp. Settl. 4 (2013), S. 407 (417).

es an einer abweichenden Vereinbarung, ist auf der Grundlage der hier vertretenen dogmatischen Konstruktion der *res arbitrata* von einer amtswegigen Beachtung als Normalfall auszugehen. Im Einzelfall kann der Schiedsvereinbarung allerdings auch konkludent ein abweichender Wille der Parteien zu entnehmen sein. Dabei ist zu beachten, dass sich allein aus der Vereinbarung eines Einredeerfordernisses keine Ableitungen für den Umfang der gerichtlichen Nachprüfungskompetenz nach § 1059 ZPO ergeben. Insbesondere bedarf es zusätzlicher Anhaltspunkte für die Annahme eines Prozessvertrags, dem zufolge eine Partei, welche die Erhebung der Einrede versäumt, im staatlichen Aufhebungsverfahren entsprechend dem oben zu § 1040 ZPO Ausgeführten präkludiert ist.

ee) Weiteres Verfahren bei irrtümlich verneinter Beachtlichkeit des Schiedsspruchs

Abschließend ist ein kursorischer Blick auf das Verfahren zu werfen, wenn sich das zweite Schiedsgericht über die Rechtskraft des Schiedsspruchs hinwegsetzt.[891] In Erwägung zu ziehen sind verschiedene prozessuale Reaktionsmöglichkeiten der Parteien.[892]

Hält sich das zweite Schiedsgericht für zuständig – lehnt es also eine Ausschlusswirkung des vorausgegangenen Schiedsspruchs ab, so erlässt es durch Schiedsspruch eine Sachentscheidung. Ein Zwischenentscheid über die Zuständigkeit mit sich unmittelbar anschließender gerichtlicher

891 Vgl. zur hier aufgeworfenen Frage der Kollision von zwei Schiedssprüchen *Lühmann*, Rechtskraft des Schiedsspruchs, S. 241; *Solomon*, Verbindlichkeit von Schiedssprüchen, S. 556 ff.; auch *Pinna*, Cahiers de l'Arb. 2010, S. 711 ff.; größere Aufmerksamkeit hat die Kollision von rechtskräftigem Urteil und Schiedsspruch gefunden, vgl. hierzu *Gaul*, in: Berger et al., FS Sandrock, S. 285 ff.; *Triebel/Coenen*, BB 2003, Beilage 5, S. 2 ff.; *Schultzenstein*, ZZP 41 (1911), S. 351 ff.; *Mayer*, J. Int. Disp. Settl. 4 (2013), S. 407 ff.

892 An die Frage nach der grundsätzlichen Überprüfbarkeit des zweiten Schiedsspruchs auf seine Vereinbarkeit mit der deutschen Rechtsordnung schließt sich die Frage nach der Prüfungstiefe der staatlichen Gerichte an. Hierzu werden verschiedene Auffassungen vertreten; für eine uneingeschränkte Überprüfung sprechen sich aus *Lühmann*, Rechtskraft des Schiedsspruchs, S. 235 ff.; *Solomon*, Verbindlichkeit von Schiedssprüchen, S. 563 mit FN 224; zurückhaltend dagegen *Kröll*, in: Böckstiegel/ders./Nacimiento, Commentary on the German Arbitration Law, § 1061 Rn. 156; *Schlosser*, Internationale private Schiedsgerichtsbarkeit, Rn. 880.

Nachprüfung gemäß § 1040 Abs. 3 S. 1, 2 ZPO scheidet nach dem oben Gesagten aus: Das (teilweise) Erlöschen einer Schiedsvereinbarung ist keine „Unzuständigkeit des Schiedsgerichts" im Sinne von § 1040 Abs. 2 S. 1 ZPO. Will sich die benachteiligte Partei hiergegen unter Hinweis auf die angebliche Unzuständigkeit des Schiedsgerichts zur Wehr setzen, ist sie vielmehr auf eine Anfechtung des ergangenen zweiten Schiedsspruchs nach § 1059 Abs. 2 ZPO angewiesen. Einschlägig ist grundsätzlich nur der fristgebundene Aufhebungsgrund des § 1059 Abs. 2 Nr. 1 lit. a) ZPO, weil das Nichtbestehen einer Schiedsvereinbarung ihrer Ungültigkeit wertungsmäßig gleichzusetzen ist.[893] Darüber hinaus ist daran zu denken, dass die Missachtung der Rechtskraft eines Schiedsspruchs im Einzelfall wegen der damit erzeugten Gefahr der Hervorbringung mehrerer, einander womöglich widersprechender vollstreckbarer Titel eine Verletzung des *ordre public* darstellt,[894] so dass der – unbefristet geltende – Aufhebungsgrund des § 1059 Abs. 2 Nr. 2 lit. b) ZPO eingreift. Es ist allerdings zu sehen, dass zumindest in Deutschland ein schiedsgerichtliches Verfahren unmittelbar keinen Vollstreckungstitel hervorbringt.[895] Erst das mit der Erteilung einer Vollstreckbarerklärung nach § 1060 Abs. 1 ZPO befasste Ober-

---

893 So auch *Gaul*, in: Berger et al., FS Sandrock, S. 285 (312); *Lühmann*, Rechtskraft des Schiedsspruchs, S. 205.

894 Im Schrifttum ist umstritten, ob die Missachtung der streitbeendenden Wirkung eines Schiedsspruchs durch ein Schiedsgericht einen Verstoß gegen den *ordre public* darstellt, vgl. *Wolff*, in: ders., New York Convention, Art. V Rn. 555 m.w.N.; *Berger/Kellerhals*, International Arbitration in Switzerland, Rn. 1513; *Schlosser*, Internationale private Schiedsgerichtsbarkeit, Rn. 880; Auswertung nationaler Rechtsprechung bei *Erk*, Parallel Proceedings, S. 238 ff. Häufiger behandelt wird die Konstellation einer Missachtung der Rechtskraft eines Urteils durch ein Schiedsgericht, vgl. *Gaul*, in: Berger et al., FS Sandrock, S. 285 (316). Bejaht wurde die Frage in *Republic of Poland c/ Saar Papier Vertriebs GmbH (Germany)*, Tribunal féderal (1ère Cour civile), 20.9.2000, ASA Bulletin 19 (2001), S. 478, D.3.b.; *o.N. c/ o.N.*, Tribunal fédéral, 1ère Cour civile, 19.2.1990, ASA Bulletin 8 (1990), S. 174, C.2.b.; *Société Papillon Group Corporation c/ République Arabe de Syrieet autres*, Cour d'appel de Paris, 26.3.2009, Rev. de l'Arb. 2010, S. 525 ff.; hierzu *Chantebout*, Rev. de l'Arb. 2010, S. 533 ff.Vgl. auch BG, Urt. v. 27.5.2014 – Az. 4A_508/2013, BGE 140 III, 278 ff.; BG, Urt. v. 13.5.2010 – Az. 4A_490/2009, BGE 136 III, 345 ff.

895 Anders ist die Rechtslage in der Schweiz, wo ein inländischer Schiedsspruch nach Art. 387 ZPO-CH unmittelbar vollstreckbar ist. Womöglich liegt in diesem Unterschied zur deutschen Rechtslage und der unmittelbar durch ein zweites Schiedsverfahren drohenden Gefahr des Entstehens mehrfacher und sich gegebenenfalls sogar widersprechender Titel der Grund dafür, dass von der schweizeri-

landesgericht hat zu prüfen, ob bereits ein widersprechender Vollstreckungstitel erlassen worden ist. Dass bereits an der Vermeidung widersprüchlicher Schiedssprüche auch unabhängig von einer Kollision auf der Ebene der Vollstreckung ein grundlegendes öffentliches Interesse besteht, ist zweifelhaft. Eine Verletzung des *ordre public* schon durch den zweiten Schiedsspruch als solchen ist daher grundsätzlich abzulehnen. Etwas anderes gilt aber dann, wenn der erste Schiedsspruch nach §§ 1060, 1061 ZPO für vollstreckbar erklärt worden ist. In diesem Fall bedeutet der Erlass eines zweiten Schiedsspruchs in derselben Sache eine Missachtung der Rechtskraft einer *staatlichen* Entscheidung, mit der die Wirksamkeit und Endgültigkeit des Schiedsspruchs rechtskräftig festgestellt wird.[896] Das ist als Verletzung des *ordre public* zu qualifizieren. Allgemeiner gesprochen: Jedenfalls dann, wenn eine staatliche affirmative Willensäußerung im Hinblick auf den Schiedsspruch vorliegt, die seine Aufhebung nach § 1059 Abs. 2 ZPO oder die Versagung der Anerkennung im Sinne des § 1061 Abs. 2 ZPO ausschließt, sind Schiedsgerichte unmittelbar durch die hoheitliche Autorität an den Schiedsspruch gebunden.

Ist eine entschiedene Frage für ein zweites Rechtsverfahren lediglich präjudiziell, besteht also keine Identität der Streitgegenstände, ist die schiedsgerichtliche Befugnis zur Sachentscheidung nicht aufgehoben. Das zweite Schiedsgericht hat über den geltend gemachten Anspruch unter Beachtung der Präjudizialität der vorausgegangenen Entscheidung zu befinden. Das entspricht der Bindungswirkung eines Schiedsspruchs in einem nachfolgenden Gerichtsverfahren. Setzt sich ein Schiedsgericht über diese Beschränkung seiner Entscheidungskompetenz hinweg, kann die Aufhebung der Entscheidung nach § 1059 Abs. 2 Nr. 1 lit. c) ZPO beantragt werden.[897]

---

schen Rechtsprechung und Literatur die Beachtlichkeit eines Schiedsspruchs in Schiedsverfahren als Teil des *ordre public* angesehen wird.

896 Dementsprechend schließt eine Vollstreckbarerklärung die Kompetenz der Parteien zur einvernehmlichen Aufhebung eines Schiedsspruchs aus, vgl. oben 4. Kap., I. 1. c) bb).

897 Ähnlich *Lühmann*, Rechtskraft des Schiedsspruchs, S. 205.

c) Bindung aus den Schiedsordnungen

Über das Gesagte hinaus kann sich die Beachtlichkeit eines Schiedsspruchs für ein nachfolgendes Schiedsgericht aus einer Schiedsverfahrensvereinbarung ergeben, die im Sinne des § 1042 Abs. 3 ZPO eine institutionelle Schiedsordnung inkorporiert.[898] Dabei ist zu unterscheiden zwischen einer Bindung des Schiedsgerichts, das den Schiedsspruch erlassen hat, und der Bindung anderer Schiedsgerichte.

aa) Bindung des Schiedsgerichts, das den Schiedsspruch erlassen hat

Setzt das Schiedsgericht das Verfahren nach dem Erlass eines Schiedsspruchs fort, ist eine inhaltliche Bindung an den Schiedsspruch in aller Regel zu bejahen. Wie oben gezeigt wurde, enthalten die wichtigen internationalen Schiedsordnungen allesamt Regelungen zur streitbeendenden Wirkung von Schiedssprüchen. Diese Regelungen verpflichten unmittelbar zunächst nur die Parteien, die sie gemäß § 1042 Abs. 3 ZPO für sich vereinbart haben. Die Bindung des Schiedsgerichts erfolgt aber wiederum über den „Transformator" der Schiedsrichterverträge. Zwar ist eine Pflicht der Schiedsrichter zur Befolgung der Verfahrensvereinbarungen in der deutschen Zivilprozessordnung – anders als im UNCITRAL-Modell-Gesetz (Art. 19) – nicht ausdrücklich geregelt.[899] Gleichwohl ist von einer Bindung der Schiedsrichter an die Verfahrensvereinbarungen auszugehen.[900] Denn sie sind zur Entscheidung des Rechtsstreits nur nach Maßgabe der Verfahrensvorstellungen der Parteien berufen und haben das Schiedsverfahren entsprechend den parteilichen Vorgaben durchzufüh-

---

898 Schon oben 1. a) bb) ist gezeigt worden, dass die entsprechenden Regelungen der Schiedsordnungen nicht nur die Verbindlichkeit des Schiedsspruchs zwischen den Parteien betreffen, sondern auch Aussagen über seine Beachtlichkeit enthalten. Deutlich wird der Regelungsanspruch insbesondere in § 38 DIS-SchO, gemäß dem ein Schiedsspruch die Wirkungen eines rechtskräftigen Urteils hat, und der auf diese Weise ein unmittelbar an Schiedsgerichte adressiertes Verhaltensgebot bezweckt.

899 *G. Sachs*, Verhaltensstandards für Schiedsrichter, S. 172 f.

900 *Münch*, in: Münchener Kommentar zur ZPO, § 1042 Rn. 82; *Spohnheimer*, Antezipiertes Legalanerkenntnis, S. 94.

ren.[901] Zu dieser Mitwirkungspflicht gehört es, dass die Schiedsrichter dem Schiedsspruch zu voller Wirkungskraft verhelfen.[902] Diese ist aber nur dann gewährleistet, wenn der Schiedsspruch im Einklang mit den von den Parteien vereinbarten Verfahrensvorgaben erlassen wird. Bei einem Verstoß gegen das von den Parteien vereinbarte Verfahren kann der Schiedsspruch nämlich nach § 1059 Abs. 2 Nr. 1 lit. d) ZPO aufgehoben werden.

Die inhaltliche Bindung des Schiedsgerichts an den von ihm selbst erlassenen Schiedsspruch wird praktisch relevant, wenn das Schiedsgericht zunächst nur über einen Teil des eingeklagten prozessualen Anspruchs entscheidet und einen Teilschiedsspruch erlässt.[903] Nach Erlass dieses Schiedsspruchs geht das Schiedsverfahren auf Grundlage der schon vereinbarten Verfahrensordnung weiter, bis es durch den Erlass eines Endschiedsspruchs oder auf andere Weise endet. Bezeichnend für diese Konstellationen ist mithin, dass sich die Frage nach der streitbeendenden Wirkung des (Teil-)Schiedsspruchs in demselben Verfahren stellt, in dem der Schiedsspruch erlassen wurde. Es gibt in diesem Sinne kein „nachfolgendes" Schiedsverfahren, in dem die streitbeendende Wirkung eines „vorausgegangenen" Schiedsspruchs in Diskussion steht; Teil- und Endschiedsspruch ergehen auf Grundlage derselben Schieds- und Schiedsverfahrensvereinbarung und damit auch derselben institutionellen Schiedsordnung. Für diese Fälle, in denen es um die *innerprozessuale* Wirkung des Schiedsspruchs geht, ergibt sich aus der Schiedsordnung nicht nur das oben dargelegte Verbot der Aufhebung des Schiedsspruchs, sondern auch die Pflicht des Schiedsrichters, das im Teilschiedsspruch gefundene Ergebnis dem Endschiedsspruch zugrunde zu legen. Die Vorschriften der institutionellen Schiedsordnungen können mithin als eine unmittelbar das Schiedsgericht treffende Pflicht zur Beachtung der präjudiziellen Wirkung

---

901 BGH, Urt. v. 5.5.1986 – Az. III ZR 233/84, NJW 1986, S. 3077 (3077); *Schwab/Walter*, Schiedsgerichtsbarkeit, Kap. 12 Rn. 1; *Münch*, in: Münchener Kommentar zur ZPO, Vorb. zu §§ 1034 ff. Rn. 18; *Voit*, in: Musielak, ZPO, § 1042 Rn. 33; *Schlosser*, in: Stein/Jonas, ZPO, vor § 1025 Rn. 23; *Spohnheimer*, Antezipiertes Legalanerkenntnis, S. 94.

902 *Münch*, in: Münchener Kommentar zur ZPO, Vorb. zu §§ 1034 ff. Rn. 20; *Lachmann*, Handbuch Schiedsgerichtsbarkeit, Rn. 4131 und Rn. 4299; zur Pflicht des Schiedsrichters, einen vollstreckbaren Schiedsspruch zu erlassen, schon oben 1. Kap., II. 1. e) bb) (2).

903 Vgl. hierzu ICC No. 3267/84, Yb. Comm. Arb. XII (1987), S. 87.

von (Teil-)Schiedssprüchen verstanden werden (innerprozessuale Bindungswirkung).[904]

bb) Bindung anderer Schiedsgerichte

Hat das erste Schiedsverfahren einen endgültigen Abschluss gefunden, stellt sich die Frage nach der Beachtlichkeit des ergangenen Schiedsspruchs in einem zweiten Schiedsverfahren. Dieses Verfahren ist auch dann ein „zweites" Verfahren, wenn es im Einzelfall auf derselben Schiedsvereinbarung beruht wie das erste Verfahren und denselben Schiedsrichtern anvertraut ist. Fraglich ist, ob sich die streitbeendende Wirkung eines Schiedsspruchs auch für ein zweites Verfahren aus einer Schiedsordnung herleiten lässt. Dabei kann grundsätzlich zwischen den folgenden verschiedenen Konstellationen unterschieden werden:

(1) Für das erste und das zweite Schiedsverfahren gelten unterschiedliche Schiedsverfahrensvereinbarungen, die auf verschiedene Schiedsordnungen Bezug nehmen.

(2) Für das erste und das zweite Schiedsverfahren gelten unterschiedliche Schiedsverfahrensvereinbarungen, die auf dieselbe Schiedsordnung Bezug nehmen.

(3) Für das erste und das zweite Schiedsverfahren gilt dieselbe Schiedsverfahrensvereinbarung, die für beide Verfahren auf dieselbe Schiedsordnung Bezug nimmt.

In den Konstellationen (1) und (2) ist die erste Schiedsverfahrensvereinbarung mit dem Erlass des ersten Schiedsspruchs erloschen. Eine Bindung des Schiedsgerichts an den ergangenen Schiedsspruch kann sich mithin nur aus der Schiedsverfahrensvereinbarung des zweiten Schiedsverfahrens und der in sie inkorporierten Schiedsordnung ergeben, die für die Schiedsrichter vermittelt über die Schiedsrichterverträge verbindlich werden. Es ist deshalb zu klären, ob die in den verschiedenen institutionellen Schieds-

---

904 Die innerprozessuale Bindungswirkung (vgl. für Urteile § 318 ZPO) ist zwar von der materiellen Rechtskraft verschieden, im Umfang bestimmt sie sich allerdings nach den gleichen Regeln, vgl. nur BGH, Beschl. v. 18.10.1968 – Az. X ZB 1/68, BGHZ 51, 131 (138); *Musielak*, in: Münchener Kommentar zur ZPO, § 318 Rn. 3. Zur Unterscheidung von innerprozessualer Bindungswirkung und Rechtskraft, die in der Schiedsgerichtsbarkeit selten getroffen wird vgl. *Zaugg*, Verfahrensgliederung, Rn. 227; ferner *Münch*, in: Münchener Kommentar zur ZPO, § 1055 Rn. 36.

ordnungen enthaltenen Vorschriften, denen zufolge der Schiedsspruch die Wirkungen eines rechtskräftigen Urteils hat, auch auf die in einem anderen, vorangegangenen Verfahren ergangenen Schiedssprüche Bezug nehmen. Eine solche Auslegung erscheint zumindest im Hinblick auf die LCIA-SchO, der ICC-SchO, der DIS-SchO und die Schiedsordnung der Stockholmer Handelskammer nicht möglich zu sein. Wenn es in diesen Vorschriften heißt, dass „der" Schiedsspruch endgültig und bindend sei (§ 38 DIS-SchO; ähnlich Art. 34 Abs. 6 S. 1 ICC-SchO, 26.8 S. 1 LCIA-SchO; Art. 40 SchO der Stockholmer Handelskammer), dann ist damit schon nach der systematischen Stellung und dem Sinnzusammenhang der Schiedsspruch gemeint, der in dem gerade geführten Verfahren entsteht. Es heißt eben nicht „ein Schiedsspruch", sondern „der Schiedsspruch". Die Vorschriften stehen außerdem am Ende des Abschnitts über den Erlass des Schiedsspruchs und damit im Zusammenhang mit der Beendigung des Verfahrens.[905] In ihnen wird der Anspruch der Schiedsinstitutionen zum Ausdruck gebracht, als Ersatz für die staatliche Gerichtsbarkeit zu dienen, aber es wird keine voraussetzungslose Anerkennung „fremder" Schiedssprüche bewirkt. In Konstellation (1) ist eine Bindung des zweiten Schiedsgerichts daher zu verneinen.

Zu einem anderen Ergebnis führt die Auslegung der Schiedsordnungen allerdings in Konstellation (2). Hier haben die Parteien für beide Schiedsverfahren – wenngleich in getrennten Verträgen – die Geltung derselben Schiedsordnung vereinbart. Sie haben damit zu erkennen gegeben, dass sie die durch diese Schiedsordnung normierten Regeln zur Streitbelegung verfahrensübergreifend zwischen sich gelten lassen wollen. Es wäre geradezu paradox, in einem Schiedsverfahren den Erlass eines streitbeendenden Schiedsspruchs anzustreben, wenn nicht zugleich die streitbeendende Wirkung des Schiedsspruchs eines anderen Verfahrens anerkannt würde, für das dieselben Regelungen vereinbart worden sind.[906] Vielmehr wird durch die für beide Verfahren geschlossene Vereinbarung der in den Schiedsordnungen zum Ausdruck kommende Anspruch auf eine Bindungswirkung des Schiedsspruchs über die Verfahrensgrenze hinweg anerkannt. Erst recht liegt dann eine Bindung in Konstellation (3) nahe, weil hier der Zu-

905 Dieses Verständnis deckt sich mit der Auslegung des § 1055 ZPO, der nach hier vertretener Auffassung keine Regelung zum schiedsgerichtlichen Verfahren darstellt, sondern das Verhältnis des Schiedsspruchs zu einem nachfolgenden Gericht beschreibt.

906 In diesem Sinne ICC No. 2745-2762/1977, JDI 1978, S. 990.

sammenhang zwischen den verschiedenen Verfahren durch die *uno actu* geschlossene Verfahrensvereinbarung dokumentiert wird. Missachtet ein nachfolgendes Schiedsgericht ein sich aus der in Bezug genommenen Schiedsordnung ergebendes Bindungsgebot, so stellt dies bei anzunehmender Ergebnisrelevanz einen Aufhebungsgrund nach § 1059 Abs. 2 Nr. 1 lit. d) ZPO dar.

Zusammenfassung und Ergebnis

Ein rechtskräftiger Schiedsspruch schließt die Wiederholung des Rechtsstreits vor einem anderen Schiedsgericht aus und bindet nachfolgende Schiedsgerichte in Verfahren mit anderem Streitgegenstand an das im Schiedsspruch gefundene Ergebnis. Diese Wirkungen ergeben sich allerdings weder unmittelbar aus hoheitlichem Recht noch aus einer überstaatlichen Ordnung. Die Vorschriften der §§ 1055, 1061 ZPO gelten nur in Verfahren vor staatlichen Gerichten und sind auch nicht analog auf Schiedsverfahren anzuwenden. Die vom ILA-Komitee herausgegebenen Empfehlungen zur Rechtskraft von Schiedssprüchen in der internationalen Handelsschiedsgerichtsbarkeit erlangen nur Wirksamkeit, soweit sie von den Parteien eines Schiedsverfahrens vereinbart worden sind. Sie bilden keine *arbitral legal order* mit überstaatlichem Geltungsgrund.

Normativ verankert ist die Rechtskraftwirkung des Schiedsspruchs in den zwischen den Parteien auf der Grundlage des staatlichen Rechts getroffenen Vereinbarungen. Im deutschen Recht sind die Vorschriften des § 1029 Abs. 1 und des § 1042 Abs. 3 ZPO einschlägig. Zum einen übertragen die Schiedsvereinbarungen den Schiedsgerichten nur die *einmalige* Entscheidung einer Streitigkeit. Beide Parteien haben typischerweise *ex ante* kein Interesse an einer Wiederholbarkeit des Rechtsstreits, weshalb die Schiedsvereinbarung im Zweifel in diesem Sinne auszulegen ist. Außerdem tritt die staatliche Rechtsordnung nach § 1029 Abs. 1 ZPO nur gegenüber solchen alternativen Formen der Streitbeilegung zurück, die zu einer *Entscheidung* der zwischen den Parteien bestehenden Streitigkeit führen. Zum anderen kann sich eine Ausschluss- und Bindungswirkung von Schiedssprüchen in nachfolgenden Schiedsverfahren aus den institutionellen Schiedsordnungen ergeben, die Vorschriften zur Rechtskraft von Schiedssprüchen enthalten und die kraft Parteivereinbarung zur Geltung gebracht werden können.

Tatbestandliche Voraussetzung der Beachtlichkeit des Schiedsspruchs ist, dass er nach den maßgeblichen, von den Parteien zu vereinbarenden Verfahrensregeln zwischen ihnen vertragliche Bindungswirkungen entfaltet und insoweit eine endgültige Entscheidung darstellt. Hingegen hängt die Beachtlichkeit eines Schiedsspruchs nicht davon ab, dass die Voraussetzungen für die staatliche Anerkennung insbesondere nach Art. V UNÜ vorliegen. Sobald ein staatliches Gericht einem Schiedsspruch allerdings die Anerkennung versagt oder ihn aufgehoben hat, entfällt auch seine Rechtskraftwirkung in nachfolgenden Schiedsverfahren.

Sechstes Kapitel: Der Umfang der Rechtskraft des Schiedsspruchs

Im letzten Kapitel der Untersuchung ist der Frage nachzugehen, *in welchem Umfang* ein Schiedsspruch Rechtskraft entfaltet und mithin den Streit zwischen den Parteien beendet. Der bisherige Ertrag der Untersuchung legt die Annahme nahe, dass es den Parteien grundsätzlich nicht nur frei steht, sich über das „Ob" der streitbeendenden Wirkungen zu verständigen, sondern dass sie auch über die Reichweite der Streitbeendigung disponieren können.[907] Davon ausgehend werden im Folgenden zunächst die rechtlichen Möglichkeiten aufgezeigt, die den Parteien in dieser Hinsicht zur Verfügung stehen. Für die Rechtspraxis ist es außerdem dringend erforderlich, handhabbare Grundsätze für die Auslegung der – in der hier interessierenden Frage vordergründig meist wenig ergiebigen – Parteiabreden zu entwickeln (*I.*). Sodann ist zu zeigen, dass die deutsche Rechtsordnung dem Parteiwillen hinsichtlich des Rechtskraftumfangs – abgesehen vom *ordre public*-Vorbehalt – keine Grenzen setzt (*II.*). Damit wird eine einheitliche Bestimmung des Umfangs der *res arbitrata* möglich, die nicht davon abhängt, ob die Beachtlichkeit des Schiedsspruchs in einem nachfolgenden weiteren Schiedsverfahren oder in einem staatlichen Verfahren in Rede steht.[908] Im letzten Abschnitt wird schließlich untersucht, welche Entwicklungsperspektiven sich für die Dogmatik der Rechtskraft von Schiedssprüchen aus den Vorschlägen des ILA-Komitees ergeben, die sich

---

907 BGH, Urt. v. 28.2.1957 – Az. VII ZR 204/56, BGHZ 24, 15 (20); *Lorenz*, AcP 157 (1958/59), S. 265 (276); *Shell*, UCLA Law Rev. 35 (1988), S. 623 (662); *Blackaby/Partasides*, Redfern and Hunter, Kap. 1 Rn. 79; *Mayer*, in: Boisseron et al., FS Reymond, S. 185 (189 f.); wohl auch *Radicati di Brozolo*, ASA Special Series 38, S. 127 (149); *Erk*, Parallel Proceedings, S. 167. Eine Auswertung der US-amerikanischen Rechtsprechung findet sich bei *Lühmann*, Rechtskraft des Schiedsspruchs, S. 98 ff. Gegen eine schiedsverfahrensrechtliche Lösung hat sich dagegen das Schweizer Bundesgericht ausgesprochen, BG, Urt. v. 29.5.2015, Az. 4A_633/2014, BGE 141 III 229 (239).

908 Das ILA-Komitee, *ILA*, Final Report, Rn. 10, äußert die Erwartung, dass die staatlichen Gerichte seine Empfehlungen berücksichtigen. Damit tritt es indirekt ebenfalls für eine einheitliche Bestimmung des Rechtskraftumfangs ein. Siehe auch den Ansatz bei *Radicati di Brozolo*, ASA Special Series 38, S. 127 (134).

für eine Vereinheitlichung des Rechtskraftumfangs von Schiedssprüchen in enger Anlehnung an die Grundsätze des *common law* einsetzen (*III.*).

I. Bestimmung des Rechtskraftumfangs durch Parteivereinbarungen

1. Rechtliche Gestaltungsmöglichkeiten

Die Kompetenz der Parteien zum Abschluss von Vereinbarungen über die Wirkungen eines Schiedsspruchs gilt für beide Dimensionen der Rechtskraft. Sie haben zum einen festzulegen, über welchen Gegenstand das Schiedsgericht mit prozessualer Ausschlusswirkung für andere Schiedsgerichte und für staatliche Gerichte entscheiden soll. Zum anderen können sie darüber befinden, welche Elemente eines Schiedsspruchs einen nachfolgend entscheidenden Spruchkörper bei dessen Entscheidungsfindung inhaltlich binden. Für die Reichweite der *Ausschlusswirkung* einer Entscheidung ist – wie im zweiten Kapitel gezeigt worden ist – in erster Linie die Definition des Streitgegenstands maßgeblich. Stark vereinfachend können die verschiedenen in den nationalen Rechtsordnungen vertretenen Theorien zum Streitgegenstand als Variationen aus den Elementen des bei Gericht gestellten Antrags, des in Bezug genommenen materiellen Rechts und des Lebenssachverhalts verstanden werden. Während in Deutschland dem gestellten Antrag eine große Bedeutung bei der Bestimmung des Streitgegenstands zukommt, spielt der Antrag im *common law* eine allenfalls untergeordnete Rolle gegenüber dem tatsächlichen Geschehensverlauf.[909] Es steht den Parteien eines Schiedsverfahrens frei, sich für eine dieser von den nationalen Rechten vorgefertigten Lösungen oder auch für ein frei gestaltetes Mischmodell zu entscheiden und auf diese Weise den Rechtskraftumfang des Schiedsspruchs festzulegen.[910] Die Rezeption ei-

909 So darf etwa nach der deutschen Rechtsordnung ein Gericht nicht über den nach § 253 Abs. 2 Nr. 2 ZPO zu stellenden Antrag hinausgehen, § 308 ZPO, während der englische Richter nach *Section* 16.2 (5) CPR über einem Freiraum zur Interpretation des klägerischen Begehrens verfügt, vgl. hierzu *Albrecht*, Streitsache, S. 176; auch *R. Stürner*, in: Lorenz et al., FS Heldrich, S. 1061 (1070 mit FN 64).

910 *Radicati di Brozolo*, ASA Special Series 38, S. 127 (136 FN 27); *Hobér*, Recueil des Cours 366 (2014), S. 99 (279), berichtet von einem Fall, in dem zwischen den Parteien Einigkeit bestand, dass schweizerisches Recht zur Anwendung kommen soll. Es bleibt jedoch offen, ob sich die Parteien hierauf ausdrücklich verständigt hatten.

nes nationalen Rechts liegt vor allem dann nahe, wenn die Parteien die Mühe einer individuellen Verhandlung über den Umfang der Rechtskraft scheuen oder sie im Verhandlungswege nicht zu einem Konsens finden. In der Praxis wird in erster Linie an das staatliche Recht zu denken sein, nach welchem das erste oder das zweite Schiedsverfahren durchgeführt wurde. Alternativ ist auch eine Einbeziehung der ILA-Empfehlungen oder eines anderen nichtstaatlichen Regelwerks möglich, in dem Regelungen zum Umfang der Rechtskraft getroffen werden.[911]

Ihre Dispositionsbefugnis über den Streitgegenstandsbegriff erlaubt den Parteien Gestaltungen auch jenseits der aus dem deutschen Recht bekannten zweigliedrigen Struktur von prozessualem Anspruch und Lebenssachverhalt. Auf der einen Seite haben die Parteien die Möglichkeit, den Streitgegenstand durch die Bezugnahme auf bestimmte Rechtsverhältnisse des materiellen Rechts einschränkend zu definieren. Eine Entscheidung über das prozessuale Begehren ergeht dann nur mit Blick auf das vertragliche oder das gesetzliche Schuldverhältnis zwischen den Parteien oder sogar nur anhand einer bestimmten materiell-rechtlichen Anspruchsgrundlage.[912] Auf der anderen Seite können die Parteien den Umfang der Ausschlusswirkung über den Streitgegenstand hinaus ausdehnen. Sie können vereinbaren, dass alle aus einem bestimmten Lebenssachverhalt erwachsenden Ansprüche in *einem* Schiedsverfahren entschieden werden sollen.[913] Die Parteien schaffen damit für sich selbst die Obliegenheit, den Streitstoff in diesem Rechtsstreit zu konzentrieren. Die Ausschlusswirkung des rechtskräftigen Schiedsspruchs greift in diesem Fall auch insoweit ein, wie es eine Seite versäumt hat, einen in Betracht zu ziehenden prozessualen Anspruch tatsächlich geltend zu machen. Die Vereinbarung

---

911 In diesem Sinne spricht sich *Gordon*, Flor. J. Int. Law 18 (2006), S. 549 (595), für die Aufnahme einer entsprechenden Bestimmung in die institutionellen Schiedsordnungen aus. Vgl. auch Art. 26.8 LCIA-SchO, der seit der Neufassung vom 1.10.2014 die Regelung enthält, dass der Schiedsspruch samt der Erwägungsgründe endgültig und bindend ist ("*Every award [including reasons for such award] shall be final and binding on the parties.*").

912 *Schlosser*, in: Stein/Jonas, ZPO, § 1029 Rn. 35; *v. Schlabrendorff/Sessler*, in: Böckstiegel/Kröll/Nacimiento, Commentary on the German Arbitration Law, § 1055 Rn. 18; *Bosch*, Rechtskraft und Rechtshängigkeit, S. 115 f.; *Wirth*, SchiedsVZ 2009, S. 203 (205).

913 Zur Möglichkeit einer solchen Vereinbarung siehe die unveröffentlichte Entscheidung des Schiedsgerichts in ICC No. 13254/2011, wiedergegeben bei *Radicati di Brozolo*, ASA Special Series 38, S. 127 (141).

eines solchen Gebots zur Konzentration kann für die streitenden Parteien deshalb sinnvoll sein, weil es verhindert, dass die Kräfte eines Unternehmens nach Abschluss eines Schiedsverfahrens abermals gebunden werden. Auch eine von den Parteien gewünschte Fortsetzung der Rechtsbeziehungen ist vermutlich leichter möglich, wenn keine weiteren Rechtsstreitigkeiten aus einem in der Vergangenheit liegenden Sachverhalt drohen.

Des Weiteren kann der Umfang der *Bindungswirkung* des Schiedsspruchs in unterschiedlicher Weise bestimmt werden. Die in den nationalen Rechtsordnungen bestehenden Unterschiede wurden im zweiten Kapitel der Untersuchung bereits behandelt. Während etwa in der deutschen Rechtsordnung allein der Ausspruch einer Entscheidung in Rechtskraft erwächst, entfalten im Rechtskreis des *common law* auch die in den Entscheidungsgründen enthaltenen rechtlichen und tatsächlichen Feststellungen Bindungswirkung. Die Parteien haben die Möglichkeit, für das eine oder das andere Modell zu optieren oder auch eine Mischlösung zu wählen.[914]

2. Auslegung der Parteivereinbarungen

Welche Vereinbarung über den Umfang der Rechtskraft eines Schiedsspruchs die Parteien getroffen haben, ist im Wege der Auslegung zu bestimmen. Nach allgemeinen Grundsätzen setzt die Erforschung des Willens der Parteien beim Wortlaut der zwischen ihnen geschlossenen Vereinbarungen an. Sie nimmt von dort aus den von den Parteien vernünftigerweise gemeinsam gewollten Sinn und Zweck des Vertrags in den Blick,[915] wie er sich vor allem aus den Begleitumständen des gesamten vorangegangenen Schiedsverfahrens ableiten lässt, soweit die Parteien in ihm handelnd in Erscheinung getreten sind. Angeleitet wird die an der Interessenlage der Parteien ausgerichtete Auslegung durch das Gebot der Berücksichtigung von Treu und Glauben sowie der Verkehrssitte, § 157 BGB. Da sich die Parteien nur in seltenen Fällen ausdrücklich über den Umfang der

---

914 *Schlosser*, Internationale private Schiedsgerichtsbarkeit, Rn. 713; *Hobér*, Recueil des Cours 366 (2014), S. 99 (192); *Shell*, UCLA Law Rev. 35 (1988), S. 623 (628); *Gordon*, Flor. J. Int. Law 18 (2006), S. 549 (596).

915 BGH, Urt. v. 27.9.2011 – Az. II ZR 279/09, NZG 2011, S. 1420 (1421); BGH, Urt. v. 12.6.2007 – Az. VI ZR 110/06, NJW-RR 2007, S. 1470 (1471).

Rechtskraft eines Schiedsspruchs verständigen werden,[916] muss der Parteiwille regelmäßig aus Vereinbarungen über andere Gegenstände und aus dem tatsächlichen Verhalten im Vollzug der Schiedsvereinbarung ermittelt werden. Lässt sich ein Parteiwille nicht bestimmen, können im Rahmen des geltenden Rechts darüber hinaus die Instrumente der sog. ergänzenden Vertragsauslegung Anwendung finden. Ermittelt wird dann der hypothetische Parteiwille, mithin das, was die Parteien bei einer angemessenen Abwägung ihrer Interessen vereinbart hätten, wenn sie die Lückenhaftigkeit ihrer Vereinbarung erkannt hätten.[917] Sowohl bei der Auslegung als auch bei der ergänzenden Vertragsauslegung spielen also die objektiv zu ermittelnden Grundsätze eines gerechten Interessenausgleichs eine besondere Rolle.

a) Gegenstände der Auslegung

Gegenstand der Auslegung sind die zwischen den Parteien bestehenden Vereinbarungen, die darauf zu untersuchen sind, ob sie Erklärungen zum Umfang der streitbeendenden Wirkung von Schiedssprüchen enthalten. Die Erforschung des Willens der Parteien hat dabei in erster Linie auf Grundlage der Schiedsvereinbarung zu erfolgen, in der die Parteien festgelegt haben, welche Streitigkeiten, die zwischen ihnen in Bezug auf ein bestimmtes Rechtsverhältnis entstehen, der Entscheidung durch ein Schiedsgericht unterworfen sind. Daneben kann die Schiedsverfahrensvereinbarung, in der sich die Parteien über die Ausgestaltung des Verfahrens geeinigt haben, Aufschluss über den Gegenstand des Verfahrens und die von den Parteien mit dem Verfahren verfolgten Zwecke geben. Hilfreich für die Ermittlung des Parteiwillens kann überdies die Heranziehung der weiteren Dokumente sein, in denen die Parteien Abreden über den Gegenstand des Verfahrens getroffen haben.[918] An dieser Stelle ist insbesondere

---

916 So auch die Einschätzung bei *Debourg*, Contrariétés de Décisions, S. 416.

917 Zu den Kriterien der ergänzenden Vertragsauslegung vgl. BGH, Urt. v. 22.4.1953 – Az. II ZR 143/52, BGHZ 9, 273 (278); BGH, Urt. v. 1.2.1984 – Az. VIII ZR 54/83, BGHZ 90, 69 (75); BGH, Urt. v. 17.5.2004 – Az. II ZR 261/01, NJW 2004, S. 2449 (2449); BGH, Urt. v. 24.1.2008 – Az. III ZR 79/07, NJW-RR 2008, S. 562 (563); *Busche*, in: Münchener Kommentar zum BGB, § 157 Rn. 26; *Brox/Walker*, Allg. Teil des BGB, Rn. 140.

918 In diese Richtung *Vorpeil*, RIW 2010, S. 763 (777), unter Verweis auf *LIDL GmbH v Just Fitness Limited* [2010] EWHC 39 (Ch).

an die *Terms of Reference*[919] zu denken, die bei einem nach der ICC-SchO durchgeführten Schiedsverfahren gemäß Art. 23 ICC-SchO abzuschließen sind. Nicht zuletzt finden sich auch in den zwischen den Parteien im Laufe des Schiedsverfahrens ausgetauschten Schriftsätzen Anhaltspunkte für die Beurteilung der Reichweite der Rechtskraft. So wird der Gegenstand des Schiedsverfahrens zunächst durch die Klageschrift bestimmt, in welcher der Kläger den seiner Ansicht nach zur Begründung des erhobenen Anspruchs geeigneten Sachverhalt vorbringt. Hierbei kann er sich an den Vorgaben der nationalen Prozessgesetze und Gepflogenheiten oder den in bestimmten Schiedsinstitutionen verbreiteten Formen der Einreichung von Anträgen orientieren.[920] Auch im Übrigen gilt, dass sich aus den Begleitumständen des Schiedsverfahrens Anknüpfungspunkte für die Erforschung des Willens der Parteien ergeben.[921]

b) Indizien für den Parteiwillen bezüglich des Umfangs der Rechtskraft

Wie erwähnt werden die Parteien eines Schiedsverfahrens nur in seltenen Fällen so vorausschauend sein, sich ausdrücklich über den Umfang der Rechtskraft des Schiedsspruchs zu verständigen. Indem sie allerdings Vereinbarungen über die Gegenstände treffen, über die sie vor einem Schiedsgericht streiten wollen und zu welchem Zweck dies geschehen soll, einigen sie sich mittelbar in vielen Fällen auch über die den Umfang der Rechtskraft bestimmenden Faktoren.

---

919 Zur Historie der *Terms of Reference P. Sanders*, in: Aksen et al., FS Briner, S. 693 (694); zu ihrer Verwandtschaft zum *compromis* des französischen Rechts *Schlosser*, Internationale private Schiedsgerichtsbarkeit, Rn. 265 ff.; ferner *Nicklisch*, RIW 1988, S. 763 (763); *Sandrock*, RIW 1987, S. 649 (651).

920 Zur Bedeutung der Schriftsätze und sonstigen Parteihandlungen *Schlosser*, in: Stein/Jonas, ZPO, § 1055 Rn. 16.

921 BGH, Urt. v. 8.7.1999 – Az. III ZR 5/98, NJW 1999, S. 3191 (3191); BGH, Urt. v. 16.10.1997 – Az. IX ZR 164/96, NJW-RR 1998, S. 259 (259); *Ellenberger*, in: Palandt, BGB, § 133 Rn. 5; *Busche*, in: Münchener Kommentar zum BGB, § 133 Rn. 51.

aa) Schiedsvereinbarung und sonstige Vereinbarungen über den Umfang der Entscheidungsbefugnis

Anhaltspunkte für die Bestimmung des Willens der Parteien lassen sich in erster Linie aus der Schiedsvereinbarung entnehmen, in der die Gegenstände aufgezählt sind, welche die Parteien der Gerichtsbarkeit des Schiedsgerichts unterstellen wollen.[922] In der Regel ist davon auszugehen, dass die Parteien eine umfassende Entscheidung ihrer Rechtsstreitigkeiten durch das Schiedsgericht begehren und dementsprechend eine weitgefasste Schiedsvereinbarung gewählt haben. Denn die Beschränkung der schiedsrichterlichen Entscheidungsbefugnis etwa auf einen bestimmten materiell-rechtlichen Aspekt bringt die Problematik mit sich, dass es zu einer Zuständigkeitsaufteilung zwischen Schiedsgerichten und staatlichen Gerichten kommen kann, was die Gefahr mehrfacher und sich womöglich sogar widersprechender Titel mit sich bringt. Aus diesem Grund ist im nationalen wie internationalen Schiedsverfahrensrecht anerkannt, dass nach dem Willen der Parteien das Schiedsgericht den Rechtsstreit im Zweifel unter allen in Betracht kommenden rechtlichen Gesichtspunkten zu entscheiden hat.[923]

Lässt sich der Schiedsvereinbarung oder einer sonstigen Vereinbarung der Parteien jedoch im Wege der Auslegung entnehmen, dass die schiedsrichterliche Entscheidungsbefugnis im ersten Verfahren begrenzt war, ist diese Willensäußerung auch für den Umfang der Rechtskraft von Bedeutung.[924] Begehrt der Kläger in einem nachfolgenden Verfahren eine Entscheidung über eine Rechtsfolge, über die schon im ersten Verfahren entschieden wurde, stützt er sich hierbei allerdings auf eine Anspruchsnorm, über deren Vorliegen das erste Schiedsgericht nicht zu entscheiden befugt war, so spricht das in aller Regel dafür, dass die Streitgegenstände des ers-

---

922 Zur Bedeutung der Schiedsvereinbarung für die Bestimmung des Umfangs der Rechtskraft BGH, Urt. v. 28.2.1957 – Az. VII ZR 204/56, BGHZ 24, 15 (20); *Lorenz*, AcP 157 (1958/59), S. 265 (276); in diese Richtung *Radicati di Brozolo,* ASA Special Series 38, S. 127 (149); *Mayer*, in: Boisseron et al., FS Reymond, S. 185 (189 f.).

923 *Münch*, in: Münchener Kommentar zur ZPO, § 1029 Rn. 71; *Voit*, in: Musielak, ZPO, § 1029 Rn. 23, jeweils mit Einzelbeispielen; *Nelle*, Anspruch, S. 538; *Born*, International Commercial Arbitration, Bd. I, S. 1320 ff. m.w.N. zu einzelnen nationalen Rechtsordnungen.

924 BGH, Urt. v. 28.2.1957 – Az. VII ZR 204/56, BGHZ 24, 15 (20); *Voit*, in: Musielak, ZPO, § 1055 Rn. 9.

ten und des zweiten Verfahrens nicht identisch sind und die zweite Klage mithin zulässig ist. Die Rechtskraft des ersten Schiedsspruchs ist auf die Entscheidung über die bezeichnete Anspruchsnorm beschränkt. Der damit verbundenen Gefahr der Schaffung mehrerer, sich möglicherweise widersprechender Titel kann mit dem Institut des allgemeinen Rechtsschutzbedürfnisses Rechnung getragen werden. Bei der Verneinung des Rechtsschutzbedürfnisses ist allerdings Zurückhaltung angebracht, denn anders als in staatlichen Verfahren[925] ist die Beschränkung des Streitgegenstands durch den Kläger auf bestimmte rechtliche Gesichtspunkte vor staatlichen Gerichten in Schiedsverfahren schon aufgrund des Wortlauts des § 1029 Abs. 1 ZPO grundsätzlich zulässig und sollte daher im Hinblick auf den Umfang der streitbeendenden Wirkung von Schiedssprüchen beachtet werden. Nur dann wenn sich die Ansprüche des ersten und des zweiten Verfahrens gemessen am außerprozessualen Rechtsschutzbedürfnis des Klägers als austauschbar erweisen und die Gefahr von mehreren sich gegebenfalls sogar widersprechenden Schiedssprüchen von den Parteien ersichtlich nicht bewusst in Kauf genommen wurde, ist zu überlegen, ob es dem Kläger am Rechtsschutzbedürfnis für die zweite Klage fehlt.[926]

bb) Festlegungen der entscheidungserheblichen Punkte

Aufschluss über den Umfang der streitbeendenden Wirkung eines Schiedsspruchs können ferner Dokumente geben, in denen die Parteien Festlegungen über die entscheidungserheblichen Aspekte des Schiedsverfahrens getroffen haben. In der Praxis sind solche Bestimmungen, welche die ausgetauschten Schriftsätze ergänzen und den Auftrag an das Schiedsgericht präzisieren, nicht unüblich. Bisweilen fasst auch das Schiedsge-

---

925 *Vollkommer*, in: Zöller, ZPO, Einl. Rn. 84; Rosenberg/Schwab/Gottwald, Zivilprozessrecht, § 77 Rn. 9 ff.; *Jauernig/Hess*, Zivilprozessrecht, § 25 Rn. 3, *Becker-Eberhard*, in: Münchener Kommentar zur ZPO, Vorb. zu §§ 253 ff. Rn. 39; auch *Schlosser*, Einverständliches Parteihandeln, S. 33 f.; zur Unzulässigkeit des „Ausklammerns" einzelner Tatsachen OLG Brandenburg, Urt. v. 14.10.2009 – Az. 4 U 11/09, NJW-RR 2010, S. 635 (636); siehe aber auch OLG Köln, Urt. v. 21.9.1983 – Az. 2 U 33/83, MDR 1984, S. 151 f., zu einer Hinweispflicht nach § 139 ZPO, wenn einzelne Anspruchsgrundlagen ausgeklammert bleiben.

926 *Bosch*, Rechtskraft und Rechtshängigkeit, S. 117; für die Beurteilung der Austauschbarkeit ist das nationale Verständnis des Umfangs der Rechtskraftwirkungen entscheidend.

richt in prozessualen Verfügungen (*procedural order*) die aus seiner Sicht entscheidungserheblichen Punkte zusammen und stellt diese in Entwurfsform den Parteien zur Verfügung, die Anmerkungen und Ergänzungen vornehmen können.

In institutionalisierter Form sind solche Abreden über die entscheidungserheblichen Punkte in ICC-Verfahren bekannt, in denen die Parteien und das Schiedsgericht zum Abschluss der sogenannten *Terms of Reference* angehalten sind. In diesen sind gemäß Art. 23 ICC-SchO eine zusammenfassende Darlegung des Vorbringens der Parteien, ihrer Anträge und, soweit möglich, eine Schätzung des Geldwerts sonstiger Ansprüche aufzunehmen. Des Weiteren ist eine Auflistung der zu entscheidenden Streitfragen erforderlich, Art. 23 (1) S. 2 lit. d) ICC-SchO. Erstellt werden die *Terms of Reference* vom Schiedsgericht unter Mitwirkung der Parteien, Art. 23 (1) S. 1 ICC-SchO. Angesichts der Bedeutung der *Terms of Reference* für den Ablauf des Schiedsverfahrens wird in der Praxis auf die genaue Formulierung der zu entscheidenden Streitfragen große Sorgfalt gelegt. Beschäftigen sich die Parteien eingehend mit den Punkten, welche die Entscheidung des Schiedsgerichts über die begehrte Rechtsfolge tragen sollen, kann das mithin Anlass für eine Erstreckung der streitbeendenden Wirkung auf Entscheidungen über diese Streitfragen sein. Insbesondere dann, wenn die *Terms of Reference* erkennen lassen, dass die Parteien auf die Beurteilung eines bestimmten Aspekts Wert gelegt haben, spricht einiges dafür, die entsprechenden Feststellungen des Schiedsgerichts an der Rechtskraft teilhaben zu lassen. Die *Terms of Reference* können dementsprechend den nach deutschem Recht erforderlichen Antrag nach § 256 Abs. 2 ZPO ersetzen[927] und den Umfang der Bindungswirkung des Schiedsspruchs über den Entscheidungsausspruch hinaus erweitern.

927 *Schlosser*, in: Stein/Jonas, ZPO, § 1055 Rn. 15; in diese Richtung wohl auch *Radicati di Brozolo,* ASA Special Series 38, S. 127 (149); *Nicklisch*, RIW 1988, S. 763 (764), berichtet, dass in Frankreich eine Pflicht der Schiedsrichter diskutiert wurde, über solche Punkte einen Zwischenschiedsspruch zu erlassen.

cc) Zweck des Schiedsverfahrens

Bei der Ermittlung des Umfangs der streitbeendenden Wirkung des Schiedsspruches ist überdies der Zweck zu berücksichtigen,[928] den die Parteien mit dem Schiedsverfahren erreichen wollen.[929] Auch wenn die Parteien den Prozesszweck nur selten schriftlich fixieren, können die Umstände und die Art und Weise der Prozessführung doch Aufschluss über ihre gemeinsamen Absichten geben.

Geht es dem Schiedskläger allein darum, einen bestimmten und im Schiedsantrag bezifferten Betrag aus einem unstreitig zwischen den Schiedsparteien bestehenden Vertragsverhältnis zu erhalten, und beschränkt sich das Schiedsgericht unter Verzicht auf eine Beweiserhebung auf die rechtliche Prüfung des geltend gemachten Anspruchs, liegt die Vermutung nahe, dass die Parteien die Durchsetzung ihrer subjektiven Rechtspositionen und nicht eine umfassende Aufarbeitung ihrer rechtlichen und tatsächlichen Beziehungen mit dem Ziel der Herstellung umfassender Rechtssicherheit und Rechtsfrieden wünschen. Dementsprechend sollte auch der Umfang der Rechtskraft auf den konkreten Entscheidungsausspruch beschränkt sein und nicht auf rechtliche und tatsächliche Vorfragen erstreckt werden.

Anders kann es sich in einem Schiedsverfahren verhalten, in denen der Kläger einen nicht näher umschriebenen Anspruch auf Ersatz von Schäden und/oder Aufwendungen anhängig macht, zu dessen tatsächlicher und rechtlicher Klärung unter anderem etwa ein aufwendiges Dokumentvorlageverfahren durchgeführt worden ist. In einem solchen Fall mag die Auslegung des Parteiverhaltens ergeben, dass die Parteien eine möglichst umfassende Klärung ihrer Rechtsstreitigkeiten bezwecken. Ein weiter Rechtskraftumfang, der die tragenden Gründe der Entscheidung einbezieht, wird ihnen dann gelegen kommen. Auch die Tatsache, dass die Parteien weiterhin Rechtsbeziehungen zueinander unterhalten wollen, kann in diesem Zusammenhang von Bedeutung für die Bestimmung des Streitgegenstands und damit der *res arbitrata* sein.[930] Denn dem Erfolg einer weiteren Zusammenarbeit dürfte vor allem zuträglich sein, dass Rechtsstreitigkeiten

---

928 BGH, Urt. v. 28.6.1951 – Az. IV ZR 93/50, NJW 1951, S. 759 (760); BGH, Urt. v. 13.6.2007 – Az. IV ZR 330/05, NJW 2007, S. 2320 (2322); *Ellenberger*, in: Palandt, BGB, § 133 Rn. 18.

929 *Wirth*, SchiedsVZ 2009, S. 203 (205).

930 *Shell*, UCLA Law Rev. 35 (1988), S. 623 (658).

aus einem in der Vergangenheit liegenden Sachverhalt nicht immer wieder zu Unstimmigkeiten führen und zu einer Belastung auch für die sonstigen Rechtsbeziehungen der Parteien werden.

Dessen unbeschadet ist es aber nicht zulässig, den Parteien allein unter Hinweis auf die Befriedungsfunktion von Schiedsverfahren ohne konkrete Anhaltspunkte einen Willen zu einer über den Streitgegenstand des ersten Verfahrens hinausgehenden Rechtskraftwirkung zu unterstellen. Bei einer streitgegenstandsfremden Präklusion handelt es sich nämlich nicht um eine in allen Rechtsordnungen bekannte Ausprägung der Rechtskraft von Entscheidungen; dem deutschen Recht jedenfalls ist eine streitgegenstandsfremde Ausschlusswirkung nur in engen Grenzen bekannt.[931] Selbst wenn in der internationalen Schiedsgerichtsbarkeit eine Konzentrationspflicht zunehmend Verbreitung finden sollte, ist nach wie vor Zurückhaltung geboten.[932] Es muss sich aus den Umständen des Schiedsverfahrens klar ergeben, dass die Parteien die umfassende Aufarbeitung ihrer Rechtsverhältnisse und deshalb eine Ausschlusswirkung auch bezüglich der (prozessualen) Ansprüche wünschen, die im ersten Verfahren zwar nicht geltend gemacht wurden, aber hätten erhoben werden können.

Teilweise wird der Einführung eines dem *abuse of process*-Gedankens verwandten Konzepts mit der Überlegung das Wort geredet, dass zum einen der Beklagte vor schikanösen Klagen zu schützen sei, und zum anderen ein öffentliches Interesse an der Endgültigkeit von Schiedsverfahren bestehe.[933] Welche öffentlichen Interessen dies sein sollen, bleibt allerdings im Dunkeln. Das Argument der Vermeidung öffentlicher Kosten ist bei Schiedssprüchen – wie oben dargelegt[934] – nicht tragfähig. Auch der Verweis auf die Rechtssicherheit hat im Fall der streitgegenstandsfremden

---

931 Vgl. hierzu oben 2. Kap., II. 1. a).

932 So auch *Mayer*, Cahiers de l'Arb. 2011, S. 413 (419 f.); zurückhaltend auch das Schiedsgericht in ICC No. 13254/2011 (unveröffentlicht), wiedergegeben bei *Radicati di Brozolo*, ASA Special Series 38, S. 127 (141); zur Anwendung des *abuse of process*-Gedankens auf Schiedssprüche, vgl. aus dem englischen Rechtskreis *Michael Wilson & Partners Limited v Sinclair* [2013] 1 All ER (Comm) 476; *OMV Petrom SA v Glencore International AG* [2014] EWHC 242 (Comm), zur Geltung einer *l'obligation de concentration des moyens* im französischen Rechtskreis vgl. *Mayer*, Cahiers de l'Arb. 2011, S. 413 ff.; *Debourg*, Rev. de l'Arb. 2011, S. 976 ff.; *Loquin*, Rev. de l'Arb. 2010, S. 201 ff. m.w.N. auch zur Rechtsprechung.

933 Vgl. *ILA*, Final Report, Rn. 61.

934 Siehe hierzu 1. Kap., II. 2. b).

Präklusion wenig Gewicht, da über den im zweiten Verfahren anhängig gemachten Streitgegenstand gerade noch keine Entscheidung ergangen ist. Ganz abgesehen davon ist vom hier vertretenen Standpunkt ohnehin davor zu warnen, öffentliche und institutionelle Interessen an der Rechtskraft von Schiedssprüchen kurzerhand in die Parteivereinbarung hineinzulesen.

dd) „Nationale Färbung" des Schiedsverfahrens

Bei der Erforschung des Willens der Parteien spielt nicht zuletzt die „nationale Färbung" des Schiedsverfahrens eine Rolle. Rückschlüsse auf den gewollten Umfang der Rechtskraft können in dieser Hinsicht die Nationalität der Parteien und ihrer Anwälte sowie die Besetzung des Schiedsgerichts geben.[935] Ist dieses beispielsweise mit drei in der deutschen ordentlichen Gerichtsbarkeit tätigen Richter besetzt, so wird die klageerhebende Partei ihre Schiedsklage eher an der Vorschrift des § 253 ZPO ausrichten als im Fall eines Schiedsgerichts, das aus Schiedsrichtern gebildet ist, die in drei unterschiedlichen Rechtsordnungen sozialisiert sind und über eine jahrelange Erfahrung in der internationalen Handelschiedsgerichtsbarkeit verfügen. Je „nationaler" das Verfahren ist, umso eher wird die Anwendung des jeweiligen nationalen Konzepts zur Bestimmung des Umfangs der Rechtskraft im Interesse der Parteien liegen. Entspricht jedenfalls die gesamte Prozessführung vor dem Schiedsgericht der Gestaltung von Rechtsstreitigkeiten vor staatlichen Gerichten, so wird die Heranziehung der jeweiligen nationalen Vorschriften bei der Bestimmung von Streitgegenstand und Umfang der Rechtskraft auch dem Willen der Parteien entsprechen.[936]

c) Zweifelsregelung: Anwendung des Schiedsverfahrensrechts

Bleiben nach Berücksichtigung der im Vorstehenden diskutierten Indizien Zweifel, in welchem Umfang die Parteien dem Schiedsspruch streitbeendende Wirkung beimessen, ist weiter nach einer Lösung zu suchen, die

---

935 Vgl. hierzu das Fallbeispiel bei *Erk*, Parallel Proceedings, S. 167.

936 *Radicati di Brozolo*, ASA Special Series 38, S. 127 (138); *Schaffstein*, Doctrine of Res Judicata, 4.141; OLG München, Beschl. v. 14.12.2009 – Az. 34 Sch 2/09 (DIS-Datenbank); *Schlosser*, in: Stein/Jonas, ZPO, § 1055 Rn. 16.

einen angemessenen Ausgleich zwischen den Interessen der Parteien herstellt. Es bietet sich der Rückgriff auf die nationalen Rechtskraftkonzepte an, die für sich genommen schon eine Abwägung der bei der Bestimmung des Rechtskraftumfangs widerstreitenden Interessen verkörpern. Zu klären bleibt allerdings, die Anwendung welcher Rechtsordnung den Interessen der Parteien im konkreten Fall am ehesten gerecht wird.[937] Grundsätzlich in Betracht kommt – wie an anderer Stelle schon erwähnt – die Geltung des Rechts des Staates, in dem das zweite Verfahren stattfindet, die Anwendung des Rechts des Staates, in dem das erste Verfahren geführt worden ist, wobei hier zu unterscheiden ist zwischen dem staatlichen Schiedsrecht und dem Recht, das nach dem Willen der Parteien auf das Schiedsverfahren anwendbar ist, sowie die Geltung des in der Sache angewandten materiellen Rechts.[938]

Aus Sicht der Parteien[939] spricht gegen die Maßgeblichkeit des Rechts des zweiten Verfahrens, dass sie im Verlauf des ersten Verfahrens in aller Regel keinerlei Vorstellungen darüber haben werden, in welchem Staat bzw. in welchen Staaten etwaige nachfolgende Verfahren zu führen sein werden. Die Anwendung des Verfahrensrechts des nachfolgend befassten Gerichts führte zudem dazu, dass der Umfang der streitbeendenden Wirkungen des Schiedsspruchs für die Parteien kaum vorhersehbar wäre und sich gegebenenfalls von Verfahren zu Verfahren unterschiede. Eine solche zu Rechtsunsicherheit führende Auslegung dürfte daher kaum dem Willen der Parteien gerecht werden.

Schon aus Gründen der Vorhersehbarkeit und Einheitlichkeit der Beurteilung[940] des Umfangs der Rechtskraft, die für die Stabilität ihrer Rechts-

---

937 Das hier vorgeschlagene Vorgehen deckt sich mit der klassischen Aufgabe des Kollisionsrechts, nach der Rechtsordnung zu suchen, die dem Fall sachlich oder persönlich am nächsten steht und daher die Vermutung in sich trägt, eine angemessene Lösung des Sachverhalts bieten zu können, vgl. nur *Kropholler*, IPR, S. 25.

938 Vgl. die oben 5. Kap., II. 1. dargestellten Auffassungen zur Frage, nach welcher Rechtsordnung sich die Rechtskraftwirkungen eines Schiedsspruchs richten.

939 Eine andere, unten unter II. zu beantwortende Frage ist, ob und welche staatliche Interessen für die Anwendbarkeit einer anderen Rechtsordnung als die, die nach dem Willen der Parteien gelten soll, streiten.

940 Für Urteile findet sich die Argumentationsfigur des „internationalen Entscheidungseinklangs" bei *Kropholler*, IPR, S. 679; *Peiffer*, Grenzüberschreitende Titelgeltung, Rn. 72; *Martiny*, Handbuch IZVR, Bd. III/1, Rn. 367; *H. Roth*, in: Stein/Jonas, ZPO, § 328 Rn. 7; *M. Stürner*, in: Geimer/Kaissis/Thümmel, FS Schütze, S. 579 (591).

beziehungen wünschenswert ist,[941] werden die Parteien vielmehr annehmen, dass das Recht, nach dem sie das Verfahren bestreiten, auch für die Bestimmung des Umfangs der streitbeendenden Wirkung der Entscheidung maßgeblich sein wird.[942] Fraglich bleibt, ob es nach dem Willen der Parteien eher auf das Recht des Staates ankommen soll, auf dessen Gebiet das erste Schiedsverfahren stattgefunden hat, oder ob – bei Zulässigkeit einer entsprechenden Rechtswahl – das Recht, nach dem das Verfahren durchgeführt worden ist, eine den Interessen der Parteien Rechnung tragende Lösung bereit hält. Für erstgenannte Möglichkeit könnte sprechen, dass dieses den gesetzlichen Rahmen des Schiedsverfahrens vorgegeben und neben den zwingenden Verfahrensvorgaben auch das Verhältnis der Schiedsgerichtsbarkeit zur staatlichen Rechtsordnung bestimmt hat (vgl. etwa §§ 1034 Abs. 1, 1035 Abs. 3, 1040 Abs. 3, 1055, 1059 ZPO). In aller Regel beschränkt sich der unmittelbare Einfluss der *lex arbitri* jedoch – wie in § 1042 ZPO deutlich wird – auf die Statuierung von wenigen zwingenden Vorschriften für das schiedsrichterliche Verfahren, § 1042 Abs. 1 ZPO, und legt im Übrigen die Ausgestaltung des Schiedsverfahrens in die Hände der Parteien, § 1042 Abs. 3 ZPO. Dem Schiedsspruch als Ergebnis des Schiedsverfahrens steht das Recht, auf dessen Anwendbarkeit sich die Parteien für die Gestaltung des Verfahrens verständigt haben, daher näher.

Die Beurteilung des Umfangs der *res arbitrata* nach diesem Recht stellt ferner deshalb eine gerechte Abwägung der beiderseitigen Parteiinteressen dar, weil es beiden Parteien möglich war, auf den Gang des Verfahrens Einfluss zu nehmen und für ihre Rechte zu streiten. In diesem Sinne kann bei Anwendung des Verfahrensrechts nicht die Rede davon sein, dass eine der Parteien von einer Wirkung des Schiedsspruchs überrascht werden würde.[943] Denn die prozessualen Möglichkeiten, die ihnen das gewählte Verfahrensrecht bietet, spiegeln sich im Umfang der Rechtskraft wider.

---

941 So für Urteile *Peiffer*, Grenzüberschreitende Titelgeltung, S. 72.

942 Für die Anwendung des Rechts des ersten Schiedsverfahrens auf den Umfang der streitbeendenden Wirkung des Schiedsspruchs sprechen sich aus *Schlosser*, in: Stein/Jonas, ZPO, § 1055 Rn. 35; *ders.*, Internationale private Schiedsgerichtsbarkeit, Rn. 901; auch *Geimer*, in: Zöller, ZPO, § 1025 Rn. 19, § 1055 Rn. 20; wohl auch *Schütze*, in: Wiezcorek/Schütze, ZPO, § 1061 Rn. 91; unklar Baumbach et al., ZPO, § 1055 Rn. 3 („*Natürlich muss man auch das Verfahrensstatut beachten.*").

943 *Peiffer*, Grenzüberschreitende Titelgeltung, Rn. 79; *Rimmelspacher*, Materiellrechtlicher Anspruch, S. 184 ff.; *Hausmann*, Kollisionsrechtliche Schranken, S. 178.

So trifft etwa nach deutschem Recht eine Partei nur dann und insoweit eine Obliegenheit, gegen eine gerichtliche Subsumtion oder sonstige rechtliche Feststellung argumentativ vorzugehen, als diese Feststellung den Inhalt des Entscheidungssatzes zu ihrem Nachteil zu beeinflussen droht. Wirkt sich ein Begründungsschritt hingegen nicht nachteilig auf das Ergebnis des konkret zur Entscheidung stehenden Verfahrens aus, kann er von der Partei hingenommen werden. Wünscht eine Partei nun allerdings, dass ein vom Gericht festgestelltes Rechtsverhältnis an der Rechtskraft der Entscheidung teilnimmt, so ist sie gehalten, eine Zwischenfeststellungsklage nach § 256 Abs. 2 ZPO zu erheben – eine Möglichkeit, die ihr nach *common law* schon deshalb nicht zusteht, weil präjudizielle Feststellungen, soweit sie Gegenstand (*issue*) des Verfahrens waren, an der Rechtskraft der Entscheidung teilhaben, ohne dass ein Handeln einer Partei erforderlich wäre. Die Frage nach dem Recht, nach dem sich der Umfang der Rechtskraft bestimmt, ist demnach für die Gewährleistung eines effektiven Rechtsschutzes entscheidend. Die Rechtssuchenden sollen darauf vertrauen können, dass sich der Erfolg ihrer Prozessführung im Entscheidungsspruch niederschlägt. War es aus Sicht der Parteien nicht erforderlich dazu beizutragen, dass eine mit der tatsächlichen Rechts- und Tatsachenlage übereinstimmende Entscheidung ergeht, und traf sie auch keine entsprechende prozessuale Obliegenheit, so darf es den Parteien nicht verwehrt werden, in nachfolgenden Verfahren, die Richtigkeit der Entscheidung in diesem Punkt in Frage zu stellen. Die Bestimmung des Umfangs der streitbeendenden Wirkungen eines Schiedsspruchs nach Maßgabe des Rechts, nach dessen Maßgabe die Entscheidung gefunden wurde, ist mithin Ausdruck der Maxime, dass die Rechtskraft einer Entscheidung nur in dem Maße gegeben sein kann, in dem die Richtigkeit der Entscheidung gewährleistet ist.[944]

Im Ergebnis stellt die Bestimmung des Umfangs der Rechtskraft des Schiedsspruchs nach Maßgabe des im ersten Schiedsverfahren zur Entscheidungsfindung angewandten Schiedsverfahrensrechts eine interessengerechte Lösung für die Auflösung der widerstreitenden Interessen der Parteien dar. Haben die Parteien keine Vereinbarung für die Beurteilung der Reichweite der streitbeendenden Wirkungen getroffen, so ist bei Fehlen sonstiger Anhaltspunkte ihr Erklärungsverhalten im Laufe des Schiedsverfahrens dahingehend zu verstehen, dass sie eine Ausrichtung

944 *Henckel*, Prozessrecht und materielles Recht, S. 155 f.

am Verfahrensrecht des Schiedsverfahrens bezweckt haben, das den Schiedsspruch hervorgebracht hat.[945]

II. Beachtlichkeit der Parteivereinbarungen in staatlichen Verfahren

Der folgende Abschnitt fragt, ob der vorstehend entwickelten Bestimmung des Umfangs der Rechtskraftwirkungen anhand der privatautonomen Vereinbarung durch die deutsche Rechtsordnung Grenzen gesetzt sind.

Soweit es um die Beachtlichkeit von Schiedssprüchen *in nachfolgenden Schiedsverfahren* geht, ist das von vornherein zu verneinen. Wie im vierten Kapitel dargelegt wurde, enthält das deutsche Recht keine Regelungen zur Beachtlichkeit von Schiedssprüchen in nachfolgenden Schiedsverfahren. Die den Schiedsparteien durch §§ 1029, 1042 Abs. 3 ZPO eingeräumte Möglichkeit, die Wiederholung einer Streitigkeit vor einem anderen Schiedsgericht auszuschließen beziehungsweise das Entschiedene für nachfolgende Schiedsgerichte für verbindlich zu erklären, umfasst mithin auch die Befugnis, über den Umfang dieser Wirkungen zu disponieren, solange dabei die in § 1042 Abs. 1 ZPO normierten Grundsätze der Gleichbehandlung der Parteien und des rechtlichen Gehörs beachtet werden. Ein nachfolgendes Schiedsgericht hat dem Willen der Parteien zur Durchsetzung zu verhelfen.

Weniger klar ist die Rechtslage hinsichtlich des Umfangs der Rechtskraft von Schiedssprüchen in *nachfolgenden Gerichtsverfahren*. Grenzen könnten der Anerkennung des Parteiwillens insoweit durch die Vorschrift des § 1055 ZPO gesetzt sein, der zufolge der Schiedsspruch unter den Parteien die Wirkungen eines rechtskräftigen gerichtlichen Urteils hat. Wie nachfolgend zu zeigen ist, verpflichtet diese Vorschrift richtigerweise aber nicht dazu, den Rechtskraftumfang eines Schiedsspruchs nach den für Urteile entwickelten Grundsätzen zu bestimmen. Nur der *ordre public* kann im Einzelfall der Wirksamkeit einer Parteivereinbarung über den Umfang der streitbeendenden Wirkung eines Schiedsspruchs entgegenstehen.

945 A.A. *Debourg*, Contrariétés de Décisions, S. 416, die es nicht für möglich hält, aus dem gewählten Verfahrensrecht Rückschlüsse auf die Rechtskraftregeln zu ziehen. *Lühmann*, Rechtskraft des Schiedsspruchs, S. 326, will in Zweifelsfällen auf das Recht des Anerkennungsstaates und die für Urteile geltenden Grundsätze zurückgreifen.

1. Zwei Auslegungen des § 1055 ZPO: Gleichsetzungs- und Gleichstellungslehre

Wie im vierten Kapitel der Untersuchung dargelegt wurde, kommt einem Schiedsspruch in einem nachfolgenden Gerichtsverfahren ebenso wie einem Urteil eine Ausschluss- und eine Bindungswirkung zu, § 1055 ZPO[946] Darüber hinaus könnte die Vorschrift so zu verstehen sein, dass der Schiedsspruch einem Urteil *gleichgesetzt* wird.[947] Die Rechtskraftwirkungen wären mithin so zu bestimmen, als wäre die Entscheidung in Form eines Urteils ergangen. Für die Ausschlusswirkung gälte der für Urteile entwickelte Streitgegenstandsbegriff; die Bindungswirkung bezöge sich gemäß der für Urteile geltenden Dogmatik allein auf den Entscheidungsausspruch (Tenor). Abweichende Vereinbarungen der Parteien hätten mithin nur für nachfolgende Schiedsverfahren eine Bedeutung, in Gerichtsverfahren wären sie wirkungslos.

Zwingend ist die Gleichsetzungsthese allerdings nicht. Die Vorschrift des § 1055 ZPO kann auch so verstanden werden, dass Schiedssprüche und Urteile lediglich hinsichtlich der Wirkungen des durch sie jeweils Entschiedenen gleichgestellt werden. Es kommt insoweit nicht darauf an, in welches förmliche Gewand eine Entscheidung gesteckt wird. Was entschieden wurde, erwächst in Rechtskraft und entfaltet damit sowohl eine Ausschluss- als auch eine Bindungswirkung. Das bedeutet aber nicht – und darin liegt der Unterschied zur Gleichsetzungsthese –, dass der Inhalt des Schiedsspruchs und damit der Gegenstand der Rechtskraftwirkungen nach den gleichen, durch hoheitliches Recht zwingend vorgegebenen Grundsätzen zu bestimmen wäre. Der Streitgegenstand und die an der präjudiziellen Wirkung des Schiedsspruchs teilnehmenden Entscheidungselemente sind nach dieser Lesart nicht durch die Zivilprozessordnung vorgegeben. Sie können mithin durch Parteivereinbarung bestimmt werden. Der Schiedsspruch wird inhaltlich von den Parteien geformt. In der ihm gegebenen Gestalt erhält er durch § 1055 ZPO die Wirkungen eines staatlichen Urteils. Insofern wird der Schiedsspruch dem Urteil *gleichgestellt,* aber

946 Siehe oben 4. Kap., I. 2.

947 BGH, Urt. v. 13.1.2009 – Az. XI ZR 66/08, NJW-RR 2009, S. 790 ff.; *Spohnheimer*, Antezipiertes Legalanerkenntnis, S. 25; *Waßmuth*, Richtigkeitskontrolle, S. 107 (allerdings a.A. für Schiedssprüche mit vereinbartem Wortlaut); *Münch*, in: Münchener Kommentar zur ZPO, § 1055 Rn. 20; *Prütting*, in: ders./Gehrlein, ZPO, § 1055 Rn. 1, 6.

nicht *gleichgesetzt*. Dieser Ansatz erweist sich aus den nachfolgend darzustellenden Gründen als vorzugswürdig. In die Diskussion einzubeziehen sind dabei die Argumente, die für eine Beschränkung der Rechtskraftwirkung ausländischer Urteile auf die Rechtskraftwirkung inländischer Urteile gemäß § 328 ZPO vorgebracht werden und die sich *mutatis mutandis* auf Schiedssprüche – und zwar nicht nur auf ausländische, sondern auch auf inländische – übertragen lassen.[948]

2. Vorzugswürdigkeit der Gleichstellungslehre

a) Keine Frage der nationalen Souveränität

Für die Gleichsetzungsthese könnte zunächst die Überlegung sprechen, allein der Anerkennungsstaat, der über das „Ob" der Beachtlichkeit eines Schiedsspruchs vor Gericht zu entscheiden habe, könne auch den Umfang der Rechtskraft festlegen.[949] Der inländische Richter sei nur an das „eigene" staatliche Recht gebunden; er könne nicht durch eine Parteivereinbarung einem fremden Recht unterworfen werden. An dieser Überlegung ist richtig, dass Schiedssprüche der Anerkennung durch die deutsche Rechtsordnung bedürfen, um für deutsche Gerichte Beachtlichkeit zu erlangen. Die Schiedsparteien können die nationale Hoheitsgewalt unmittelbar zu

948 Eine solche Rechtskraftbeschränkung wird einerseits von der sog. Gleichstellungslehre (BGH, Urt. v. 1.6.1983 – Az. IV b ZR 386/81, NJW 1983, S. 1976 ff.; BGH, Urt. v. 6.11.1985 – Az. IV b ZR 73/84, NJW 1986, S. 1440; OLG Köln, Urt. v. 20.7.2004 – Az. 25 UF 24/04, NJW-RR 2005, S. 876; *Spiecker genannt Döhmann*, Anerkennung von Rechtskraftwirkungen, S. 70 ff.; *Matscher*, in: Fasching/Kralik, FS Schima, S. 265 [279]) und andererseits von der sog. Wirkungserstreckungslehre in der Variante der sog. Kumulationstheorie vertreten (mit Unterschieden im Detail *Stadler*, in: Musielak, ZPO, § 328 Rn. 35 [Wirkungen müssen *„der Art nach bekannt"* sein]; *Gottwald*, in: Münchener Kommentar zur ZPO, § 328 Rn. 5, 167 [Wirkungen müssen *„grundsätzlich bekannt"* sein]; *Schack*, IZVR, Rn. 886 [Wirkungen, die das deutsche Recht dem Urteil beimessen würde]).

949 Vgl. zu ausländischen Urteilen BGH, Urt. v. 1.6.1983 – Az. IV b ZR 386/81, NJW 1983, S. 1976 (1977) (*„Aus der Erkenntnis, daß der ausländische Titel Wirkungen im Inland nur vermöge seiner Anerkennung entfaltet, ergibt sich, daß die inländische Rechtsordnung auch die Grenzen der Anerkennung bestimmt."*); *Matscher*, in: Fasching/Kralik, FS Schima, S. 265 (276).

nichts verpflichten.[950] Das schließt es aber nicht aus, dass das deutsche Recht den Parteien die Kompetenz zur Definition des Rechtskraftumfangs durch §§ 1029 Abs. 1, 1042 Abs. 3 ZPO überträgt und ihnen damit eine Abweichung von den Inhalten des eigenen Verfahrensrechts erlaubt.[951] Die Souveränität der nationalen Gesetzgebung wird durch eine solche Delegation ebenso wenig berührt wie durch die Einräumung der allgemeinen Kompetenz zum Abschluss privatrechtlicher Verträge. Ist die Anerkennung des Schiedsspruchs in dem von den Parteien vereinbarten Umfang von der deutschen Rechtsordnung vorgegeben, so ist ein deutsches Gericht bei der entsprechenden Beurteilung nicht etwa einem ausländischen bzw. einem privaten Rechtsanwendungsbefehl ausgesetzt, sondern hat aufgrund der Verweisung des deutschen Rechts die Parteivereinbarungen zugrunde zu legen.[952]

Aus einer ähnlichen Überlegung heraus verfängt auch nicht der traditionell bei Urteilen gegen die uneingeschränkte Wirkungserstreckungslehre vorgebrachte, teilweise aber auch bei Schiedssprüchen erhobene[953] Einwand, einer fremden Entscheidung dürften keine Rechtskraftwirkungen beigemessen werden, die für inländische Urteile so nicht vorgesehen seien. Letztlich handelt es sich um eine reine *petitio principii*, die unerklärt lässt, aus welchem Grund die Urteilsrechtskraft die Obergrenze der Rechtskraft von Schiedssprüchen definieren sollte. Die Autorität staatlicher Urteile wird in keiner Weise berührt, wenn der Gesetzgeber die Vereinbarung weitergehender oder andersgearteter Rechtskraftwirkungen bei Schiedssprüchen erlaubt. Es ist auch nicht ersichtlich, weshalb kein Anreiz dafür gesetzt werden dürfte, die Hilfe ausländischer Gerichte oder Schiedsgerichte in Anspruch zu nehmen, um etwas zu erlangen, was in einem deutschen Verfahren nicht erreichbar wäre.[954] Der staatlicherseits vorausgesetzte und anerkannte Sinn und Zweck von Schiedsverfahren

950 Siehe hierzu oben 3. Kap., II. 3. a).

951 Für die Urteilsanerkennung *Spiecker genannt Döhmann*, Anerkennung von Rechtskraftwirkungen, S. 57; *v. Bar/Mankowski*, IPR, Bd. I, § 5 Rn. 114; *Fischer*, in: Gerhardt et al., FS Henckel, S. 199 (205).

952 So für ausländische Urteile *Kropholler*, IPR, S. 659; *v. Bar/Mankowski*, IPR, Bd. I, § 5 Rn. 82 sowie 113; *Spellenberg*, in: Staudinger, BGB, Neubearb. 2005, § 328 ZPO Rn. 123; in diese Richtung auch *Jaeckl*, Reichweite der lex fori, S. 37.

953 Für ausländische Schiedssprüche *Schlosser*, Internationale private Schiedsgerichtsbarkeit, Rn. 904; *M. Stürner*, in: Geimer/Kaissis/Thümmel, FS Schütze, S. 579 (590), *v. Bar/Mankowski*, IPR, Bd. I, § 5 Rn. 114.

954 *v. Bar/Mankowski*, IPR, Bd. I, § 5 Rn. 114.

liegt gerade darin, den Parteien eine Alternative zur staatlichen Gerichtsbarkeit zu bieten, in der sie eine für ihre Angelegenheiten zugeschnittene Möglichkeit der Prozessführung und -beendigung schaffen können. Die Schiedsgerichtsbarkeit lebt nicht von ihrer *Gleichartigkeit* zu staatlichen Verfahren, sondern von der *Gleichwertigkeit* des gewährten Rechtsschutzes.

b) Wille des Gesetzgebers

Von Vertretern der Gleichsetzungsthese wird darauf hingewiesen, dass der Wortlaut des § 1055 ZPO keinen Hinweis auf eine bloß eingeschränkte Übertragung der für Urteile entwickelten Grundsätze enthalte. Wäre eine solche Begrenzung gewollt gewesen, hätte es ihrer Ansicht nach zumindest einer Erwähnung in der Gesetzesbegründung bedurft.[955] Ausdrücklich finde sich dort nämlich der Hinweis darauf, dass die Rechtskraft eines Schiedsspruchs von einem Gericht nur auf Parteieinrede zu beachten sei,[956] während die Rechtskraft bei Urteilen nach herrschender Lehre *ex officio* berücksichtigt werde. Hinsichtlich eines speziellen Aspekts sei der Gesetzgeber damit ausdrücklich von den für Urteile geltenden Grundsätzen abgewichen. Hätte er weitere Modifikationen gewollt, hätte er auch diese in der Gesetzesbegründung ansprechen müssen.[957]

Mit dieser Argumentation wird den Gesetzesbegründungen allerdings eine systematische Geschlossenheit unterstellt, die sie in der Praxis nicht haben. Des Weiteren wird die Methode der sog. subjektiv-teleologischen Gesetzesauslegung[958] unzutreffend auf eine Exegese der Begründung eines Gesetzesentwurfes beschränkt, der bekanntlich nicht vom Gesetzgeber selbst angefertigt wurde. Vor allem aber lässt sich aus der Hervorhebung einer bestimmten Abweichung der Rechtskraftwirkung von Schiedssprüchen von der Rechtskraftwirkung von Urteilen nicht schließen, dass Urtei-

---

955 *Waßmuth*, Richtigkeitskontrolle, S. 108.

956 BT-Drs. 13/5274, S. 57; vgl. auch *BMJ*, Bericht der Kommission zur Neuordnung des Schiedsverfahrens, S. 184. – Nach der hier vertretenen Ansicht ist die in der Entwurfsbegründung vertretene Rechtsansicht nicht zutreffend. Auch Schiedssprüche sind von Amts wegen vom Gericht zu beachten, siehe hierzu oben 4. Kap., I. 2. b).

957 *Waßmuth*, Richtigkeitskontrolle, S. 108.

958 Vgl. nur *Larenz/Canaris*, Methodenlehre, S. 163 ff.; *Engisch*, Einführung, S. 98 ff., 104, 121.

le und Schiedssprüche nach dem Willen des Gesetzgebers in allen übrigen Punkten identisch sein müssten. Vielmehr gibt die Entwurfsbegründung gerade dadurch zu erkennen, dass die für Urteile entwickelten Grundsätze nicht vorschnell auf Schiedssprüche übertragen werden dürfen.

Auch im Übrigen lässt sich den Gesetzgebungsmaterialien nicht die Aussage einer Übertragung der für die Rechtskraftwirkung von Urteilen entwickelten Grundsätze auf Schiedssprüche entnehmen.[959] Zwar findet sich in der Gesetzesbegründung speziell mit Hinblick auf Schiedssprüche die Aussage, dass *„der durch Anspruch und anspruchsbegründende Tatsachen umrissene Streitgegenstand [...] zum notwendigen Inhalt jeder Klage [gehört] und [...] folglich nicht disponibel*“[960] sei. Der „Wille des Gesetzgebers“ in dieser Frage ist aber alles andere als eindeutig. An anderen Stellen der Entwurfsbegründung wird ein anderer Streitgegenstandsbegriff verwendet. Das zeigt sich etwa in der zu § 1044 S. 2 ZPO im Entwurf geäußerten Ansicht, der Antrag, mit dem das Schiedsverfahren eingeleitet wird, müsse nicht die Angabe des Streitgegenstands enthalten.[961] Dass mit dieser Vorschrift nicht auf § 253 Abs. 2 Nr. 2 ZPO Bezug genommen werden soll, zeigt sich daran, dass der verfahrenseinleitende Antrag nicht die Angabe der Tatsachen enthalten muss, auf die sich das rechtliche Begehren stützt. Der Schiedsantrag muss – wie sich im Wege eines Erst-recht-Schlusses aus § 1046 Abs. 1 ZPO ableiten lässt – nicht einmal einen bestimmten Antrag zu der vom Schiedsgericht in der Sache begehrten Entscheidung enthalten.[962] Auch im weiteren Verfahren ist das Stellen eines bestimmten Antrags vom Gesetz nicht vorgesehen; § 1046 Abs. 1 S. 1 ZPO verlangt im deutlichen Unterschied zu § 253 Abs. 2 Nr. 2 ZPO nur die Darlegung des Anspruchs und der anspruchsbegründenden Tatsachen.[963]

---

959 So auch *Bosch*, Rechtskraft und Rechtshängigkeit, S. 101; zustimmend *Schlosser*, ZZP 105 (1992), S. 513 (514); offenlassend *Münch*, in: Münchener Kommentar zur ZPO, § 1055 Rn. 17.

960 BT-Drs. 13/5274, S. 48.

961 *Voit*, in: Musielak, ZPO, § 1044 Rn. 2 („*schlagwortartige Kennzeichnung des Lebenssachverhalts reicht aus.*“); *Münch*, in: Münchener Kommentar zur ZPO, § 1044 Rn. 24; auch in BT-Drs. 13/5274, S. 48, findet der Antrag keine Erwähnung.

962 *Voit*, in: Musielak, ZPO, § 1044 Rn. 2.

963 So *Voit*, in: Musielak, ZPO, § 1046 Rn. 2; *Saenger*, in: ders., ZPO, § 1046 Rn. 3; a.A. Schwab/Walter, Schiedsgerichtsbarkeit, Kap. 16 Rn. 2.

c) Systematische Überlegungen

Auch eine systematische Auslegung des Gesetzes spricht für die Befugnis der Parteien, von dem gesetzlich für Urteile vorgesehenen Rechtskraftumfang durch Vereinbarung abzuweichen. Die Vorschrift des § 1029 ZPO gibt den Parteien die Möglichkeit, alle oder einzelne Streitigkeiten, die zwischen ihnen in Bezug auf ein bestimmtes Rechtsverhältnis vertraglicher oder nichtvertraglicher Art entstanden sind oder künftig entstehen, der Entscheidung durch ein Schiedsgericht zu unterwerfen. Die Parteien sollen also über die Streitigkeiten und damit über den Streitgegenstand, den sie der Entscheidungsgewalt eines Schiedsgerichts zuweisen, verfügen können. Anders als die Parteien eines staatlichen Gerichtsverfahrens haben sie die Möglichkeit, die Entscheidungsbefugnis des Schiedsgerichts auf einzelne materielle Rechtsverhältnisse zu beschränken und bestimmte Rechtsfragen auszuklammern.[964] Sie begrenzen damit zugleich den Inhalt der schiedsgerichtlichen Entscheidung. Vereinbarungen der Parteien über den Gegenstand, über den das Schiedsgericht eine Entscheidung zu treffen hat, sind von staatlichen Gerichten mithin anzuerkennen und sperren einen Rückgriff auf den für § 322 ZPO entwickelten Streitgegenstandsbegriff.[965]

Wenn der Parteivereinbarung diese Modifikationen offenstehen, ist nicht ersichtlich, weshalb nicht auch der Umfang der Entscheidungswirkung entsprechend bestimmt werden können sollte. Mehr noch: Mit der Möglichkeit der Definition des Streitgegenstands durch die Schiedsparteien wäre der Ausschluss einer Dispositionsbefugnis über den Umfang der Ausschlusswirkung der Rechtskraft schlicht unvereinbar. Differenzierungen zwischen den beiden Rechtskraftwirkungen[966] sind angesichts des

---

964 Zweifelhaft ist es jedoch, ob aus diesem Grund – wie von *Bosch*, Rechtskraft und Rechtshängigkeit, S. 108 ff., vertreten – ein prozessualer Streitgegenstandsbegriff im Schiedsverfahren generell untauglich und ein materiell-rechtlicher Anspruchsbegriff vorzuziehen ist, kritisch auch *Nelle*, Anspruch, S. 538 f.

965 *v. Schlabrendorff/Sessler*, in: Böckstiegel/Kröll/Nacimiento, Commentary on the German Arbitration Law, § 1055 Rn. 18; *Bosch*, Rechtskraft und Rechtshängigkeit, S. 115 f.; *Wirth*, SchiedsVZ 2009, S. 203 (205); *Schlosser*, in: Stein/Jonas, ZPO, § 1029 Rn. 35; *Voit*, in: Musielak, ZPO, § 1055 Rn. 9; *Lorenz*, AcP 157 (1958/59), S. 265 (276); wohl auch *Radicati di Brozolo*, ASA Special Series 38, S. 127 (149).

966 So aber *Bosch*, Rechtskraft und Rechtshängigkeit, S. 101; *Jacoby*, Musterprozeßvertrag, S. 84; vgl. auch *Berger*, RIW 2010, S. 1 (9), der einen „*Grundsatz vom Kompetenzgleichlauf von Richter und Schiedsrichter*“ postuliert.

zwischen ihnen bestehenden Zusammenhangs[967] nicht angebracht. Der Streitgegenstand nimmt Einfluss auf die Verfahrensgestaltung, indem er Aussagen dazu enthält, was vor Gericht entscheidungserheblich ist.[968] Ein am tatsächlichen Geschehen ausgerichteter Streitgegenstand wird es nämlich in aller Regel mit sich bringen, dass vor Gericht eine umfassende Aufarbeitung des Sachverhalts erfolgt. Diese Ausweitung kann Anlass für eine Erweiterung der Bindungswirkung auf die tatsächlichen Feststellungen des Schiedsgerichts sein. Es wäre daher wenig überzeugend, eine Vereinbarung über den Streitgegenstand anzuerkennen, es den Parteien jedoch zu verwehren, über den Umfang dessen, über das eine Entscheidung herbeizuführen ist, zu verfügen.[969]

d) Praktikabilitätsüberlegungen

Für eine Gleichsetzung von Schiedssprüchen und Urteilen ließe sich vorbringen, dass hierdurch die Rechtssicherheit im Anerkennungsland gefördert werde,[970] weil dem staatlichen Richter die Anwendung seines eigenen Prozessrechts leichter falle als die Bestimmung des Umfangs der Rechtskraft nach der Maßgabe ausländischen Prozessrechts[971] bzw. die Erforschung des Willens der Parteien.[972] Es dürfte ohne Weiteres einsichtig sein, dass es sich dabei lediglich um eine Hilfsüberlegung handeln kann, die aus sich heraus nicht die im Wege der Auslegung des Gesetzes gewon-

967 In diesem Sinne *Jauernig/Hess*, Zivilprozessrecht, § 63 Rn. 14 („*Folgen der objektiven Grenzen*"); a.A. *Sepperer*, Rechtskrafteinwand in den Mitgliedsstaaten, S. 127 f., die meint, der Umfang des Streitgegenstands stehe nicht in einem gegenseitigen Abhängigkeitsverhältnis mit den Elementen, die an der Rechtskraft teilnehmen.

968 *Yoshimura*, ZZP 83 (1970), S. 245 (263).

969 *Schlosser*, Internationale private Schiedsgerichtsbarkeit, Rn. 713; *ders.*, in: Stein/Jonas, ZPO, § 1055 Rn. 20 a, der es für zulässig hält, dass die Parteien den Prozess in „*schiedsverfahrenseigentümlichen Rechtsschutzformen*" führen; vgl. auch *Geimer*, in: Zöller, ZPO, § 1042 Rn. 54; aus dem internationalen Schrifttum *Hobér*, Recueil des Cours 366 (2014), S. 99 (192); *Shell*, UCLA Law Rev. 35 (1988), S. 623 (628); *Gordon*, Flor. J. Int. Law 18 (2006), S. 549 (596).

970 So für die Anerkennung von Urteilen *Schack*, IZVR, Rn. 886; hierzu auch *Jaeckl*, Reichweite der lex fori, S. 47.

971 In diese Richtung *M. Stürner*, in: Geimer/Kaissis/Thümmel, FS Schütze, S. 579 (591); *Schack*, IZVR, Rn. 886.

972 *Hulbert*, Int. Tax & Bus. Law. 7 (1989), S. 156 (198 f.).

nenen Ergebnisse überspielen kann. Wäre die „Komfortabilität“ und Sicherheit der Anwendung des einfachen Rechts ein hinreichender Grund für die Anwendung der *lex fori*, wären die Regeln des internationalen Kollisionsrechts schlechterdings überflüssig.

e) Wahrung des Nexus zwischen Verfahren und Ergebnis

Das wichtigste Argument für eine Auslegung des § 1055 ZPO im Sinne der Gleichstellungslehre aber ist der Zusammenhang zwischen dem unstreitig der Herrschaft der Parteien unterliegenden Verfahren und dem Verfahrensergebnis. Nur wenn den Parteien zugleich das Recht eingeräumt ist, über die streitbeendende Wirkung des Schiedsspruchs zu verfügen, ist die Freiheit der Wahl des Verfahrensrechts für sie wertvoll. Könnten sie nicht über den Umfang der Rechtskraft disponieren, könnte sich die Rechtskraft auf Gegenstände erstrecken, über welche die Parteien nach Maßgabe der von ihnen gewählten Verfahrensordnung überhaupt nicht gestritten haben. Entscheidungselemente könnten verbindlich werden, die im Verfahren nicht thematisiert wurden[973] und aus prozessualen Gründen vielleicht nicht einmal thematisiert werden konnten; umgekehrt würde die Rechtskraft möglicherweise nicht alles erfassen, was Gegenstand des Verfahrens war. Die Verfahrensfreiheit bedingt deshalb die Dispositionsbefugnis über den Umfang der Rechtskraft.

Nicht überzeugend ist demgegenüber der Hinweis, dass die enge Begrenzung des deutschen Rechts insbesondere den Erlass von unrichtigen Entscheidungen verhindern wolle und sich dieser grundlegende Gedanke auch gegenüber Schiedssprüchen durchsetzen müsse.[974] Fehlerhaft ist schon die Grundannahme, dass eine Erweiterung der Bindungswirkung zwingend mit der Gefahr der Perpetuierung von Fehlurteilen einhergeht. Denn abgesehen davon, dass nicht gesichert ist, dass eine Vielzahl von Verfahren eher die Wahrheit zu Tage fördert als eine nach rechtsstaatlichen Maßstäben durchgeführte einzige Verhandlung und Entscheidung, verfügen auch von den Parteien gewählte – insbesondere ausländische – Pro-

973 Zu dieser auch von Vertretern der Gleichstellungslehre anerkannten Einschränkung *Stadler*, in: Musielak, ZPO, § 328 Rn. 35; *Geimer*, IZVR, Rn. 2777; *Spellenberg*, in: Staudinger, BGB, Neubearb. 2005, § 328 ZPO Rn. 124.

974 So für ausländische Urteile *Geimer*, IZPR, Rn. 2781; *H. Roth*, in: Stein/Jonas, ZPO, § 328 Rn. 9.

zessordnungen über prozessuale Mechanismen, die das Treffen der richtigen Entscheidungen absichern. Jede Rechtsordnung entscheidet auf der Grundlage einer Abwägung mit dem Erfordernis der materiellen Richtigkeit, in welchem Umfang und mit welchen Einschränkungen sie den von ihr hervorgebrachten Entscheidungen Rechtskraft beimessen will. Dass ein weiter gefasster Rechtskraftumfang Fehlurteile perpetuiert, ist in dieser Allgemeinheit nicht richtig, sondern hängt beispielsweise auch davon ab, mit welcher Intensität im ersten Verfahren nach der Wahrheit gesucht wurde. Wissen die Parteien beispielsweise, dass – wie aus dem *common law* bekannt – Tatsachenfeststellungen[975] rechtskräftig werden können, werden sie der vollständigen und richtigen Aufklärung des Sachverhalts ein besonderes Gewicht beimessen.[976] Haben die Parteien vereinbart, dass alle aus einem bestimmten Lebenssachverhalt erwachsenden Ansprüche in *einem* Schiedsverfahren entschieden werden sollen, dann werden sie ihr Prozessverhalten entsprechend einrichten. Da sie die maßgeblichen Vereinbarungen über das Verfahren und die Rechtskraft selbst zu schließen haben, werden sie von einer Rechtskraftwirkung, die vom deutschen Recht abweicht, auch keineswegs überrascht.[977] Die mit der Rechtskraft verbun-

975 Die Bindungswirkung von Tatsachenfeststellungen eines Schiedsspruchs ist von der Wirkung eines Schiedsgutachtens abzugrenzen. Zur Unterscheidung von Schiedsspruch und Schiedsgutachten wird zum einen darauf abgestellt, ob der Rechtsstreit als solcher oder nur über die für ihn maßgeblichen Umstände entschieden wird. Zum anderen wird danach abgegrenzt, ob nach dem Willen der Parteien eine gerichtliche Inhaltskontrolle des gefundenen Ergebnisses erfolgen soll, vgl. *Kasolowsky/Schnabel*, SchiedsVZ 2012, S. 84 (85); *Schwab/Walter*, Schiedsgerichtsbarkeit, Kap. 2 Rn. 1; *Schlosser*, in: Stein/Jonas, ZPO, vor § 1025 Rn. 54. Zur Umwandlung eines Schiedsgutachten zum Schiedsspruch vgl. *Schlosser*, in: Stein/Jonas, ZPO, vor § 1025 Rn. 54; *Weismann*, AcP 72 (1888), S. 267 (308).

976 Das in der deutschen Diskussion gemeinhin gegen eine Bindungswirkung von Tatsachenfeststellungen vorgebrachte Argument, die Parteien könnten hiervon überrascht werden (zu diesem auch *Fischer*, in: Gerhardt et al., FS Henckel, S. 199 [209]; *Spellenberg*, in: Staudinger, BGB, Neubearb. 2005, § 328 ZPO Rn. 124), greift hier deshalb nicht ein. Im Übrigen wird die Bindungswirkung von Tatsachenfeststellungen auch im *common law* durch den Grundsatz der Vorhersehbarkeit eingeschränkt, vgl. *Carl Zeiss Stiftung v Rayner & Keeler Ltd (No. 2)* [1967] 1 A.C. 853 (917 sowie 947); *South Somerset DC v Tonstate Ltd* [2009] EWHC 3308 (Ch); zu den weiteren Ausnahmen der Anwendung des *issue estoppel* vgl. *van den Velden*, Finality of Litigation, S. 74.

977 *Fischer*, in: Gerhardt et al., FS Henckel, S. 199 (207); *Müller*, ZZP 79 (1966), S. 199 (207 mit FN 40).

denen Ziele von Rechtsfrieden und Rechtssicherheit können nicht nur mit einer Beschränkung des Umfangs der streitbeendenden Wirkung auf den Entscheidungsausspruch erreicht werden. Von Bedeutung ist allein, dass der Zusammenhang zwischen Verfahren und Ergebnis in einer für die Parteien vorhersehbaren Weise gewahrt wird. Wenn das Gesetz den Parteien in § 1042 Abs. 3 ZPO das Recht zur freien Vereinbarung der Verfahrensgestaltung einräumt, dann muss dies auch für den Umfang der Bindungswirkung des Verfahrensergebnisses gelten.

f) Ergebnis

Ein Schiedsspruch hat nach § 1055 ZPO die Wirkungen eines rechtskräftigen Urteils. Damit ordnet das Gesetz an, dass das durch einen Schiedsspruch Entschiedene ebenso wie das durch staatliches Urteil Entschiedene Rechtskraftwirkung hat. Der Streitgegenstand und die an der präjudiziellen Wirkung des Schiedsspruchs teilnehmenden Entscheidungselemente des Schiedsspruchs werden durch die Zivilprozessordnung allerdings nicht vorgegeben. § 1055 ZPO setzt Schiedssprüche und Urteile nicht gleich. Was das „Entschiedene" ist und wie weit die *res arbitrata* gehen darf, wird durch Parteivereinbarung bestimmt. Die den Parteien durch § 1042 Abs. 3 ZPO übertragene Freiheit, das Schiedsverfahren verfahrensrechtlich nach den eigenen Vorstellungen zu gestalten, umfasst daher auch das Recht zur Bestimmung, welche Wirkungen das Verfahrensergebnis haben soll.

3. Ordre public als Grenze der Anerkennung

Eine Grenze ist der Zulässigkeit privatautonomer Vereinbarungen zum Umfang der Rechtskraft von Schiedssprüchen allerdings durch den *ordre public* gesetzt.[978] Stehen die vereinbarten Entscheidungswirkungen in offensichtlichem Widerspruch zu tragenden Gerechtigkeitsvorstellungen des deutschen Rechts, sind sie von staatlichen Gerichten nicht anzuerken-

978 Zum *ordre public* als Grenze der Anerkennung *Adolphsen*, Europäisches Zivilverfahrensrecht, S. 162; *Gottwald*, in: Münchener Kommentar zur ZPO, § 328 Rn. 5; *ders.*, in: Heinrich, FS Musielak, S. 183 (191).

nen.[979] An eine Verletzung der elementaren Gerechtigkeitsvorstellungen des deutschen Rechts ist vor allem dann zu denken, wenn einer Partei keine Gelegenheit gewährt wurde, ihre Standpunkte im vorausgegangenen Schiedsverfahren vorzubringen und sie gleichwohl an die Ergebnisse gebunden sein soll. Für die Wahrung der Rechtsschutzgarantie, deren Erfüllung der Staat von Verfassungs wegen nicht vollständig der Privatautonomie der Parteien überlassen kann, ist eine sachgerechte und insbesondere den Nexus zum Verfahren wahrende Bestimmung des Rechtskraftumfangs unabdingbare Voraussetzung.

Im Fall von ausländischen Schiedssprüchen findet sich ein gesetzlicher Anknüpfungspunkt für diese Beschränkung von Vereinbarungen über den Rechtskraftumfang in § 1061 Abs. 1 ZPO i.V.m. Art. V (2) lit. b) UNÜ. Hiernach ist einem Schiedsspruch die Anerkennung zu versagen, wenn seine Wirksamkeit der öffentlichen Ordnung widerspräche. Diese Regelung trägt nicht nur die vollständige Versagung der Anerkennung eines Schiedsspruchs, sondern findet auch Anwendung, wenn ein solcher Widerspruch lediglich im Hinblick auf einzelne Wirkungen des Schiedsspruchs festgestellt werden kann.[980] In diesem Fall ist in entsprechender Anwendung des in § 139 BGB enthaltenen Rechtsgedankens und unter den in dieser Vorschrift genannten Voraussetzungen die Anerkennung nicht insgesamt zu versagen, sondern es sind lediglich die einzelnen dem *ordre public* widersprechenden Wirkungen zu sperren.

Für inländische Schiedssprüche gilt Entsprechendes. Die Vorschrift des § 1055 ZPO, der den inländischen Schiedsspruch ohne weitere Voraussetzungen anerkennt, bedarf insoweit einer einschränkenden Auslegung. Die den Parteien nach hier vertretener Ansicht zukommende Kompetenz zur Bestimmung des Rechtskraftumfangs kann dort, wo die diesbezüglichen Vereinbarungen mit tragenden Gerechtigkeitsvorstellungen des deutschen Rechts und insbesondere mit verfassungsrechtlichen Grundsätzen konfli-

---

979 Zu dieser Definition des *ordre public* BGH, Beschl. v. 28.1.2014 – Az. III ZB 40/13, SchiedsVZ 2014, 98 ff.; zu dieser Entscheidung *Baumert*, SchiedsVZ 2014, S. 139 ff.; BGH, Beschl. v. 30.10.2008 – Az. III ZB 17/08, SchiedsVZ 2009, S. 66; *Münch*, in: Münchener Kommentar zur ZPO, § 1059 Rn. 38; BT-Drs. 13/5274, S. 59.

980 *Schlosser*, in: Stein/Jonas, ZPO, Anh. § 1061 Rn. 123; für die Anerkennung ausländischer Urteile nach Art. 34 Nr. 1 EuGVO a.F. *Peiffer*, Grenzüberschreitende Titelgeltung, Rn. 144; *Thole*, in: Hess, Anerkennung, S. 25 (52); für § 328 ZPO *Spellenberg*, in: Staudinger, BGB, Neubearb. 2005, § 328 ZPO Rn. 125; *H. Roth*, in: Stein/Jonas, ZPO, § 328 Rn. 9.

gieren, nicht grenzenlos sein. Die bloße Möglichkeit der Aufhebung des Schiedsspruchs auf Antrag einer Partei nach § 1059 Abs. 2 Nr. 2 lit. b) ZPO genügt in diesen Fällen nicht. Denn die Beachtung des *ordre public* kann schon aus verfassungsrechtlichen Gründen nicht in die Hände der Parteien gelegt und von der Einhaltung einer Frist abhängig gemacht werden. Richtigerweise hat ein staatliches Gericht vielmehr eine von den Parteien vereinbarte Rechtskraftwirkung, deren Anerkennung gegen den *ordre public* verstoßen würde, unberücksichtigt zu lassen, ohne dass es hierzu einer vorherigen Aufhebung des Schiedsspruchs hinsichtlich dieser Wirkung bedürfte.

In der Sache verstößt ein Schiedsspruch gegen den *ordre public*, wenn die vereinbarte Rechtskraftwirkung unter Berücksichtigung des vorangegangenen Schiedsverfahrens den Anspruch der hierdurch belasteten Partei auf effektiven Rechtsschutz in unangemessener Weise beschränkt. Die Beurteilung, ob in einem Schiedsverfahren in hinreichendem Ausmaß Rechtsschutz gewährt worden ist, hat in Abhängigkeit der von den Parteien vereinbarten Bindungswirkungen zu erfolgen. Haben die Parteien beispielsweise eine umfassende Bindungswirkung des Schiedsspruchs auch hinsichtlich der tatsächlichen Feststellungen und hinsichtlich der tragenden rechtlichen Elemente vereinbart, so müssen sie besondere Vorkehrungen im Hinblick auf die Gewährleistung der Richtigkeit der Entscheidung treffen. Werden die vereinbarten Verfahrensregelungen dem Rechtskraftumfang offensichtlich nicht gerecht oder werden die vereinbarten Verfahrensregelungen vom Schiedsgericht in grundlegender Weise missachtet, ist die Vereinbarung über den Rechtskraftumfang nichtig. Es ist allerdings nicht die Aufgabe der staatlichen Gerichte, über den *ordre public*-Vorbehalt letztlich doch das nationale Verfahrensrecht durchzusetzen. Die Erweiterung der Rechtskraftwirkung von Schiedssprüchen über den in der Zivilprozessordnung für Urteile geregelten Umfang hinaus begründet für sich allein keine Verletzung rechtsstaatlicher Grundsätze und ist nicht einmal ein erster Anhaltspunkt hierfür. Umgekehrt kann auch ein Schiedsspruch, dem die Rechtskraftwirkungen der Zivilprozessordnung beigemessen werden, wegen einer unzureichenden Verfahrensgestaltung nichtig sein. Einer Korrektur sind bei alldem nur gewichtige Verletzungen der rechtsstaatlichen Verfahrensgrundsätze zugänglich. Diese Einschränkung ergibt sich schon daraus, dass das Verfahrensrecht des Schiedsgerichts von den Parteien selbst vereinbart worden ist.

III. Kritik der ILA-Empfehlungen

Abschließend sind die ILA-Empfehlungen zu den Wirkungen von internationalen Schiedssprüchen in nachfolgenden Schiedsverfahren auf ihre Aussagen zur Bestimmung des Umfangs der Rechtskraft von Schiedssprüchen in der internationalen Handelsschiedsgerichtsbarkeit zu betrachten. Die von diesen Empfehlungen angestrebte Vereinheitlichung lässt sich nach dem bisher Gesagten nur auf der Grundlage von Parteivereinbarungen erreichen, welche auf die ILA-Empfehlungen Bezug nehmen und sie damit in Geltung setzen. Es bleibt zu untersuchen, ob den Parteien die Einbeziehung der ILA-Empfehlungen gleichwohl zu empfehlen ist und ob zumindest aus Sicht des deutschen Gesetzgebers die Aufnahme von den Empfehlungen entsprechenden Regelungen in das staatliche Schiedsrecht sinnvoll wäre.

1. Inhalt der ILA-Empfehlungen zum Umfang der Rechtskraft

In welchem Umfang Schiedssprüche in der internationalen Handelsschiedsgerichtsbarkeit die Wiederholung des Rechtsstreits ausschließen und nachfolgende Gerichte an die getroffene Entscheidung binden, ist in der dritten und der vierten ILA-Empfehlung geregelt.[981] Ihrem Wortlaut nach formuliert die dritte Empfehlung die Voraussetzungen für den Eintritt der Rechtskraft, während die vierte Empfehlung die Elemente eines Schiedsspruchs bezeichnet, die in Rechtskraft erwachsen sollen. In diesem Sinne sind auch die von der ILA herausgegebenen Erläuterungen der Empfehlungen zu verstehen. Bei näherem Hinsehen kann die in der dritten Empfehlung angesprochene Identität des Rechtsstreits jedoch lediglich eine Voraussetzung für die Ausschlusswirkung, nicht aber für die Bindungswirkung eines Schiedsspruchs sein. Situationen, in denen sich die Frage nach der Bindungswirkung eines Schiedsspruchs stellt, sind nämlich gerade dadurch gekennzeichnet, dass die anhängige Streitsache nicht identisch mit dem Gegenstand eines schon ergangenen Schiedsspruchs ist. Die im Schiedsspruch getroffenen Feststellungen sind hier lediglich präjudiziell in Bezug auf eine tatbestandliche Voraussetzung des Anspruchs, der im zweiten Verfahren geltend gemacht wird. Wäre die Streitgegenstandsiden-

---

981 Siehe zum Wortlaut der Empfehlungen oben 5. Kap., I. 2. b) bb).

tität entsprechend dem Wortlaut der ILA-Empfehlung indessen eine Voraussetzung für den Eintritt der Bindungswirkung, könnte Schiedssprüchen niemals eine Bindungswirkung zukommen. Da dies ersichtlich nicht gewollt ist, muss die dritte Empfehlung zumindest in diesem Punkt einschränkend so interpretiert werden, dass sie lediglich eine Voraussetzung für den Eintritt der Ausschlusswirkung formuliert. Auch die vierte Empfehlung betrifft nicht beide Rechtskraftwirkungen. Sie bestimmt lediglich für die Bindungswirkung, welche Elemente eines Schiedsspruchs in Rechtskraft erwachsen.

a) Ausschlusswirkung des Schiedsspruchs

Ein Schiedsspruch soll nach Auffassung des ILA-Komitees der Wiederholung des Rechtsstreits nur dann entgegenstehen, wenn die Rechtsstreitigkeiten des vorausgegangenen und des nachfolgenden Schiedsverfahrens in dreifacher Hinsicht identisch sind. Ausgeschlossen ist ein Rechtsstreit, in dem sich dieselben Parteien gegenüberstehen und zur Begründung desselben Anspruchs auf denselben Streitgrund wie im ersten Schiedsverfahren zurückgegriffen wird („*identity of claims, identity of cause of action, identity of the parties*").[982] Nach Ansicht des ILA-Komitees ist von dieser Ausschlusswirkung des Schiedsspruchs nicht nur die Klage, sondern auch die Widerklage erfasst.[983]

Eine eingehende Auseinandersetzung mit den Begriffen, mithilfe derer die Identität der Streitsache zu beurteilen ist, lassen die Berichte des ILA-Komitees missen.[984] Mehr feststellend als erläuternd ist im *Final Report* ausgeführt, dass mit Anspruch („*claim*") das geltend gemachte Rechts-

982 *ILA*, Final Report, Rn. 41.

983 *ILA*, Final Report, Rn. 53. Inwieweit in dieser Frage tatsächlich ein internationaler Konsens herrscht, ist zweifelhaft. Insbesondere im Hinblick auf die Ausgestaltung der Widerklage und ihrem Verhältnis zur (prozessualen) Aufrechnung haben die nationalen Rechtsordnungen durchaus unterschiedliche Lösungen hervorgebracht. Anschaulich der Vergleich der schwedischen und der deutschen Regelungen zur Rechtskraft von Widerklagen bei *Söderlund*, J. Int. Arb. 22 (2005), S. 301 (317); allg. zur Aufrechnung in Schiedsverfahren *Mourre*, Arb. Int. 24 (2008), S. 387 ff.; zur Abgrenzung von Widerklage und Aufrechnung, *Fortún*, in: Fernández-Ballesteros/Arias, Liber Amicorum Cremades, S. 451 ff.

984 Den nicht näher präzisierten Inhalt der ILA-Empfehlungen bemängelt auch *Jarrosson*, Proceduré 2007, S. 27 (32).

schutzbegehren gemeint ist. Der Streitgrund („*cause of action*“) werde durch den historischen Geschehensverlauf und die zu dessen Beweis erforderlichen Beweismittel konstituiert.[985] Der Verzicht auf eine präzise Definition der Begriffe des Rechtsschutzbegehrens und Streitgrunds wird vom ILA-Komitee damit begründet, dass über die Begriffselemente in den Rechtsordnungen Einigkeit herrsche.[986] An dieser Auffassung ist zutreffend, dass der Streitgegenstandsbegriff in den nationalen Rechtsordnungen aus den Elementen des an das Gericht gerichteten Begehrens, des in Bezug genommenen materiellen Rechts und des Lebenssachverhalts zusammengesetzt ist. Schon im Hinblick auf die Anforderungen, die an die Bestimmtheit eines Antrags zu stellen sind, zeigen sich jedoch deutliche Unterschiede.[987] Ein in der Praxis taugliches Merkmal für die Entscheidung, über welchen Gegenstand ein abermaliges Schiedsverfahren nicht geführt werden kann, ist mit der postulierten dreifachen Identität mithin noch nicht gefunden.[988] Von einer Definition des dritten Kriteriums – der Identität der Parteien – will das ILA-Komitee dagegen deshalb absehen, weil in dieser Frage zum jetzigen Zeitpunkt kein internationaler Konsens erzielt werden könne.[989]

b) Bindungswirkung des Schiedsspruchs

Im Hinblick auf die Bindungswirkung vertritt das ILA-Komitee in der vierten Empfehlung die Auffassung, dass ein nachfolgendes Gericht nicht allein den Tenor einer Entscheidung, sondern auch die Entscheidungsgründe zu beachten habe. Diese dem Rechtskreis des *common law* entspre-

---

985 *ILA*, Final Report, Rn. 43 mit FN 109.

986 *ILA*, Final Report, Rn. 42 und 43.

987 Dass das *ILA*-Komitee, Final Report, Rn. 54, die Möglichkeit der Erhebung einer Teilklage verneint, mag insoweit damit zusammenhängen, dass es dem konkret gestellten Antrag für die Bestimmung der Identität der Streitgegenstände kaum Bedeutung zumisst. Es kann jedoch gute Gründe für die Erhebung einer Teilklage geben; so sollen vielleicht erst die grundsätzlichen Erfolgsaussichten getestet werden oder die Schiedspartei verfügt nicht über ausreichende Möglichkeiten zur Finanzierung eines Schiedsverfahrens über den gesamten Betrag. Siehe zur Teilklage auch oben 2. Kap., II. 2. c).

988 Kritisch zum *triple identity-test Martinez-Fraga*, in: Rovine, Contemporary Issues (2011), S. 142 (144).

989 *ILA*, Final Report, Rn. 45 ff.

chende Bindungswirkung verhindere, dass über schon entschiedene Aspekte in nachfolgenden Schiedsverfahren abermals gestritten werde[990] und sei daher besser als der zu formalistische Ansatz des *civil law* geeignet, die Endgültigkeit von Schiedssprüchen und die Effizienz der Schiedsgerichtsbarkeit sicherzustellen.[991] Sofern den Schiedsparteien rechtliches Gehör gewährt wurde, sei ein nachfolgendes Schiedsgericht im Sinne eines *issue estoppel* an die Feststellungen zu rechtlichen und tatsächlichen Vorfragen gebunden.[992]

c) Streitgegenstandsfremde Präklusion

Wie an anderer Stelle schon dargestellt, befürwortet das ILA-Komitee überdies die Einführung eines am *abuse of process*-Gedanken angelehnten Konzepts. Dementsprechend soll ein nachfolgendes Schiedsgericht eine Klage auch jenseits der durch das Erfordernis der Identität der Streitgegenstände definierten und begrenzten Ausschlusswirkung für unzulässig erklären können, wenn sie zu rein missbräuchlichen Zwecken erhoben worden ist. Insoweit wird allerdings zur Vorsicht gemahnt und den Schiedsrichtern die Pflicht auferlegt, sorgfältig abzuwägen, ob das nachfolgende Verfahren tatsächlich ausschließlich zu missbräuchlichen Zwecken angestrengt wurde.[993]

2. Kritik an den ILA-Empfehlungen

Soweit ersichtlich hat die schiedsgerichtliche Kautelarpraxis von der Möglichkeit einer Inbezugnahme der ILA-Empfehlungen bislang kaum Gebrauch gemacht. Im Nachstehenden ist zu zeigen, dass diese Zurückhaltung gerechtfertigt ist. Die ILA-Empfehlungen leiden vor allem daran, dass sich das ILA-Komitee auf die Gegenüberstellung dogmatischer Einzelkonzepte der Rechtskraft in den nationalen Rechtsordnungen beschränkt, ohne die (prozessualen) Hintergründe zu beleuchten, die für die Ausgestaltung der Regelungen zum Umfang der Rechtskraft maßgeblich

---

990 *ILA*, Final Report, Rn. 52.
991 *ILA*, Final Report, Rn. 52.
992 *ILA*, Final Report, Rn. 56.
993 *ILA*, Final Report, Rn. 62 f.

sind. Das hat zur Folge, dass die ILA-Empfehlungen den Zusammenhang von Verfahren und Entscheidung vernachlässigen und der Freiheit der Parteien, Vereinbarungen über den Gegenstand des Verfahrens zu treffen, zu wenig Bedeutung beimessen. Ganz grundsätzlich ist damit die Frage aufgeworfen, ob das Konzept der Vereinheitlichung des Umfangs der Rechtskraft den institutionellen Besonderheiten der Handelsschiedsgerichtsbarkeit und den individuellen Zwecken der Parteien gerecht wird.

a) Teleologische Unstimmigkeiten

Das Ziel eines einheitlichen Rechtskraftkonzepts versucht das ILA-Komitee, wie dargelegt, im Wege einer Rechtsvergleichung zu erreichen. Dazu werden die einzelnen Rechtsordnungen auf Gemeinsamkeiten und Unterschiede untersucht und die Elemente herausgefiltert,[994] die in allen Rechtsordnungen vorzufinden sind. In einem nächsten Schritt werden diese gemeinsamen Elemente um Inhalte des *common law* ergänzt. Damit werden die bindende Feststellung von rechtlichen und tatsächlichen Verhältnissen (*issue estoppel*) und der Gedanke des *abuse of process* zu Bestandteilen der ILA-Rechtskraftlehre. Zugleich betonen die Empfehlungen jedoch ihre Zurückhaltung im Hinblick auf Konzepte, die im *common law* selbst nicht unumstritten sind.[995]

Wie beispielsweise der Erfolg der *IBA Rules on the Taking of Evidence in International Arbitration* (2010) zeigt, die einen Kompromiss zwischen der US-amerikanischen *discovery* und den auf die Prüfung der Erheblichkeit und Schlüssigkeit eines Vortrags bezogenen kontinentaleuropäischen Beweiserhebungsmethoden darstellen, könnten die ILA-Empfehlungen das im internationalen Kontext bestehende Interesse der Streitparteien an einer zwischen den zurückhaltenden Konzepten des *civil law* und den weiterreichenden Vorstellungen des *common law* bei der Bestimmung des Umfangs der Rechtskraftwirkungen vermittelnden Position zutreffend ein-

994 Zur Bedeutung der Rechtsvergleichung in der Schiedsgerichtsbarkeit vgl. allg. *Schütze*, ZVglRWiss 2011, S. 89 ff.; *Gaillard*, ICCA Congress Series 4, S. 283 ff.; *Jemielniak*, Legal Interpretation, S. 125 ff.

995 Das gilt insbesondere im Hinblick auf die subjektive Erstreckung der Rechtskraft auf am ursprünglichen Prozess nicht beteiligte Dritte, vgl. *ILA*, Final Report, Rn. 7, und die Erstreckung der Rechtskraft auf ähnlich gelagerte Fälle („*claims related to the same transaction or connected transactions*"), vgl. *ILA*, Final Report, Rn. 55.

geschätzt haben. Gegen den komparativen Ansatz zur Bestimmung des Umfangs der Rechtskraft von internationalen Schiedssprüchen ist im Grunde nichts einzuwenden; er liegt auch wissenschaftlichen Untersuchungen zu diesem Gegenstand zugrunde.[996] Durch die Gegenüberstellung der nationalen Rechtskraftkonzepte lässt sich herausfinden, welche rechtlichen Instrumente und Techniken zur Erreichung eines gemeinsamen Ziels in den verschiedenen Rechtsordnungen eingesetzt werden. Zu überzeugend begründeten Ergebnissen führt diese Technik der Rechtsvereinheitlichung allerdings nur, wenn nicht allein die Ergebnisse der einzelnen Rechtsordnungen, sondern auch die mit dem Institut der Rechtskraft verfolgten Zwecke in ihrer Gewichtung zueinander in den Blick genommen werden. Des Weiteren sind die Wechselwirkungen der Rechtskraft mit anderen Formen der Gewährleistung der Richtigkeit und Verlässlichkeit gerichtlicher Entscheidungen zu beachten – einschließlich etwa der Möglichkeit von Wiederaufnahmeverfahren zur Durchbrechung der Rechtskraft. Nicht zuletzt kann der Umfang der Rechtskraftwirkungen nicht abstrakt von der Ausgestaltung des Schiedsverfahrens in einer Weise bestimmt werden, die dem Rechtsschutzinteresse der Parteien angemessen Rechnung trägt.

aa) Fehlende Herausarbeitung der Ziele der Rechtskraft

Eine stimmige Dogmatik der Rechtskraft von Schiedssprüchen kann nur entwickelt werden, wenn Klarheit über die mit der Rechtskraft verfolgten Ziele besteht. Schon daran fehlt es den ILA-Empfehlungen. Das Zusammenspiel und die Gewichtung der privaten und öffentlichen Interessen an der Rechtskraft von Schiedssprüchen bleiben unklar. Je nach Bedarf scheinen die Empfehlungen mal private und mal öffentliche Interessen in den Vordergrund zu rücken.

So weist gleich die erste Empfehlung ausdrücklich darauf hin, dass die streitbeendende Wirkung von Schiedssprüchen aus Gründen der Effizienz der Handelsschiedsgerichtsbarkeit erforderlich sei. An überindividuelle Interessen knüpfen alsdann die Ausführungen zur Streitbeendigung aufgrund missbräuchlichen Prozessverhaltens (Fünfte Empfehlung) an. Zunächst

996 Vgl. etwa das Vorgehen von *Kremslehner*, Aust. Yb. Int. Arb. 2007, S. 127 (133); *Hobér*, Recueil des Cours 366 (2014), S. 99 (126 ff.); *Martinez-Fraga*, in: Rovine, Contemporary Issues (2011), S. 142 (152 ff.).

wird hier zwar auf die Freiheit der Schiedsparteien hingewiesen, einen Anspruch geltend zu machen oder nicht geltend zu machen. Der Gedanke des Rechtsmissbrauchs dürfe deshalb nur zurückhaltend eingesetzt werden, wenn eine Partei in einem zweiten Verfahren einen Anspruch durchzusetzen versuche, den sie schon in einem vorausgegangenen Verfahren hätte geltend machen können.[997] Gleich im nächsten Atemzug heben die ILA-Empfehlungen jedoch die öffentlichen Interessen an der Beendigung des Schiedsverfahrens in dieser Konstellation hervor[998] und stellen sie den privaten Interessen entgegen. Die Abwägung zwischen den privaten und öffentlichen Interessen wird im Ergebnis ohne weitere Direktiven den Schiedsgerichten im Einzelfall überlassen. Schon der bloße Umstand, dass die ILA-Empfehlungen es überhaupt für möglich ansehen, einem Schiedskläger die Anstrengung eines Schiedsverfahrens allein aufgrund öffentlicher Interessen in einem Maße zu verwehren, das erheblich über die Rechtskraftwirkungen eines von einem staatlichen Gericht in Deutschland erlassenen Urteils hinausgeht, hätte einer näheren Auseinandersetzung bedürft.

Im Hinblick auf die sechste und siebte Empfehlung nennt das ILA-Komitee als öffentliche Interessen an der Rechtskraft von Schiedssprüchen dann wiederum nur die Kosten und die Zeit der staatlichen Gerichte, die diese für die Unterstützung des Schiedsverfahrens und für etwaige Aufhebungsverfahren aufwenden müssten.[999] Institutionelle Interessen der Schiedsgerichtsbarkeit selbst werden hier nicht mehr angesprochen. Aus der Einordnung der Rechtskraft als ein Instrument zum Schutz vornehmlich privater Interessen wird in der Folge zum einen abgeleitet, dass es sich bei der Rechtskraft von Schiedssprüchen nicht um einen Aspekt des *ordre public* handele, und zum anderen darauf geschlossen, dass die Parteien die Einrede entgegenstehender Rechtskraft erheben müssen und eine amtswegige Beachtung nicht stattfindet.

Vorstehendes ist weniger als Kritik gegen die Einzelentscheidungen des ILA-Komitees etwa für die Einführung eines *abuse of process*-Konzepts in der internationalen Schiedsgerichtsbarkeit oder zur Erforderlichkeit der Erhebung einer Parteieinrede zu verstehen. Vielmehr sollte gezeigt wer-

---

997 *ILA*, Final Report, Rn. 61.

998 *ILA*, Final Report, Rn. 61, spricht von „*legitime[n] öffentliche[n] Interessen an der Beendigung des Schiedsverfahrens*" („*legitimate public interest in having an end to arbitration*"), ohne diese Interessen näher darzulegen.

999 *ILA*, Final Report, Rn. 69.

den, dass den verschiedenen Empfehlungen der ILA keine einheitliche Auffassung über die an der Rechtskraft von Schiedssprüchen bestehenden Interessen zu Grunde liegt. Ohne die sachlichen Unterschiede näher zu beleuchten, werden die mit der Rechtskraft von Urteilen verfolgten Ziele bruchstückhaft auf die Rechtskraft von Schiedssprüchen übertragen. Eine genaue Analyse der privaten und der öffentlichen Interessen ist aber Voraussetzung einer überzeugenden teleologischen Fundierung von Vorschlägen zum Umfang der Rechtskraft.

bb) Vernachlässigung des Zusammenhangs von Verfahren und Entscheidung

Die ILA-Empfehlungen vernachlässigen außerdem den Zusammenhang von Verfahren und Entscheidung. Ihnen liegt unausgesprochen die Vorstellung zugrunde, den Zielen von Rechtsfrieden und Rechtssicherheit sei umso mehr gedient, je weiter der Umfang der Rechtskraft gezogen werde. Das zeigt sich unter anderem daran, dass das Konzept des *common law* als besonders geeignet zur Steigerung der Effizienz der internationalen Handelsschiedsgerichtsbarkeit als System der Streitbeilegung bezeichnet wird.[1000] Die Empfehlungen verkennen dabei, dass auch mit anderen Rechtskraftkonzepten – etwa dem deutschen engeren Rechtskraftverständnis – eben dieses Ziel verfolgt wird. Wie im zweiten Kapitel dargelegt worden ist, ist die deutsche Entscheidung gegen eine Bindungswirkung von rechtlichen und tatsächlichen Feststellungen, die für die Entscheidung tragend sind, nicht getroffen worden, weil man die Vorteile einer umfassenden Streiterledigung auch im Hinblick auf die dem eigentlichen Rechtsstreit vorgelagerten Streitpunkte verkannt hätte.[1001] Die deutsche Lösung stellt dem Vorteil einer umfassenden Streitbeendigung die prozessuale Freiheit der Streitparteien gegenüber, die, sofern ein entsprechender Parteiwille zur rechtskräftigen Entscheidung über präjudizielle Rechtsverhältnisse gegeben ist, die Möglichkeit der Erhebung einer (negativen) Zwischenfeststellungsklage haben.

Die Entscheidung für eine bestimmte Reichweite der Rechtskraft darf daher nicht ohne Berücksichtigung der Ausgestaltung des Schiedsverfah-

1000 Zugunsten des anglo-amerikanischen *common law* voreingenommen ist *Martinez-Fraga*, in: Rovine, Contemporary Issues (2011), S. 142 (152 ff.).

1001 Siehe hierzu oben 2. Kap., II. 2. b).

rens getroffen werden. Zwischen den Möglichkeiten, die den Parteien und dem Gericht in prozessualer Hinsicht offenstehen und den Wirkungen, die das in diesem Prozess gefundene Ergebnis legitimerweise haben kann, besteht ein unmittelbarer Zusammenhang. Auch der Umstand, dass im *common law* mit Prozessen Zwecke verfolgt werden, die in dieser Gestalt in Deutschland nicht bekannt sind, bleibt nicht ohne Einfluss auf den Umfang der Rechtskraft. Geht es nach traditionellem Verständnis im kontinentaleuropäischen Prozess in erster Linie um die Durchsetzung subjektiver Rechte von Individuen, ist im *common law* vor allem der Vereinigten Staaten die Funktion von Prozessen für die Bewährung und Fortbildung der objektiven Rechtsordnung stärker ausgeprägt. Der Prozess dient insoweit nicht nur den individuellen Interessen der Streitparteien, sondern auch der Gesellschaft insgesamt.[1002] Die ILA-Empfehlungen nehmen diese Unterschiede nicht in den Blick. Sie versäumen es zudem zu fragen, ob in Schiedsverfahren notwendigerweise dieselben Zwecke wie in gerichtlichen Verfahren verfolgt werden. Wie die Untersuchung in ihrem ersten Kapitel festgestellt hat, werden zwar mit Schiedsverfahren öffentliche Zwecke wie die Bewährung der objektiven Rechtsordnung verfolgt. Gerade in der internationalen Handelsschiedsgerichtsbarkeit ist die primäre Aufgabe eines Schiedsgerichts aber darin zu sehen, den privaten (Rechts-)Interessen der Parteien zur Durchsetzung zu verhelfen. Es kann daher durchaus bezweifelt werden, ob es typischerweise im Interesse der Parteien liegt, über solche präjudiziellen Feststellungen eine rechtskräftige Entscheidung zu erhalten, über die sie im konkreten Prozess nicht gestritten haben und auch nicht streiten wollten.[1003] Das führt zum nächsten Kritikpunkt an den Empfehlungen, nämlich der unzureichenden Beachtung der Parteiinteressen.

b) Kein Raum für privatautonome Vereinbarungen

Auch wenn die Empfehlungen des ILA-Komitees das Gegenteil behaupten, nehmen sie doch kaum Bezug und Rücksicht auf den Willen der Parteien und die Privatautonomie.[1004] Mitunter lehnen es die ILA-Empfehlungen ohne nähere Begründung sogar ausdrücklich ab, den Parteiwillen zu

---

1002 Siehe hierzu oben 1. Kap., I. 2. b) bb).
1003 Ähnlich *Lühmann*, Rechtskraft des Schiedsspruchs, S. 105 ff.
1004 *Radicati di Brozolo*, ASA Special Series 38, S. 127 (146).

berücksichtigen, wenn dieser dem Ziel der Endgültigkeit von Schiedssprüchen nicht ausreichend Rechnung trage.[1005] Hinter dieser Positionierung des ILA-Komitees könnte die Sorge stehen, dass eine Berücksichtigung des Parteiwillens das Anliegen einer einheitlichen Bestimmung der Rechtskraftwirkungen von Schiedssprüchen und damit das erklärte Ziel der Empfehlungen konterkariert. Denn es ist nicht ausgeschlossen, dass die Parteien des einen Schiedsverfahrens eine Bindungswirkung bezüglich der tatsächlichen Feststellungen wünschen, während dies die Parteien eines anderen Schiedsverfahrens gerade ausschließen wollen. Die Bedeutung der ILA-Empfehlungen wäre damit von vornherein geschmälert. Der Anspruch des ILA-Komitees, den Parteien ein Muster zur Bestimmung der streitbeendenden Wirkung von Schiedssprüchen in der internationalen Handelsschiedsgerichtsbarkeit an die Hand zu geben und damit einen Beitrag zur Rechtssicherheit zu leisten, bliebe letztlich unerfüllt.

Nach hier vertretener Ansicht ist die Einschränkung der Freiheit der Parteien zur Gestaltung des Schiedsverfahrens weder aus der Sicht der Parteien noch aus der gemeinwohlorientierten Perspektive eines nationalen Gesetzgebers mit dem Interesse an Rechtssicherheit zu rechtfertigen. Es ist hier nicht der Ort, in allgemeiner Weise über die legitimen Ziele der Rechtsvereinheitlichung nachzudenken[1006] und damit das Bestreben der ILA zur Schaffung international einheitlicher Regelungen insgesamt kri-

---

1005 Vgl. *ILA*, Final Report, FN 113, hinsichtlich der Frage, ob den tatsächlichen und rechtlichen Feststellungen in den Entscheidungsgründen Bindungswirkung zukomme. Das ILA-Komitee nimmt an dieser Stelle Bezug auf einen Meinungsstreit, der in der Literatur zwischen *Hulbert,* Int. Tax & Bus. Law. 7 (1989), S. 156 ff., *G. Sanders,* Law & Pol. Int. Bus. 24 (1992), S. 101 ff., sowie *Shell,* UCLA Law Rev. 35 (1988), S. 623 ff., geführt wird. Eindeutig sind die Empfehlungen an dieser Stelle allerdings nicht. Es bleibt offen, ob sich die Ablehnung des ILA-Komitees nur auf die Bestimmung des *mutmaßlichen* Willens der Parteien beschränkt oder ob der geäußerte Parteiwille als Bezugspunkt generell ausscheiden soll. Während eine gewisse Skepsis gegenüber der Erforschung eines mutmaßlichen Parteiwillens noch nachvollziehbar ist, erschließt sich nicht, weshalb auch ein ausdrücklich geäußerter Parteiwille keine Berücksichtigung finden sollte.

1006 Die Vorzüge der ILA-Empfehlungen werden in einer Stärkung der Effektivität der Institution der Schiedsgerichtsbarkeit und der Rechtssicherheit gesehen, *Debourg*, Contrariétés de Décisions, S. 417; *Martinez-Fraga*, in: Rovine, Contemporary Issues (2011), S. 142 (183). Allgemein zu den Vorzügen internationaler Rechtsvereinheitlichung *Neuhaus/Kropholler*, RabelsZ 45 (1981), S. 73 (75); zurückhaltend *Kötz*, RabelsZ 50 (1986), S. 1 (3); *Huber*, Entwicklung transnationaler Modellregeln, S. 11 ff.; zu Vereinheitlichungstendenzen in der Schiedstisch zu hinterfragen. Speziell der Umfang der streitbeendenden Wirkung von Schiedssprüchen ist einer sinnvollen Vereinheitlichung aber jedenfalls nur eingeschränkt zugänglich.[1007] Denn es besteht, wie vorstehend gezeigt werden konnte, ein nicht auflösbarer Zusammenhang zwischen der Ausgestaltung des Schiedsverfahrens und den Wirkungen, die dem Schiedsspruch legitimerweise beizumessen sind. Eine Vereinheitlichung der Wirkungen des Schiedsspruchs erforderte deshalb zumindest auch eine gewisse Angleichung der Verfahren.[1008] Ein solcher Vorschlag würde jedoch rundweg auf Ablehnung stoßen. Denn es sind gerade die Flexibilität und die Offenheit des Schiedsverfahrens, welche die Schiedsgerichtsbarkeit als Alternative zu Verfahren vor staatlichen Gerichten attraktiv machen. Dementsprechend liegt in der Möglichkeit einer einvernehmlichen Regelung des Umfangs der Wirkungen des aus dem Verfahren hervorgehenden Schiedsspruchs ein Vorteil von Schiedsverfahren gegenüber staatlichen Gerichtsverfahren, in denen aufgrund der nationalen Regelungen die Reichweite der ergangenen Entscheidung gesetzlich vorgegeben ist. Indem der *Final Report* feste Regelungen zur Bestimmung des Umfangs der Wirkung von Schiedssprüchen vorschlägt, nivelliert er diesen Unterschied. Im Ergebnis erweist sich das Konzept des ILA-Komitees als ebenso starr und ebenso wenig auf den Einzelfall bezogen wie die gesetzlichen Vorschriften in den nationalen Rechtsordnungen. Damit hat die ILA die Chance vertan, die den Parteien eines Schiedsverfahrens zustehende Freiheit hinsichtlich der Reichweite der streitbeendenden Wirkung von Schiedssprüchen zu verwirklichen.

---

gerichtsbarkeit *McIsaac*, Int. Arb. Law Rev. 2010, S. 127 (134); kritisch *Horvath*, in: Kröll et al., FS Bergsten, S. 251 ff. Zur verfassungsrechtlichen Bedeutung der Klarheit und Bestimmtheit von Normen sowie zum Aspekt des „*Vertrauen[s] des Bürgers in die Kontinuität von Recht im Sinne individueller Erwartungssicherheit*" vgl. nur *Grzeszick*, in: Maunz/Dürig, GG, Art. 20 Rn. 50 ff. (Stand: 70. Ergänzungslieferung 2013); *Gärditz*, in: Berliner Kommentar zum GG, Art. 20 Rn. 136 (Stand: 31. Ergänzungslieferung 2011).

1007 Zurückhaltend gegenüber dem Versuch einer Vereinheitlichung *Lühmann*, Rechtskraft des Schiedsspruchs, S. 319 f.; a.A. *Martinez-Fraga*, in: Rovine, Contemporary Issues (2011), S. 142 (183), dem zufolge die Vereinheitlichung der Rechtskraft gerade aus Gründen der Parteiautonomie erforderlich sein soll.

1008 Bezüglich eines europäischen Rechtskraftkonzepts vgl. *Peiffer*, Grenzüberschreitende Titelgeltung, Rn. 289 („*Es macht daher keinen Sinn, einen eigenen Rechtskraftbegriff einzuführen, ohne dass das Erkenntnisverfahren angepasst würde.*").

Zusammenfassung und Ergebnis

Die Reichweite der Rechtskraft ist für jeden Schiedsspruch gesondert zu bestimmen. Eine Unitarisierung des Umfangs, wie sie in den ILA-Empfehlungen vorgeschlagen wurde, nähme den Parteien die Freiheit, über den Umfang der Rechtskraftwirkungen zu disponieren. Davon betroffen wäre auch die Gestaltung des Schiedsverfahrens selbst. Verfahrenszweck, Verfahrensgestaltung und Rechtskraftumfang stehen in einem untrennbaren Zusammenhang. Eine Vereinheitlichung des Umfangs der Rechtskraft würde deshalb – zumindest in gewissen Punkten – eine Vereinheitlichung des Verfahrens erzwingen. Es ist aber gerade das Wesensmerkmal der Schiedsgerichtsbarkeit, dass den Parteien die Freiheit zusteht, das Schiedsverfahren nach ihren Wünschen zu führen.

Wenn der Umfang der Rechtskraft mithin der Dispositionsbefugnis der Parteien unterliegt, kann sie nur in Ansehung des Einzelfalls ermittelt werden. Dies gilt sowohl hinsichtlich der Bestimmung des Streitgegenstands als auch hinsichtlich der von der Bindungswirkung der Entscheidung erfassten Elemente des Schiedsspruchs. Der Umfang der streitbeendenden Wirkung lässt sich den zwischen den Parteien ausdrücklich geschlossenen Vereinbarungen entnehmen oder im Wege der Vertragsauslegung ermitteln. Anhaltspunkte für die Erforschung des Willens der Parteien liefern neben der dem Schiedsgericht eingeräumten Entscheidungsbefugnis und Verständigungen über die entscheidungserheblichen Punkte auch die Zwecke, welche die Parteien mit dem Schiedsverfahren verfolgen. Lassen die genannten Indizien keinen eindeutigen Rückschluss auf den Willen der Parteien zu, so ist in der Anwendung des Rechts, nach dem das erste Schiedsverfahren geführt worden ist, eine interessengerechte Lösung zu sehen.

Das hier vorgeschlagene Konzept zur Bestimmung des Umfangs der Rechtskraft gilt nicht nur für nachfolgende Schiedsverfahren, sondern auch für Verfahren vor deutschen Gerichten. Die in § 1055 ZPO angeordnete Gleichbehandlung von Schiedsspruch und rechtskräftigem Urteil schließt es nicht aus, den Umfang der Rechtskraft bei Schiedssprüchen abweichend von den für Urteile geltenden Regeln zu bestimmen. Die Parteien haben die Möglichkeit, den Streitgegenstand, über den das Schiedsgericht zu entscheiden hat, und damit den Umfang der Ausschlusswirkung eines Schiedsspruchs zu definieren. Auch hinsichtlich der Elemente eines Schiedsspruchs, über die nicht abweichend entschieden werden darf, sind Parteivereinbarungen für die nachfolgenden Gerichte bindend. Vorbehaltlich einer Anerkennung der Wirkungen des Schiedsspruchs streiten keine staatlichen Interessen dafür, die Schiedsspruchwirkungen auf die Wirkungen eines Urteils zu beschränken. Eine Grenze ist der Anerkennung der Wirkung von Schiedssprüchen nur durch den *ordre public* gesetzt.

Schluss

Schiedssprüche stellen ebenso wie Urteile staatlicher Gerichte die zwischen den Parteien bestehenden Rechtsverhältnisse verbindlich und endgültig fest. Der Erlass einer inhaltlich widersprechenden Entscheidung durch ein anderes Schiedsgericht oder ein staatliches Gericht und die Wiederholung des Rechtsstreits sind ausgeschlossen. Diese Wirkungen werden entsprechend der bei Urteilen gebräuchlichen Terminologie gemeinhin als „Rechtskraft“ bezeichnet. Der sich darin ausdrückende Anspruch einer funktionellen Gleichwertigkeit von schiedsgerichtlichem und gerichtlichem Rechtsschutz darf aber nicht über die sachlichen Unterschiede zwischen den beiden Formen der Streitentscheidung hinwegtäuschen, die aus der dogmatischen Konstruktion der Rechtskraft herrühren und sich zugleich in ihr niederschlagen. Statt in den dogmatischen Details eine möglichst große Übereinstimmung zwischen Urteilen und Schiedssprüchen anzustreben, sind im Gegenteil zur Wahrung der rechtsstaatlichen Legitimität des Schiedsverfahrens notwendige Modifikationen vorzunehmen. Um die Schiedsgerichtsbarkeit als eine private materielle Rechtsprechung zu erhalten, ist eine eigenständige Dogmatik der streitbeendenden Wirkung von Schiedssprüchen erforderlich. Terminologisch bietet sich hierfür der Begriff der *res arbitrata* an.

Ihre Rechtsgrundlage findet die streitbeendende Wirkung eines Schiedsspruchs nicht allein in den nationalen Prozessgesetzen, welche die Gleichstellung des Schiedsspruchs mit dem Urteil eines Gerichts anordnen, sondern auch und zuerst in der von den Parteien geschlossenen Schiedsvereinbarung. Die Anerkennung des Schiedsspruchs – das heißt der an die Gerichte adressierte *staatliche* Beachtlichkeitsbefehl der §§ 1055, 1061 ZPO – knüpft an die in der Schiedsvereinbarung enthaltene *vertragliche* Pflicht der Parteien an, den Schiedsspruch als endgültige und verbindliche Entscheidung ihrer Rechtsstreitigkeit anzusehen. Die Rechtskraft eines Schiedsspruchs ist damit das Ergebnis eines Zusammenspiels von privater Gestaltungsmacht und hoheitlicher Anerkennung.

Das Gebot der Einmaligkeit hat bei Schiedssprüchen teilweise andere Funktionen als bei Urteilen. Insbesondere können die öffentlichen Interessen an der Rechtskraft von Urteilen nicht in das System der Schiedsgerichtsbarkeit gespiegelt werden – weder als staatliche Interessen noch als institutionelle Interessen der Schiedsgerichtsbarkeit selbst. Während bei Urteilen die individuellen, auf die Sicherung des konkreten Entscheidungsinhalts gerichteten Interessen durch überindividuelle, staatliche Interessen an Rechtssicherheit und Rechtfrieden ergänzt werden, dient die Rechtskraft in der Schiedsgerichtsbarkeit im Wesentlichen der Absicherung der Ergebnisse der individuellen Rechtsdurchsetzung. Die Legitimität der Gleichbehandlung von Schiedssprüchen und Urteilen hängt vor dem Hintergrund der verfassungsrechtlichen Rechtsschutzgarantien davon ab, dass die Richtigkeit des Schiedsspruchs durch institutionelle Vorkehrungen und das Verfahrensrecht gewährleistet wird. Erforderlich ist zwar nicht eine *Gleichartigkeit*, wohl aber eine *Gleichwertigkeit* der Schiedsgerichtsbarkeit hinsichtlich der Qualität des den Parteien gewährten Rechtsschutzes.

Der Schiedsspruch ist kein staatlicher Akt, der die Parteien zur Befolgung einer autoritativ gesetzten Rechtsfolge verpflichtete. Seine Verbindlichkeit ist aus der zwischen den Parteien geschlossenen Schiedsvereinbarung abzuleiten, mit der sie sich der Entscheidungsmacht eines Schiedsgerichts unterworfen haben. Die staatliche Anerkennung bewirkt zwar die Geltung des Schiedsspruchs für die Organe des Staates, macht den Schiedsspruch damit aber nicht etwa zu einer Handlung der Hoheitsgewalt. Nach dem in der deutschen Zivilprozessordnung gewählten Anerkennungsmodell hat ein Schiedsspruch die Wirkungen eines Urteils, § 1055 ZPO. Das bedeutet, dass Schiedssprüche kraft Gesetzes die Wiederholung des Verfahrens vor staatlichen Gerichten ausschließen (*ne bis in idem*) und bei Präjudizialität das nachfolgende staatliche Gericht an die im Schiedsspruch getroffenen Feststellungen gebunden ist. Die vom Gesetz vorgenommene Unterscheidung von inländischen und ausländischen Schiedssprüchen ist dabei nur auf der Tatbestandsseite von Bedeutung: Für die Anerkennung inländischer Schiedssprüche enthält § 1055 ZPO keine weiteren Voraussetzungen; für die Anerkennung ausländischer Schiedssprüche verweist § 1061 Abs. 1 S. 1 ZPO auf die im New Yorker Übereinkommen formulierten Negativvoraussetzungen.

Eine Ausschluss- und Bindungswirkung kommt einem Schiedsspruch auch in einem nachfolgenden Schiedsverfahren zu. Die Schiedsgerichtsbarkeit ist allerdings auch insoweit auf die Beachtlichkeitsbefehle der nationalen Rechtsordnungen angewiesen. Die *arbitral legal order* ist keine transnationale normative Ordnung, die eine vom staatlichen Recht unabhängige Geltung für sich beanspruchen könnte. Die deutsche Zivilprozessordnung stellt die Rechtskraft von Schiedssprüchen dadurch her, dass sie den Parteien die Übertragung der rechtsprechenden Gewalt auf ein Schiedsgericht nur mit gewissen Einschränkungen erlaubt. Nur wenn sich die Parteien wechselseitig dazu verpflichten, den Schiedsspruch zu befolgen und seine Einmaligkeit und Bindung nicht in Frage zu stellen, unterwerfen sie die zwischen ihnen bestehende Streitigkeit der *Entscheidung* durch ein Schiedsgericht. Grundlage der Rechtskraft von Schiedssprüchen in Schiedsverfahren ist damit nicht ein sich in einer verfahrensrechtlichen Regelung ausdrückendes Berücksichtigungsgebot, sondern die Schiedsvereinbarung selbst. Ist der Streit durch einen Schiedsspruch entschieden, hat die Schiedsvereinbarung insoweit ihren Zweck erfüllt und scheidet als Kompetenzgrundlage für eine weitere schiedsgerichtliche Entscheidung aus.

Auch der Umfang der streitbeendenden Wirkung des Schiedsspruchs hängt maßgeblich vom Willen der Parteien des Schiedsverfahrens ab. Die Parteien können Vereinbarungen sowohl hinsichtlich des Umfangs der Ausschlusswirkung schließen, indem sie über den Streitgegenstand des Verfahrens disponieren, als auch Abmachungen hinsichtlich der bindenden Elemente eines Schiedsspruchs treffen. Der Ansatz beim Parteiwillen erlaubt es, dem Zusammenhang zwischen Verfahrenszweck, Ausgestaltung des Verfahrens und Verfahrensergebnis Rechnung zu tragen. Die Freiheit der Parteien, das Schiedsverfahren nach den eigenen Vorstellungen zu gestalten, ist nur dann wertvoll, wenn ihr Wille auch hinsichtlich des Produkts des Verfahrens, mithin hinsichtlich des Umfangs der Rechtskraftwirkungen respektiert wird. Aus diesem Grund ist § 1055 ZPO restriktiv zu interpretieren: Die Vorschrift besagt nicht, dass der Schiedsspruch dem Urteil gleichgesetzt wird. Der Schiedsspruch hat lediglich insoweit die Wirkungen eines rechtskräftigen Urteils, als er einen Rechtsstreit beendet. Das durch Schiedsspruch Entschiedene ist so zu behandeln, als wäre es durch ein Urteil entschieden worden. Den Gegenstand der Entscheidung aber legen die Parteien fest. Eine Grenze ihrer Bestimmungsmacht bildet nur der Vorbehalt des *ordre public*.

Die von der ILA zur Rechtskraft von Schiedssprüchen herausgegebenen Empfehlungen tragen den Vorzügen einer im Einzelfall am Willen der Parteien orientierten Verfahrens- und Rechtskraftbestimmung nicht Rechnung. Eine einheitliche Bestimmung des Rechtskraftumfangs unabhängig vom individuell verfolgten Verfahrenszweck führt nur vordergründig zu einer Stärkung der Schiedsgerichtsbarkeit durch mehr Vorhersehbarkeit und Transparenz. Sie setzt mittelfristig den Eigenwert der Schiedsgerichtsbarkeit gegenüber der staatlichen Gerichtsbarkeit aufs Spiel.

Hinter dem Bemühen, die Rechtskraft von Schiedssprüchen zu erklären, zu legitimieren und dogmatisch zu rekonstruieren, steht damit die Frage nach Zweck, Auftrag und Grenzen der Schiedsgerichtsbarkeit selbst. Die Zukunft der privaten Rechtsprechung sollte nicht darin gesehen werden, die Schiedsgerichtsbarkeit möglichst weitgehend an die staatliche Gerichtsbarkeit anzunähern und sie an überindividuellen Zwecken auszurichten. Will die Schiedsgerichtsbarkeit eine Alternative zur staatlichen Gerichtsbarkeit bleiben, muss sie die Freiheit der Parteien respektieren, dem Verfahren *eigene* Zwecke zu geben und es entsprechend auszugestalten. Gerade in der Ausrichtung auf private Interessen dient die Schiedsgerichtsbarkeit dem öffentlichen Interesse an Rechtssicherheit und Rechtsfrieden.

Summary

Parties to arbitral proceedings who argue about their rights and duties expect a final and binding decision and a settlement of their dispute. Therefore, arbitral proceedings must be conducted only once; the legal relationships existing between the parties are to be decided in a final and binding manner by the arbitral award. This means, on the one hand, that a relitigation of the dispute before another arbitral tribunal or a state court is prevented ("negative" or "preclusive" effect). On the other hand, future decisions must not deviate from the prior decision ("positive" or "conclusive" effect). The resulting binding effects of arbitral awards are described in terms of the doctrine of res judicata. As set forth in section 1055 German Code of Civil Procedure: The arbitral award has the same effect between the parties as a final and binding court judgment.

However, the terminological equation in respect of the binding effects of arbitral awards and court judgments must not conceal the differences that exist between the two forms of dispute resolution and that are reflected in the scope of the res judicata effect. The claim to functional equivalence of arbitral and judicial protection does not compel a congruent dogmatic construction of the binding effects. On the contrary, it even requires differentiations in order to preserve the legitimacy of commercial arbitration as private jurisprudence. Arbitral proceedings under German law are – in contrast to proceedings before state courts – to a large extent governed by the principle of party autonomy. This peculiarity of arbitration has an impact on the scope of the binding effects of arbitral awards; i.e. the extent to which it prevents the relitigation of the same matter and the extent to which the award can be relied upon in matters concerning a different cause of action.

The thesis reveals that the definition of the binding effects of an arbitral award cannot be found solely in national procedural law which set forth that arbitral awards have the same effects as judgments of state courts. The arbitration agreement, wherein the parties have consented to accept the arbitral award as a binding and final decision of the dispute, and the procedural rules established by the parties are inherent elements to be considered when developing a doctrine of *res arbitrata*. Hence, the binding effect of an arbitral award is the result of an interplay of private power and sovereign recognition.

The thesis assumes that the future of private jurisprudence does not lie in the attempt to adapt arbitration as much as possible to state jurisdiction and to pursue public rather than individual purposes. The thesis is therefore reluctant to propose the development of uniform rules with regard to the binding effects of international arbitral awards. If arbitration is to remain an alternative to state jurisdiction, it must respect the freedom of the parties to give the proceedings their own purpose and to design the arbitration procedure to fit their objectives.

The thesis seeks to explore the connections between the parties' procedural freedom and the binding effect of arbitral awards in six chapters. The first chapter (I.) outlines the purposes legal systems pursue with the doctrine of res judicata. These considerations lead to the question of what justifies the possibility of denying the right of the party who wrongfully lost their case in the first proceedings to argue the case a second time. Even at this stage, similarities, but also differences, between court judgments and arbitral awards become clear. The second chapter (II.) defines the concept, the prerequisites and the effects of the doctrine of res judicata. To this end the thesis explores how the procedural rules and the scope of res judicata are mutually influencing each other. The third chapter of the thesis clarifies the interaction of the private nature of arbitration and its recognition by states (III.). On the basis of this, the thesis can, in the fourth chapter (IV.), present the way in which the res judicata effect of awards operates in proceedings before a state court, and thereupon, in the fifth part (V.), the way in which the res judicata effect of awards is recognised in subsequent arbitral proceedings. The sixth and final chapter is devoted to the scope of the binding effects of arbitral awards (VI.).

I. Function and legitimacy of the doctrine of res judicata

The res judicata effect of arbitral awards serves public interests insofar as the pacification of society is one of the fundamental ends of states. By preventing contradictory decisions being rendered as well as the relitigation of the dispute the binding effects of arbitral awards promote legal certainty (predictability and stability of decisions) and justice. At the same time, the doctrine of res judicata is a necessary condition of the functional capacity of arbitration, which aims to serve as an alternative method of dispute resolution and thereby provides (financial) relief for the state jurisdiction. There is furthermore a societal interest in the binding effects of decisions, because the development of the objective law is achievable only on the basis of jurisprudence that is effective beyond the individual case.

The function and legitimacy of the res judicata effects given to arbitral awards are therefore, in some respects, in accordance with the reasoning considered with respect to judgments of state courts. However, there are differences to be found. While decisions of state courts can be granted a binding effect because a repetition of the legal disputes is not to be financed by the public, such economic considerations cannot justify the binding effects of arbitral awards. Third parties, i.e. the tax-payers, are not charged the costs of arbitral proceedings, but the parties pay in order to bring their case before an arbitral tribunal. Moreover, it is controversial whether arbitration can and should have a law-making function, since in general arbitral awards are not published. Above all, the binding effects of arbitral awards must not be established for public and supra-individual purposes solely. Since the arbitration agreement forms the basis of the arbitration, it is primarily the interests of the parties themselves that are to be taken into consideration.

The justification and definition of the doctrine of res judicata are closely related to the statutory and institutional framework of arbitration and the procedural rules determined by the parties. The binding effect of a decision can only be justified to the extent that the correctness of the decision is guaranteed by procedural law. It is, however, not necessary to demand that arbitration mimics state jurisdiction in every detail. A prerequisite for the legitimacy of arbitration is not the equality but rather the equivalence of the legal protection it grants. The achievement of this objective is enabled and guaranteed by the parties' agreements as well as the states' *ex ante* and *ex post* control of the arbitral proceedings and the award.

II. Concept, prerequisites and effects of the doctrine of res judicata

Only decisions which conclude a (partial) aspect of a dispute are capable of becoming res judicata. Moreover, according to German law, a decision becomes formally binding only if means of recourse are no longer available. With regard to the question whether the binding effect in subsequent court proceedings is subject to the parties' autonomy, the national legal orders provide for different modes of operation. Whereas German and, for example, Austrian courts have to observe the res judicata effect *ex officio*, in other jurisdictions it is up to the parties to raise the objection that a decision has already been rendered on the same subject matter.

There exists, however, a broad consensus with regard to the two aspects of the doctrine of res judicata: The negative effect prevents the relitigation of the dispute before another arbitral tribunal or a state court; the positive effect refers to the decision being binding in future proceedings concerning another subject matter. In common law jurisdictions, the doctrine has been further extended to preclude a party in subsequent litigation from raising a claim which the party, by the exercise of diligence, could and should have brought before the court in the earlier proceedings ("abuse of process").

In particular with regard to the conclusive effect, there is no uniform concept among national procedural laws. Generally, the civil law systems, by and large, endorse a rather narrow concept of the binding effects according to which only the dispositive part of a decision becomes res judicata. The common law system is familiar with the notion of "issue estoppel" according to which a party in subsequent proceedings is prevented from contradicting an issue, i.e. an assertion, whether of fact or law, that was an essential element in the cause of action and has already been finally decided in earlier proceedings.

These differences are, however, not the result of legislators' arbitrariness and capriciousness, but the reflection of a different balancing of the objectives and purposes pursued by the doctrine of res judicata and the civil process in general within the national legal systems. Moreover, the different concepts regarding the definition of the scope of the res judicata have to be seen in the context of the procedural instruments that are made available to the parties. If, for example, in a national law the subjective rights of the parties are emphasised and hence the scope of the res judicata effects is defined rather restrictively, typically the parties are allowed to interim declaratory relief. The essential elements of the decision may then be made the subject of seperate (interim) proceedings in order to obtain a legally binding decision on this issue.

There is dispute on the question of whether the doctrine of res judicata belongs to substantive or procedural law. The thesis assumes that the binding effects of a decision establish a procedural order addressed at the court subsequently seised with the matter. The question whether a decision affects the substantive legal relationships between the parties and hence also binds subsequent courts and tribunals is – at least with respect to the German law of civil procedure – not addressed by the doctrine of res judicata. Thus, the binding nature of the judgment between the parties and their obligation to comply with the ruling is not a prerequisite for the decision to become res judicata.

III. The autonomy of the parties as the legal foundation of arbitral awards

The arbitral award is the result of a private decision-making process. The arbitrators do not exercise state power, but derive their competence to decide the dispute brought before them from the arbitration agreement as concluded by the parties. In this contract the parties have agreed to recognise the final and binding effect of the arbitral award and not to question its correctness. They are, however, free to set aside the binding effect of the arbitral award by revoking the arbitration agreement in its entirety, thereby withdrawing the legal basis for an arbitral decision.

Due to the contractual basis of the arbitral award, domestic and foreign arbitral awards have to be recognized in order to gain effectiveness in subsequent proceedings. For this purpose, a legal system has two options to recognize the arbitral award: *First*, it can order that an arbitral award has the same effect between the parties as a final and binding court judgment. *Second*, an arbitral award may have mere contractual effects, e.g. imposing the contractual duty upon the parties not to relitigate the dispute.

Under German law the recognition of domestic awards is governed by section 1055 Code of Civil Procedure. Despite the fact that recognition is thus granted on a general legal basis and without consideration of the specific award, it is, as sometimes stated in literature, at least misleading to argue that a domestic arbitral award does not require recognition at all. Because of the recognition by way of statutory declaration the domestic arbitral award cannot be considered void implicitly, e.g. by deciding the case anew. Procedural deficiencies do not render the arbitral award ineffective automatically. It is rather on the parties to argue the nullity of the award in accordance with the provisions of the specific annulment procedure set forth in section 1059 Code of Civil Procedure.

The legal basis for the recognition of foreign arbitral awards is to be found in section 1061 Code of Civil Procedure in conjunction with the provisions of the United Nations Convention on the Recognition and Enforcement of Foreign Arbitral Awards ("New York Convention"). In contrast to domestic awards, the recognition of foreign awards is subject to the non-existence of grounds for refusal and therefore requires the consideration of the specific award. Notwithstanding this case-by-case basis, the German Code of Civil Procedure does not provide for specific procedural rules under which recognition has to be sought. Whenever a party relies on the effects of a foreign award the court has to decide incidentially on the basis of section 1061 Code of Civil Procedure in conjunction with the provisions of the New York Convention whether the foreign award can be recognized as final and binding.

IV. The res judicata effects in proceedings before state courts

Pursuant to section 1055 Code of Civil Procedure, the arbitral award has the same effect between the parties as a final and binding court judgment. For this the arbitral award must have become binding for the parties, e.g. it is not open for means of recourse before an appellate arbitral tribunal. This also applies to arbitral awards establishing or altering legal relationships; there is no additional effect granted to the award – once it has been declared enforceable – that goes beyond the res judicata effect.

The declaration of enforceability, however, marks the time after which the parties can no longer dispose of the award by cancelling the arbitration agreement by mutual consent in order to relitigate the dispute before a state court.

It follows from the equation of arbitral awards with judgments of state courts that an arbitral award prevents the relitigation of the dispute (*ne bis in idem*) and does not only impose an obligation on subsequent courts to decide correspondingly. If the findings of the award are precedent for a decision in a subsequent legal dispute, the court must consider the arbitral award. Subsequent courts have to pay attention to the binding effects of arbitral awards *ex officio*; it is not on the parties to invoke the objection that an arbitral tribunal has already rendered a decision on the same matter.

There is no explicit provision in the German Code of Civil Procedure on the effects a foreign arbitral award has in Germany. The New York Convention, in its Article III, sets out the principle that foreign awards shall be recognized as binding in accordance with procedural rules that do not impose substantially more onerous conditions than those applicable to domestic awards. The New York Convention, however, grants great latitude in the regulation of the recognition proceedings and allows the *lex fori* to determine the type and the manner in which the proceedings are conducted. It is not convincing to adopt the rules applicable to foreign judgments, and in particular the so called "*Wirkungserstreckungslehre*" according to which the effects a foreign decision has in its state of origin are extended to the state wherein recognition is sought. If this doctrine was applicable, the arbitral award would first have had to be recognized and thus have become effective in its state of origin, and, these effects could then be extended into the legal system of the state where recognition is sought. Such a model is in conflict with the New York Convention, according to which an arbitral award shall already be recognized once it has become binding on the parties within the meaning of Article V (1) lit. (e). In this respect it is not necessary that the award is recognized and has res judicata effects in its state of origin. The thesis therefore assumes that the binding effects of a foreign award with regard to subsequent proceedings are granted for the first time by recognizing the award in Germany. Once it has been recognized pursuant to section 1061 para. 1 Code of Civil Procedure a foreign award has the same effects as a binding judgment of a state court like a domestic award.

V. The res judicata effects in proceedings before arbitral tribunals

An arbitral award excludes the relitigation of the dispute before another arbitral tribunal and binds subsequent arbitral tribunals in proceedings with a different subject matter to the result found in the arbitration. Besides this well-established consensus that arbitral awards do have res judicata effects in subsequent arbitral proceedings, arbitral tribunals devote surprisingly little attention to the question of the application of the proper law. In most cases abitral tribunals simply apply the law of the seat of the arbitration. Since the law of the seat of the (second) arbitration was often identical with the law of the state where the first decision was rendered (and the law governing the merits of the case), it is hardly possible to ascertain in which function the specific law was applied or whether different regimes applied to different aspects of the binding effects.

In order to overcome the difficulties (and the often assumed shortcomings) of national law with regard to the res judicata effects of international arbitral awards, attempts are made to propose a transnational approach to the doctrine in international arbitration. A prominent example of such a regime of transnational rules is given by the Committee of Commercial Arbitration of the International Law Association. At its 72th Conference held in Toronto the International Law Association recognized the importance of efficiency in conducting arbitral proceedings, the need for finality of arbitral awards and the role of party autonomy regarding arbitral proceedings, and adopted seven Recommendations on Res Judicata and Arbitration. These Recommendations, however, are only effective if they are agreed by the parties to an arbitration on the basis of the procedural autonomy granted by national procedural law. Transational rules do not constitute an arbitral legal order with a supranational validity. By promoting and establishing transnational rules, conflict of laws issues are not abandoned.

The thesis assumes that it is the law of the seat of the second arbitration that governs the question whether an arbitral tribunal is capable of rendering an arbitral award or whether the dispute (or a partial aspect) has already been decided in a final and binding manner by a prior arbitral tribunal. With regard to arbitral proceedings conducted in Germany, German law does not entail explicit provisions. Sections 1055, 1061 of the German Code of Civil Procedure, which provide for arbitral awards having the same effect as judgments of state courts, are applicable only in proceedings before state courts and are not applicable *mutatis mutandis* to arbitration proceedings, either. Questions as to the binding effects of previous awards are to be solved by recourse to the provisions of section 1029 para. 1 and section 1042 para. 3 Code of Civil Procedure. Pursuant to section 1029 para. 1 Code of Civil Procedure, only such agreements on alternative forms of dispute resolution which lead to a decision of the dispute between the parties are to be considered an arbitration agreement within the meaning of the Code of Civil Procedure. Hence, arbitration agreements concluded between the parties confer on the arbitral tribunals only the competence to render a single decision of a dispute. This interpretation of Section 1029 is in line with the *ex ante* interests and expectations of the parties who consider the arbitration to be binding and conclusive.

The essential prerequisite for the binding effects of arbitral awards in arbitral proceedings is that according to the relevant procedural rules agreed between the parties, the award establishes contractual binding effects between the parties and constitutes a final decision of their legal relationship. The binding effect of an arbitral award does, however, not depend on the fulfilment of the prerequisites for recognition, neither in the state of origin nor in the states where its recognition is sought under the New York Convention.

VI. The scope of the res judicata effects

The scope of the binding effects must be determined separately for each arbitral award on the basis of the applicable law. A transnational standardized definition of the scope as proposed in the ILA recommendations is not compelling. It deprives the parties of the freedom to decide on the extent of the legal effects and thus of the possibility to conduct an arbitration designed to their needs and expectations. The probable positive effects, e.g. the strengenthing of the predictability of arbitral awards, must be balanced against the negative effects of the standardization. The downside of the harmonization of the arbitral award is the need to standardize – at least in certain respects – the procedure by which the award is generated. This, however, would contradict the essential feature of arbitration that the parties are given the freedom to conduct their arbitration according to their wishes.

Against this background, the thesis argues to assess the scope of the binding effects of arbitral awards in light and consideration of the individual case. The starting point is the intention of the parties. They may conclude explicit agreements with regard to the scope of the binding effects, i.e. by defining the matter they argue about and the elements of the arbitral award to become res judicata. If there are no explicit agreements on the scope of the binding effects, the arbitration agreement, briefs written in the course of the proceedings and, if concluded, the Terms of Reference, may also shed light on the will of the parties. If, however, the intention of the parties is not clearly indicated by the aforesaid documents, the procedural rules according to which the first arbitration was conducted determine the scope of the binding effects of the arbitral awards.

This case-by-case analysis does not only apply to subsequent arbitration proceedings, but also to proceedings before German state courts. Section 1055 Code of Civil Procedure, which provides that arbitral awards have the same effect as judgments, is to be interpreted in a restrictive manner. It merely sets forth that the negative and positive effects of arbitral awards are the same as attributable to judgments, i.e. a relitigation of the dispute before another arbitral tribunal or a state court is prevented and future decisions must not deviate from the arbitral award. However, it does not provide for the scope to be defined in the same manner and extent as the scope of the binding effects of judgments. Rather, the parties to the arbitration have the power to define the subject matter the arbitral tribunal has to decide on, and thus the scope of the binding effects. Subject to the recognition of the arbitral awards, public interests do not argue for a restriction of the binding effects of arbitral awards.

Literaturverzeichnis

Adams, Michael, Ökonomische Analyse des Zivilprozesses, Königstein 1981.

Adolphsen, Jens, Europäisches Zivilverfahrensrecht, Heidelberg 2011.

Ahrens, Martin, Von Hannover nach Berlin – Wegmarken der Prozessrechtsentwicklung, in: Werner Heun/Frank Schorkopf, Wendepunkte der Rechtswissenschaft. Aspekte des Rechts in der Moderne, S. 119–143, Göttingen 2014.

Albrecht, Hendrik, Die Streitsache im deutschen und englischen Zivilverfahren, Tübingen 2013.

Alexander, Christian, Schadensersatz und Abschöpfung im Lauterkeits- und Kartellrecht. Privatrechtliche Sanktionsinstrumente zum Schutz individueller und überindividueller Interessen im Wettbewerb, Tübingen 2010.

Alford, Roger, The "Transnational Approach" of the ILA Recommendation of Res Judicata and Arbitration, Kluwer Arbitration Blog vom 25.7.2009, Online Dokument, abgerufen unter: http://kluwerarbitrationblog.com/blog/2009/07/25/the-transnationa l-approach-of-the-ila-recommendations-on-res-judicata-and-arbitration/.

Altenkirch, Markus, Die Beendigung des Schiedsrichtervertrags durch den Schiedsrichter, SchiedsVZ 2014, S. 113–121.

Altenmüller, Reinhard, Die schiedsrichterliche Entscheidung kartellrechtlicher Streitigkeiten, Tübingen 1973.

Altenrath, Johannes, Grundlage und Wirkung des Schiedsspruchs. Historisch und dogmatisch dargestellt, Berlin 1907.

Althammer, Christoph, Streitgegenstand und Interesse. Eine zivilprozessuale Studie zum deutschen und europäischen Streitgegenstandsbegriff, Tübingen 2012.

Alvarez de Pfeifle, María Elena, Der Ordre Public-Vorbehalt als Versagungsgrund der Anerkennung und Vollstreckbarerklärung internationaler Schiedssprüche. Unter Berücksichtigung des deutschen, schweizerischen, französischen und englischen Rechts sowie des UNCITRAL-Modellgesetzes, Frankfurt am Main 2009.

Andrews, Neil, Andrews on Civil Processes. Volume II. Mediation and Arbitration, Camebridge 2013.

ders., Global Perspectives on Commercial Arbitration, in: Peter Gottwald/Burkhard Hess, Procedural Justice. XIV. IAPL World Congress/XIVème Congrès mondial de l'AIDP Heidelberg 2011, S. 537–613, Bielefeld 2014.

Anselm, Florian, Der englische Arbitration Act 1996: Dargestellt und erläutert anhand eines Vergleichs mit dem SchiedsVfG 1997, Online Dokument, abgerufen unter: http://nbn-resolving.de/urn:nbn:de:bsz:352-opus-12497.

Arens, Peter, Prozeßrecht und materielles Recht. Besprechung des gleichnamigen Buchs von Wolfram Henckel, AcP 173 (1973), S. 250–271.

ders., Überlegungen zum Geltungsgrund der materiellen Rechtskraft, in: Institute of Comparative Law, Waseda University. Law in East and West. On the Occasion of the 30th Anniversary of the Institute of Comparative Law Waseda University, S. 689–703, Tokio 1988.

Arroyo, Manuel, Arbitration in Switzerland: The Practitioner's Guide, Den Haag 2013.

Bach, Ivo, Deine Rechtskraft? Meine Rechtskraft! Zur Entscheidung des EuGH, den unionsrechtlichen Rechtskraftbegriff auf zivilrechtliche Entscheidungen nationaler Gerichte anzuwenden, EuZW 2013, S. 56–59.

Bajons, Ena-Marlies, Zur Nationalität internationaler Schiedssachen. Der Fall „Norsolor" vor den österreichischen Gerichten, in: Walter Rechberger/Rudolf Welser, Festschrift für Winfried Kralik zum 65. Geburtstag. Verfahrensrecht – Privatrecht, S. 3–35, Wien 1986.

von Bar, Christian/Mankowski, Peter, Internationales Privatrecht. Band I. Allgemeine Lehren, München 2003.

Barnett, Peter, Res Judicata, Estoppel, and Foreign Judgments, Oxford 2001.

Barona Vilar, Silvia, Comentarios a la Ley de Arbitraje, 2. Auflage, Pamplona 2011.

Baumbach, Adolf/Lauterbach, Wolfgang/Albers, Jan/Hartmann, Peter, Zivilprozessordnung mit FamFG, GVG und anderen Nebengesetzen, 73. Auflage, München 2015.

Baumert, Andreas J., Ordre public international versus ordre public interne bei inländischen Schiedssprüchen, SchiedsVZ 2014, S. 139–141.

Beitzke, Günter, Der Zuständigkeitsstreit zwischen staatlichem Gericht und Schiedsgericht, ZZP 60 (1936/1937), S. 317–333.

Bensaude, Denis, The International Law Association's Recommendation on *Res Judicata* and *Lis Pendens* in International Commercial Arbitration, J. Int. Arb. 24 (2007), S. 415–422.

van den Berg, Albert J., The New York Arbitration Convention of 1958. Towards a Uniform Judicial Interpretation, Deventer 1981.

Berger, Klaus Peter, Formalisierte oder „schleichende" Kodifizierung des transnationalen Wirtschaftsrechts, Berlin 1996.

ders., Neuverhandlungs-, Revision- und Sprechklauseln im internationalen Wirtschaftsvertragsrecht, RIW 2000, S. 1–14.

Berger, Bernhard/Kellerhals, Franz, International and Domestic Arbitration in Switzerland, 2. Auflage, Bern 2010.

von Bernuth, Marie-Louise, Die Doppelkontrolle von Schiedssprüchen durch staatliche Gerichte, Frankfurt am Main 1995.

Besson, Sébastien, Arbitration and Human Rights, ASA Bulletin 24 (2006), S. 395–416.

Bier, Christoph, Die volkswirtschaftlichen Kosten der Justiz, in: Dieter Schmidtchen/Stephan Weth, Der Effizienz auf der Spur. Die Funktionsfähigkeit der Justiz im Lichte der ökonomischen Analyse des Rechts, S. 124–136, Baden-Baden 1999.

Blackaby, Nigel/Partasides, Constantine, Redfern and Hunter on International Arbitration, 5. Auflage, Oxford 2009.

Blanke, Gordon, Chapter I: The Arbitration Agreement and Arbitrability – EC Competition Law Claims in International Arbitration, in: Aust. Yb. Int. Arb. 2009, S. 3–92.

Blomeyer, Arwed, Zivilprozeßrecht. Erkenntnisverfahren, 2. Auflage, Berlin 1985.

Blomeyer, Jürgen, Zum Streit über Natur und Wirkungsweise der materiellen Rechtskraft. Insbesondere zu seiner praktischen Bedeutung, JR 1968, S. 407–411.

Blomeyer, Karl, Betrachtungen über die Schiedsgerichtsbarkeit, in: Beiträge zum Zivilprozeßrecht. Festgabe zum siebzigsten Geburtstag von Leo Rosenberg, S. 51–71, München 1949.

ders., Arrest und einstweilige Verfügung, ZZP 65 (1952), S. 52–66.

Bock, Heinrich, Die Rechtsnatur des Schiedsspruches nach der ZPO, Köln 1957.

Böckstiegel, Karl-Heinz, Rechtsfortbildung durch Internationale Schiedsgerichtsbarkeit, Köln 1989.

ders./Kröll, Stefan Michael/Nacimiento, Patricia, Arbitration in Germany. The Model Law in Practice, 2. Auflage, Austin 2015.

Borges, Georg, Die Anerkennung und Vollstreckung von Schiedssprüchen nach dem neuen Schiedsverfahrensrecht, ZZP 111 (1998), S. 487–513.

Born, Gary B., International Commercial Arbitration. 3 Bände, 2. Auflage, Alphen aan den Rijn 2014.

Borris, Christian, Die internationale Handelsschiedsgerichtsbarkeit in den USA – Rechtsgrundlagen – Zwingendes Recht – Anerkennung und Vollstreckung von Schiedssprüchen, Köln 1987.

Bosch, Wolfgang, Rechtskraft und Rechtshängigkeit im Schiedsverfahren, Tübingen 1991.

Bötticher, Eduard, Kritische Beiträge zur Lehre von der materiellen Rechtskraft im Zivilprozeß, Berlin 1930.

ders., Rezensionsabhandlung über Wolfram Henckel, Prozeßrecht und Materielles Recht, 1970, ZZP 85 (1972), S. 1–29.

Braun, Johann, Rechtskraft und Restitution. Zweiter Teil. Die Grundlagen des geltenden Restitutionsrechts, Berlin 1986.

ders., Materielle Rechtskraft und prozessuale Betrachtungsweise des materiellen Rechts, in: Jörn Bernreuther et al., Festschrift für Ulrich Spellenberg, S. 69–79, München 2010.

ders., Lehrbuch des Zivilprozeßrechts. Erkenntnisverfahren, Tübingen 2014.

Brekoulakis, Stavros L., The Effect of an Arbitral Award and Third Parties in International Arbitration: Res Judicata Revisited, Am. Rev. Int. Arb. 16 (2005), S. 177–205.

ders., Third Parties in International Commercial Arbitration, Oxford 2010.

Brox, Hans/Walker, Wolf-Dietrich, Allgemeiner Teil des BGB, 38. Auflage, München 2014.

Bruns, Alexander, Der Zivilprozess zwischen Rechtsschutzgewährleistung und Effizienz, ZZP 124 (2011), S. 29–43.

ders., Maximendenken im Zivilprozessrecht. Irrweg oder Zukunftschance, in: Alexander Bruns/Joachim Münch/Astrid Stadler, Die Zukunft des Zivilprozesses. Freiburger Symposion am 27. April 2013 anlässlich des 70. Geburtstags von Rolf Stürner, S. 53–67, Tübingen 2014.

Bruns, Rudolf, „Funktionaler" und „instrumenteller" Gehalt der Gestaltungsrechte und Gestaltungsklagerechte. Zu Eduard Bötticher: „Gestaltungsrecht und Unterwerfung im Privatrecht", ZZP 78 (1965), S. 264–286.

Bryant, Jennifer, Anmerkung zu BGH, Beschluss vom 6.4.2017 – I ZB 23/16, SchiedsVZ 2017, S. 194–197.

Bubrowski, Helene, Internationale Investitionsschiedsverfahren und nationale Gerichte, Tübingen 2013.

Bundesministerium der Justiz, Bericht der Kommission zur Vorbereitung einer Reform der Zivilgerichtsbarkeit, Bonn 1961.

Bundesministerium der Justiz, Kommission zur Neuordnung des Schiedsverfahrensrechts. Bericht mit einem Diskussionsentwurf zur Neufassung des Zehnten Buchs der ZPO, Bonn 1994.

Bunge, Jürgen, Institutionen des englischen Zivilprozeßrechts, ZZP 92 (1979), S. 351–362.

Calavaros, Constantin, Das UNCITRAL-Modellgesetz über die internationale Handelsschiedsgerichtsbarkeit, Bielefeld 1988.

ders., Grundsätzliches zum Rechtsverhältnis zwischen Schiedsrichtern und Parteien nach griechischem Recht, in: Walter F. Lindacher et al., Festschrift für Walther J. Habscheid zum 65. Geburtstag am 6. April 1989, S. 65–78, Bielefeld 1989.

Calliess, Gralf-Peter/Maurer, Andreas, Transnationales Recht – eine Einleitung, in: Gralf-Peter Calliess, Transnationales Recht. Stand und Perspektiven, S. 1–36, Tübingen 2014.

Cappelletti, Mauro/Garth, Bryant G., Introduction – Policies, Trends and Ideas in Civil Procedure, in: International Encyclopedia of Comparative Law, Band XVI. Civil Procedure. Kapitel 1, Tübingen 1987.

Carbonneau, Thomas E., National Law and the Judicialization of Arbitration: Manifest Destiny, Manifest Disregard or Manifest Error, in: Richard B. Lillich/Charles N. Brower, International Arbitration in the 21st Century: Towards Judicialization and Uniformity, S. 115–130, Irvington 1994.

ders., Rendering Arbitral Awards with Reasons: The Elaboration of a Common Law of International Transactions, S. 345–384, in: ders., Carbonneau on International Arbitration: Collected Essays, Huntington 2011.

Chantebout, Vincent, Note – 26 mars 2009, Cour d'appel de Paris (1re Ch. C), Revue de l'Arb. 2010, S. 533–547.

Cheng, Bin, General Principles of Law as Applied by International Courts and Tribunals, 1953, Nachdruck, Cambridge 2006.

Chiwitt-Oberhammer, Tatjana, Der fehlerhafte Schiedsspruch, Wien 2000.

Cleary, Edward W., Res Judicata Reexamined, 57 Yale Law J. (1948), S. 339–350.

Coendet, Thomas, Rechtsvergleichende Argumentation. Phänomenologie der Veränderung im rechtlichen Diskurs, Tübingen 2012.

Cohn, Ernst J., Die materielle Rechtskraft im englischen Recht, in: Rolf Dietz/Heinz Hübner, Festschrift für Hans Carl Nipperdey zum 70. Geburtstag am 21. Januar 1965, S. 875–892, München 1965.

Cremades, Bernado M./Madalena, Ignacio, Parallel Proceedings in International Arbitration, J. Int. Arb. 24 (2008), S. 507–539.

Dasser, Felix, Internationale Schiedsgerichte und lex mercatoria. Rechtsvergleichender Beitrag zur Diskussion über ein nicht-staatliches Handelsrecht, Zürich 1989.

Detterbeck, Steffen, Streitgegenstand und Entscheidungswirkungen im Öffentlichen Recht. Grundlagen des Verfahrens vor den allgemeinen Verwaltungsgerichten und vor dem Bundesverfassungsgericht, Tübingen 1995.

Debourg, Claire, Note – 9 septembre 2010, Cour d'appel de Paris (Pôle 1 – Ch. 1), Rev. de l'Arb. 2011, S. 976–990.

dies., Les Contrariétés de Décisions dans l'Arbitrage International, Paris 2012.

Delvolvé, Jean-Louis/Pointon, Gerald H./Rouche, Jean, French Arbitration Law and Practice: A Dynamic Civil Law Approach to International Arbitration, 2. Auflage, Alphen aan den Rijn 2009.

Distler, Wolfram, Private Schiedsgerichtsbarkeit und Verfassung. Eine rechtsvergleichende Untersuchung zum deutschen und englischen Recht, Frankfurt am Main 2000.

Direnisa, Efe, Die materielle Rechtskraft im deutschen und türkischen Zivilverfahrensrecht, Frankfurt am Main 2012.

Dolinar, Hans, Vollstreckung aus einem ausländischen, einen Schiedsspruch bestätigenden Exequaturuteil. Gedanken zur Merger-Theorie, in: Reinhold Geimer, Wege zur Globalisierung des Rechts. Festschrift für Rolf A. Schütze zum 65. Geburtstag, S. 187–204, München 1999.

Dorda, Christian, *Res judicata* und Schiedsverfahren, in: Hanns Fitz et al., Festschrift für Hellwig Torggler, S. 169–182, Wien 2013.

Duve, Christian/Keller, Moritz, Privatisierung der Justiz – bleibt die Rechtsfortbildung auf der Strecke? – Ein Beitrag zur Auflösung des Spannungsverhältnisses von Privatautonomie und Rechtsfortbildung in der Schiedsgerichtsbarkeit, SchiedsVZ 2005, S. 169–178.

Ebbing, Frank, Private Zivilgerichte. Möglichkeiten und Grenzen privater (schiedsgerichtlicher) Zivilrechtsprechung, München 2003.

Elsing, Siegfried H., Procedural Efficiency in International Arbitration: Choosing the Best of Both Legal Worlds, SchiedsVZ 2011, S. 114–123.

Engelmann-Pilger, Albrecht, Die Grenzen der Rechtskraft des Zivilurteils im Recht der Vereinigten Staaten. Eine Darstellung mit rechtsvergleichenden Anmerkungen, Berlin 1974.

Engisch, Karl, Einführung in das juristische Denken, 11. Auflage, Stuttgart 2010.

Erk, Nadja, Parallel Proceedings in International Arbitration: A Comparative European Perspective, Alphen aan den Rijn 2014.

Ernemann, Andreas, Zur Anerkennung und Vollstreckung ausländischer Schiedssprüche nach § 1044 ZPO. Begriff – anzuwendendes Verfahrensrecht – Rechtswirksamkeit, Bielefeld 1979.

Farrar, John H./Dugdale, Anthony M., Introduction to Legal Method, 2. Auflage, London 1984.

Ferrand, Frédérique, Res Judicata – From National Law to a Possible European Harmonisation, in: Jens Adolphsen et al., Festschrift für Peter Gottwald zum 70. Geburtstag, S. 143–158, München 2014.

Filker, Matthias, Schiedsgerichtliche Beurteilung GmbH-rechtlicher Beschlussmängelstreitigkeiten, Baden-Baden 2013.

Fischer, Gerfried, Objektive Grenzen der Rechtskraft im internationalen Zivilprozeßrecht, in: Walter Gerhardt et al., Festschrift für Wolfram Henckel zum 70. Geburtstag am 21. April 1995, S. 199–213, Berlin 1995.

Franke, Ulf/Magnusson, Annette/Ragnwaldh, Jakob/Wallin, Martin, International Arbitration in Sweden: A Practitioner‘s Guide, Alphen aan de Rijn 2013.

Friauf, Karl Heinrich/Höfling, Wolfram, Berliner Kommentar zum Grundgesetz, 5 Bände, Loseblatt, Stand: 52. Ergänzungslieferung, Dezember 2016, Berlin 2016.

Fortún, Alberto, Set-offs Are Not Counterclaims in International Arbitration, in: Miguel Ángel Fernández-Ballesteros/David Arias, Liber Amicorum Bernardo Cremades, S. 451–469, Madrid 2010.

Gaillard, Emmanuel, The Use of Comparative Law in International Commercial Arbitration, in: Pieter Sanders, Arbitration in Settlement of International Commercial Disputes Involving the Far East and Arbitration in Combined Transportation, ICCA Congress Series 4 (1988), S. 283–289, Tokio 1989.

ders., Legal Theory of International Arbitration, Leiden 2010.

ders./Savage, John, Fouchard Gaillard Goldman on International Commercial Arbitration, Den Haag 1999.

Gaja, Giorgio, International Commercial Arbitration. New York Convention, 2 Bände, New York 1978.

Gal, Jens, Die Haftung des Schiedsrichters in der internationalen Handelsschiedsgerichtsbarkeit, Tübingen 2009.

Gallagher, Norah, Parallel Proceedings, *Res Judicata* and *Lis Pendens*: Problems and Possible Solutions, in: Loukas A. Mistelis/Julian M. D. Lew, Pervasive Problems in International Arbitration, S. 329–356, Alphen aan den Rijn 2006.

di Garbo, Gianfranco, Chapter II: The Arbitrator and the Arbitration Procedure – Informal Arbitration („Arbitrato Irrituale“) in Italy: A Contractual Award, in: Aust. Yb. Int. Arb. 2010, S. 129–134.

Gaul, Hans Friedhelm, Die Grundlagen des Wiederaufnahmerechts und die Ausdehnung der Wiederaufnahmegründe. Zugleich ein Beitrag zum Problem der Analogie beim enumerativen Ausnahmerechtssatz, Bielefeld 1956.

ders., Zu der Frage nach dem Zweck des Zivilprozesses, AcP 168 (1968), S. 27–62.

ders., Negative Rechtskraftwirkung und konkursmäßige Zweittitulierung, in: Erhard Böckelmann/Wolfram Henckel/Günther Jahr, Festschrift für Friedrich Weber zum 70. Geburtstag am 19. Mai 1975, S. 155–179, Berlin 1975.

ders., Die Entwicklung der Rechtskraftlehre seit Savigny und der heutige Stand, in: Horst Heinrich Jakobs et al., Festschrift für Werner Flume zum 70. Geburtstag, Band I, S. 443–522, Köln 1978.

ders., Rechtskraft und Verwirkung. Zugleich zur Rechtfertigung der Verbindlichkeit des Richterspruchs, in: Walter Gerhardt et al., Festschrift für Wolfram Henckel zum 70. Geburtstag am 21. April 1995, S. 235–271, Berlin 1995.

ders., Die Rechtskraft und Aufhebbarkeit des Schiedsspruchs im Verhältnis zur Verbindlichkeit des staatlichen Richterspruchs, in: Klaus Peter Berger et al., Festschrift für Otto Sandrock zum 70. Geburtstag, S. 285–329, Heidelberg 2000.

ders., Tradition und Fortschritt im Recht – dargestellt an der Entwicklung der Rechtskraftlehre, in: Thomas Ackermann et al., Tradition und Fortschritt im Recht, Jahrbuch Junger Zivilrechtswissenschaftler 1999, S. 9–31, Stuttgart 2000.

Geimer, Reinhold, Schiedsgerichtsbarkeit und Verfassung (aus deutscher Sicht), in: Peter Schlosser, Integritätsprobleme im Umfeld der Justiz – Die Organisation der Rechtsberatung; Schiedsgerichtsbarkeit und Verfassungsrecht –, S. 113–198, Bielefeld 1994.

ders., Internationales Zivilprozessrecht, 6. Auflage, Köln 2009.

ders./Schütze, Rolf A., Internationale Urteilsanerkennung, Band I, 1. Halbband: Das EWG-Abkommen über die gerichtliche Zuständigkeit und die Vollstreckung gerichtlicher Entscheidungen in Zivil- und Handelssachen. Systematischer Kommentar, München 1983.

Germelmann, Claas Friedrich, Die Rechtkraft von Gerichtsentscheidungen in der Europäischen Union. Eine Untersuchung vor dem Hintergrund der deutschen, französischen und englischen Rechtskraftlehren, Tübingen 2009.

Gentinetta, Jörg, Die lex fori internationaler Handelsschiedsgerichte, Bern 1973.

Gessner, Judith, Anerkennung und Vollstreckung von Schiedssprüchen in den USA und in Deutschland. Unter besonderer Berücksichtigung des UN-Übereinkommens über die Anerkennung und Vollstreckung ausländischer Schiedssprüche und des UNCITRAL-Modellgesetzes, Frankfurt am Main 2001.

Giardina, Andrea, The International Recognition and Enforcement of Awards nullified in their Country of Origin, in: Robert Briner et al., Law of international business and dispute settlement in the 21st century. Liber amicorum Karl-Heinz Böckstiegel anlässlich seines Ausscheidens als Direktor des Instituts für Luft- und Weltraumrecht und des von ihm gegründeten Lehrstuhls für Internationales Wirtschaftsrecht, S. 205–217, Köln 2001.

Gilles, Peter, Verfahrensfunktion und Legitimationsprobleme richterlicher Entscheidungen im Zivilprozeß. Zur Kritik N. Luhmanns am Richtigkeitspostulat der sog. klassischen Verfahrenslehre, in: Gerhard Lüke/Othmar Jauernig, Festschrift für Gerhard Schiedermair zum 70. Geburtstag, S. 183–201, München 1976.

Giovannini, Teresa, When do Arbitrators become *Functus Officio*?, in: Laurent Lévy/Yves Derains, Liber Amicorum en l'honneur de Serge Lazareff, S. 305–314, Paris 2011.

Gordon, Randy, Only one kick at the cat: A contextual rubric for evaluating res judicata and collateral estoppel in international commercial arbitration, Flor. J. Int. Law 18 (2006), S. 549–596.

Gottwald, Peter, Grundfragen der Anerkennung und Vollstreckung ausländischer Entscheidungen in Zivilsachen, ZZP 103 (1990), S. 257–293.

ders., Präjudizwirkung der Rechtskraft zugunsten Dritter, in: Christian Heinrich, Festschrift für Hans-Joachim Musielak zum 70. Geburtstag, S. 183–194, München 2004.

Greger, Reinhard, Vom „Kampf ums Recht" zum Zivilprozeß der Zukunft, JZ 1997, S. 1077–1083.

Gruber, Wolfgang, Anmerkung zu OLG Karlsruhe, Beschluss vom 3. Juli 2006 – Az. 9 Sch 1/06, SchiedsVZ 2006, S. 283–286.

Grunsky, Wolfgang, Grundlagen des Verfahrensrechts. Eine vergleichende Darstellung von ZPO, FGG, VwGO, FGO, SGG, 2. Auflage, Bielefeld 1974.

ders., Lex fori und Verfahrensrecht, ZZP 89 (1976), S. 241–259.

Guldener, Max, Schweizerisches Zivilprozeßrecht, 3. Auflage, Zürich 1979.

Haas, Ulrich, Die Anerkennung und Vollstreckung ausländischer und internationaler Schiedssprüche, Berlin 1991.

Habscheid, Walther J., Schiedsgerichtsbarkeit und Europäische Menschenrechtskonvention, in: Walter Gerhardt et al., Festschrift für Wolfram Henckel zum 70. Geburtstag am 21. April 1995, S. 341–352, Berlin 1995.

ders., Das neue Recht der Schiedsgerichtsbarkeit, JZ 1998, S. 445–450.

Hahn, Anne-Catherine, Chapter III: The Award and the Courts, Res Judicata as a Challenge for Arbitral Tribunals, in: Aust. Yb. Int. Arb. 2014, S. 329–341.

Hahn, Karl, Die gesammten Materialien zur Civilprozeßordnung und dem Einführungsgesetz zu derselben vom 30. Januar 1877. Band II, 1. Abt., Berlin 1880.

Handley, Kenneth R., Spencer Bower and Handley. Res Judicata, 4. Auflage, Croydon 2009.

Handorn, Boris, Das Sonderkollisionsrecht der deutschen internationalen Schiedsgerichtsbarkeit. Zur Bestimmung des anwendbaren materiellen Rechts gemäß § 1051 Abs. 1 und 2 Zivilprozessordnung, Tübingen 2005.

Hanotiau, Bernard, Quelques Réflexions à propos de l'Autorité de Chose Jugée des Sentences Arbitrales, in: André Bruyneel et al., Liber Amicorum Lucien Simont, S. 301–309, Brüssel 2002.

ders., Complex Arbitrations. Multiparty, Multicontract, Multi-issues and Class Actions, Den Haag 2006.

Hascher, Dominique, L'autorité de la chose jugée de sentences arbitrales, in: Travaux du Comité Français de Droit International Privé (2000–2002), S. 17–46, Paris 2004.

Häsemeyer, Ludwig, Prozeßrechtliche Rahmenbedingungen für die Entwicklung des materiellen Privatrechts – Zur Unvertauschbarkeit materieller und formeller Rechtssätze, AcP 188 (1988), S. 140–167.

Hausmann, Rainer, Die kollisionsrechtlichen Schranken der Gestaltungskraft von Scheidungsurteilen: eine rechtsvergleichende Untersuchung zur Abgrenzung von internationalem Privat- und Verfahrensrecht auf dem Gebiet der Urteilswirkungen, München 1980.

Heiderhoff, Bettina, Diskussionsbericht zu Streitgegenstand und EuGH, ZZP 111 (1998), S. 455–462.

Hellwig, Konrad, System des deutschen Zivilprozeßrechts. Zweiter Teil, Leipzig 1912.

Hellwig, Hans-Jürgen, Zur Systematik des zivilprozeßrechtlichen Vertrags, Bonn 1968.

Henckel, Wolfram, Prozeßrecht und materielles Recht, Göttingen 1970.

ders., Prozeßrecht und materielles Recht, Thrazische Juristische Abhandlungen, Band 18, Athen 1988.

Hess, Burkhard, Europäisches Zivilprozessrecht. Ein Studienbuch, Heidelberg 2010.

ders., „Private law enforcement" und Kollektivklagen. Regelungsbedarf für das deutsche Zivilprozessrecht?, JZ 2011, S. 66–74.

ders., Schiedsgerichtsbarkeit und europäisches Zivilprozessrecht, JZ 2014, S. 538–545.

ders., Urteilsfreizügigkeit nach der VO Brüssel-Ia: beschleunigt oder ausgebremst?, in: Jens Adolphsen et al., Festschrift für Peter Gottwald zum 70. Geburtstag, S. 273–281, München 2014.

Hesselbarth, Franziska, Schiedsgerichtsbarkeit und Grundgesetz: (Teil-) Verfassungswidrigkeit des reformierten Schiedsverfahrensrechts. Eine Untersuchung zu den verfassungsrechtlichen Grundlagen der Schiedsgerichtsbarkeit und den Anforderungen an das Schiedsverfahrensrecht gem. §§ 1025 ff. ZPO, Lichtenberg 2004.

Hilbig, Katharina, Das gemeinschaftsrechtliche Kartellverbot im internationalen Handelsschiedsverfahren. Anwendung und Kontrolle, München 2006.

Hobér, Kaj, *Res Judicata* and *Lis Pendens* in International Arbitration, in: Académie de Droit International de La Haye, Recueil des Cours 2013, Band 366, S. 99–406, Leiden 2014.

Hoffmann-Becking, Michael/Rawert, Peter, Beck'sches Formularbuch Bürgerliches, Handels- und Wirtschaftsrecht, 11. Auflage, München 2013.

Hoffmann-Riem, Wolfgang, Konfliktbewältigung in einer angebotsorientierten Rechtsschutzordnung, ZRP 1997, S. 190–198.

Holtzmann, Howard M./Neuhaus, Joseph E., A Guide To The UNCITRAL Model Law On International Commercial Arbitration: Legislative History and Commentary, Deventer 1989.

Homfeldt, Arne, Die Beachtung der Rechtskraft im Zivilprozeß von Amts wegen, Frankfurt am Main 2001.

Hopfgarten, Günter, Die materielle Rechtskraft im Zivilprozeß – eine Frage der Verwirkung? Untersuchungen zur neuen Rechtskraftlehre Wolfram Henckels, Münster 1979.

Horn, Nobert, Zwingendes Recht in der Internationalen Schiedsgerichtsbarkeit, SchiedsVZ 2008, S. 209–222.

Horvath, Günther J., The Duty of the Tribunal to Render an Enforceable Award, J. Int. Arb. 18 (2001), S. 135–158.

ders., What Weight Should be given to the Annulment of an Award under the Lex Arbitri? The Austrian and German Perspectives, J. Int. Arb. 26 (2009), S. 249–266.

ders., The Judicalization of International Arbitration. Does the Increasing Introduction of Litigation-Style Practices, Regulations, Norms and Structures into International Arbitration Risk a Denial of Justice in International Business Disputes?, in: Stefan Michael Kröll et al., Liber Amicorum Eric Bergsten (International Arbitration and International Commercial Law: Synergy, Convergence and Evolution), S. 251–271, Alphen aan den Rijn 2011.

Huber, Stefan, Entwicklung transnationaler Modellregeln für Zivilverfahren am Beispiel der Dokumentenvorlage, Tübingen 2008.

Hulbert, Richard W., Arbitral Procedure and the Preclusive Effect of Awards in International Commercial Arbitration, Int. Tax & Bus. Law. 7 (1989), S. 156–201.

International Council for Commercial Arbitration, ICCA's Guide to the Interpretation of the 1958 New York Convention: A Handbook for Judges, o.N. 2011.

International Law Association – Committee on International Commercial Arbitration, Final Report on Public Policy as a Bar to Enforcement of International Arbitral Awards, New Delhi Conference, 2002, Online Dokument, abgerufen unter: http://www.ila-hq.org/en/committees/index.cfm/cid/19.

dies., Interim Report on Res Judicata and Arbitration, Berlin Conference, 2004, Online Dokument, abgerufen unter: http://www.ila-hq.org/en/committees/index.cfm/cid/19.

dies., Final Report on Res Judicata and Arbitration, Toronto Conference, 2006, Online Dokument, abgerufen unter: http://www.ila-hq.org/en/committees/index.cfm/cid/19.

Jacobson, Alfred, Die Rechtskraft von Schiedssprüchen, Borna-Leipzig 1914.

Jacoby, Florian, Der Musterprozeßvertrag. Die gewillkürte Bindung an gerichtliche Entscheidungen, Tübingen 2000.

Jaeckel, Fritz, Die Reichweite der lex fori im internationalen Zivilprozeßrecht, Berlin 1995.

Jaksic, Aleksandar, Procedural Guarantees of Human Rights in Arbitration Proceedings. A Still Unsettled Problem?, J. Int. Arb. 24 (2007), S. 159–172.

Jarass, Hans D./Pieroth Bodo, Grundgesetz für die Bundesrepublik Deutschland. Kommentar, 14. Auflage, München 2016.

Jarrosson, Charles, L'autorité de chose jugée des sentences arbitrales, Procédure 2007, S. 27–38.

Jauernig, Othmar, Nochmals: Auswirkungen von Treu und Glauben im Prozeß und in der Zwangsvollstreckung, ZZP 66 (1953), S. 398–417.

ders., Verhandlungsmaxime, Inquisitionsmaxime und Streitgegenstand, Tübingen 1967.

ders./Hess, Burkhard, Zivilprozessrecht. Ein Studienbuch. Gang des zivilgerichtlichen Verfahrens, 30. Auflage, München 2011.

Jenard, Paul, Bericht über die gerichtliche Zuständigkeit und die Vollstreckung gerichtlicher Entscheidungen in Zivil- und Handelssachen (ABl. 1979, Nr. C vom 5.3.1979, S. 1–70).

von Jhering, Rudolf, Der Kampf um's Recht, 18. Auflage, Wien 1913.

Jemielniak, Joanna, Legal Interpretation in International Commercial Arbitration, Farnham 2014.

Jessup, Philip M., Transnational Law, New Haven 1956.

Jolivet, Emmanuel, Access to Information and Awards, J. Int. Arb. 22 (2006), S. 265–274.

Kahlert, Heiner, Vertraulichkeit im Schiedsverfahren. Eine Untersuchung nach deutschem Recht mit internationalen Bezügen, Tübingen 2015.

Karrer, Pierre A., Must an Arbitral Tribunal Really Ensure that its Award is Enforceable?, in: Gerald Aksen et al., International Law, Commerce and Dispute Resolution. Liber Amicorum in honour of Robert Briner, S. 429–435, Paris 2005.

Karton, Joshua, A Conflict of Interests – Seeking a Way Forward on Publication of International Arbitral Awards, Arb. Int. 28 (2012), S. 447–486.

Kasolowsky, Boris/Schnabl, Daniel, Schiedsgutachten als Alternative zu Schiedsverfahren bei Streit über Rechtsfragen, SchiedsVZ 2012, S. 84–88.

Kahl, Wolfgang/Waldhoff, Christian/Walter, Christian, Bonner Kommentar zum Grundgesetz, 17 Bände, Loseblatt, Stand: 183. Ergänzungslieferung, März 2017, Heidelberg.

Kaufmann-Kohler, Gabrielle, Arbitral Precedent: Dream, Necessity or Excuse? The 2006 Freshfields Lecture, Arb. Int. 23 (2007), S. 357–378.

dies., Is Consistency a Myth?, in: Emmanuel Gaillard/Yas Banifatemi, Precedent in International Arbitration, IAI Series on International Arbitration No. 5, S. 137–149, Huntington 2008.

Kessler, Joachim, Die Bindung des Schiedsgerichts an das materielle Recht, Köln 1964.

Kilgus, Stefan, Zur Anerkennung und Vollstreckbarerklärung englischer Schiedssprüche in Deutschland, Berlin 1995.

Kirby, Jennifer, Finality and Arbitral Rules: Saying An Award Is Final Does Not Necessarily Make It So, J. Int. Arb. 29 (2012), S. 119–128.

Klein, Franz, Zeit- und Geistesströmungen im Prozess, 2. Auflage, Frankfurt am Main 1958.

Klein, Frédéric-Edouard, Considérations sur l'arbitrage en droit international privé, Basel 1955.

Klement, Jan Henrik, Ungereimtes in der Beleihungsdogmatik des BGH – Eine Kritik am Beispiel der Staatshaftung für Fehler privater Sachverständiger –, VerwArch 101 (2010), S. 112–138.

Kohler, Josef, Gesammelte Beiträge zum Civilprocess, Berlin 1894.

König, Valériane, Präzedenzwirkung internationaler Schiedssprüche. Dogmatisch-empirische Analysen zur Handels- und Investitionsschiedsgerichtsbarkeit, Berlin 2013.

Kotzorek, Andreas, Private Gerichte als Alternative zur staatlichen Zivilgerichtsbarkeit. Eine ökonomische Analyse, Tübingen 1987.

Kötz, Hein, Rechtsvereinheitlichung – Kosten, Nutzen, Methoden, Ziele, RabelsZ 50 (1986), S. 1–17.

Koussoulis, Stelios, Beiträge zur modernen Rechtskraftlehre, Köln 1986.

Kremer, Michael J. R./Weimann, Thomas, Die Aufhebbarkeit von Schiedssprüchen, insbesondere Zwischen- oder Teilschiedssprüchen über den Anspruchsgrund – Widerspruch zu Prinzipien der Prozessökonomie, SchiedsVZ 2007, S. 238–245.

Kremslehner, Florian, Chapter III: The Arbitration Procedure – Lis Pendens and Res Judicata in International Commercial Arbitration, in: Aust. Yb. Int. Arb. 2007, S. 127–162.

Kronke, Herbert et al., Recognition and Enforcement of Foreign Arbitral Awards: A Global Commentary on the New York Convention, Alphen aan den Rijn 2010.

Kropholler, Jan, Internationales Privatrecht. Einschließlich der Grundbegriffe des Internationalen Zivilverfahrensrechts, 6. Auflage, Tübingen 2006.

Kröll, Stefan Michael, Die Präklusion von Versagungsgründen bei der Vollstreckbarerklärung ausländischer Schiedssprüche (zu OLG Karlsruhe, 27.3.2006 – 9 Sch 2/2005, unten S. 455 Nr. 37 a und OLG Karlsruhe, 3.7.2006 – 9 Sch 1/2006, unten S. 455 Nr. 37 b), IPrax 2007, S. 430–437.

ders., Schiedsrichterliche Rechtsprechung 2006, SchiedsVZ 2007, S. 145–157.

ders., Schiedsrichterliche Rechtsprechung 2007, SchiedsVZ 2008, S. 62–72.

Kuschmann, Horst, Die materielle Rechtskraft bei verdeckten Teilklagen in der Rechtsprechung des Bundesgerichtshofs, in: Gerhard Lüke/Othmar Jauernig, Festschrift für Gerhard Schiedermair zum 70. Geburtstag, S. 351–376, München 1976.

Lachmann, Jens-Peter, Handbuch für die Schiedsgerichtsbarkeit, 3. Auflage, Köln 2008.

Lalive, Pierre, Absolute Finality of Arbitral Awards, Rev. Arbitragem 2008, S. 1–20.

Lames, Peter, Rechtsfortbildung als Prozeßzweck, Tübingen 1992.

Landbrecht, Johannes, Teil-Sachentscheidungen und Ökonomie der Streitbeilegung. Eine rechtsvergleichende Untersuchung zu Bindungswirkungen und Statthaftigkeit gerichtlicher Teilentscheidungen, Tübingen 2012.

Langen, Eugen, Vom Internationalen Privatrecht zum Internationalen Handelsrecht, NJW 1969, S. 358–360.

Larenz, Karl/Canaris, Claus-Wilhelm, Methodenlehre der Rechtswissenschaft, 3. Auflage, Berlin 1995.

Lastenouse, Pierre, Why Setting Aside an Arbitral Award is not Enough to Remove it from the International Scene, J. Int. Arb. 16 (1999), S. 25–48.

Leipold, Dieter, Teilklagen und Rechtskraft, in: Karl August Bettermann et al., Festschrift für Albrecht Zeuner zum 70. Geburtstag, S. 431–449, Tübingen 1996.

Lenenbach, Markus, Die Behandlung von Unvereinbarkeiten zwischen rechtskräftigen Zivilurteilen nach deutschem und europäischem Zivilprozeßrecht, Berlin 1997.

Lent, Friedrich, Die Gesetzeskonkurrenz im bürgerlichen Recht und Zivilprozeßrecht. II. Band. Die prozessuale Bedeutung der bürgerlich-rechtlichen Gesetzeskonkurrenz, Leipzig 1916.

Levine, Brian, Preclusion Confusion: A Call for per se Rules Preventing the Application of Collateral Estoppel to Findings made in Nontraditional Litigation, Ann. Surv. Am. Law 1999, S. 435–469.

Lew, Julian D. M./Mistelis, Loukas A./Kröll, Stefan Michael, Comparative International Commercial Arbitration, Den Haag 2003.

Lindacher, Walter F., Schiedsspruch und Parteidisposition, KTS 1966, S. 153–157.

Loritz, Karl-Georg, Probleme der Rechtskraft von Schiedssprüchen im deutschen Zivilprozeßrecht, ZZP 105 (1992), S. 1–19.

Lowe, Vaughan, *Res Judicata* and the Rule of Law in International Arbitration, 8 RADIC (1996), S. 38–50.

Lowenfeld, Andreas F., Arbitration and Issue Preclusion: A View from America, in: Pierre A. Karrer, Arbitral Tribunals or State Courts: Who must defer to Whom? – ASA Special Series 15, S. 55–64, Basel 2001.

Luhmann, Niklas, Das Recht der Gesellschaft, Frankfurt am Main 1995.

ders., Legitimation durch Verfahren, 5. Auflage, Frankfurt am Main 2001.

Lühmann, Tobias B., Die Rechtskraft des Schiedsspruchs im deutschen und US-amerikanischen Recht. Zugleich ein Beitrag zur Bedeutung des Parteiwillens für die Bestimmung der Schiedsspruchwirkungen, Tübingen 2014.

Lüke, Gerhard, Die wiederholte Unterlassungsklage, in: ders./Othmar Jauernig, Festschrift für Gerhard Schiedermair zum 70. Geburtstag, S. 377–390, München 1976.

Lüke, Wolfgang, Zivilprozessrecht. Erkenntnisverfahren. Zwangsvollstreckung. Europäisches Zivilverfahrensrecht, 10. Auflage, München 2011.

von Mangoldt, Hermann/Klein, Friedrich/Starck, Christian, Kommentar zum Grundgesetz, 3 Bände, 6. Auflage, München 2010.

Mann, Francis A., Lex Facit Arbitrum, in: Pieter Sanders, Liber Amicorum for Martin Domke, S. 157–183, Den Haag 1967.

ders., Schiedsrichter und Recht, in: Horst Heinrich Jakobs et al., Festschrift für Werner Flume zum 70. Geburtstag, Band I, S. 593–620, Köln 1978.

Marburger, Peter, Rechtskraft und Präklusion bei der Teilklage im Zivilprozeß, in: Wolfgang Schön, Gedächtnisschrift für Brigitte Knobbe-Keuk, S. 187–200, Köln 1997.

Marcus, Richard, American Exceptionalism in Goals for Civil Litigation, in: Alan Uzelac, Goals of Civil Justice and Civil Procedure in Contemporary Judicial Systems, S. 123–141, Cham 2014.

Martens, Joachim, Rechtskraft und materielles Recht, ZZP 79 (1966), S. 404–450.

Martinez-Fraga, Pedro J., Adam, How about a Second Bite at the Apple? Revisiting the Need For Uniformity in the Application of Res Judicata to International Commercial and Treaty-Based Arbitration, in: Arthur Rovine, Contemporary Issues in International Arbitration and Mediation: The Fordham Papers 2011, S. 142–183, Leiden 2012.

ders./Samra, Harout Jack, The Role of Precedent in Defining Res Judicata in Investor-State Arbitration, Nw. J. Int. Law & Bus. 32 (2012), S. 419–450.

Martiny, Dieter, Anerkennung ausländischer Entscheidungen nach autonomem Recht. Handbuch des Internationalen Zivilverfahrensrecht, Band III/1, Tübingen 1984.

Matscher, Franz, Zur Theorie der Anerkennung ausländischer Entscheidungen nach österreichischem Recht, in: Hans W. Fasching/Winfried Kralik, Festschrift für Hans Schima zum 75. Geburtstag, S. 265–286, Wien 1969.

Maultzsch, Felix, Besprechung von Valériane König, Präzedenzwirkung internationaler Schiedssprüche. Dogmatisch-empirische Analysen zur Handels- und Investitionsschiedsgerichtsbarkeit, ZZP 127 (2014), S. 249–254.

Maunz, Theodor/Dürig, Günter, Grundgesetz. Kommentar, 7 Bände, Loseblatt, Stand: 78. Ergänzungslieferung, September 2016, München.

Mayer, Pierre, Litispendance, connexité et chose jugée dans l'arbitrage international, in: Matthieu de Boisseron et al., Mélanges offerts à Claude Reymond. Liber amicorum Claude Reymond: Autour de l'arbitrage, S. 185–203, Paris 2004.

ders., L'obligation de concentrer la matière litigiues s'impose-t-elle dans l'arbitrage international?, Cahiers de l'Arb 2011, S. 413–422.

ders., Conflicting Decision in International Commercial Arbitration, 4 J. Int. Disp. Settl. (2013), S. 407–419.

McIlwrath, Michael/Schroeder Roland, Users need more Transparency in International Arbitration, in: Alberto Malatesta/Rinaldo Sali, The Rise of Transparency in International Arbitration, S. 87–106, Huntington 2013.

McIsaac, Christine, Challenging the rules of the game: certainty through procedural harmonisation of challenges in international commercial arbitration, Int. Arb. Law Rev. 2010, S. 127–137.

von Mehren, Robert B., The Eco-Swiss Case and International Arbitration, Arb. Int. 19 (2003), S. 465–469.

Merkin, Robert/Flannery, Louis, Arbitration Act 1996, 5. Auflage, London 2014.

Merkl, Adolf, Die Lehre von der Rechtskraft. Entwickelt aus dem Rechtsbegriff. Eine rechtstheoretische Untersuchung, Leipzig 1923.

Merkt, Hanno, Zur sogenannten Präklusionsrechtsprechung des BGH bei der Anerkennung ausländischer Schiedssprüche, in: Alexander Bruns et al., Festschrift für Rolf Stürner zum 70. Geburtstag. 2. Teilband. Internationales, Europäisches und Ausländisches Recht, S. 1303–1320, Tübingen 2013.

Meyer, Peter, Wandel des Prozessrechtsverständnisses – vom „liberalen" zum „sozialen" Zivilprozess, JR 2004, S. 1–6.

Meyer-Ladewig, Jens/Nettesheim, Martin/von Raumer, Stefan, Europäische Menschenrechtskonvention. Handkommentar, 4. Auflage, Baden-Baden 2017.

Mezger, Ernst, Vollstreckung ausländischer Schiedssprüche. Zur Auslegung von § 1044 ZPO, AWD 1970, S. 258–261.

Michelakis, Emmanuel M., Rechtsnorm und Rechtskraft, in: Hans W. Fasching/Winfried Kralik, Festschrift für Hans Schima zum 75. Geburtstag, S. 303–312, Wien 1969.

Millar, Robert Wyness, The Historical Relation of Estoppel by Record to Res Judicata, 35 Ill. L. Rev. (1940–1941), S. 41–59.

Motomura, Hiroshi, Arbitration and Collateral Estoppel: Using Preclusion to shape Procedural Choices, Tulane Law Rev. 63 (1988), S. 29–83.

Möschel, Werner, Should Private Enforcement of Competition Law Be Strengthened?, in: Dieter Schmidtchen/Max Albert/Stefan Voigt, The More Economic Approach to European Competition Law, S. 101–113, Tübingen 2007.

Mourre, Alexis, The Set-off Paradox in International Arbitration, Arb. Int. 24 (2008), S. 387–403.

ders., Arbitral Jurisprudence in International Commercial Arbitration: The Case For A Systematic Publication Of Arbitral Awards In 10 Questions..., Kluwer Arbitration Blog vom 28.5.2009, Online Dokument, abgerufen unter http://kluwerarbitrationblog.com/blog/2009/05/28/arbitral-jurisprudence-in-international-commercial-arbitration-the-case-for-a-systematic-publication-of-arbitral-awards-in-10-questions.../.

ders., Is there a Life after the Award?, in: Paul Tercier, Post Award Issues – ASA Special Series 38, S. 1–18, New York 2011.

ders., The Case for the Publication of Arbitral Awards, in: Alberto Malatesta/Rinaldo Sali, The Rise of Transparency in International Arbitration, S. 53–72, Huntington 2013.

Müller, Klaus, Zum Begriff der „Anerkennung" von Urteilen in § 328 ZPO, ZZP 79 (1966), S. 199–245.

Münchener Kommentar zum Bürgerlichen Gesetzbuch, hrsg. von Franz Jürgen Säcker/Roland Rixecker, Band 1. §§ 1–240 BGB. ProstG. AGG, 7. Auflage, München 2015.

Münchener Kommentar zum Bürgerlichen Gesetzbuch, hrsg. von Franz Jürgen Säcker/Roland Rixecker, Band 5, §§ 705–853. Partnerschaftgesellschaftgesetz. Produkthaftungsgesetz, 7. Auflage, München 2017.

Münchener Kommentar zum Gesetz betreffend die Gesellschaften mit beschränkter Haftung – GmbHG, hrsg. von Holger Fleischer/Wulf Goette, Band 2. §§ 35–52, 2. Auflage, München 2016.

Münchener Kommentar zur Zivilprozessordnung mit Gerichtsverfassungsgesetz und Nebengesetzen, hrsg. von Wolfgang Krüger/Thomas Rauscher, Band 1. §§ 1–354, 5. Auflage, München 2016.

Münchener Kommentar zur Zivilprozessordnung mit Gerichtsverfassungsgesetz und Nebengesetzen, hrsg. von Wolfgang Krüger/Thomas Rauscher, Band 2. §§ 355–1024, 5. Auflage, München 2016.

Münchener Kommentar zur Zivilprozessordnung mit Gerichtsverfassungsgesetz und Nebengesetzen, hrsg. von Wolfgang Krüger/Thomas Rauscher, Band 3. §§ 1025–1109. EGZPO. GVG. EGGVG. UKlaG. Europäisches und Internationales Zivilprozessrecht, 4. Auflage, München 2013.

Münch, Joachim, Grundfragen des Zivilprozesses. Sinngehalte der Lehre vom Prozeßzweck, in: Alexander Bruns/Joachim Münch/Astrid Stadler, Die Zukunft des Zivilprozesses. Freiburger Symposion am 27. April 2013 anlässlich des 70. Geburtstags von Rolf Stürner, S. 5–52, Tübingen 2014.

ders., Schiedsverfahren vs. staatliche Gerichtsbarkeit – Vorzüge der Schiedsgerichtsbarkeit, in: Bitburger Gespräche in München, hrsg. von der Gesellschaft für Rechtspolitik, Trier, und dem Institut für Rechtspolitik an der Universität Trier. Band 6. Rechtsordnungen im transatlantischen Wettbewerb, S. 54–109, Tübingen 2016.

Münzberg, Reinhard, Die Schranken der Parteivereinbarungen in der privaten, internationalen Schiedsgerichtsbarkeit, Berlin 1970.

Murray, Peter L. Private Rechtsdurchsetzung als Instrument gesellschaftlicher Steuerung – Ein Zukunftsmodell für Europa, in: Bitburger Gespräche in München, hrsg. von der Gesellschaft für Rechtspolitik, Trier, und dem Institut für Rechtspolitik an der Universität Trier. Band 6. Rechtsordnungen im transatlantischen Wettbewerb, S. 27–38, Tübingen 2016.

Musielak, Hans-Joachim, Kommentar zur Zivilprozessordnung mit Gerichtsverfassungsgesetz, 14. Auflage, München 2017.

ders./Voit, Wolfgang, Grundkurs ZPO, 12. Auflage, München 2014.

Mustill, Michael J./Boyd, Stewart C., The Law and Practice of Commercial Arbitration in England, 2. Auflage, London 1989.

Nariman, Fali S., International Commercial Arbitration – At the Cross-Roads, in: Robert Briner et al., Law of International Business and Dispute Settlement in the 21st Century. Liber Amicorum Karl-Heinz Böckstiegel anlässlich seines Ausscheidens als Direktor des Instituts für Luft- und Weltraumrecht und des von ihm gegründeten Lehrstuhl für Internationales Wirtschaftsrecht, S. 555–566, Köln 2001.

Nedden, Jan Heiner/Herzberg, Axel Benjamin, ICC-SchO. DIS-SchO. Praxiskommentar zu den Schiedsgerichtsordnungen, Köln 2014.

Neef, Manfred, Die Rechtskraft des Schiedsspruchs, Halle (Saale) 1933.

Nelle, Andreas, Anspruch, Titel und Vollstreckung im internationalen Rechtsverkehr, Tübingen 2000.

Neuhaus, Paul Heinrich/Kropholler, Jan, Rechtsvereinheitlichung – Rechtsverbesserung, RabelsZ 45 (1981), S. 73–90.

Neuner, o.N., Die dogmatische Bedeutung der materiellrechtlichen und der prozessualen Rechtskrafttheorie, ZZP 54 (1928/1929), S. 217–256.

ders., Zum Problem der ausländischen Schiedssprüche, RabelsZ 3 (1929), S. 37–62.

Lord Saville of Newdigate, Mark Oliver, The 1996 English Arbitration Act: A Ten Year Retrospective – Preface, Arb. Int. 23 (2007), S. 431–432.

Nicklisch, Fritz, Terms of Reference. Sinn und Zweck der Terms of Reference, Technik der Abfassung, RIW 1988, S. 763–766.

Niehoff, Gerrit Cornelius, Verfahrenskonzentration durch *compulsory counterclaims* in den US-amerikanischen Zivilprozessordnungen, Tübingen 2014.

Nienaber, Volker, Die Anerkennung und Vollstreckung im Sitzstaat aufgehobener Schiedssprüche, Frankfurt am Main 2002.

Niedermair, Tilmann, Schieds- und Schiedsverfahrensvereinbarungen in strukturellen Ungleichgewichtslagen. Ein deutsch-U.S.-amerikanischer Rechtsvergleich mit Schlaglichtern auf weiteren Rechtsordnungen, Tübingen 2013.

Niese, Werner, Über den Streitgegenstand der Anfechtungs- und Vornahmeklage im Verwaltungsprozeß, JZ 1952, S. 353–358.

Nikisch, Arthur, Zivilprozeßrecht. Ein Lehrbuch, 2. Auflage, Tübingen 1952.

Niklisch, Fritz, Privatautonomie und Schiedsgerichtsbarkeit bei internationalen Bauverträgen, RIW 1991, S. 89–91.

Nolting, Ekkehard, Rechtskrafterstreckung von Schiedssprüchen zu Beschlussmängeln im GmbH-Recht, GmbHR 2011, S. 1017–1022.

ders., Neue Anforderungen an Schiedsklauseln zwischen Personengesellschaftern – „Schiedsfähigkeit III. Zugleich Besprechung BGH v. 6. 4. 2017 – I ZB 23/16, ZIP 2017, S. 1024, ZIP 2017, S. 1641–1646.

Nußbaum, Arthur, Probleme des internationalen Schiedsgerichtswesen, Int. Jb. SchiedsG 1 (1926), S. 7–37.

Oberhammer, Paul/Koller, Christian/Slonina, Michael, Zuständigkeit sowie Anerkennung und Vollstreckung von Entscheidungen in Zivil- und Handelssachen, § 15, in: Stefan Leible/Jörg Philipp Terhechte, Enzyklopädie Europarecht. Band 3: Europäisches Rechtsschutz- und Verfahrensrecht, Baden-Baden 2014.

Oertmann, Paul, Schiedsrichter und staatliches Recht, ZZP 47 (1918), S. 105–149.

Orgel, Marc, Class Arbitration – Von der Gruppenklage zum Gruppenschiedsverfahren und zurück? Eine Untersuchung zum U.S.-amerikanischen Schiedsverfahrensrecht, Tübingen 2014.

Otte, Karsten, Umfassende Streitentscheidung durch Beachtung von Sachzusammenhängen. Gerechtigkeit durch Verfahrensabstimmung, Tübingen 1998.

Otto, Hansjörg, Die Präklusion. Ein Beitrag zum Prozeßrecht, Berlin 1970.

Pagenstecher, Max, Zur Lehre von der materiellen Rechtskraft, Berlin 1905.

Palandt, Otto, Bürgerliches Gesetzbuch mit Nebengesetzen, 76. Auflage, München 2017.

Park, William W., Truth Seeking in International Arbitration, in: The Search for "Truth" in Arbitration: Is Finding the Truth what Dispute Resolution is About?, in: Markus Wirth/Christina Rouvinez/Joachim Knoll, ASA Special Series 35, S. 1–38, New York 2011.

Paulsson, Jan, Jurisdiction and Admissibility, in: Gerald Aksen et al., International Law, Commerce and Dispute Resolution. Liber Amicorum in honour of Robert Briner, S. 601–617, Paris 2005.

ders., The Idea of Arbitration, Oxford 2014.

Pawlowski, Hans-Martin, Aufgabe des Zivilprozeßes, ZZP 80 (1967), S. 345–391.

Peetz, Hans Günter, Die materiellrechtliche Einordnung der Rechtsfolge und die materielle Rechtskraft der Sachentscheidung im Zivilprozeß, Köln 1976.

Peiffer, Max Christoph, Grenzüberschreitende Titelgeltung in der Europäischen Union. Die Wirkungen der Anerkennung, Vollstreckbarerklärung und Vollstreckbarkeit ausländischer Entscheidungen und gemeinschaftsweiter Titel, Berlin 2012.

Perret, François, Is there a Need for Consistence in International Commercial Arbitration, in: Emmanuel Gaillard/Yas Banifatemi, Precedent in International Arbitration, IAI Series on International Arbitration No. 5, S. 25–37, Huntington 2008.

Pfaff, Dieter, Zum Problem der Veröffentlichung von Schiedssprüchen der internationalen Handelsschiedsgerichtsbarkeit, in: Heinrich Kipp/Franz Meyer/Armin Steinkamm, Um Recht und Freiheit. Festschrift für Friedrich August Freiherr von der Heydte zur Vollendung des 70. Lebensjahres, S. 1127–1141, Berlin 1977.

Pfeiffer, Thomas, Internationale Zuständigkeit und prozessuale Gerechtigkeit. Die internationale Zuständigkeit im Zivilprozeß zwischen effektivem Rechtsschutz und nationaler Zuständigkeitspolitik, Frankfurt am Main 1995.

Pinna, Andrea, L'autorité chosée invoquée devant l'arbitre. Point de vue sous le prisme de l'ordre juridique français, Cahiers de l'Arb. 2010, S. 697–716.

Plaßmeier, Heiko, Vollstreckung nicht „endgültiger" Schiedssprüche – Zugleich eine Anmerkung zum Beschluss des BayObLG vom 22. November 2002 (SchiedsVZ 2003, 142) –, SchiedsVZ 2004, S. 234–237.

Pohle, Rudolf, Über die Rechtskraft im Zivil- und Strafprozeß, JBl. 1957, S. 113–122.

ders., Gedanken über das Wesen der Rechtskraft in: Francesco Carnelutti, Scritti giuridci in Memoriam di Piero Calamandrei. Volume secondo. Diritto processuale (Autori stranieri), S. 379–402, Padua 1958.

Posner, Richard A., Economic Analysis of Law, 9. Auflage, New York 2014.

Prol, Franciso G., La Cosa Juzgada en el Arbitraje Internacional. Algunos Puntos a Considerar, Rev. del Arbitraje 16 (2013), S. 19–29.

Prütting, Hanns, Verfahrensgerechtigkeit. Ein Diskurs über materiale und prozedurale Gerechtigkeit, in: Dieter Dörr et al., Die Macht des Geistes. Festschrift für Hartmut Schiedermair, S. 445–456, Heidelberg 2001.

ders./Gehrlein, Markus, ZPO. Kommentar, 9. Auflage, Köln 2017.

Quinke, David, § 1061 ZPO und der Meistbegünstigungsgrundsatz des UNÜ – Zugleich Anmerkung zu BGH, Urt. v. 8.6.2010 (XI ZR 349/08) und BGH, Beschl. v. 30.9.2010 (III ZB 69/09) –, SchiedsVZ 2011, S. 169–173.

Radicati di Brozolo, Luca G., Res Judicata and International Arbitral Awards, in: Paul Tercier, Post Award Issues – ASA Special Series 38, S. 127–149, New York 2011.

ders., The Present – Commercial Arbitration as a Transnational System of Justice: The Control System of Arbitral Awards: A Pro-Arbitration Critique of Michael Reisman's "Architecture of International Commercial Arbitration", in: Albert Jan van den Berg, Arbitration: The Next Fifty Years, ICCA Congress Series 16 (2013), S. 74–102, Alphen aan den Rijn 2012.

ders., Class Arbitration in Europe?, in: Arnaud Nuyts/Nikitas E. Hatzimihail, Cross-Border Class Actions. The European Way, S. 209–220, München 2014.

Raeschke-Kessler, Hilmar, Neuere Entwicklungen im Bereich der Internationalen Schiedsgerichtsbarkeit, NJW 1988, S. 3041–3051.

ders., Die internationale Schiedsgerichtbarkeit – ein Motor für transnationales Verfahrensrecht, in: Birgit Bachmann et al., Grenzüberschreitungen. Beiträge zum Internationalen Verfahrensrecht und zur Schiedsgerichtsbarkeit. Festschrift für Peter Schlosser zum 70. Geburtstag, S. 713–732, Tübingen 2005.

ders., The Contribution of International Arbitration to Transnational Procedural Law, in: Gerald Aksen et al., International Law, Commerce and Dispute Resolution. Liber Amicorum in honour of Robert Briner, S. 647–663, Paris 2005.

ders., Die Unparteilichkeit und Unabhängigkeit des Schiedsrichters – ein transnationales Rechtsproblem?, in: ASA Bulletin 2008, S. 3–17.

Reinisch, August, The Use and Limits of *Res Judicata* and *Lis Pendens* as Procedural Tools to avoid Conflicting Settlement Outcomes, Law & Pr. Int. Ct. & Tr. 3 (2004), S. 37–77.

Reischl, Klaus, Die objektiven Grenzen der Rechtskraft im Zivilprozeß, Tübingen 2002.

Reisman, W. Michael/Richardson, Brian, The Present – Commercial Arbitration as a Transnational System of Justice: Tribunals and Courts: An Interpretation of the Architecture of International Commercial Arbitration, in: Albert Jan van den Berg, Arbitration: The Next Fifty Years, ICCA Congress Series 16 (2012), S. 17–65, Alphen aan den Rijn 2012.

Rehm, Florian Nikolaus, Die Schiedsgerichtsbarkeit im Rechtssystem, Baden-Baden 2009.

Rensmann, Thilo, Anational Arbitral Awards, J. Int. Arb. 15 (1998), S. 37–66.

Rimmelspacher, Bruno, Zur Prüfung von Amts wegen im Zivilprozeß, Göttingen 1966.

ders., Materiellrechtlicher Anspruch und Streitgegenstandsprobleme im Zivilprozeß, Göttingen 1970.

Ritter, Ulf, Die Bestimmung der objektiven Rechtskraftgrenzen in rechtsvergleichender Sicht, ZZP 87 (1974), S. 138–199.

Ritlewski, Kristoff, Die Lex Mercatoria in der schiedsgerichtlichen Praxis, SchiedsVZ 2007, S. 130–139.

Rivkin, David W., Towards a New Paradigm in International Arbitration: The Town Elder Model Revisited, Arb. Int. 24 (2008), S. 375–386.

Rödig, Jürgen, Die Theorie des gerichtlichen Erkenntnisverfahrens. Die Grundlinien des zivil-, straf- und verwaltungsgerichtlichen Prozesses, Berlin 1973.

Rodger, Barry, Competition Law, Comparative Private Enforcement and Collective Redress Across the EU, Alphen aan den Rijn 2014.

Rosenberg, Leo/Schwab, Karl-Heinz/Gottwald, Peter, Zivilprozessrecht, 17. Auflage, München 2010.

Roth, Günter H., Der Vorbehalt des Ordre Public gegenüber fremden gerichtlichen Entscheidungen, Bielefeld 1967.

Herbert Roth, Materielle Rechtskraft und rechtliche Qualifikation, ZZP 124 (2011), S. 3–27.

ders., Europäischer Rechtskraftbegriff im Zuständigkeitsrecht? Zu EuGH, 15.11.2012 – Rs. C-456/11 – Gothaer Allgemeine Versicherung AG u.a../. Samskip GmbH, IPrax 2014, S. 136–139.

ders., Subjektives Privatrecht und öffentliches Interesse im Zivilprozess – Typenreihen privater Rechtsdurchsetzung, in: Bitburger Gespräche in München, hrsg. von der Gesellschaft für Rechtspolitik, Trier, und dem Institut für Rechtspolitik an der Universität Trier. Band 6. Rechtsordnungen im transatlantischen Wettbewerb, S. 39–44, Tübingen 2016.

Rüßmann, Helmut/Spohnheimer, Frank, Antezipiertes Legalanerkenntnis und Aufhebung des Schiedsspruchs – Ein Zusammenspiel von Vertrauen und Kontrolle im deutschen Schiedsverfahrensrecht, in: Jens Dammann/Wolfgang Grunsky/Thomas Pfeiffer, Gedächtnisschrift für Manfred Wolf, S. 517–536, München 2011.

Sachs, Gunnar, Verhaltensstandards für Schiedsrichter, Köln 2008.

Sachs, Klaus, Schiedsgerichtsverfahren über Unternehmenskaufverträge – unter besonderer Berücksichtigung kartellrechtlicher Aspekte, SchiedsVZ 2004, S. 123–129.

Sachs, Michael, Grundgesetz. Kommentar, 7. Auflage, München 2014.

Saenger, Ingo, Zivilprozessordnung. FamG. Europäisches Verfahrensrecht. Handkommentar, 7. Auflage, Baden-Baden 2017.

Samuel, Adam, Jurisdictional Problems in International Commercial Arbitration: A Study of Belgian, Dutch, English, French, Swedish, Swiss, U.S. and West German Law, Zürich 1989.

Sanders, Gerard J., Rethinking arbitral preclusion, Law & Pol. Int. Bus. (1992), S. 101–121.

Sanders, Pieter, The Terms of Reference in ICC Arbitration, in: Gerald Aksen et al., International Law, Commerce and Dispute Resolution. Liber Amicorum in honour of Robert Briner, S. 693–706, Paris 2005.

Sandrock, Otto, Wann wird ein ausländischer Schiedsspruch im Sinne des Art. V Abs. 1 Buchst. (e) der New Yorker Konvention und des § 1044 ZPO verbindlich?, in: Friedrich Graf von Westphalen/Otto Sandrock, Lebendiges Recht – Von den Sumerern bis zur Gegenwart. Festschrift für Reinhold Trinkner zum 65. Geburtstag, S. 669–701, Heidelberg 1995.

ders., Neue Lehren zur internationalen Schiedsgerichtsbarkeit und das klassische Internationale Privat- und Prozeßrecht, in: Gerhard Hohloch/Rainer Frank/Peter Schlechtriem, Festschrift für Hans Stoll zum 75. Geburtstag, S. 661–689, Tübingen 2001.

Sangiovanni, Valerio, Arbitrato irrituale e regole procedurali nel nuevo diritto italiano, ASA Bulletin 26 (2008), S. 688–699.

Sauer, Wilhelm, Grundlagen des Prozeßrechts, 2. Auflage, Stuttgart 1929.

ders., Zum Streit um die materielle Rechtskraft, in: Heinrich Lehmann/Gotthold Bohne, Festgabe für Richard Schmidt. Straf- und Prozeßrecht, Band 1, S. 308–329, Leipzig 1932.

von Savigny, Friedrich Karl, System des heutigen römischen Rechts, Band XI, 2. Neudruck der Ausgabe Berlin 1847, Aalen 1981.

Schack, Haimo, Internationales Zivilverfahrensrecht. Ein Studienbuch, 7. Auflage, München 2017.

Schaffstein, Silja, The Doctrine of Res Judicata before International Commercial Arbitral Tribunals, Oxford 2016.

Schiedermair, Gerhard, Vereinbarungen im Zivilprozeß, Bonn 1935.

Schilken, Eberhard, Zivilprozessrecht, 6. Auflage, München 2010.

Schlosser, Peter, Einverständliches Handeln im Zivilprozeß, Tübingen 1968.

ders., Bericht zu dem Übereinkommen des Königreichs Dänemark, Irlands und des Vereinigten Königreichs Großbritannien und Nordirland über den Beitritt zum Übereinkommen über die gerichtliche Zuständigkeit und die Vollstreckung gerichtlicher Entscheidungen in Zivil- und Handelssachen sowie zum Protokoll betreffend die Auslegung dieses Übereinkommens durch den Gerichtshof (ABl. 1979, Nr. C 59 vom 5.3.1979, S. 71–151).

ders., Doppelexequatur zu Schiedssprüchen und ausländischen Gerichtsentscheidungen, Anmerkung zu BGH, 27.3.1984 – IX ZR 24/83 und 10.5.1984 – III ZR 206/82), IPrax 1985, S. 141–144.

ders., Das Recht der internationalen privaten Schiedsgerichtsbarkeit, 2. Auflage, Tübingen 1989.

ders., Buchbesprechung von Wolfgang Bosch, Rechtskraft und Rechtshängigkeit im Schiedsverfahren, 1991, ZZP 105 (1992), S. 513–517.

ders., Schiedsgerichtsbarkeit und Wiederaufnahme, in: Eberhard Schilken/Ekkehard Becker-Eberhard/Walter Gerhardt, Festschrift für Hans Friedhelm Gaul zum 70. Geburtstag am 19. November 1997, S. 679–689, Bielefeld 1997.

ders., Arbitral Tribunals or State Courts – Who must defer to whom?, in: Pierre A. Karrer, Arbitral Tribunals or State Courts: Who must defer to Whom? – ASA Special Series 15, S. 15–34, Basel 2001.

Schmehl, Christine, Parallelverfahren und Justizgewährung. Zur Verfahrenskoordination nach europäischem und deutschem Zivilprozessrecht am Beispiel taktischer „Torpedoklagen“, Tübingen 2011.

Schmidt, Eike, Der Zweck des Zivilprozesses und seine Ökonomie. Mit einer Analyse der Rechtsprechung des Bundesgerichtshofs zur sog. Prozeßökonomie, Frankfurt am Main 1973.

Schmidt, Felix, Die Typologie von Schiedssprüchen, Köln 2012.

ders., Der Schiedsspruch, SchiedsVZ 2013, S. 32–41.

Schmidt, Karsten, Schiedsfähigkeit von GmbH-Beschlüssen – Eine Skizze mit Ausblicken auf das Recht der AG und der Personengesellschaften –, ZGR 1988, S. 523–541.

Schmidt-Aßmann, Eberhard, § 26, Der Rechtsstaat, in: Josef Isensee/Paul Kirchhof, Handbuch des Staatsrechts der Bundesrepublik Deutschland, Band II: Verfassungsstaat, 3. Auflage, Heidelberg 2004.

Schmidtchen, Dieter/Christoph, Bier, Die Kosten und der Nutzen der Justiz aus volkswirtschaftlicher Sicht, in: Reinhard Bork/Thomas Eger/Hans-Bernd Schäfer, Ökonomische Analyse des Verfahrensrechts. Beiträge zum XI. Travemünder Symposium zur ökonomischen Analyse des Rechts (26.–29. März 2008), S. 51–83, Tübingen 2009.

Schmitthof, Clive M., Das neue Recht des Welthandels, RabelsZ 28 (1964), S. 47–77.

ders., Der Zivilprozeß als Schlüssel zum englischen Rechtsdenken, JZ 1972, S. 38–43.

Schmolke, Klaus Ulrich, Private Enforcement und institutionelle Balance – Verlangt das Effektivitätsgebot des Art. 4 III EUV eine Schadensersatzhaftung bei Verstoß gegen Art. 15 MAR?, in: NZG 2016, S. 721–728.

Schoch, Friedrich/Schneider, Jens-Peter/Bier, Wolfgang, Verwaltungsgerichtsordnung. Kommentar, 2 Bände, Loseblatt, Stand: 31. Ergänzungslieferung, Juni 2016, München 2016.

Schönke, Adolf, Das Rechtsschutzbedürfnis. Ein zivilprozeßualer Grundbegriff, AcP 150 (1949), S. 216–234.

Schroeder, Hans-Patrick, Zur Aufhebung von Scheinschiedssprüchen und anderen formellen Schiedssprüchen durch staatliche Gerichte – Ein Beitrag zur Auslegung des Begriffes „Schiedsspruch" in § 1059 ZPO, SchiedsVZ 2005, S. 244–250.

ders., Die lex mercatoria arbitralis. Strukturelle Transnationalität und transnationale Rechtsstrukturen im Recht der internationalen Schiedsgerichtsbarkeit, Frankfurt am Main 2007.

Schroeter, Ulrich G., Der Antrag auf Feststellung der Zulässigkeit eines schiedsrichterlichen Verfahrens gemäß § 1032 Abs. 2 ZPO, SchiedsVZ 2004, S. 288–296.

Schultzenstein, Max, Verhältnis zwischen schiedsgerichtlichem und zivilprozessualem Verfahren, ZZP 41 (1911), S. 351–369.

Schumann, Ekkehard, Fehlurteil und Rechtkraft. Eine dogmengeschichtliche Auseinandersetzung mit den Leugnern des Fehlurteils, in: Karl August Bettermann/Albrecht Zeuner, Festschrift für Eduard Bötticher zum 70. Geburtstag am 29. Dezember 1969, S. 289–320, Berlin 1969.

Schütze, Rolf A., Die Vorlageberechtigung von Schiedsgerichten an den EuGH, SchiedsVZ 2007, S. 121–124.

ders., Das internationale Zivilprozessrecht in der ZPO. Kommentar, 2. Auflage, Berlin 2011.

ders., Der Abschied von der Präklusionsrechtsprechung bei der Anerkennung ausländischer Schiedssprüche, RIW 2011, S. 417–419.

ders., Schiedsgerichtsbarkeit und Rechtsvergleichung, ZVglRWiss 2011, S. 89–97.

ders., Institutional Arbitration. Article-by-Article. A Commentary, München 2013.

Schwab, Karl Heinz, The Legal Foundations and Limitations of Arbitration Procedures in the U.S. and Germany, in: Pieter Sanders, International Arbitration. Liber Amicorum Martin Domke, S. 301–312, Den Haag 1967.

ders., Gegenwartsprobleme der deutschen Zivilprozeßrechtswissenschaft, JUS 1976, S. 69–74.

ders./Walter, Gerhard, Schiedsgerichtsbarkeit. Systematischer Kommentar zu den Vorschriften der Zivilprozeßordnung, des Arbeitsgerichtsgesetzes, der Staaatsverträge und der Kostengesetze über das privatrechtliche Schiedsgerichtsverfahren, 7. Auflage, München 2005.

Schwartz, Eric A., Thoughts on the Finality of Arbitral Awards, in: Laurent Lévy/Yves Derains, Liber Amicorum en l'honneur de Serge Lazareff, S. 569–577, Paris 2011.

Schwarz, Franz T./Konrad, Christian W., The Vienna Rules. A Commentary on International Arbitration in Austria, Alphen aan den Rijn 2009.

Schweitzer, Heike, Die neue Richtlinie für wettbewerbsrechtliche Schadensersatzklagen, NZKart 2014, S. 335–345.

Sepperer, Sophia, Der Rechtskrafteinwand in den Mitgliedsstaaten der EuGVO, Tübingen 2010.

Seraglini, Christophe, Brèves remarques sur les Recommandations de l'Association de droit international sur la litispendance et l'autorité de la chose jugée en arbitrage, Revue de l'Arb. 2006, S. 909–924.

Shell, Richard G., Res judicata and collateral estoppel effects of commercial arbitration, UCLA Law Rev. 35 (1988), S. 623–675.

Sheppard, Audley, *Res Judicata* and estoppel, in: Bernardo M. Cremades/Julian M. D. Lew, Parallel State and Arbitral Procedures in International Arbitration, S. 219–242, Paris 2005.

Söderlund, Christer, *Lis Pendens, Res Judicata* and the Issue of Parallel Judicial Proceedings, J. Int. Arb. 22 (2005), S. 301–322.

Solomon, Dennis, Die Verbindlichkeit von Schiedssprüchen in der internationalen privaten Schiedsgerichtsbarkeit. Zur Bedeutung nationaler Rechtsordnungen und der Entscheidung nationaler Gerichte für die Wirksamkeit internationaler Schiedssprüche, München 2007.

Spellenberg, Ulrich, Abänderung ausländischer Unterhaltsurteile und Statut der Rechtskraft, IPRax 1984, S. 304–308.

ders., Prozeßführung oder Urteil. Rechtsvergleichendes zu Grundlagen der Rechtskraft in: Walter Gerhardt et al., Festschrift für Wolfram Henckel zum 70. Geburtstag am 21. April 1995, S. 841–862, Berlin 1995.

Spiecker genannt Döhmann, Indra, Die Anerkennung von Rechtskraftwirkungen ausländischer Urteile. Eine Untersuchung zur Fortgeltung des ne-bis-in-idem, Baden-Baden 2002.

Spohnheimer, Frank, Gestaltungsfreiheit bei antezipiertem Legalanerkenntnis des Schiedsspruchs. Zugleich ein Beitrag zur Gewährung rechtlichen Gehörs im Schiedsverfahren und zur Aufhebung von Schiedssprüchen, Tübingen 2010.

J. von Staudingers Kommentar zum Bürgerlichen Gesetzbuch, Einleitung zum Schuldrecht; §§ 241–243 (Treu und Glauben), Bearbeitung 2015, Berlin 2015.

J. von Staudingers Kommentar zum Bürgerlichen Gesetzbuch, §§ 64–240, (Allgemeiner Teil 5), Bearbeitung 2015, Berlin 2015.

J. von Staudingers Kommentar zum Bürgerlichen Gesetzbuch, §§ 305–310; UKlaG (Recht der Allgemeinen Geschäftsbedingungen), Bearbeitung 2013, Berlin 2013.

J. von Staudingers Kommentar zum Bürgerlichen Gesetzbuch, §§ 779–811 (Vergleich, Schuldversprechen, Anweisung, Schuldverschreibung), Neubearbeitung 2015, Berlin 2015.

J. von Staudingers Kommentar zum Bürgerlichen Gesetzbuch, Internationales Verfahrensrecht in Ehesachen (§§ 606, 606 a, 621, 328 ZPO, Art. 7 § 1 FamRÄndG), Bearbeitung 2005, Berlin 2005.

Stein, Friedrich/Jonas, Martin, Kommentar zur Zivilprozessordnung, hrsg. von Reinhard Bork/Herbert Roth, Band 1, §§ 1–77, 23. Auflage, Tübingen 2014.

Stein, Friedrich/Jonas, Martin, Kommentar zur Zivilprozessordnung, hrsg. von Reinhard Bork/Herbert Roth, Band 5, §§ 328–510 c, 23. Auflage, Tübingen 2015.

Stein, Friedrich/Jonas, Martin, Kommentar zur Zivilprozessordnung, hrsg. von Reinhard Bork/Herbert Roth, Band 10, §§ 1025–1066, 23. Auflage, Tübingen 2014.

Stein, Friedrich/Jonas, Martin, Kommentar zur Zivilprozessordnung, hrsg. von Reinhard Bork/Herbert Roth, Band 9, §§ 916–1068. EG ZPO, 22. Auflage, Tübingen 2002.

Steiner, Udo, Das Verhältnis von Schiedsgerichtsbarkeit und staatlicher Gerichtsbarkeit, SchiedsVZ 2013, S. 15–19.

Stober, Rolf, Staatsgerichtsbarkeit und Schiedsgerichtsbarkeit, NJW 1979, S. 2001–2008.

Stoll, Hans, Typen der Feststellungsklage aus der Sicht des bürgerlichen Rechts, in: Karl August Bettermann/Albrecht Zeuner, Festschrift für Eduard Bötticher zum 70. Geburtstag am 29. Dezember 1969, S. 341–368, Berlin 1969.

Strickler, Yves, Autorité de la chose jugée: la concentration est celle des moyens et non des demandes, note sous Cass. civ. 1re, 12 avril 2012, in: Revue de l'Arb. 2013, S. 123–128.

Stummel, Dieter, Standardvertragsmuster zum Handels- und Gesellschaftsrecht. Deutsch – Englisch, 5. Auflage, München 2015.

Stürner, Michael, Die Anerkennung von Rechtskraftwirkungen englischer Schiedssprüche in Deutschland, in: Reinhold Geimer/Athanassios Kaissis/Roderich C. Thümmel, Ars aequi et boni in mundo. Festschrift für Rolf A. Schütze zum 80. Geburtstag, S. 579–591, München 2015.

Stürner, Rolf, U.S.-amerikanisches und europäisches Verfahrensverständnis, in: Marcus Lutter et al., Festschrift für Ernst C. Stiefel zum 80. Geburtstag, S. 763–784, München 1987.

ders., Prozesszweck und Verfassung, in: Hanns Prütting, Festschrift für Gottfried Baumgärtel zum 70. Geburtstag, S. 545–552, Köln 1990.

ders., Rechtskraft in Europa, in: Reinhold Geimer, Wege zur Globalisierung des Rechts. Festschrift für Rolf A. Schütze zum 65. Geburtstag, S. 913–934, München 1999.

ders., Parteidispositionen über Anfang, Gegenstand und Umfang des Verfahrens in wichtigen europäischen Prozessordnungen, in: Stephan Lorenz et al., Festschrift für Andreas Heldrich zum 70. Geburtstag, S. 1061–1070, Tübingen 2005.

ders., Die Rolle des dogmatischen Denkens im Zivilprozessrecht, ZZP 127 (2014), S. 271–332.

Sudol, Sabrina M., The U.N. Convention on the Recognition and Enforcement of Foreign Arbitral Awards and Issuc Preclusion: A traditional Collateral Estoppel Determination, Uni. Pittsb. Law Rev. 65 (2004), S. 931–950.

Taruffo, Michele, Legal Cultures and Models of Civil Justice, in: Andreas Heldrich/Takeyoshi Uchida, Festschrift für Hideo Nakamura zum 70. Geburtstag am 2. März 1996, S. 621–637, Tokio 1996.

Temboury, Redondo Miguel, Preliminary Judgments, Lis Pendens and Res Iudicata in Arbitration Proceedings, in: Miguel Ángel Fernández-Ballesteros/David Arias, Liber Amicorum Bernardo Cremades, S. 1131–1145, Madrid 2010.

Thiere, Karl, Die Wahrung überindividueller Interessen im Zivilprozeß, Bielefeld 1980.

Thole, Christoph, Die Entwicklung der Anerkennung im autonomen Recht in Europa, in: Burkhard Hess, Die Anerkennung im Internationalen Zivilprozessrecht – Europäisches Vollstreckungsrecht, S. 25–55, Bielefeld 2014.

Thomas, Heinz/Putzo, Hans, Zivilprozessordnung. Kommentar, 38. Auflage, München 2017.

Triebel, Volker/Coenen, Tilman, Parallelität von Schiedsverfahren und staatlichem Gerichtsverfahren, BB 2003 Beilage 5, S. 2–8.

Trocker, Nicolo, Die Entwicklung des italienischen Zivilprozessrecht: 1918–2008, ZZPInt. 14 (2009), S. 103–141.

von Ungern-Sternberg, Antje, Normative Wirkungen von Präjudizien nach der Rechtsprechung des Bundesverfassungsgerichts, AöR 138 (2013), S. 1–59.

Uzelac, Alan, Goals of Civil Justice and Civil Procedure in the Contemporary World, in: ders., Goals of Civil Justice and Civil Procedure in Contemporary Judicial Systems, S. 3–31, Cham 2014.

Varga, István, Beweiserhebung in transatlantischen Schiedsverfahren. Eine Suche nach Kompromissen zwischen deutscher und US-amerikanischer Beweisrechtstradition, Baden-Baden 2006.

Veeder, V. V., Issue Estoppel, Reasons for Awards and Transnational Arbitration, in: Complex Arbitration, 14 ICC Bulletin (2003), S. 72–79, Paris 2003.

Van de Velden, Jacob Benjamin, Finality of Litigation. Preclusion and Foreign Judgments in English and Dutch Law, and a Suggested Approach, Groningen 2014.

Voit, Wolfgang, Privatisierung der Gerichtsbarkeit, JZ 1997, S. 120–125.

Vorpeil, Klaus, Neuere Entwicklungen im englischen Handels- und Wirtschaftsrecht, RIW 2010, S. 763–782.

Voser, Nathalie/Raneda, Julie, Recent Developments on the Doctrine of *Res Judicata* in International Arbitration from a Swiss Perspective: A Call for Harmonized Solution, ASA Bulletin 33 (2015), S. 742–779.

Wagner, Gerhard, Prozeßverträge. Privatautonomie im Verfahrensrecht, Tübingen 1998.

Walder-Richli, Hans Ulrich, Schiedsgerichtsbarkeit und Verfassung (aus schweizerischer Sicht), in: Peter Schlosser, Integritätsprobleme im Umfeld der Justiz – Die Organisation der Rechtsberatung; Schiedsgerichtsbarkeit und Verfassungsrecht –, S. 59–111, Bielefeld 1994.

Walker, Wolf-Dietrich, Die Streitgegenstandslehre und die Rechtsprechung des EuGH – nationales Recht unter gemeineuropäischem Einfluß, ZZP 111 (1998), S. 428–454.

Walter, Gerhard, Die Vollstreckbarkeitserklärung als Voraussetzung bestimmter Wirkungen des Schiedsspruchs, in: Peter Gottwald/Hanns Prütting, Festschrift für Karl Heinz Schwab zum 70. Geburtstag, S. 539–559, München 1990.

Walz, Robert, Beck'sches Formularhandbuch. Zivil-, Wirtschafts- und Unternehmensrecht. Deutsch – Englisch, 3. Auflage, München 2014.

Ward, Richard/Akhtar, Amanda, Walker and Walker's Englisch Legal System, 11. Auflage, Oxford 2011.

Waßmuth, Guido, Richtigkeitskontrolle und Rechtskraft des Schiedsspruchs mit vereinbartem Wortlaut, Köln 2013.

Weismann, o.N., Das Schiedsgutachten, AcP 72 (1888), S. 267–329.

Weller, Matthias, Aufstieg und Fall des Doppelexequatur in der deutschen Rechtsprechung, in: Herbert Kronke/Karsten Thorn, Grenzen überwinden – Prinzipien bewahren. Festschrift für Bernd von Hoffmann zum 70. Geburtstag, S. 1087–1100, Bielefeld 2011.

Wenger, Werner, Zum obligationenrechtlichen Schiedsverfahren im schweizerischen Recht. Eine rechtsvergleichende und historische Studie zur Unterscheidung von Schiedsrichter und Schiedsgutachter unter besonderer Berücksichtigung des „arbitrato libero" des italienischen Rechts, Basel 1968.

ders., Zur Anwendbarkeit des New Yorker Übereinkommens über die Anerkennung und Vollstreckung ausländischer Schiedssprüche auf einen „freien" Schiedsspruch (lodo irrituale) des italienischen Recht, IPrax 1982, S. 135–137.

Westheimer, J., Der ausländische Schiedsspruch. Seine Wirksamkeit und Vollstreckbarkeit im Inlande, ZZP 39 (1909), S. 241–331.

Wieczorek, Bernhard/Schütze, Rolf A., Zivilprozessordnung und Nebengesetze. Großkommentar, Fünfter Band 1, §§ 300–329, 4. Auflage, Berlin 2015.

Wieczorek, Bernhard/Schütze, Rolf A., Zivilprozessordnung und Nebengesetze. Großkommentar, Elfter Band, §§ 916–1066, 4. Auflage, Berlin 2014.

Wilken, Sean/Ghaly, Karim, The Law of Waiver, Variation, and Estoppel, 3. Auflage, Oxford 2012.

Wilson, Steve/Rutherford, Helen/Storey, Tony/Wartley, Natalie, English Legal System, Oxford 2014.

Wimalusema, Philip, Die Veröffentlichung von Schiedssprüchen als Beitrag zur Normbildung, Tübingen 2016.

Windscheid, Bernhard, Die Actio des römischen Rechts. Vom Standpunkte des heutigen Rechts, 1856, Nachdruck, Aalen 1969.

Wirth, Christian, Zur Auslegung und Reichweite eines Schiedsspruchs bzw. einer Schiedsvereinbarung – Urteilsanmerkung zu BGH vom 13.01.2009 Az. XI ZR 66/08 –, SchiedsVZ 2009, S. 203–205.

Wolf, Christian/Hasenstab, Sven, Hybride Verfahrensgestaltung internationaler Schiedsverfahren, RIW 2011, S. 612–619.

Wolff, Reinmar, Party Autonomy to Agree on Non Final Arbitration?, ASA Bulletin 26 (2008), S. 626–641.

ders., Anmerkung zu BGH, Beschluss vom 16.12.2010 – III ZB 100/09, LMK 2011, 318374.

ders., New York Convention. Convention on the Recognition and Enforcement of Foreign Arbitral Awards of 10 June 1958. Commentary, München 2012.

ders./Falk, Georg D., Anmerkung zu BGH, Beschluss vom 30.3.2006 – Az. III ZB 78/05, SchiedsVZ 2006, S. 280–281.

Yoshimura, Tukoshige, Streitgegenstand und Verfahrensmaxime – zugleich eine Auseinandersetzung mit der Schrift von Jauernig: Verhandlungsmaxime, Inquisitionsmaxime und Streitgegenstand –, ZZP 83 (1970), S. 245–266

Zaugg, Nikolaus J., Verfahrensgliederung in der internationalen Schiedsgerichtsbarkeit. Wirkungsweise von Teil- und Zwischenschiedssprüchen unter dem 12. Kapitel IPRG, Zürich 2014.

Zeuner, Albrecht, Anmerkung zu BGH, Urt. vom 3.7.1961 – Az. III ZR 19/60, JZ 1962, S. 497–498.

ders., Rechtsvergleichende Bemerkungen zur objektiven Begrenzung der Rechtskraft im Zivilprozeß. Aspekte der anglo-amerikanischen, der französischen und der deutschen Lösungskonzeption, in: Herbert Bernstein/Ulrich Drobnig/Hein Kötz, Festschrift für Konrad Zweigert zum 70. Geburtstag, S. 603–622, Tübingen 1981.

ders., Beobachtungen und Gedanken zur Behandlung von Fragen der Rechtskraft in der Rechtsprechung des Bundesgerichtshofes, in: Claus-Wilhelm Canaris et al., 50 Jahre Bundesgerichtshof. Festgabe aus der Wissenschaft. Band III (Zivilprozeß, Insolvenz, Öffentliches Recht), S. 337–395, München 2000.

ders./Koch, Harald, Effects of Judgments (Res Judicata), in: International Encyclopedia of Comparative Law, Band XVI. Civil Procedure. Kapitel 9, Tübingen 2012.

Zimmer, Daniel/Höft, Jan, „Private Enforcement“ im öffentlichen Interesse? Ansätze zur Effektivierung der Rechtsdurchsetzung bei Streu- und Massenschäden im Kapitalmarkt-, Wettbewerbs- und Kartellrecht, ZGR 2009, S. 662–720.

Zobel, Petra, Schiedsgerichtsbarkeit und Gemeinschaftsrecht. Im Spannungsverhältnis zwischen Integration und Exklusion, Tübingen 2005.

Zöller, Richard, Zivilprozessordnung mit FamFG (§§ 1–185, 200–270, 433–484) und Gerichtsverfassungsgesetz, den Einführungsgesetzen, mit Internationalem Zivilprozessrecht, EU-Verordnungen, Kostenanmerkungen. Kommentar, 31. Auflage, Köln 2016.

Zuckerman, Adrian, Zuckerman on Civil Procedure. Principles of Practice, 3. Auflage, London 2013.

Zuleta Jaramillo, Eduardo, The Relationship Between Interim and Final Awards – Res Judicata Concerns, in: Albert Jan van den Berg, Arbitration Advocacy in Changing Times, ICCA Congress Series 15 (2011) S. 231–274, 2010 Rio, Alphen aan den Rijn 2011.

Zumbansen, Peer, Lex mercatoria: Zum Geltungsanspruch transnationalen Rechts, RabelsZ 67 (2003), S. 637–682.

ders., Methodologie und Legitimation: Transnationales Recht als Politische Rechtstheorie, in: Gralf-Peter Calliess, Transnationales Recht. Stand und Perspektiven, S. 557–583, Tübingen 2014.

Zweigert, Konrad/Kötz, Hein, Einführung in die Rechtsvergleichung auf dem Gebiet des Privatrechts, 3. Auflage, Tübingen 1996.